Dr. John Coleman

DE HIËRARCHIE
VAN DE SAMENZWEERDERS
GESCHIEDENIS VAN HET
COMITÉ VAN 300

OMNIA VERITAS.

John Coleman

John Coleman is een Britse auteur en voormalig lid van de geheime inlichtingendienst. Coleman heeft verschillende analyses gemaakt van de Club van Rome, de Giorgio Cini Stichting, Forbes Global 2000, het Interreligieus Vredescolloquium, het Tavistock Instituut, de Zwarte Adel en andere organisaties met thema's uit de Nieuwe Wereldorde.

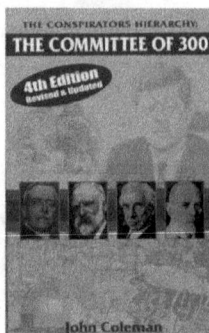

THE CONSPIRATORS HIERARCHY:
THE COMMITTEE OF 300
4th Edition
Revised & Updated
John Coleman

DE HIËRARCHIE VAN DE SAMENZWEERDERS
GESCHIEDENIS VAN HET COMITÉ VAN 300

THE CONSPIRATORS HIERARCHY
History of the committee of 300

Vertaald uit het Engels en uitgegeven door Omnia Veritas Limited

© Omnia Veritas Ltd - 2023

ⵀMNIA VERITAS.

www.omnia-veritas.com

VOORWOORD

Tijdens mijn loopbaan als professioneel inlichtingenofficier had ik vele gelegenheden om toegang te krijgen tot zeer geheime documenten, maar tijdens mijn diensttijd als veldofficier politieke wetenschappen in Angola, West-Afrika, kreeg ik toegang tot een reeks ongewoon expliciete topgeheime geheime documenten. Wat ik zag vervulde me met woede en wrok en zette me op een pad waarvan ik niet ben afgeweken, namelijk om uit te zoeken welke macht de Britse en Amerikaanse regeringen controleert en stuurt.

Ik was goed bekend met alle bekende geheime genootschappen, zoals het Royal Institute for International Affairs (RIIA), de Council on Foreign Relations (CFR), de Bilderbergers, de Trilaterale Commissie, de zionisten, de vrijmetselarij, het bolsjewisme, het rozenkruiserschap en alle uitlopers van deze geheime genootschappen. Als inlichtingenofficier, en zelfs daarvoor als jonge student aan het British Museum in Londen, had ik mijn tanden gezet in al deze genootschappen, evenals in een flink aantal andere waarvan ik dacht dat ze bekend waren bij Amerikanen. Maar toen ik in 1969 in de Verenigde Staten aankwam, ontdekte ik dat namen als de Orde van Sint Jan van Jeruzalem, de Club van Rome, het Duitse Marshall Fonds, de Cini Stichting, de Ronde Tafel, de Fabianisten, de Venetiaanse Zwarte Adel, de Mont Pelerin Society, de Hellfire Clubs en vele andere hier ofwel totaal onbekend waren, of dat hun ware functies op zijn best slecht of helemaal niet werden begrepen.

In 1969-1970 probeerde ik deze situatie te verhelpen met een reeks monografieën en cassettes. Tot mijn verbazing vond ik al snel veel mensen die bereid waren deze namen te citeren alsof ze die al hun hele schrijverscarrière kenden, maar die niet de minste kennis van de betreffende onderwerpen hadden en niet bereid waren de bron van hun nieuw verworven informatie te onthullen. Ik troostte mezelf met de gedachte dat imitatie de eerlijkste vorm van vleierij is.

Ik zette mijn onderzoek voort en bleef geconfronteerd met ernstige risico's, aanvallen op mij en mijn vrouw, financiële verliezen, voortdurende pesterijen, bedreigingen en laster, allemaal onderdeel van een zorgvuldig opgesteld en georkestreerd programma om mij in diskrediet te brengen, onder leiding van overheidsagenten en informanten die zijn ingebed in het zogenaamde christelijk rechts, de "identiteitsbeweging" en rechtse "patriottische" groepen. Deze agenten opereerden, en opereren nog steeds, onder het mom van openlijk, krachtig en onbevreesd verzet tegen het Jodendom, hun belangrijkste vijand, zoals zij ons willen doen geloven. Deze agenten worden geleid en gecontroleerd door een groep homoseksuelen die hoog aangeschreven en gerespecteerd worden door politieke en religieuze conservatieven in de hele Verenigde Staten.

Hun programma van laster, leugens en haat, van desinformatie over mijn werk, dat zelfs aan andere schrijvers wordt toegeschreven, gaat onverminderd door, maar het heeft niet het gewenste effect gehad. Ik zal mijn werk voortzetten totdat ik eindelijk het masker heb afgerukt van de hele geheime parallelle regering die Groot-Brittannië en de Verenigde Staten bestuurt.

Dr John Coleman, november 1991.

Een overzicht en enkele casestudies

Zeker, velen van ons zijn zich ervan bewust dat de mensen die onze regering leiden niet de mensen zijn die de politieke en economische kwesties, in binnen- en buitenland, *werkelijk* beheersen. Dit heeft velen van ons ertoe gebracht de waarheid te zoeken in de alternatieve pers, die nieuwsbriefschrijvers die, net als ik, de redenen waarom de Verenigde Staten zo ernstig ziek zijn hebben onderzocht, maar niet altijd gevonden. Het gebod "zoekt en gij zult vinden" is bij deze groep niet altijd het geval geweest. Wat we hebben gevonden is dat mensen meestal in een soort donkere mist leven, niet de moeite nemend om uit te zoeken waar het met hun land heen gaat, in de vaste overtuiging dat het er altijd voor hen zal zijn. Zo is de grootste groep van de bevolking gemanipuleerd *om te* reageren, en hun houding speelt de geheime regering precies in de kaart.

We horen vaak dat "ze" dit, dat of het andere doen. "Ze' lijken letterlijk weg te kunnen komen met moord. "Ze" verhogen de belastingen, sturen onze zonen en dochters naar oorlogen die ons land niet ten goede komen. "Ze" lijken buiten ons bereik, uit het zicht, frustrerend en vaag wanneer het gepast zou zijn om actie tegen hen te ondernemen. Niemand lijkt duidelijk te kunnen vaststellen wie "zij" zijn. Het is een situatie die al tientallen jaren voortduurt. In de loop van dit boek zullen we deze mysterieuze "zij" identificeren en dan is het aan de mensen om de situatie te verhelpen.

Op 30 april 1981 schreef ik een monografie waarin ik het bestaan van de Club van Rome onthulde en identificeerde als een subversieve organisatie van het Comité van 300. Deze site was de eerste vermelding van de twee organisaties in de Verenigde Staten. Ik waarschuwde de lezers dat het artikel niet vergezocht was en trok een parallel tussen mijn artikel en de waarschuwing van de Beierse regering toen de geheime plannen van de Illuminati in handen vielen. Later meer over de Club van Rome en de rol van het Comité van 300 in Amerikaanse zaken.

Veel van de voorspellingen in dat artikel uit 1981 zijn sindsdien uitgekomen, zoals de onbekende Felipe Gonzalez die premier van Spanje werd en de terugkeer van Mitterrand aan de macht in Frankrijk; de val van Giscard d'Estang en Helmut Schmidt; de terugkeer aan de macht van de Zweedse edelman en lid van het Comité van 300, Olof Palme (die sindsdien op mysterieuze wijze is vermoord); de ommekeer van Reagan's presidentschap; en de vernietiging van onze staal-, auto- en huizenindustrie onder het doel van het Comité van 300 van post-industriële nulgroei.

Palme's belang ligt in het feit dat de Club van Rome hem gebruikte om de Sovjet-Unie te voorzien van technologie die op de verbodslijst van de Amerikaanse douane stond, en in Palme's wereldwijde communicatienetwerk dat werd gebruikt om de schijngijzelingscrisis in Iran in de schijnwerpers te zetten, terwijl hij pendelde tussen Washington en Teheran om de soevereine integriteit van de Verenigde Staten te ondermijnen en de nepcrisis te plaatsen in de context van een instelling van het Comité van 300, het Wereldgerechtshof in Den Haag, Nederland.

Deze openlijke samenzwering tegen God en de mens, die de slavernij omvat van de meerderheid van de mensen die op deze aarde achterblijven nadat oorlogen, plagen en massamoord met hen zijn afgelopen, is niet helemaal goed verborgen. In de inlichtingenwereld wordt geleerd dat de beste manier om iets te verbergen is het in het volle zicht te plaatsen. Toen Duitsland bijvoorbeeld in 1938 zijn nieuwe Messerschmitt gevechtsvliegtuig wilde verbergen, werd het toestel tentoongesteld op de Parijse luchtshow. Terwijl geheime agenten en spionnen informatie verzamelden in holle boomstammen of achter bakstenen in muren, sprong de gezochte informatie er voor hen uit.

De geheime parallelle regering op hoog niveau opereert niet vanuit bedompte kelders en geheime ondergrondse kamers. Ze opereert in het zicht, in het Witte Huis, in het Congres, in Downing Street nummer 10 en in de Huizen van het Parlement. Het is als in die rare, zogenaamd angstaanjagende 'monster'-films, waar het monster verschijnt met vervormde gelaatstrekken, lang haar en nog langere tanden, grommend en overal rondsluipend. Het is afleiding, de ECHTE MONSTERS dragen zakenpakken (en dassen) en rijden in limousines naar hun werk op Capitol Hill.

Deze mannen bevinden zich in het zicht. Deze mannen zijn dienaren van de ene wereldregering - de nieuwe wereldorde. Net als de verkrachter die stopt om zijn slachtoffer een vriendelijke wandeling aan te bieden, doet hij zich niet voor als het monster dat hij is. Als hij dat wel deed, zou zijn slachtoffer gillend van angst wegrennen. Hetzelfde geldt voor de overheid op alle niveaus. President Bush lijkt misschien geen toegewijde dienaar van de parallelle schaduwregering, maar vergis je niet, hij is een monster zoals in horrorfilms.

Sta er eens bij stil hoe president Bush opdracht gaf tot de brute slachting van 150.000 Iraakse troepen, in een konvooi van militaire voertuigen met witte vlaggen, toen zij terugkeerden naar Irak volgens de regels van het Verdrag van Genève inzake terugtrekking en overeengekomen terugtrekking. Stel je de ontzetting van de Iraakse troepen voor toen ze, ondanks het feit dat ze met hun witte vlaggen zwaaiden, werden neergemaaid door Amerikaanse vliegtuigen. In een ander deel van het front werden 12.000 Iraakse soldaten levend begraven in loopgraven die zij hadden bezet. Is dat niet monsterlijk in de ware zin van het woord? Waar haalde president Bush de orders vandaan om zo MONSTROUS te handelen? Hij kreeg ze van het Koninklijk Instituut voor Internationale Zaken (RIIA) dat zijn mandaat kreeg van het Comité van 300, ook bekend als de "Olympiërs".

Zoals we zullen zien, zijn zelfs de "Olympiërs" niet in ontkenning. Zij voeren vaak een show op die vergelijkbaar is met die op de Parijse luchtshow, terwijl samenzweringsfanaten hun tijd tevergeefs op de verkeerde plaats en in de verkeerde richting zoeken. Merk op hoe de koningin, Elizabeth II, de openingsceremonie van het Britse parlement verricht. Daar, in het volle zicht, is het hoofd van het Comité van 300. Heeft u ooit de beëdigingsceremonie van een Amerikaanse president bijgewoond? Daar, in het volle zicht, is een ander lid van het Comité van 300. Het probleem is gewoon een kwestie van perceptie.

Wie zijn de samenzweerders die het almachtige Comité van 300 dienen? De best geïnformeerde burgers weten dat er een samenzwering bestaat, en dat die verschillende namen draagt, zoals Illuminati, Vrijmetselarij, de Ronde Tafel of de Milner Groep. Voor hen vertegenwoordigen de CFR en de Trilateralen het meeste van wat hen niet aanstaat als het gaat om binnenlands en buitenlands beleid. Sommigen weten zelfs dat de Ronde Tafel via de Britse ambassadeur in Washington veel invloed heeft op Amerikaanse aangelegenheden. Het probleem is dat het heel moeilijk is om concrete informatie te krijgen over de verraderlijke activiteiten van leden van de onzichtbare regering van de verborgen hand.

Ik citeer de diepzinnige uitspraak van de profeet Hosea (4:6), die in de

Christelijke Bijbel staat:

"Mijn volk wordt *vernietigd* door gebrek aan kennis."

Sommigen van jullie hebben misschien al gehoord van mijn exposé over het buitenlandse hulpschandaal, waarin ik verschillende samenzweerderige organisaties heb genoemd, waarvan er legioenen zijn. Hun uiteindelijke doel is de omverwerping van de Amerikaanse grondwet en de samenvoeging van dit land, door God gekozen als ZIJN land, met een goddeloze "één wereld in een Nieuwe Wereldorde" regering die de wereld zal terugbrengen naar omstandigheden die veel erger zijn dan die welke bestonden tijdens de Donkere Middeleeuwen.

Laten we het hebben over concrete gevallen, de poging tot communautarisering en deïndustrialisering van Italië. Lang geleden verordonneerde het Comité van 300 dat er een kleinere - veel kleinere - en betere wereld zou komen, met andere woorden, *hun* idee van wat een betere wereld is. De ontelbare "nutteloze eters" die de beperkte natuurlijke hulpbronnen verbruikten, moesten worden geruimd (gedood). Industriële vooruitgang bevordert de bevolkingsgroei. Bijgevolg moest het gebod om de aarde te vermenigvuldigen en te onderwerpen uit Genesis worden omgekeerd.

Het doel is het christendom aan te vallen, de industriële natiestaten langzaam maar zeker te desintegreren, honderden miljoenen mensen te vernietigen, door het Comité van 300 aangeduid als de "overtollige bevolking", en elke leider te elimineren die zich durft te verzetten tegen de globale planning van het Comité om bovengenoemde doelstellingen te bereiken.

Twee van de eerste doelwitten van het Comité waren Italië en Pakistan. Wijlen Aldo Moro, premier van Italië, was een van de leiders die zich verzette tegen de "nulgroei" en de voor zijn land geplande demografische bezuinigingen, en daarmee de toorn van de Club van Rome op de hals haalde, die door de "Olympiërs" was belast met de uitvoering van haar beleid op dit gebied. Voor een rechtbank in Rome op 10 november 1982 getuigde een goede vriend van Moro dat de voormalige premier was bedreigd door een agent van het Koninklijk Instituut voor Internationale Zaken (RIIA), ook lid van het Comité van 300, toen hij nog minister van Buitenlandse Zaken van de VS was. De razendsnelle opkomst van de man die de getuige als Kissinger identificeerde zal later worden besproken.

Er zij aan herinnerd dat eerste minister Moro in 1978 door de Rode

Brigades werd ontvoerd en vervolgens op brute wijze werd doodgeschoten. Tijdens het proces tegen de leden van de Rode Brigades getuigden verscheidene van hen dat zij op de hoogte waren van de betrokkenheid van hoge Amerikaanse ambtenaren bij het complot om Moro te vermoorden. Toen hij Moro bedreigde, volgde Kissinger duidelijk niet het buitenlands beleid van de VS, maar handelde hij op instructies van de Club van Rome, de buitenlandse beleidstak van het Comité van 300. De getuige die de bommelding deed in de rechtszaal was een naaste medewerker van Moro, Gorrado Guerzoni.

Zijn explosieve getuigenis werd op 10 november 1982 op de Italiaanse televisie en radio uitgezonden en in verschillende Italiaanse kranten gepubliceerd, maar deze essentiële informatie werd in de Verenigde Staten achtergehouden. De beroemde bolwerken van de vrijheid en het recht om te weten, de *Washington Post* en de *New York Times*, vonden het niet belangrijk om ook maar één regel van Guerzoni's getuigenis af te drukken.

Het nieuws werd ook niet opgepikt door de persbureaus of televisiezenders. Was het feit dat de Italiaanse Aldo Moro, decennialang een vooraanstaand politicus, in het voorjaar van 1978 op klaarlichte dag was ontvoerd en dat al zijn lijfwachten in koelen bloede waren afgeslacht niet nieuwswaardig, ook al werd Kissinger beschuldigd van medeplichtigheid aan deze misdaden? Of was de stilte te wijten aan Kissinger's betrokkenheid?

In mijn exposé uit 1982 over deze gruwelijke misdaad toonde ik aan dat Aldo Moro, een trouw lid van de Christen-Democratische partij, werd vermoord door moordenaars die gecontroleerd werden door de P2 Masonry (zie David Yallop's boek *In God's Name*) om Italië in overeenstemming te brengen met de orders van de Club van Rome om het land te de-industrialiseren en de bevolking drastisch te verminderen. Moro's plannen om Italië te stabiliseren door volledige werkgelegenheid en industriële en politieke vrede zouden de katholieke oppositie tegen het communisme hebben versterkt en de destabilisatie van het Midden-Oosten - een allesoverheersende doelstelling - des te moeilijker hebben gemaakt.

Uit het bovenstaande wordt duidelijk in hoeverre de samenzweerders vooruit plannen. Ze denken niet in termen van een vijfjarenplan. We moeten teruggaan naar Weishaupt's uitspraken over de vroege Katholieke Kerk om de implicaties van Aldo Moro's moord te begrijpen. Moro's dood nam de obstakels weg voor de plannen om

Italië te destabiliseren en maakte het, zoals we nu weten, mogelijk dat de samenzweerderige plannen voor het Midden-Oosten 14 jaar later in de Golfoorlog werden uitgevoerd. Italië is door het Comité van 300 als testdoel gekozen. Italië is belangrijk voor de plannen van de samenzweerders omdat het het dichtst bij het Midden-Oosten gelegen Europese land is, dat verbonden is met de economie en de politiek van het Midden-Oosten. Het is ook het thuisland van de katholieke kerk, die Weishaupt heeft laten vernietigen, en het thuisland van enkele van Europa's machtigste oligarchische families van de voormalige zwarte adel. Als Italië was verzwakt door Moro's dood, zou dat gevolgen hebben gehad in het Midden-Oosten die de invloed van de VS in de regio zouden hebben verzwakt. Italië is nog om een andere reden belangrijk: het is een toegangspoort voor drugs die vanuit Iran en Libanon Europa binnenkomen.

Sinds de oprichting van de Club van Rome in 1968 hebben verschillende groeperingen onder de naam van het socialisme samengewerkt om verschillende Italiaanse regeringen ten val te brengen. Hiertoe behoren de Zwarte Adel van Venetië en Genua, P2 Vrijmetselarij en de Rode Brigades, die allemaal *dezelfde* doelen nastreefden. Rechercheurs van de politie van Rome die aan de zaak Rode Brigades/Aldo Moro werken, hebben de namen ontdekt van verschillende hooggeplaatste Italiaanse families die nauw samenwerken met deze terroristische groepering. De politie legde ook bewijzen bloot dat in minstens een dozijn gevallen deze machtige en prominente families hadden toegestaan dat hun huizen en/of eigendommen werden gebruikt als veilige havens voor cellen van de Rode Brigades.

De Amerikaanse "adel" deed zijn deel om de Republiek Italië te vernietigen, een opmerkelijke bijdrage werd geleverd door Richard Gardner, zelfs toen hij officieel president Carter's ambassadeur in Rome was. In die tijd opereerde Gardner onder de directe controle van Bettino Craxi, een vooraanstaand lid van de Club van Rome en een sleutelfiguur in de NAVO. Craxi stond vooraan bij de pogingen van de samenzweerders om de Italiaanse Republiek te vernietigen. Zoals we zullen zien, slaagde Craxi er bijna in Italië te ruïneren en, als leider van de hiërarchie van de samenzweerders, slaagde hij erin echtscheiding en abortus door het Italiaanse parlement te loodsen, wat resulteerde in de meest ingrijpende en destructieve religieuze en sociale veranderingen die ooit de katholieke kerk en, bijgevolg, de moraal van de Italiaanse natie hebben getroffen.

Na de verkiezing van president Ronald Reagan werd in december 1980 in Washington D.C. een grote bijeenkomst gehouden onder auspiciën van de Club van Rome en de Socialistische Internationale. Deze twee organisaties vallen rechtstreeks onder het Comité van 300. De belangrijkste agenda was het formuleren van manieren om het presidentschap van Reagan te neutraliseren. Er werd een groepsplan aangenomen en achteraf gezien is het volkomen duidelijk dat het plan dat de samenzweerders overeenkwamen te volgen succesvol was.

Om een idee te krijgen van de omvang en de alomtegenwoordigheid van deze samenzwering, zou het op dit punt gepast zijn om de doelstellingen van het Comité van 300 voor de verovering en controle van de wereld op te sommen. Er zijn minstens 40 bekende "takken" van het Comité van 300, en we zullen ze allemaal opnoemen, met een beschrijving van hun functies. Als dit eenmaal is bestudeerd, wordt het gemakkelijk te begrijpen hoe een centraal samenzweringsorgaan zo succesvol kan opereren en waarom geen enkele macht op aarde bestand is tegen hun aanval op de fundamenten van een beschaafde, progressieve wereld, gebaseerd op de vrijheid van het individu, in het bijzonder zoals verklaard in de grondwet van de Verenigde Staten.

Dankzij de verklaring onder ede van Guerzoni kwamen Italië en Europa, maar niet de Verenigde Staten, te weten dat Kissinger achter de dood van Aldo Moro zat. Deze tragische zaak toont het vermogen van het Comité van 300 om zijn wil op te leggen aan *elke* regering, zonder uitzondering. Vanuit zijn positie als lid van het machtigste geheime genootschap ter wereld - en dan heb ik het niet over de Vrijmetselarij - maakte Kissinger Moro niet alleen doodsbang, maar voerde hij ook zijn dreigementen uit om Moro te "elimineren" als hij zijn plan om economische en industriële vooruitgang naar Italië te brengen niet zou opgeven. In juni en juli 1982 getuigde de vrouw van Aldo Moro voor de rechtbank dat de moord op haar man het gevolg was van ernstige bedreigingen tegen zijn leven door wat zij noemde "een hooggeplaatste Amerikaanse politicus". Mevrouw Eleanora Moro herhaalde precies de zin die Kissinger in Guerzoni's verklaring onder ede zou hebben gebruikt: "Of je stopt met je politieke lijn of je zult duur betalen." Teruggeroepen door de rechter, werd Guerzoni gevraagd of hij de persoon waar mevrouw Moro naar verwees kon identificeren. Guerzoni antwoordde dat het Henry Kissinger was, zoals hij eerder had geïmpliceerd.

Guerzoni legde vervolgens aan de rechtbank uit dat Kissinger zijn bedreigingen in Moro's hotelkamer had geuit tijdens het officiële bezoek van de Italiaanse leiders aan de Verenigde Staten. Moro, die toen premier en minister van Buitenlandse Zaken van Italië was, een lid van de NAVO, was een hooggeplaatst man die nooit aan druk en bedreigingen van de maffia had mogen worden blootgesteld. Moro werd bij zijn Amerikaanse bezoek vergezeld door de president van Italië in zijn officiële hoedanigheid. Kissinger was toen, en is nog steeds, een belangrijke agent in dienst van het Royal Institute for International Affairs (Brits), lid van de Club van Rome en de Council on Foreign Relations (Amerikaans).

De rol van Kissinger bij het destabiliseren van de Verenigde Staten door middel van drie oorlogen, in het Midden-Oosten, Korea en Vietnam, is welbekend, evenals zijn rol in de Golfoorlog, waarin het Amerikaanse leger als huurlingen optrad voor het Comité van 300 om Koeweit weer onder controle te krijgen en tegelijkertijd Irak tot voorbeeld te stellen, zodat andere kleine landen niet in de verleiding zouden komen hun lot in eigen handen te nemen.

Kissinger bedreigde ook wijlen Ali Bhutto, president van de soevereine natie Pakistan. Bhutto's "misdaad" was dat hij voorstander was van kernwapens voor zijn land. Als moslimstaat voelde Pakistan zich bedreigd door de voortdurende Israëlische agressie in het Midden-Oosten. Bhutto werd in 1979 gerechtelijk vermoord door de vertegenwoordiger van de Council on Foreign Relations in het land, generaal Zia ul Haq.

Bij zijn geplande opkomst aan de macht moedigde ul Haq een uitzinnige menigte aan om de Amerikaanse ambassade in Islamabad in brand te steken in een kennelijke poging om het CFR te laten zien dat hij hun man was en om meer buitenlandse hulp veilig te stellen en, naar later bleek, om Richard Helms te vermoorden. Enkele jaren later betaalde ul Haq met zijn leven voor zijn interventie in de oorlog in Afghanistan. Zijn C-130 Hercules werd kort na het opstijgen getroffen door ELF-vuur, waardoor het toestel op de grond terechtkwam.

De Club van Rome, die handelde in opdracht van het Comité van 300 om generaal ul Haq te elimineren, aarzelde niet om het leven van een aantal mensen op te offeren.

Amerikaans militair personeel was aan boord van de vlucht, waaronder een groep van de US Army's Defence Intelligence Agency onder leiding van Brigadier General Herber Wassom. Generaal ul Haq was door de Turkse inlichtingendienst gewaarschuwd niet met het vliegtuig te reizen, omdat hij het doelwit was van een bomaanslag in de lucht. Met dit in gedachten nam ul Haq het Amerikaanse team mee als "een verzekeringspolis", zoals hij zijn innerlijke kring van adviseurs vertelde. In mijn boek *Terror in the Skies* uit 1989 gaf ik het volgende verslag van wat er gebeurde:

> "Kort voordat de ul Haq C-130 opsteeg van een Pakistaanse militaire basis, werd een verdacht uitziende vrachtwagen gezien bij de hangar waar de C-130 in stond. De verkeerstoren waarschuwde de beveiliging van de basis, maar tegen de tijd dat er actie werd ondernomen was de C-130 al opgestegen en was de vrachtwagen verdwenen. Enkele minuten later begon het vliegtuig een looping te maken totdat het de grond raakte en in een vuurbal explodeerde. Er is geen verklaring voor dergelijk gedrag van de C-130, een vliegtuig waarvan de prestaties wonderbaarlijk betrouwbaar zijn, en een gezamenlijke Pakistaans-Amerikaanse onderzoekscommissie heeft geen fout van de piloot of een mechanisch of structureel defect vastgesteld. Looping-the-loop is een erkend handelsmerk van een vliegtuig geraakt door E.L.F. vuur."

Het Westen weet dat de Sovjet-Unie in staat was geavanceerde apparatuur voor hoge frequenties te ontwikkelen dankzij het werk van Sovjet-wetenschappers die werkzaam waren in de afdeling intensieve relativistische elektronenbundels van het Kurchatov-Instituut voor Atoomenergie. Twee van deze specialisten waren Y.A. Vinograov en A.A. Rukhadze. Beide wetenschappers werkten aan het Lededev Instituut voor Natuurkunde, dat gespecialiseerd is in elektronen- en röntgenlasers.

Nadat ik deze informatie had ontvangen, zocht ik bevestiging bij andere bronnen en ontdekte dat in Engeland het *International Journal of Electronics* documenten had gepubliceerd die de informatie leken te bevestigen die ik had gekregen over de methode die was gekozen om het C-130 vliegtuig van generaal ul Haq neer te schieten.

Bovendien is deze informatie bevestigd door twee van mijn inlichtingenbronnen. Ik kreeg enige nuttige informatie uit een wetenschappelijk Sovjet-document over deze onderwerpen, gepubliceerd in Engeland onder de titel "Soviet Radio Electronics and Communications Systems". Ik twijfelde er niet aan dat Generaal ul Haq was vermoord. De vrachtwagen die bij de C-130 hangar werd gezien vervoerde ongetwijfeld een mobiel E.L.F. apparaat van het type dat de Sovjet strijdkrachten bezitten.

Volgens schriftelijke getuigenissen van Bhutto, die het land werd uitgesmokkeld terwijl hij in de gevangenis zat, heeft Kissinger hem ernstig bedreigd:

> "Ik zal een verschrikkelijk voorbeeld van u maken als u doorgaat met uw beleid van natievorming."

Bhutto had zich de toorn van Kissinger en de Club van Rome op de hals gehaald door op te roepen tot een kernenergieprogramma om Pakistan in een moderne, geïndustrialiseerde staat te veranderen, wat volgens het Comité van 300 in directe tegenspraak was met Kissingers orders aan de Pakistaanse regering. Wat Kissinger deed door Bhutto te bedreigen was geen officieel Amerikaans beleid, maar het beleid van de moderne Illuminati.

Het is belangrijk te begrijpen waarom kernenergie in de hele wereld zo gehaat wordt en waarom de valse "milieubeweging", die door de Club van Rome is opgericht en financieel wordt gesteund, is opgeroepen om oorlog te voeren tegen kernenergie. Als kernenergie overvloedige en goedkope elektriciteit produceert, zullen derdewereldlanden geleidelijk onafhankelijk worden van Amerikaanse buitenlandse hulp en hun soevereiniteit beginnen te laten gelden. Door kernenergie opgewekte elektriciteit is DE sleutel om derdewereldlanden uit hun achtergebleven toestand te halen, een toestand die het Comité van 300 heeft bevolen te handhaven.

Minder buitenlandse hulp betekent minder controle over de natuurlijke hulpbronnen van een land door de EU.

De Club van Rome en zijn leiders in het Comité van 300 waren tegen dit idee van ontwikkelingslanden die hun lot in eigen handen nemen. We hebben gezien hoe het verzet tegen kernenergie in de Verenigde Staten met succes werd gebruikt om industriële ontwikkeling te blokkeren in overeenstemming met de "postindustriële nulgroei"-plannen van de Club.

Afhankelijkheid van Amerikaanse buitenlandse hulp houdt buitenlandse landen in feite in de greep van de (Amerikaanse) Council on Foreign Relations. De bevolking van de ontvangende landen ontvangt zeer weinig van het geld, dat meestal terechtkomt in de zakken van regeringsleiders die toestaan dat de natuurlijke hulpbronnen van het land in grondstoffen wreed worden uitgekleed door het IMF. Mugabe van Zimbabwe, het vroegere Rhodesië, is een goed voorbeeld van hoe grondstoffen, in dit geval hoogwaardig chroomerts, door buitenlandse hulp worden gecontroleerd. LONRHO, het gigantische conglomeraat dat wordt geleid door Angus Ogilvie, een vooraanstaand lid van het Comité van 300, namens zijn neef, koningin Elizabeth II, heeft nu de volledige controle over deze kostbare hulpbron, terwijl de bevolking van het land steeds dieper wegzakt in armoede en ellende, ondanks meer dan 300 miljoen dollar steun van de Verenigde Staten. LONRHO heeft nu een monopolie op Rhodesisch chroom en kan elke prijs vragen die het wil, terwijl dit onder de regering-Smith niet was toegestaan. Vijfentwintig jaar lang werd een redelijk prijsniveau gehandhaafd voordat het Mugabe-regime aan de macht kwam. Tijdens het veertienjarige bewind van Ian Smith waren er problemen, maar sinds zijn vertrek is de werkloosheid verviervoudigd en verkeert Zimbabwe in een staat van permanente chaos en bankroet. Mugabe heeft genoeg buitenlandse hulp gekregen van de Verenigde Staten (300 miljoen dollar per jaar) om drie hotels te bouwen aan de Franse Rivièra, in Saint-Jean Cap Ferrat en Monte-Carlo, terwijl zijn burgers worstelen met ziekte, werkloosheid en ondervoeding, om nog maar te zwijgen van een ijzeren dictatuur die geen klachten duldt. Vergelijk dit met de regering Smith, die nooit een cent hulp van de Verenigde Staten heeft gevraagd of ontvangen. Het is dus duidelijk dat buitenlandse hulp een krachtig middel is om controle uit te oefenen over landen als Zimbabwe en zelfs over alle Afrikaanse landen.

Het houdt de Amerikaanse burgers ook in een staat van onvrijwillige dienstbaarheid en daardoor minder in staat om zich op een zinvolle manier tegen de regering te verzetten. David Rockefeller wist wat hij deed toen zijn Foreign Aid Bill in 1946 werd ondertekend. Sindsdien is het een van de meest gehate wetten geworden, nadat het publiek onthulde wat het is: een zwendel gerund door de regering en betaald door ons, het volk.

Hoe kunnen de samenzweerders hun greep op de wereld, en in het bijzonder op de Verenigde Staten en Groot-Brittannië, behouden? Een van de meest gestelde vragen is:

> "Hoe kan één enkele entiteit te allen tijde weten wat er gaande is en hoe wordt de controle uitgeoefend?"

Dit boek zal proberen deze en andere vragen te beantwoorden. De enige manier om de realiteit van het succes van de samenzweerders te begrijpen is het noemen en bespreken van de geheime genootschappen, dekmantelorganisaties, overheidsinstellingen, banken, verzekeringsmaatschappijen, internationale ondernemingen, de olie-industrie en de honderdduizenden entiteiten en stichtingen waarvan de leiders lid zijn van het Comité van 300 - het ULTIEME controleorgaan dat *de wereld bestuurt, en dat al* minstens honderd jaar doet.

Aangezien er al tientallen boeken bestaan over de (Amerikaanse) Council on Foreign Relations (CFR) en de Trilaterale Commissie, gaan we meteen door naar de Club van Rome en het German Marshall Fund. Toen ik deze organisaties in de Verenigde Staten presenteerde, hadden weinig of geen mensen ervan gehoord. Mijn eerste boek, *De Club van Rome,* gepubliceerd in 1983, trok vrijwel geen aandacht. Veel leken dachten dat de Club van Rome iets te maken had met de katholieke kerk en dat het Duitse Marshallfonds verwees naar het Marshallplan.

Dit is precies *waarom* het comité *deze namen* koos, om *verwarring te zaaien* en de aandacht af te leiden van wat er gebeurde. Niet dat de Amerikaanse regering het niet wist, maar omdat ze deel uitmaakte van de samenzwering, hielp ze om het deksel op de informatie te houden in plaats van de waarheid bekend te maken. Een paar jaar nadat mijn boek was gepubliceerd, zagen een aantal schrijvers het als een mijn van tot dan toe onaangeboorde informatie en begonnen erover te schrijven en te praten alsof ze het altijd al hadden geweten.

Zij hadden de onthulling dat de Club van Rome en haar financiers onder de naam German Marshall Fund twee sterk georganiseerde samenzweerders waren die opereerden onder de dekmantel van de Noord-Atlantische Verdragsorganisatie (NAVO) en dat de meerderheid van de leidinggevenden van de Club van Rome afkomstig was van de NAVO. De Club van Rome formuleerde al het door de NAVO bepleite beleid en slaagde er via de activiteiten van Lord Carrington, een lid van het Comité van 300, in de NAVO in twee politieke facties te verdelen, langs traditionele links/rechts lijnen.

De Club van Rome is een van de belangrijkste machtsgroepen van de Europese Unie en haar voormalige militaire alliantie. De Club van Rome blijft een van de belangrijkste buitenlandse beleidstakken van het Comité van 300, de andere is Bilderberg. Zij werd in 1968 gevormd uit de kernleden van de oorspronkelijke Morgenthau Groep, op basis van een telefonische oproep van wijlen Aurellio Peccei voor een nieuwe en dringende impuls om de plannen voor één wereldregering - nu de Nieuwe Wereldorde genoemd, hoewel ik de oude naam verkies - te versnellen. Het is zeker een betere taakomschrijving dan New World Order, wat enigszins verwarrend is, omdat er eerder verschillende "New World Orders" zijn geweest, maar geen One World Government.

De oproep van Peccei werd gehoord door de meest subversieve "toekomstplanners" uit de Verenigde Staten, Frankrijk, Zweden, Groot-Brittannië, Zwitserland en Japan die bijeen konden worden gebracht. In de periode 1968-1972 werd de Club van Rome een samenhangend geheel van nieuwe wetenschappers, globalisten, toekomstplanners en internationalisten van allerlei slag. Zoals een afgevaardigde het uitdrukte, "we zijn de veelkleurige mantel van Joseph geworden". Peccei's *Human Quality* vormt de basis van de doctrine die door de politieke vleugel van de NAVO is aangenomen.

De volgende tekst komt uit het boek van Dr. Peccei:

> "Voor het eerst sinds het aanbreken van het eerste millennium in het christendom verkeren grote massa's mensen werkelijk in spanning over de naderende komst van iets onbekends dat hun collectieve lot volledig zou kunnen veranderen... de mens weet niet hoe hij een echt moderne mens moet zijn... De mens heeft het verhaal van de boze draak verzonnen, maar als er ooit een boze draak was, dan is het de mens zelf... Hier hebben we de menselijke paradox: De mens zit gevangen door zijn buitengewone vermogens en prestaties, als in drijfzand - hoe meer hij zijn macht gebruikt, hoe meer hij die nodig heeft.

> "We mogen nooit moe worden te herhalen hoe dwaas het is om de huidige diepe pathologische toestand en onaangepastheid van het hele menselijke systeem gelijk te stellen met een cyclische crisis of voorbijgaande omstandigheden. Sinds de mens de doos van Pandora van de nieuwe technologieën heeft geopend, heeft hij geleden onder ongecontroleerde menselijke proliferatie, groeimanie, energiecrises, echte of potentiële tekorten aan hulpbronnen, aantasting van het milieu, nucleaire waanzin en een groot aantal aanverwante kwalen."

Dit programma is identiek aan het programma dat veel later werd aangenomen door de nep "ecologen" beweging die voortkwam uit dezelfde Club van Rome om de industriële ontwikkeling af te remmen en terug te draaien.

In grote lijnen zou het verwachte tegenprogramma van de Club van Rome betrekking hebben op de uitvinding en verspreiding van "post-industriële" ideeën in de VS, gecombineerd met de verspreiding van tegenculturele bewegingen zoals drugs, rock, seks, hedonisme, satanisme, hekserij en "milieudenken". Het Tavistock Instituut, het Stanford Research Institute en het Institute of Social Relations, in feite het hele scala aan toegepaste sociaal-psychiatrische onderzoeksinstellingen, hadden afgevaardigden in het bestuur van de Club van Rome, of traden op als adviseurs en speelden een leidende rol in de poging van de NAVO om de "Aquarius Samenzwering" aan te nemen.

De naam Nieuwe Wereldorde wordt gezien als een gevolg van de Golfoorlog van 1991, terwijl erkend wordt dat de regering van één wereld eeuwen oud is. De Nieuwe Wereldorde is *niet* nieuw, zij bestaat en ontwikkelt zich in de een of andere vorm al *heel* lang (Jeremia 11:9. Ezechiël 22:25. Openbaring 12:7-9.), maar zij wordt gezien als een ontwikkeling van de toekomst, wat *niet het* geval is; de Nieuwe Wereldorde heeft haar wortels in het verleden en duurt voort in het heden. Daarom zei ik hierboven dat de term Eén Wereldregering de voorkeur heeft, of zou moeten hebben, boven elke andere. Aurellio Peccei vertrouwde zijn goede vriend Alexander Haig eens toe dat hij zich voelde als "Adam Weishaupt gereïncarneerd". Peccei had veel van Weishaupts briljante vermogen om de huidige Illuminati te organiseren en te controleren, en dit manifesteerde zich in Peccei's controle over de NAVO en de formulering van haar beleid op wereldschaal.

De heer Peccei leidde de Economische Raad van het Atlantisch Instituut gedurende drie decennia toen hij CEO was van Giovanni Agnelli's Fiat Motor Company. Agnelli, uit een oude zwarte Italiaanse adellijke familie met dezelfde naam, is een van de meest prominente leden van het Comité van 300 van het Atlantisch Instituut.

Zij speelde een leidende rol bij ontwikkelingsprojecten in de Sovjet-Unie. De Club van Rome is een samenzweerderige dekmantelorganisatie, een verbond tussen Anglo-Amerikaanse financiers en de voormalige zwarte adellijke families van Europa, met name de zogenaamde "adel" van Londen, Venetië en Genua. De sleutel tot hun succesvolle controle over de wereld is hun vermogen om woeste economische recessies en uiteindelijk depressies te creëren en te beheersen. Het Comité van 300 ziet wereldwijde sociale convulsies gevolgd door depressies als een voorbereidingstechniek voor grotere gebeurtenissen die komen gaan, omdat hun belangrijkste methode om massa's mensen over de hele wereld te beheersen hen in staat zal stellen in de toekomst de begunstigden van hun "welzijn" te worden.

Het comité lijkt veel van zijn belangrijke beslissingen over de mensheid te baseren op de filosofie van de Poolse aristocraat Felix

Dzerzhinsky, die de mensheid enigszins superieur achtte aan het vee. Als goede vriend van de Britse inlichtingenofficier Sydney Reilly (Reilly was eigenlijk Dzerzjinski's controleur tijdens de beginjaren van de Bolsjewistische revolutie) nam hij Reilly vaak in vertrouwen tijdens zijn drinkpartijen. Dzerzhinsky was natuurlijk het beest dat het Rode Terreur apparaat leidde. Hij vertelde Reilly eens, terwijl de twee mannen dronken, dat...

> "De mens is van geen belang. Kijk wat er gebeurt als je hem uithongert. Hij begint zijn dode metgezellen op te eten om in leven te blijven. De mens is *alleen* geïnteresseerd *in* zijn *eigen* overleving. Dat is het enige dat telt. Al dat Spinoza gedoe is gewoon onzin."

De Club van Rome heeft zijn eigen particuliere inlichtingendienst en "leent" ook van David Rockefeller's INTERPOL. Alle Amerikaanse inlichtingendiensten werken er nauw mee samen, evenals de KGB en de Mossad. De enige dienst die buiten haar bereik is gebleven, is de Oost-Duitse inlichtingendienst STASI. De Club van Rome heeft ook zijn eigen goed georganiseerde politieke en economische agentschappen. Zij waren het die president Reagan vertelden om Paul Volcker, een ander vooraanstaand lid van het Comité van 300, in te schakelen.

Volcker bleef voorzitter van de Federal Reserve Board, ondanks de belofte van kandidaat Reagan om hem te ontslaan zodra hij was verkozen. De Club van Rome, die een sleutelrol had gespeeld in de Cubaanse raketcrisis, probeerde zijn "crisisbeheersingsprogramma" (de voorloper van FEMA) aan president Kennedy te verkopen. Verschillende wetenschappers van Tavistock gingen naar de president om uit te leggen wat het inhield, maar de president wees hun advies af. Hetzelfde jaar dat Kennedy werd vermoord, was Tavistock opnieuw in Washington voor besprekingen met de NASA. Deze keer waren de gesprekken vruchtbaar. Tavistock kreeg een contract van de NASA om het effect van het toekomstige ruimteprogramma op de Amerikaanse publieke opinie te beoordelen.

Het contract werd toegekend aan het Stanford Research Institute en de Rand Corporation. Veel van het door Tavistock bij deze twee instellingen geproduceerde materiaal heeft nooit het daglicht gezien en blijft tot op de dag van vandaag verzegeld. Verschillende senaatscommissies en subcommissies die ik benaderde voor informatie zeiden dat ze er "nooit van gehoord" hadden en geen idee hadden waar ik kon vinden wat ik zocht. Dat is de macht en het prestige van het Comité van 300.

In 1966 adviseerden mijn inlichtingencollega's mij om Dr. Anatol Rappaport te benaderen, die een verhandeling had geschreven waarin de regering geïnteresseerd zou zijn. Het was een document bedoeld om een einde te maken aan NASA's ruimteprogramma, dat volgens Rappaport zijn nut had overleefd. Rappaport gaf me graag een kopie van zijn document dat, zonder in detail te treden, in feite zegt dat NASA's ruimteprogramma moet worden geschrapt. NASA heeft te veel wetenschappers die een slechte invloed hebben op Amerika omdat ze altijd klaar staan om op scholen en universiteiten colleges te geven over hoe raketten werken, van constructie tot voortstuwing. Volgens Rappaport zou dit een generatie volwassenen voortbrengen die besluiten ruimtewetenschapper te worden, om vervolgens "overbodig" te worden omdat in het jaar 2000 niemand hun diensten nodig heeft.

Niet eerder was het rapport van Rappaport over NASA door de Club van Rome aan de NAVO gepresenteerd, of het Comité van 300 eiste actie. De NAVO-Club van Rome ambtenaren die verantwoordelijk waren voor dringende actie tegen NASA waren Harland Cleveland, Joseph Slater, Claiborne K. Pell, Walter J. Levy, George McGhee, William Watts, Robert Strausz-Hupe (VS ambassadeur bij de NAVO) en Donald Lesh. In mei 1967 werd een bijeenkomst georganiseerd door het Comité voor Wetenschap en Technologie van de Noord-Atlantische Vergadering en het Foreign Policy Research Institute. Deze was getiteld "Conference on Transatlantic Imbalance and Collaboration" en werd gehouden op het paleis van Koningin Elizabeth in Deauville, Frankrijk.

Het fundamentele doel en de bedoeling van de conferentie van Deauville was de technologische en industriële vooruitgang in de Verenigde Staten een halt toe te roepen. De conferentie leverde twee boeken op, waarvan er één hier wordt genoemd, Brzezinski's *Technotronic Era*. Het andere is geschreven door de voorzitter van de conferentie, Aurellio Peccei, getiteld *The Chasm Ahead*. Peccei was het grotendeels eens met Brzezinski, maar voegde eraan toe dat er chaos zou ontstaan in een toekomstige wereld die NIET wordt gereguleerd door een GLOBALE REGERING. In dit verband drong Peccei erop aan de Sovjet-Unie een "convergentie met de NAVO" aan te bieden, die zou uitmonden in een gelijkwaardig partnerschap met de Verenigde Staten in een Nieuwe Wereldorde. De twee naties zouden verantwoordelijk zijn voor toekomstig "crisismanagement en mondiale planning". Het eerste "mondiale planningscontract" van de Club van Rome werd toegekend aan het Massachusetts Institute of Technology (MIT), een van de belangrijkste onderzoeksinstituten van het Comité van 300, met Jay Forrestor en Dennis Meadows aan het hoofd van het project.

Wat was de inhoud van hun rapport? Het verschilde niet wezenlijk van wat Malthus en Von Hayek verkondigden, namelijk de oude kwestie van het gebrek aan natuurlijke hulpbronnen. Het Forrestor-Meadows rapport was een complete fraude. Wat er niet in stond was dat de bewezen vindingrijkheid van de mens ons naar alle waarschijnlijkheid in staat zou stellen de "tekorten" te omzeilen. Fusie-energie, de aartsvijand van het Comité van 300, zou kunnen worden toegepast om natuurlijke hulpbronnen te creëren. Een fusietoorts zou bijvoorbeeld uit een vierkante kilometer gewoon gesteente genoeg aluminium kunnen produceren om vier jaar lang in onze behoeften te voorzien.

Peccei werd nooit moe te preken tegen nationale staten en hun destructieve aard voor de vooruitgang van de mensheid. Hij riep op tot "collectieve verantwoordelijkheid". Nationalisme is een kankergezwel voor de mensheid" was het thema van verschillende van Peccei's belangrijkste toespraken. Zijn goede vriend Ervin Lazlo produceerde in 1977 een boek in dezelfde geest, getiteld *Doelen van de mensheid*, een referentiestudie voor de Club van Rome. Het hele synthesedocument was een venijnige aanval op industriële expansie en stedelijke groei. Gedurende deze jaren bleef Kissinger, als de aangewezen contactpersoon, namens het RIIA in nauw contact met Moskou. Global modelling" documenten werden regelmatig gedeeld met Kissinger's vrienden in het Kremlin.

Wat de derde wereld betreft, stelde Harland Cleveland van de Club van Rome een rapport op dat het toppunt van cynisme was. Cleveland was destijds de Amerikaanse ambassadeur bij de NAVO. In essentie kwam het document erop neer dat het aan de naties van de Derde Wereld zou zijn om onderling te beslissen welke bevolkingsgroepen moesten worden geëlimineerd. Zoals Peccei later schreef (gebaseerd op het Cleveland Rapport):

> "Beschadigd door het tegenstrijdige beleid van drie grote landen en blokken, hier en daar ruw bij elkaar geraapt, valt de bestaande internationale economische orde zichtbaar uit elkaar... Het vooruitzicht dat men zijn toevlucht moet nemen tot triage - beslissen wie gered moet worden - is inderdaad zeer somber. Maar

als het helaas zover zou komen, kan het recht om zulke beslissingen te nemen niet worden overgelaten aan slechts een paar landen, want dat zou hen een verontrustende macht geven over het leven van de hongerigen in de wereld."

Het toont het beleid van het Comité om Afrikaanse landen opzettelijk uit te hongeren, zoals de landen ten zuiden van de Sahara. Dit was cynisme op zijn ergst, want het Comité van 300 had zichzelf al de beslissingen van leven en dood toegeëigend, en Peccei wist dat. Hij had daar al op gewezen in zijn boek *De grenzen aan de groei*. Peccei verwierp de industriële en agrarische vooruitgang volledig en eiste in plaats daarvan dat de wereld onder de auspiciën van één enkele coördinerende raad, namelijk de Club van Rome en zijn NAVO-instellingen, in één enkele wereldregering zou worden geplaatst.

Natuurlijke hulpbronnen moeten worden toegewezen onder de auspiciën van een wereldwijde planning. Natiestaten zouden ofwel de overheersing van de Club van Rome kunnen accepteren, ofwel de wet van de jungle toepassen en vechten om te overleven. In hun eerste "testcase" planden Meadows en Forrestor namens de RIIA de Arabisch-Israëlische oorlog van 1973 om de wereld duidelijk te maken dat natuurlijke hulpbronnen zoals olie in de toekomst onder controle zouden komen van de mondiale planners, het Comité van 300 dus.

Het Tavistock Institute belegde een overleg met Peccei waarvoor McGeorge Bundy, Homer Perlmutter en Dr Alexander King waren uitgenodigd. Vanuit Londen reisde Peccei naar het Witte Huis waar hij een ontmoeting had met de president en zijn kabinet, en vervolgens naar het State Department waar hij een ontmoeting had met de Secretary of State, de State Department Intelligence Service en de State Department Policy Planning Council. Dus vanaf het begin was de Amerikaanse regering volledig op de hoogte van de plannen van het Comité van 300 voor dit land. Dit zou de vraag moeten beantwoorden die vaak gesteld wordt,

> "Waarom zou onze regering toestaan dat de Club van Rome subversief opereert in de Verenigde Staten?"

Het economische en monetaire beleid van Volcker weerspiegelde dat van Sir Geoffrey Howe, minister van Financiën en lid van het Comité van 300, en illustreerde hoe Groot-Brittannië de Verenigde Staten vanaf de nasleep van de Oorlog van 1812 controleerde en dat nog steeds doet via het beleid van het Comité van 300.

Wat zijn de doelstellingen van deze geheime elitegroep, erfgenaam van het Illuminisme (Veroverende Wind van Moria), de Cultus van Dionysus, de Cultus van Isis, het Katharisme, het Bogomilisme? Deze elite groep die zichzelf ook de *OLYMPIANEN* noemt (zij geloven dat zij werkelijk gelijk zijn in macht en statuur aan de legendarische goden van Olympus, die, net als Lucifer hun god, zichzelf boven onze ware God hebben geplaatst) geloven absoluut dat zij belast zijn met het uitvoeren van het volgende door goddelijk recht:

1) **Eén Wereld Regering** - Nieuwe Wereld Orde met een verenigde kerk en monetair systeem onder hun leiding. Weinig mensen weten dat de regering van één wereld in de jaren 1920-1930 begon met het opzetten van haar "kerk", omdat zij zich realiseerde dat een inherent religieus geloof in de mensheid een uitlaatklep nodig had en dus een "kerk" creëerde om dat geloof in de door haar gewenste richting te kanaliseren.

2) **De** totale **vernietiging van** alle nationale identiteit en trots.

3) **De vernietiging van religie** en meer in het bijzonder de christelijke religie, met één uitzondering, hun eigen creatie hierboven genoemd.

4) **De controle over** elk individu door middel van mind control en wat Brzezinski "Technotronics" noemt, die menselijk ogende robots zou creëren en een systeem van terreur waarbij Felix Dzerzinski's Rode Terreur kinderspel zou lijken.

5) Het **einde van alle industrialisatie** en de productie van nucleair opgewekte elektriciteit in wat zij noemen "de post-industriële, nulgroei maatschappij". IT en dienstverlenende bedrijven zijn vrijgesteld. De Amerikaanse industrieën die overblijven zullen worden geëxporteerd naar landen als Mexico, waar slavenarbeid in overvloed is. In het kielzog van de industriële vernietiging zullen de werklozen ofwel verslaafd raken aan opium, heroïne of cocaïne, ofwel statistieken worden in het eliminatieproces dat we nu kennen als Global 2000.

6) **Legalisering van** drugs en pornografie.

7) Ontvolking **van** de grote steden volgens de proef van het Pol Pot-regime in Cambodja. Het is interessant op te merken dat de genocidale plannen van Pol Pot hier in de Verenigde Staten werden opgesteld door een van de onderzoeksstichtingen van de Club van Rome. Het is ook interessant op te merken dat het

Comité momenteel probeert de slagers van Pol Pot opnieuw in Cambodja te vestigen.

8) **Onderdrukking van** alle wetenschappelijke ontwikkelingen, behalve die welke het Comité gunstig acht. Vooral kernenergie voor vreedzame doeleinden is het doelwit. Fusie-experimenten, momenteel geminacht en belachelijk gemaakt door het Comité en zijn poedels in de pers, worden in het bijzonder verafschuwd. De ontwikkeling van de fusietoorts zou het concept van "beperkte natuurlijke hulpbronnen" van het Comité onderuit halen. Een goed gebruikte fusietoorts zou onbeperkte, onaangeboorde natuurlijke hulpbronnen kunnen creëren uit de meest gewone stoffen. De toepassingen van de fusietoorts zijn legio en zouden de mensheid ten goede komen op manieren die het publiek nog helemaal niet begrijpt.

9) Door beperkte **oorlogen** in geavanceerde landen, en hongersnood en ziekte in derde wereld landen, de dood van 3 miljard mensen veroorzaken tegen het jaar 2000, mensen die zij "nutteloze eters" noemen. Het Comité van 300 vroeg Cyrus Vance een document te schrijven over hoe zo'n genocide het best tot stand kan worden gebracht. Het document werd opgesteld onder de titel "Global 2000 Report" en werd aanvaard en goedgekeurd voor actie door president Carter, voor en namens de regering van de VS, en aanvaard door Edwin Muskie, toenmalig minister van Buitenlandse Zaken. Volgens het Global 2000 Report moet de bevolking van de Verenigde Staten tegen 2050 met 100 miljoen zijn afgenomen.

10) Om de moraal van de natie te **verzwakken** en de arbeidersklasse te demoraliseren door massale werkloosheid te creëren. Naarmate de werkgelegenheid afneemt door het postindustriële nulgroeibeleid van de Club van Rome, zullen gedemoraliseerde en ontmoedigde arbeiders hun toevlucht nemen tot alcohol en drugs. De jeugd van het land zal via rockmuziek en drugs worden aangemoedigd om te rebelleren tegen de status quo, waardoor de gezinseenheid wordt ondermijnd en uiteindelijk vernietigd. In dit verband heeft het Comité van 300 het Tavistock Institute gevraagd een gedetailleerd plan op te stellen over hoe dit kan worden bereikt. Tavistock gaf Stanford Research de opdracht dit werk uit te voeren onder leiding van professor Willis Harmon. Dit werk zou later bekend worden als "The Aquarian Conspiracy".

11) Mensen, waar dan ook, **beletten** hun eigen lot te bepalen door de ene crisis na de andere te *creëren* en deze crises vervolgens te "beheren". Dit zal de mensen zodanig desoriënteren en demoraliseren dat, geconfronteerd met te veel keuzes, het resultaat apathie op grote schaal zal zijn. In de Verenigde Staten bestaat al een agentschap voor crisisbeheer. Het is de Federal Emergency Management Agency (FEMA), waarvan ik het bestaan voor het eerst onthulde in 1980. We komen te zijner tijd terug op FEMA.

12) Nieuwe sektes **introduceren** en bestaande blijven versterken, waaronder rock 'muziek' gangers zoals Mick Jagger's 'Rolling Stones', een gangsterband die zeer geliefd is bij de zwarte Europese adel, en alle door Tavistock gecreëerde 'rock' bands die begonnen met de 'Beatles'. Doorgaan met het ontwikkelen van de cultus van het christelijk fundamentalisme, begonnen door de dienaar van de Britse Oost-Indische Compagnie, Darby, die zal worden gekaapt om de zionistische staat Israël te versterken door zich met de Joden te identificeren via de *mythe van* "Gods uitverkoren volk" en door enorme sommen geld te doneren aan wat zij ten onrechte beschouwen als een religieuze zaak ter bevordering van het christendom.

13) **Lobby** voor de verspreiding van religieuze sektes zoals de Moslim Broederschap, Moslim fundamentalisme, Sikhs, en het uitvoeren van Jim Jones en "Son of Sam" type moord experimenten. Er zij op gewezen dat wijlen Ayatollah Khomeini een creatie was van de Britse Militaire Inlichtingendienst Divisie 6, algemeen bekend als MI6, zoals ik in mijn boek *What Really Happened in Iran* uit 1985 rapporteerde.

14) De ideeën van "religieuze bevrijding" over de hele wereld **exporteren** om alle bestaande religies, maar in het bijzonder de christelijke, te ondermijnen. Dit begon met de "jezuïtische bevrijdingstheologie" die het regime van de Somoza-familie in Nicaragua ten val bracht en nu El Salvador, dat al 25 jaar in een "burgeroorlog" verkeert, Costa Rica en Honduras vernietigt. Een zeer actieve entiteit die zich bezighoudt met zogenaamde bevrijdingstheologie is de Mary Knoll Mission, die communistisch georiënteerd is. Daarom kreeg de moord op vier zogenaamde nonnen van Mary Knoll in El Salvador enkele jaren geleden zoveel aandacht in de media. Deze vier nonnen waren communistische subversieve agenten en hun activiteiten werden

uitgebreid gedocumenteerd door de regering van El Salvador. De Amerikaanse pers en media hebben geweigerd enige ruimte of aandacht te geven aan de massa's documenten die in het bezit zijn van de Salvadoraanse regering, documenten die bewijzen wat de missienonnen van Mary Knoll in het land deden. Mary Knoll diende in vele landen en speelde een leidende rol bij de introductie van het communisme in Rhodesië, Mozambique, Angola en Zuid-Afrika.

15) Een totale ineenstorting van de wereldeconomieën en een totale politieke chaos.

16) **Neem de controle over** al het buitenlandse en binnenlandse beleid van de VS.

17) De supranationale instellingen zoals de Verenigde Naties (VN), het Internationaal Monetair Fonds (IMF), de Bank voor Internationale Betalingen (BIB) en het Internationaal Strafhof ten volle steunen en, waar mogelijk, de impact van lokale instellingen verminderen door ze af te schaffen of onder auspiciën van de VN te plaatsen.

18) Alle regeringen **binnendringen** en **ondermijnen**, en binnen die regeringen werken aan de vernietiging van de soevereine integriteit van de naties die zij vertegenwoordigen.

19) **Organiseer** een wereldwijd **terroristisch** apparaat en onderhandel met terroristen wanneer er terroristische activiteiten plaatsvinden. Je zult je herinneren dat het Bettino Craxi was die de Italiaanse en Amerikaanse regering overhaalde om te onderhandelen met de Rode Brigades die premier Moro en generaal Dozier ontvoerden. Overigens heeft generaal Dozier opdracht gekregen niet te praten over wat er met hem is gebeurd. Als hij zijn zwijgen verbreekt, zal hij ongetwijfeld worden veranderd in "een afschuwelijk voorbeeld" van Kissingers behandeling van Aldo Moro, Ali Bhutto en generaal Zia ul Haq.

20) om **de controle** over het onderwijs in Amerika over te **nemen** met de bedoeling en het doel om het volledig te vernietigen. De meeste van deze doelstellingen, die ik voor het eerst opsomde in 1969, zijn sindsdien bereikt of goed op weg om bereikt te worden. Van bijzonder belang in het programma van het Comité van 300 is de kern van zijn economisch beleid, dat grotendeels is gebaseerd op de leer van Malthus, de zoon van een Engelse geestelijke die door de Britse Oost-Indische Compagnie, waarop

het Comité van 300 is geënt, tot grote bekendheid werd gebracht.

Malthus betoogde dat de menselijke vooruitgang samenhangt met de natuurlijke capaciteit van de aarde om een bepaald aantal mensen te onderhouden. Zodra deze natuurlijke hulpbronnen verbruikt zijn, is het onmogelijk ze te vervangen. Daarom is het, zoals Malthus aangaf, noodzakelijk de bevolking te beperken binnen de grenzen van de afnemende natuurlijke hulpbronnen. Het spreekt vanzelf dat de elite zich niet zal laten bedreigen door een groeiende bevolking van "nutteloze eters", vandaar de noodzaak tot ruimen. Zoals ik al zei, is het "ruimen" vandaag aan de gang, volgens de methoden die worden aanbevolen in het "Global 2000 Report".

Alle economische plannen van het Comité staan op het kruispunt van Malthus en Frederick Von Hayek, een andere pessimistische econoom die door de Club van Rome werd gesponsord. Von Hayek, van Oostenrijkse afkomst, stond lange tijd onder controle van David Rockefeller, en zijn theorieën werden algemeen aanvaard in de Verenigde Staten. Volgens Von Hayek zou het economisch platform van de Verenigde Staten gebaseerd moeten zijn op (a) zwarte markten in de steden (b) kleine industrieën zoals in Hong Kong die gebruik maken van sweatshop-arbeid (c) de toeristenhandel (d) Free Enterprise Zones waar speculanten ongehinderd hun gang kunnen gaan en de drugshandel kan floreren (e) het beëindigen van alle industriële activiteit en (f) het sluiten van alle kerncentrales.

De ideeën van Von Hayek vallen perfect samen met die van de Club van Rome, wat misschien verklaart waarom hij zo goed gepromoot wordt in rechtse kringen in dit land. De intellectuele erfenis van Von Hayek werd doorgegeven aan een nieuwe, jongere econoom, Jeoffrey Sachs, die naar Polen werd gestuurd om de fakkel van Von Hayek over te nemen.

Er zij aan herinnerd dat de Club van Rome de Poolse economische crisis heeft georganiseerd die tot de politieke destabilisatie van het land heeft geleid. Dezelfde economische planning zal zogezegd aan Rusland worden opgelegd, maar in geval van wijdverbreid verzet zal het oude prijsondersteuningssysteem snel opnieuw worden ingevoerd.

Het Comité van 300 gaf de Club van Rome de opdracht het Poolse nationalisme te gebruiken als instrument om de katholieke kerk te vernietigen en de weg vrij te maken voor de herbezetting van het land door Russische troepen. De "Solidariteitsbeweging" was het geesteskind van Zbigniew Brzezinski, een lid van het Comité van 300, die de naam van de "vakbond" koos en de leiders en organisatoren ervan selecteerde. Solidariteit is geen "vakbeweging", hoewel de scheepswerfarbeiders van Gdansk werden gebruikt om haar te lanceren, maar eerder een POLITIEKE organisatie op hoog niveau, opgericht om gedwongen veranderingen te bewerkstelligen met het oog op de komst van een één-wereldregering.

De meeste leiders van Solidariteit waren afstammelingen van bolsjewistische Joden uit Odessa en stonden niet bekend om hun haat tegen het communisme. Dit helpt de uitgebreide berichtgeving door de Amerikaanse nieuwsmedia te begrijpen. Professor Sachs heeft het proces een stap verder gebracht door de economische slavernij te verzekeren van een Polen dat onlangs is bevrijd van de overheersing door de USSR. Polen wordt nu de economische slaaf van de Verenigde Staten. Het enige dat is gebeurd, is dat de meester is veranderd.

Brzezinski is de auteur van een boek dat gelezen had moeten worden door elke Amerikaan die geïnteresseerd is in de toekomst van dit land. Getiteld *The Technotronic Era*, werd het geschreven in opdracht van de Club van Rome. Dit boek is een openlijke aankondiging van de manier en methoden die zullen worden gebruikt om de Verenigde Staten in de toekomst te controleren. Het kondigt ook het klonen aan en "robotoids", d.w.z. mensen die zich gedragen als mensen en er uitzien als mensen, maar dat niet zijn. Brzezinski, die sprak namens het Comité van 300, zei dat de VS "een tijdperk binnentreedt dat zijn weerga niet kent; we gaan een technotronisch tijdperk binnen dat gemakkelijk een dictatuur kan worden". Ik heb uitgebreid bericht over het "technotronische tijdperk" in 1981 en heb het verschillende keren genoemd in mijn nieuwsbrieven.

Brzezinski zei verder dat onze maatschappij "zich nu in een informatierevolutie bevindt die gebaseerd is op amusement, spektakelsporten (televisie-uitzendingen van sportevenementen) die een opium zijn voor een steeds doellozer wordende massa". Was Brzezinski weer een ziener en profeet? Kon hij in de toekomst kijken? Het antwoord is NEE; wat hij in zijn boek schreef was gewoon gekopieerd van het plan van het Comité van 300 dat ter uitvoering aan de Club van Rome werd overhandigd. Is het niet zo dat we in 1991 al een massa doelloze burgers hebben? We zouden kunnen zeggen dat 30 miljoen werklozen en 4 miljoen daklozen een "doelloze massa" vormen, of tenminste de kern van zo'n massa.

Naast religie, het "opium van de massa" waar Lenin en Marx de noodzaak van inzagen, hebben we nu de opium van massasport, ongebreidelde seksuele verlangens, rockmuziek en een hele nieuwe generatie drugsverslaafde kinderen. Ongedwongen seks en een epidemie van drugsgebruik zijn gecreëerd om mensen af te leiden van wat er om hen heen gebeurt. In "The Technotronic Age" spreekt Brzezinski over de "massa" alsof mensen levenloze objecten zijn - wat waarschijnlijk is hoe wij worden gezien door het Comité van 300. Hij verwijst voortdurend naar de noodzaak om de "massa" die wij zijn te controleren.

Op een gegeven moment vertelt hij de bonen:

"Tegelijkertijd zal de mogelijkheid om sociale en politieke controle over het individu uit te oefenen aanzienlijk toenemen. Binnenkort zal het mogelijk zijn om bijna permanente controle uit te oefenen op elke burger en actuele bestanden bij te houden, die naast de meer gebruikelijke gegevens zelfs de meest persoonlijke details bevatten over de gezondheid en het persoonlijk gedrag van elke burger. Deze bestanden zullen onmiddellijk opvraagbaar zijn door de autoriteiten. De macht zal naar diegenen gaan die de informatie beheersen. Onze huidige instellingen zullen worden vervangen door instellingen voor pre-crisisbeheer, die tot taak zullen hebben van tevoren mogelijke sociale crises vast te stellen en programma's te ontwikkelen om deze aan te pakken (dit beschrijft de structuur van FEMA, die veel later kwam).

"Dit zal in de komende decennia trends in de richting van een TECHNOTRONISCH tijdperk, een DICTATORSHIP, bevorderen, waardoor er nog minder ruimte overblijft voor politieke procedures zoals wij die kennen. Tot slot, vooruitkijkend naar het einde van de eeuw, zou de mogelijkheid van BIOCHIMISCHE MENTALE CONTROLE EN GENETISCHE INTERVENTIE MET MENSEN, MET INBEGRIP VAN ZIJN DIE FUNCTIONEREN ALS MENSEN EN DENKEN ALS MENSEN, kunnen leiden tot enkele moeilijke vragen".

Brzezinski schreef niet als particulier, maar als Carter's nationale veiligheidsadviseur, prominent lid van de Club van Rome, lid van het Comité van 300, lid van de CFR en lid van de oude zwarte Poolse adel. In zijn boek legt hij uit hoe Amerika zijn industriële basis moet opgeven en wat hij noemt "een duidelijk nieuw historisch tijdperk" moet binnentreden.

"Wat Amerika uniek maakt is zijn bereidheid om te experimenteren met de toekomst, of het nu pop-art of LSD is.

Vandaag de dag is Amerika de creatieve samenleving, de anderen zijn, bewust of onbewust, navolgers."

Wat hij had moeten zeggen was dat Amerika de proeftuin is voor het beleid van het Comité van 300, dat rechtstreeks leidt tot de ontbinding van de oude orde en de intrede in de Eén Wereld Regering - Nieuwe Wereld Orde.

Een van de hoofdstukken in *The Technotronic Age legt* uit hoe nieuwe technologieën een intense confrontatie met zich mee zullen brengen die de sociale en internationale vrede zwaar op de proef zal stellen. Vreemd genoeg staan we nu al onder intense druk van bewaking. Lourdes, Cuba, is één plaats waar dit gebeurt. De andere is het NAVO-hoofdkwartier in Brussel, België, waar een reusachtige computer die bekend staat als "666" gegevens kan opslaan van alle soorten die Brzezinski heeft genoemd, en de extra capaciteit heeft om gegevens te verzamelen van miljarden mensen in verschillende landen, maar die, in het licht van het genocidale Global 2000 rapport, waarschijnlijk nooit gebruikt zal hoeven worden.

Het opvragen van gegevens zal eenvoudig zijn in de VS, waar sociale zekerheids- of rijbewijsnummers eenvoudigweg kunnen worden toegevoegd aan 666 om de bewakingsgegevens te verkrijgen die Brzezinski en zijn collega's in het Comité van 300 hebben aangekondigd. Het Comité waarschuwde regeringen, waaronder die van de USSR, al in 1981 dat er "chaos zou ontstaan tenzij het Comité van 300 de voorbereidingen voor de Nieuwe Wereld Orde volledig onder controle krijgt".

"controle zal worden uitgeoefend via ons comité en via globale planning en crisisbeheer."

Ik meldde deze feitelijke informatie een paar maanden nadat ik het in 1981 had ontvangen. Iets anders wat ik toen meldde was dat RUSLAND werd uitgenodigd om deel te nemen aan de voorbereidingen voor één enkele wereldregering.

Toen ik deze dingen in 1981 schreef, waren de wereldplannen van de samenzweerders al in een vergevorderd stadium van voorbereiding. Als we terugkijken op de afgelopen tien jaar, kunnen we zien hoe snel de plannen van het Comité zijn gevorderd. Als de informatie uit 1981 al alarmerend was, zou dat nu nog meer het geval moeten zijn, nu we de laatste stadia naderen van de ondergang van de Verenigde Staten zoals we die kennen. Met onbeperkte financiering, met honderden denktanks en 5.000 sociale ingenieurs, met de bagatellisering van de media en de controle van de meeste regeringen, kunnen we zien dat we een probleem van immense proporties aan het beramen zijn, waartegen *geen enkele* natie zich op dit moment kan verzetten.

Zoals ik al zo vaak heb gezegd, zijn we misleid om te geloven dat het probleem waarover ik spreek zijn oorsprong vindt in Moskou. We zijn gehersenspoeld om te geloven dat het communisme het grootste gevaar is voor de Amerikanen. *Dit is gewoon niet het geval.* Het *grootste* gevaar komt van de massa verraders in ons midden. Onze grondwet waarschuwt ons voor de vijand binnen onze grenzen. [1]Deze vijanden zijn de dienaren van het Comité van 300, die *hoge posities* bekleden binnen onze regeringsstructuur. De VERENIGDE STATEN is waar we onze strijd MOETEN beginnen om het tij te keren dat ons dreigt te overspoelen, en waar we deze interne samenzweerders moeten ontmoeten en verslaan.

De Club van Rome heeft ook een rechtstreekse rol gespeeld bij het ontstaan van de 25 jaar durende oorlog in El Salvador, als onderdeel van het algemene plan van Elliot Abrams van het Amerikaanse ministerie van Buitenlandse Zaken. Het was Willy Brandt, lid van het Comité van 300, leider van de Socialistische Internationale en voormalig kanselier van West-Duitsland, die het "slotoffensief" van de Salvadoraanse guerrilla financierde, dat gelukkig niet slaagde. El Salvador werd door het Comité uitgekozen om van Midden-Amerika een zone te maken voor een nieuwe Dertigjarige Oorlog, een taak die aan Kissinger werd toegewezen om uit te voeren onder de onschuldige titel "Andesplan".

Om te laten zien hoe samenzweerders over de landsgrenzen heen opereren: de door Willy Brandt geplande "laatste offensieve" actie kwam voort uit een bezoek aan Felipe Gonzalez, die zich op dat moment voorbereidde om de toekomstige premier van Spanje te worden, een rol die door de Club van Rome was voorbestemd. Behalve ikzelf en enkele van mijn vroegere collega's van de

---

[1] "Ten slotte, mijn broeders, *wees sterk in de Heer* en in de kracht van zijn macht. Trek de hele wapenrusting van God aan, zodat u bestand bent tegen de listen van de duivel. Want wij worstelen niet tegen vlees en bloed, maar tegen overheden, tegen machten, tegen de heersers van de duisternis van deze wereld, tegen *geestelijke boosheden op hoge plaatsen.*" - Paulus van Tarsus, Efeziërs 6:10-12.

inlichtingendienst, scheen niemand van Gonzalez gehoord te hebben, voordat hij in Cuba opdook. Gonzalez was de Club van Rome's chargé de mission voor El Salvador, en de eerste socialist die politieke macht kreeg in Spanje sinds de dood van Generaal Franco.

Gonzalez was op weg naar Washington om de "Get Reagan" socialistische bijeenkomst van de Club van Rome bij te wonen, die plaatsvond in december 1980. Aanwezig bij de ontmoeting tussen Gonzalez en Castro was de linkse guerrilla Guillermo Ungo, hoofd van het Institute for Policy Studies (IPS), de bekendste linkse denktank van het Committee of 300 in Washington. Ungo stond aan het hoofd van een IPS-lid dat omkwam bij een mysterieus vliegtuigongeluk op weg van Washington naar Havana om Castro te ontmoeten.

Zoals de meesten van ons weten, worden links en rechts van het politieke spectrum door dezelfde mensen beheerst, hetgeen mede verklaart waarom Ungo een oude vriend was van wijlen Napoleon Duarte, leider van de rechtervleugel van El Salvador. Het was na de bijeenkomst in Cuba dat het "slotoffensief" van de Salvadoraanse guerrilla's werd uitgevoerd.

De polarisatie van Zuid-Amerika en de Verenigde Staten was een speciale missie die door het Comité van 300 aan Kissinger was toevertrouwd. De Falklandoorlog (ook bekend als de Falklandoorlog) en de daaropvolgende omverwerping van de Argentijnse regering, gevolgd door economische chaos en politieke opschudding, werden gepland door Kissinger Associates in overleg met Lord Carrington, een hooggeplaatst lid van het Comité van 300.

Een van de belangrijkste troeven van het Comité van 300 in de Verenigde Staten, het Aspen Institute in Colorado, hielp ook bij het plannen van de gebeurtenissen in Argentinië, zoals bij de val van de Sjah van Iran. Latijns-Amerika is belangrijk voor de VS, niet alleen omdat wij met de landen aldaar talrijke wederzijdse defensieverdragen hebben gesloten, maar ook omdat het een enorme markt zou kunnen vormen voor de uitvoer van technologie en zware industriële apparatuur uit de VS, die veel van onze noodlijdende bedrijven een impuls zou hebben gegeven en duizenden nieuwe banen zou hebben opgeleverd. Dit moest tegen elke prijs worden voorkomen, zelfs als dat 30 jaar oorlog zou betekenen.

In plaats van dit enorme potentieel positief te zien, zag het Comité van 300 het als een gevaarlijke bedreiging voor de post-industriële, nulgroei plannen van de Verenigde Staten en nam onmiddellijk maatregelen om Argentinië als voorbeeld te stellen, om andere Latijns-Amerikaanse landen te waarschuwen dat ze hun ideeën over het bevorderen van nationalisme, onafhankelijkheid en soevereiniteitintegriteit moesten vergeten. Dit is de reden waarom zoveel Latijns-Amerikaanse landen zich tot drugs hebben gewend als enige middel van bestaan.

Amerikanen kijken in het algemeen neer op Mexico, en dat is precies de houding waarmee het Comité *wil dat* de bevolking van de Verenigde Staten naar Mexico kijkt. We moeten onze kijk op Mexico en Zuid-Amerika in het algemeen veranderen. Mexico vertegenwoordigt een potentieel enorme markt voor allerlei Amerikaanse producten, wat duizenden banen kan opleveren voor zowel Amerikanen als Mexicanen. Onze industrieën "ten zuiden van de grens" verplaatsen en slavenlonen betalen aan maquiladoras is niet in het belang van beide landen. Niemand heeft er baat bij, behalve de "Olympiërs".

Mexico ontving het grootste deel van zijn nucleaire technologie van Argentinië, maar de Falklandoorlog maakte een einde aan deze situatie. In 1986 besloot de Club van Rome een einde te maken aan de export van nucleaire technologie naar ontwikkelingslanden. Met kerncentrales die overvloedige en goedkope elektriciteit produceren, zou Mexico "het Duitsland van Latijns-Amerika" zijn geworden. Een dergelijke situatie zou een ramp zijn geweest voor de samenzweerders die in 1991 alle uitvoer van nucleaire technologie stopzetten, met uitzondering van die bestemd voor Israël.

Wat het Comité van 300 voor Mexico in gedachten heeft is een feodale boerenstand, een toestand die het gemakkelijk maakt de Mexicaanse olie te beheren en te plunderen. Een stabiel en welvarend Mexico kan alleen maar een aanwinst zijn voor de Verenigde Staten. Dit is wat de samenzweerders willen voorkomen, en daarom hebben zij tientallen jaren van insinuaties, laster en directe economische oorlogsvoering tegen Mexico gevoerd. Voordat voormalig president Lopes Portillo aan de macht kwam en de banken werden genationaliseerd, verloor Mexico 200 miljoen dollar per dag door kapitaalvlucht, georganiseerd en georkestreerd door vertegenwoordigers van het Comité van 300 in Wall Street-banken en -makelaars.

Hadden we in de Verenigde Staten maar staatslieden en geen politici aan het roer, dan konden we gezamenlijk optreden en de plannen van de regering van één wereld en de Nieuwe Wereldorde om Mexico tot een staat van onmacht te reduceren, verijdelen. Als we de plannen van de Club van Rome voor Mexico zouden kunnen verslaan, zou dat een schok zijn voor het Comité van 300, een schok waarvan ze lang zouden herstellen. De erfgenamen van de Illuminati zijn een even grote bedreiging voor de VS als voor Mexico. Door samenwerking met Mexicaanse patriottische bewegingen kunnen we in de VS een geduchte macht creëren om rekening mee te houden. Maar zo'n actie vereist leiderschap, en het ontbreekt ons meer dan ooit aan leiderschap.

Het Comité van 300, via de vele aangesloten organisaties, slaagde erin Reagan's presidentschap ongedaan te maken. Dit is wat Stuart Butler van de Heritage Foundation hierover te zeggen had: "Rechts dacht dat het in 1980 had gewonnen, maar in feite had het verloren". Butler verwijst naar de situatie waarin rechts zich bevond toen het besefte dat alle belangrijke posten in de regering-Reagan werden bezet door Fabiaanse socialisten die door de Heritage Foundation waren aangesteld. Butler zei verder dat Heritage rechtse ideeën zou gebruiken om radicaal linkse principes aan de Verenigde Staten op te leggen, dezelfde radicale ideeën die Sir Peter Vickers Hall, Amerika's grootste Fabianist en Heritage's belangrijkste man, tijdens het verkiezingsjaar openlijk had besproken.

Sir Peter Vickers Hall bleef een actieve Fabianist, ook al leidde hij een Tory "denktank". Als lid van de Britse oligarchische wapenfabrikantenfamilie Vickers had hij positie en macht. De familie Vickers leverde aan beide zijden tijdens de Eerste Wereldoorlog en opnieuw tijdens Hitlers machtsovername. Vickers' officiële dekmantel was het Institute of Urban and Regional Development aan de Universiteit van Californië. Hij was lange tijd een vertrouweling van de Britse Labourleider en lid van het Comité van 300, Anthony Wedgewood Benn.

Vickers en Benn worden beiden lid van het Tavistock Institute for Human Relations, 's werelds belangrijkste hersenspoelinstituut. Vickers gebruikt zijn Tavistock training goed in zijn toespraken. Neem het volgende voorbeeld:

> "Er zijn twee Amerika's. Het ene is de samenleving van de XIX eeuw gebaseerd op zware industrie. Het andere is de ontluikende post-industriële samenleving, in sommige gevallen gebouwd op de brokstukken van het oude Amerika. Het is de crisis tussen deze twee werelden die de economische en sociale catastrofe van het

komende decennium zal veroorzaken. De twee werelden staan fundamenteel tegenover elkaar; ze kunnen niet naast elkaar bestaan. Uiteindelijk moet de post-industriële wereld de andere verpletteren en uitroeien."

Vergeet niet dat die toespraak werd gehouden in 1981 en wij kunnen aan de toestand van onze economie en onze industrieën zien hoe accuraat Sir Peter's voorspelling was. Wanneer bezorgde mensen mij vragen hoe lang de recessie van 1991 zal duren, verwijs ik hen naar de verklaringen van Sir Peter en voeg daar mijn eigen mening aan toe dat zij niet zal eindigen voor 1995/1996, en zelfs dan zal het resultaat niet het Amerika zijn dat wij kenden in de jaren 1960 en 1970. Dat Amerika is *al* vernietigd.

"Mijn volk wordt vernietigd bij gebrek aan [Mijn] kennis". - God, Hosea 4:6.

Ik meldde Sir Peter's toespraak in mijn nieuwsbrief kort nadat deze was gehouden. Hoe profetisch was het, maar het was gemakkelijk om een toekomst te voorspellen die al voor Amerika geschreven was door het Comité van 300 en zijn uitvoerende arm, de Club van Rome. Wat zei Sir Peter eufemistisch? Vertaald in gewone taal zei hij dat de oude Amerikaanse manier van leven, onze echte republikeinse regeringsvorm, gebaseerd op onze grondwet, verpletterd zou worden door de Nieuwe Wereld Orde. Amerika zoals we het kenden moest verdwijnen, of in stukken worden geblazen.

Zoals ik al zei, leden van het Comité van 300 maken zich vaak erg zichtbaar. Sir Peter vormde daarop geen uitzondering. Om zijn punt duidelijk te maken, besloot Sir Peter zijn toespraak met de volgende woorden:

"Ik werk graag samen met de Heritage Foundation en dat soort groepen. De echte Fabians kijken naar Nieuw Rechts om enkele van hun meer radicale ideeën door te drukken. Gedurende meer dan een decennium is het Britse publiek onderworpen aan een constante stortvloed van propaganda over het industriële verval. Allemaal waar, maar het netto effect van deze propaganda was om de bevolking te demoraliseren. (Precies zoals voorspeld door de nieuwe wetenschap wetenschappers in Tavistock.)

"Dit is wat er in de Verenigde Staten zal gebeuren als de economie verslechtert. Dit proces (van demoralisatie) is nodig om mensen moeilijke keuzes te laten accepteren. Als er geen planning voor de toekomst is, of als speciale belangengroepen de vooruitgang blokkeren, zal er sociale chaos ontstaan op een schaal die momenteel moeilijk voorstelbaar is. De vooruitzichten voor stedelijk Amerika zijn somber. Het is mogelijk om iets te doen met stadscentra, maar fundamenteel zullen steden krimpen en de productiebasis zal afnemen. Dat zal sociale stuiptrekkingen veroorzaken."

Was Sir Peter een medium, een magiër met grote faam of gewoon een charlatan waarzegger met veel geluk? Het antwoord is "geen van bovenstaande". Het enige wat Sir Peter deed was het lezen van het Comité van 300 - het plan van de Club van Rome voor de langzame dood van de Verenigde Staten als voormalige industriële reus. Kan er, gezien Sir Peter's tien jaar van voorspellingen, enige twijfel bestaan dat de plannen van het Comité van 300 voor de ondergang van de geïndustrialiseerde Verenigde Staten een voldongen feit zijn geworden?

Zijn Sir Peters voorspellingen niet opmerkelijk accuraat gebleken? Inderdaad, bijna tot het laatste woord. Het is vermeldenswaard dat Sir Peter Vickers (de schoonvader van Sir Peter Vickers-Hall) werkte aan het Stanford-onderzoeksartikel, "Changing Images of Man", waaruit veel van de 3000 bladzijden adviesmateriaal dat aan de Reagan-regering werd gezonden, werd geput. Bovendien was Sir Peter Vickers, als hoge Britse inlichtingenofficier bij MI6, in een positie om Heritage van veel informatie vooraf te voorzien.

Als lid van het Comité van 300 en de NAVO was Sir Peter Vickers aanwezig toen de NAVO de Club van Rome vroeg een sociaal programma te ontwikkelen dat de richting waarin Amerika wilde gaan volledig zou veranderen. De Club van Rome gaf, onder leiding van Tavistock, het Stanford Research Institute (SRI) opdracht een dergelijk programma te ontwikkelen, niet alleen voor Amerika, maar voor elke natie in het Atlantisch Bondgenootschap en de OESO-landen.

Het was Sir Peters protegé, Stuart Butler, die president Reagan 3000 pagina's met "aanbevelingen" gaf, die vermoedelijk enkele van de standpunten bevatten van Anthony Wedgewood Benn, parlementslid en invloedrijk lid van het Comité van 300. Benn vertelde dit aan leden van de Socialistische Internationale die op 8 december 1980 in Washington bijeen waren:

> "Je kunt floreren onder de Volcker kredietcrisis als je Reagan loodst om de kredietcrisis te intensiveren."

Butlers advies werd opgevolgd en toegepast op de regering Reagan, zoals blijkt uit de ineenstorting van de kredietverenigingen en het bankwezen die onder Reagans economisch beleid in een stroomversnelling kwam. Hoewel Benn het "sturen" noemde, bedoelde hij eigenlijk dat Reagan gehersenspoeld moest worden. Interessant is dat Von Hayek - die een stichtend lid is van Heritage - zijn leerling, Milton Friedman, gebruikte om leiding te geven aan de plannen van de Club van Rome om Amerika te de-industrialiseren door Reagans presidentschap te gebruiken om de ineenstorting van de staalindustrie, en later de auto- en huizenindustrie, te versnellen.

In dit verband kreeg een lid van de zwarte Franse adel, Étienne D'Avignon, als lid van het Comité van 300, de opdracht om de staalindustrie in dit land ten gronde te richten. Het is onwaarschijnlijk dat de honderdduizenden staalarbeiders en werfarbeiders die al tien jaar zonder werk zitten, ooit van D'Avignon hebben gehoord. Ik gaf een volledig verslag van het D'Avignon plan in de Economic Review van april 1981. Een mysterieuze man uit Iran, die Bani Sadr bleek te zijn, de speciale gezant van Ayatollah Khomeini, woonde op 10 december van dat jaar de noodlottige bijeenkomst van de Club van Rome in Washington D.C. bij.

Eén toespraak in het bijzonder, gehouden tijdens het conclaaf van 10 december 1980, trok mijn aandacht, vooral omdat hij afkomstig was van François Mitterrand, een man die door het Franse establishment als ouderwets was afgedaan. Maar mijn inlichtingenbron had me eerder verteld dat Mitterrand werd hersteld, afgestoft en weer aan de macht gebracht, dus wat hij zei legde voor mij veel gewicht in de schaal:

> "De industrieel-kapitalistische ontwikkeling is het tegendeel van vrijheid: we moeten er een eind aan maken. De economische systemen van de XX en XXI eeuw zullen de machine gebruiken om de mens te vervangen, te beginnen met kernenergie, die nu al geweldige resultaten oplevert."

De terugkeer van Mitterrand in het Élysée was een grote triomf voor het socialisme. Het bewees dat het Comité van 300 machtig genoeg was om gebeurtenissen te voorspellen en te laten gebeuren, met geweld, of met welk middel dan ook, om te laten zien dat het elke oppositie kon verpletteren, zelfs als deze, zoals in het geval van Mitterrand, enkele dagen eerder door een invloedrijke groep in Parijs volledig was afgewezen.

Een andere vertegenwoordiger van de groep op de bijeenkomsten van december 1980 in Washington met de status van "waarnemer" was John Graham, ook bekend als "Irwin Suall", hoofd van de onderzoekscommissie van de Anti-Defamation League (ADL). De ADL is een volwaardige Britse inlichtingenoperatie die wordt geleid door de drie takken van de Britse inlichtingendienst, namelijk MI6 en het JIO. Suall's enorme trukendoos werd verworven in de riolen van Londen's East End. Suall is nog steeds lid van de supergeheime SIS, een elite James Bond-achtige operatie-eenheid. Niemand mag de macht van ADL of zijn grote bereik onderschatten.

Suall werkt nauw samen met Hall en andere Fabianisten. Hij werd aangewezen als nuttig voor de Britse inlichtingendienst toen hij het Ruskin Labour-College bezocht aan de Universiteit van Oxford, Engeland, hetzelfde centrum van communistisch onderwijs dat ons Milner, Rhodes, Burgess, McLean en Kim Philby gaf. De universiteiten van Oxford en Cambridge zijn lange tijd het domein geweest van de zonen en dochters van de elite, zij wier ouders tot de "cr" van de Britse high society behoren. Tijdens zijn studie in Oxford sloot Suall zich aan bij de Young People's Socialist League en werd kort daarna gerekruteerd door de Britse geheime dienst.

Suall werd uitgezonden naar de Verenigde Staten, waar hij onder de bescherming en sponsoring kwam te staan van een van 's lands meest verraderlijke linksmensen, Walter Lippmann. Lippmann stichtte en leidde de League for Industrial Democracy en Students for Democratic Society, twee linkse organisaties die tot doel hadden industriële arbeiders in conflict te brengen met wat hij noemde "de kapitalistische klasse" en de werkgevers. Beide projecten van Lippmann maakten integraal deel uit van het Amerikaanse apparaat van het Comité van 300, waarvan Lippmann een zeer belangrijk lid was.

Suall heeft nauwe banden met het Ministerie van Justitie en kan FBI profielen krijgen van iedereen die hij als doelwit heeft. Het Ministerie van Justitie heeft orders om Suall te geven wat hij wil, wanneer hij dat wil. De meeste activiteiten van Suall betreffen "het in de gaten houden van rechtse groepen en individuen". De ADL heeft een open deur naar het State Department en maakt goed gebruik van de indrukwekkende inlichtingendienst van dat ministerie.

Het State Department heeft een laag van rechtse agenten die zich voordoen als "onverschrokken antisemitische strijders". Er zijn vier leiders in deze groep informanten, waarvan drie discrete Joodse homoseksuelen. Deze groep spionnen is al twee decennia actief. Zij publiceren virulent anti-Joodse "kranten" en verkopen een grote verscheidenheid aan antisemitische boeken. Een van de belangrijkste operatoren werkt vanuit Louisiana. Een lid van de groep is een populaire schrijver in christelijk-rechtse kringen. De groep en de personen binnen de groep staan onder bescherming van de ADL. Suall is nauw betrokken geweest bij ABSCAM en wordt vaak gevraagd door wetshandhavingsdiensten om te helpen bij hun onderzoeken en undercoveroperaties.

Suall had als taak Reagan "in de gaten te houden", in termen van het pad dat de Heritage Foundation voor de nieuw gekozen president had uitgestippeld, en een paar waarschuwingsschoten af te vuren als Reagan op enig moment leek af te wijken of zijn oogkleppen zou afzetten. Suall hielp bij het verwijderen van lastige rechtse adviseurs die niet afhankelijk waren van Heritage voor hun baan in de regering Reagan. [2]Dat was het geval met Ray Donovan, Reagan's Minister van Arbeid, die uiteindelijk uit zijn ambt werd gezet dankzij de "Dirty-Tricks" afdeling van de ADL. James Baker III, een van de mensen op de lijst van 3000 aanbevelingen van de Heritage Foundation, was de tussenpersoon die Suall's haatberichten over Donovan doorgaf aan de president.

Een andere belangrijke samenzweerder was Philip Agee, de zogenaamde "overloper" van de CIA. Hoewel hij geen lid was van het Comité, was hij niettemin zijn zaakgelastigde voor Mexico en werd hij aangestuurd door het (Britse) Royal Institute for International Affairs (RIIA) en de (Amerikaanse) Council on Foreign Relations. Voor de goede orde: er gebeurt niets in de Verenigde Staten zonder de sanctie van het RIIA. Dit is een doorlopende en permanente overeenkomst die in 1938 voor het eerst OPENLIJK werd gesloten (daarvoor waren er veel van dit soort geheime overeenkomsten) door Churchill en Roosevelt, op grond waarvan de Amerikaanse inlichtingendiensten verplicht zijn topgeheime informatie te delen met de Britse inlichtingendiensten.

Dit is de basis van de zogenaamde "speciale relatie" tussen de twee landen, die volgens Churchill en Lord Halifax in alle opzichten "speciaal" was.

De "relatie" was er verantwoordelijk voor dat de VS de Golfoorlog

---

[2] "Verdraaide slagen", Ndt.

tegen Irak voerden voor en namens Britse belangen, met name British Petroleum, een van de belangrijkste bedrijven van het Comité van 300, waarin de directe familie van koningin Elizabeth een aanzienlijk belang heeft.

Sinds 1938 hebben er geen inlichtingenactiviteiten plaatsgevonden, behalve via deze speciale gezamenlijke commandostructuur. Philip Agee kwam bij de CIA na zijn afstuderen aan de Notre Dame, waar hij werd opgenomen in de kring van jezuïtische vrijmetselaars. Agee kwam voor het eerst onder mijn aandacht in 1968 als de inlichtingenofficier achter de rellen op de Universiteit van Mexico. Een van de belangrijkste aspecten van de Mexicaanse studentenrellen was dat ze gelijktijdig plaatsvonden met de studentenrellen in New York, Bonn, Praag en West-Berlijn.

Dankzij de coördinatie-expertise en het speciale inlichtingennetwerk waarvan INTERPOL integraal deel uitmaakt, is het voor het Comité niet zo moeilijk als het op het eerste gezicht lijkt om zorgvuldig geplande wereldwijde acties op gang te brengen, van studentenrellen tot het afzetten van leiders van zogenaamd soevereine naties. Het maakt allemaal deel uit van het dagelijkse werk van de "Olympiërs". Vanuit Mexico sloot Agee zich aan bij Puerto Ricaanse terreurgroepen. In deze periode werd hij een vertrouweling van de Cubaanse dictator Fidel Castro.

Men moet niet denken dat Agee deze operaties uitvoerde als een "rogue" agent. Integendeel, hij werkte gedurende deze missies voor de CIA. Het probleem ontstond toen Castro's DGI (Cubaanse inlichtingendienst) hem wist te "draaien". Agee bleef werken als lid van de CIA totdat zijn dubbelrol werd ontdekt. Dit was de grootste Sovjet afluisterpost in het Westen, gevestigd in Lourdes, Cuba. Bezet door 3.000 Sovjetspecialisten in signaalcontrole en decodering, kon Lourdes duizenden elektronische signalen tegelijk afluisteren. Talrijke privé telefoongesprekken tussen een Congreslid en zijn minnares werden in Lourdes opgepikt en nuttig gebruikt.

Hoewel ons vandaag, in 1991, wordt verteld dat "het communisme dood is", hebben de Verenigde Staten niets gedaan om een einde te maken aan de enorme spionageoperatie voor onze deur. Bovendien kan Lourdes zelfs het zwakste "tempest"-signaal opvangen, het soort signaal dat door een fax of een elektrische schrijfmachine wordt uitgezonden en dat, wanneer het eenmaal is ontcijferd, de inhoud van het getypte of gefaxte weergeeft. Lourdes blijft een "dolk in het hart" van de Verenigde Staten. Er is geen enkele reden om haar bestaan in stand te houden. Als de VS en de USSR werkelijk in vrede met elkaar leven, waarom hebben ze dan nog steeds zo'n massale spionageoperatie nodig? De eenvoudige waarheid is dat de KGB in 1990 en 1991 massaal personeel aannam, in plaats van zijn personeel in te krimpen zoals men ons wil doen geloven.

Bernard Levin is waarschijnlijk geen bekende naam in de Verenigde Staten. In tegenstelling tot decadente popsterren of Hollywoods nieuwste crummy "ontdekking", zijn academici zelden of nooit in de publieke belangstelling. Van de honderden Amerikaanse academici die onder toezicht van de Club van Rome werken, verdient Levin een speciale vermelding, al was het maar om de volgende redenen: zijn rol in het ondermijnen van Iran, de Filippijnen, Zuid-Afrika, Nicaragua en Zuid-Korea. De val van de Sjah van Iran werd uitgevoerd volgens een plan bedacht door Bernard Levin en Richard Falk, en begeleid door Robert Anderson's Aspen Instituut.

Levin is de auteur van *Time Perspective and Morale*, een publicatie van de Club van Rome over hoe het moreel van naties en individuele leiders kan worden gebroken. Hier is een uittreksel uit dat document:

> "Een van de belangrijkste technieken om het moreel te breken, door middel van een strategie van terreur, bestaat uit precies deze tactiek: de persoon in het ongewisse houden over zijn situatie en wat hij kan verwachten. Als bovendien de frequente afwisseling tussen harde disciplinaire maatregelen en beloften van een goede behandeling, alsmede de verspreiding van tegenstrijdige berichten, de structuur van de situatie onduidelijk maken, kan het individu niet meer weten of een bepaald plan hem naar zijn doel zal leiden of er juist van weg. Onder deze omstandigheden worden zelfs personen die duidelijke doelen hebben en bereid zijn risico's te nemen, verlamd door het ernstige innerlijke conflict over wat zij moeten doen."

Dit project van de Club van Rome geldt zowel voor LANDEN als voor individuele personen, met name voor de regeringsleiders van die landen. In de Verenigde Staten hoeven we niet te denken: "Oh, dit is Amerika, en deze dingen gebeuren hier niet". Ik verzeker u dat ze wel degelijk gebeuren in de Verenigde Staten, en misschien wel *meer dan* in enig ander land.

Het plan Levin-Club van Rome is bedoeld om ons allemaal te demoraliseren, zodat we uiteindelijk het gevoel krijgen dat we moeten volgen wat ons wordt opgedragen. We zullen de bevelen van de Club van Rome volgen als schapen. Elke schijnbaar sterke leider die plotseling verschijnt om de natie te "redden" moet met de grootste argwaan worden bekeken. Vergeet niet dat Khomeini jarenlang werd voorbereid door de Britse inlichtingendienst, met name tijdens zijn verblijf in Parijs, voordat hij plotseling verscheen als de redder van Iran. Boris Jeltsin kwam uit dezelfde MI6-SIS stal.

De Club van Rome is ervan overtuigd dat zij geslaagd is in haar opdracht om de Verenigde Staten te "verzachten". Wie zal er, na 45 jaar oorlog tegen de bevolking van deze natie, aan twijfelen dat zij haar taak inderdaad heeft volbracht? Kijk om je heen en zie hoe gedemoraliseerd we zijn geworden. Drugs, pornografie, rock and roll "muziek", vrije seks, de totaal ondermijnde gezinseenheid, lesbianisme, homoseksualiteit en, tenslotte, de afschuwelijke moord op miljoenen onschuldige baby's door hun eigen moeders. Is er ooit een verachtelijker misdaad geweest dan massa-abortus?

In een tijd waarin de Verenigde Staten geestelijk en moreel failliet zijn, waarin onze industriële basis is vernietigd en 30 miljoen mensen werkloos zijn, waarin onze grote steden verschrikkelijke beerputten zijn van elke denkbare misdaad, waarin het moordcijfer bijna drie keer zo hoog is als in enig ander land, met 4 miljoen daklozen en overheidscorruptie die endemische proporties aanneemt, wie kan dan tegenspreken dat de Verenigde Staten een land aan het worden is dat klaar is om van binnenuit in te storten, in de armen van de nieuwe één-wereldregering van de Donkere Middeleeuwen?

De Club van Rome is erin geslaagd de christelijke kerken te verdelen; zij is erin geslaagd een leger op te bouwen van charismatische fundamentalisten en evangelischen die zullen vechten voor de zionistische staat Israël. Tijdens de genocidale Golfoorlog ontving ik tientallen brieven met de vraag hoe ik me kon verzetten tegen "een rechtvaardige christelijke oorlog tegen Irak". Hoe kon ik eraan twijfelen dat de steun van christelijke fundamentalisten voor de (Comité van 300) oorlog tegen Irak onbijbels was - heeft Billy Graham immers niet met president Bush gebeden vlak voordat het schieten begon? Spreekt de Bijbel niet over "oorlogen en geruchten over oorlogen"?

Deze brieven geven inzicht in de *effectiviteit* van het werk van het Tavistock Instituut. Christelijke fundamentalisten zullen een geduchte kracht achter de staat Israël zijn, precies zoals voorspeld. Hoe triest dat deze goede mensen zich niet realiseren dat zij op grove wijze zijn misleid door de Club van Rome en dat hun meningen en overtuigingen *NIET de hunne* zijn, maar die welke voor hen zijn *gecreëerd* door de honderden Comités van 300 "denktanks" die het Amerikaanse landschap bezaaien. Met andere woorden, net als elk ander segment van de Amerikaanse bevolking zijn christelijke fundamentalisten en evangelischen volledig gehersenspoeld.

Als natie zijn we bereid de ondergang van de Verenigde Staten van Amerika en de Amerikaanse manier van leven, ooit de afgunst van de wereld, te accepteren. Denk niet dat dit zomaar gebeurd is - het oude "tijd verandert" syndroom. De tijd verandert niets, het zijn de mensen die veranderen. Het is een vergissing om het Comité van 300 en de Club van Rome te zien als Europese instellingen. De Club van Rome heeft grote invloed en macht in de Verenigde Staten, en heeft een eigen afdeling in Washington D.C.

Senator Claiborne Pell is de leider en een van de leden is Frank M. Potter, voormalig stafdirecteur van de subcommissie Energie van het Huis. Potter, voormalig staf directeur van het Huis Energie Subcommissie. Het is niet moeilijk te begrijpen hoe de Club van Rome zijn greep op het Amerikaanse energiebeleid heeft kunnen behouden en waar het "groene" verzet tegen kernenergie vandaan komt. Misschien wel de grootste prestatie van de Club was haar greep op het Congres over kernenergie, die tot gevolg had dat de Verenigde Staten de 21e eeuw niet ingingen als een sterke industriële natie. Het effect van het anti-kernenergiebeleid van de Club van Rome kan worden gemeten in termen van stille hoogovens, verlaten spoorwegstations, roestende staalfabrieken, reeds lang gesloten scheepswerven en kostbare geschoolde arbeidskrachten verspreid over de Verenigde Staten die nooit meer bijeengebracht kunnen worden.

De andere leden van de Club van Rome in de Verenigde Staten zijn Walter A. Hahn van de Congressional Research Service, Ann Cheatham en Douglas Ross, beiden senior economen. Ross' taak was, in zijn eigen woorden, "de perspectieven van de Club van Rome te vertalen in wetgeving om het land te helpen de illusie van overvloed af te schudden". Ann Cheatham was directeur van een organisatie genaamd het Congressional Clearing-House for the Future.

Haar taak was het profileren van Congresleden die vatbaar waren voor astrologie en New Age mumbo jumbo. Op een gegeven moment had ze meer dan 100 Congresleden in haar klassen. Dagelijks werden sessies gehouden waarin verschillende astrologische "voorspellingen" werden gedaan, gebaseerd op haar "occulte waarnemingen". Naast leden van het Congres woonden ook andere prominenten haar sessies bij, waaronder Michael Walsh, Thornton Bradshaw - een prominent lid van het Comité van 300 - en David Sternlight, een vice-president van de verzekeringsmaatschappij Allstate. Sommige van de meest prominente leden van het Comité van 300 zijn ook lid van de NAVO, een feit dat we niet mogen vergeten. Deze leden van het Comité van 300 bekleden vaak meerdere functies. Leden van de NAVO-Club van Rome zijn onder meer Harland Cleveland, voormalig ambassadeur van de VS bij de NAVO, Joseph Slater, directeur van het Aspen Institute, Donald Lesh, voormalig functionaris van het US National Security Agency, George McGhee en Claiborne Pell, om er maar een paar te noemen.

Het is belangrijk dat we deze namen onthouden, dat we er een lijst van maken als u wilt, zodat we ons herinneren wie ze zijn en waar ze voor staan wanneer hun namen verschijnen in televisieprogramma's en nieuwsdiensten. Volgens de modus vivendi van de inlichtingendiensten verschijnen de leiders van de commissie vaak op televisie, meestal in de meest onschuldige gedaante. We moeten weten dat *niets* wat zij doen onschuldig is.

Het Comité van 300 heeft zijn agenten geplaatst in de spieren en zenuwen van de Verenigde Staten, in de regering, in het Congres, als adviseurs van de president, als ambassadeurs en als staatssecretarissen. Van tijd tot tijd organiseert de Club van Rome bijeenkomsten en conferenties die, hoewel ze onschuldige titels hebben, zijn onderverdeeld in actiecomités, die elk een specifieke taak en een precieze streefdatum krijgen toegewezen waarop ze hun opdracht moeten voltooien. Als het niets anders doet, werkt het Comité van 300 volgens een zeer nauwkeurig tijdschema. De eerste conferentie van de Club van Rome in de Verenigde Staten werd in 1969 door het Comité van 300 bijeengeroepen onder de titel "The Club of Rome Association". De volgende bijeenkomst werd gehouden in 1970 onder de titel "Riverdale Centre of Religious Research" en werd voorgezeten door Thomas Burney. Deze werd gevolgd door de Woodlands Conference, gehouden in Houston, Texas, vanaf 1971. Daarna werden in Woodlands jaarlijks regelmatige conferenties gehouden. Eveneens in 1971 hield de Mitchell Energy and Development Corporation voor de Club van Rome zijn bijeenkomst over energiestrategie: Het terugkerende thema: BEPERKING VAN DE GROEI IN DE VS. Als klap op de vuurpijl werd in juli 1980 de eerste World Futures Conference gehouden, bijgewoond door 4.000 sociale ingenieurs en leden van denktanks, allen lid of aangesloten bij diverse instellingen die onder de paraplu van de Club van Rome vallen.

De First World Futures Conference had de zegen van het Witte Huis, dat zijn eigen conferentie organiseerde op basis van de transcripties van het forum van de First World Futures Conference. De conferentie heette de "White House Commission on the 1980s" en beval OFFICIEEL het beleid van de Club van Rome aan "als leidraad voor het toekomstige beleid van de VS" en ging zelfs zover te zeggen dat de economie van de VS de industriële fase aan het verlaten was. Dit komt overeen met het thema van Sir Peter Vickers-Hall en Zbibniew Brzezinsky en is een verder bewijs van de controle die het Comité van 300 uitoefent over Amerikaanse aangelegenheden, zowel binnenlandse als buitenlandse.

Zoals ik in 1981 al zei, worden we politiek, sociaal en economisch gedwongen om vast te blijven zitten in de plannen van de Club van Rome. Alles is tegen ons opgezet. Als we willen overleven, moeten we de wurggreep van het Comité van 300 op onze regering doorbreken. Bij elke verkiezing sinds Calvin Coolidge voor het Witte Huis ging, heeft het Comité van 300 zijn agenten op sleutelposities in de regering gezet, zodat het niet uitmaakt wie de baan in het Witte Huis krijgt. Bijvoorbeeld, elke presidentskandidaat sinds de tijd van Franklin D. Roosevelt is geselecteerd, sommigen zeggen "uitgekozen", door de Raad van Buitenlandse Relaties in opdracht van het RIIA.

Vooral bij de verkiezingen van 1980 werd elke kandidaat voor het hoogste ambt in de VS gestuurd door de CFR. Daardoor maakte het voor de samenzweerders niet uit wie de presidentiële race won. Dankzij Trojaanse paarden als de Heritage Foundation en de CFR worden ALLE sleutelposities in nieuwe regeringen ingevuld door kandidaten van de Council on Foreign Relations, en daarvoor, sinds de jaren zestig, door ja-knikkers van de Club van Rome van de NAVO, zodat belangrijke beleidsbeslissingen het onuitwisbare stempel dragen van de Club van Rome en de CFR, die optreden als de uitvoerende armen van het Comité van 300.

De verkiezingen van 1984 en 1988 volgden dit vaste patroon. Staatssecretaris George Schultz was de perfecte keuze van het Comité van 300 voor minister van Buitenlandse Zaken. Schultz is altijd een schepsel geweest van Henry Kissinger, de opdrachtgever van het CFR. Bovendien gaf zijn positie bij Bechtel, een belangrijk bedrijf van het Comité van 300 met een wereldwijd bereik, hem toegang tot landen die anders wantrouwig zouden zijn geweest over zijn Kissinger connecties. De regering Carter versnelde het benoemingsproces van samenzweringsgezind personeel op sleutelposities. Voordat Carter werd gekozen, zei zijn belangrijkste campagnestrateeg, Hamilton Jordan, dat als Cyrus Vance of Brzezinski in het Carter-kabinet werden benoemd, hij, Jordan, zou aftreden. Dat deden ze. Jordan nam *geen* ontslag.

Carter's keuze voor Paul Volcker (David Rockefeller zei hem in feite Volcker te benoemen) leidde tot de ineenstorting van de Amerikaanse economie volgens het plan van de Club van Rome. We worden geconfronteerd met machtige krachten, die een één-wereld regering willen vestigen. We zijn al 45 jaar verwikkeld in een verwoestende oorlog, maar die wordt niet als zodanig ervaren. We worden gehersenspoeld, methodisch en systematisch, zonder het ooit te beseffen. Het Tavistock Instituut leverde het systeem om dit te laten gebeuren.

De enige manier om ons te verdedigen is de samenzweerders en hun vele frontorganisaties te ontmaskeren. We hebben ervaren mensen nodig die een strategie kunnen formuleren ter verdediging van ons onbetaalbaar erfgoed dat, eenmaal verloren, niet meer dan een herinnering zal zijn. We moeten de methoden van de samenzweerders leren kennen, ze begrijpen en tegenmaatregelen nemen. Alleen een noodprogramma kan de rot die onze natie verteert stoppen.

Sommigen vinden het misschien moeilijk om het idee van een wereldwijde samenzwering te aanvaarden omdat zoveel schrijvers er financieel beter van zijn geworden. Anderen betwijfelen of de activiteit, op wereldschaal, met succes kan worden gecoördineerd. Zij zien de enorme bureaucratie van onze regering en zeggen dan: "Hoe moeten we geloven dat individuen meer kunnen doen dan de regering?" Dit gaat voorbij aan het feit dat de regering *deel uitmaakt van* het complot. Wat zij willen is hard bewijs, en dat is moeilijk te verkrijgen.

Anderen zeggen: "Nou en. Wat kan mij een samenzwering schelen, ik neem niet eens de moeite om te stemmen." Dit is precies hoe de bevolking van Amerika geprofileerd is *om te* reageren. Ons volk is moedeloos en verward geworden, het resultaat van 45 jaar (psychologische) oorlogsvoering tegen ons. Hoe dit gebeurt wordt uitgelegd in het boek van Bernard Levin, maar hoeveel mensen zouden de moeite nemen om een non-fictie boek van een academicus te lezen (of dit boek helemaal uit te lezen?) We reageren precies zoals we geprofileerd zijn om te handelen. Mensen die gedemoraliseerd en gedesoriënteerd zijn, zullen veel sneller blij zijn met de plotselinge verschijning van een groot man die belooft alle problemen op te lossen en te zorgen voor een goed geordende samenleving waarin mensen voltijds werken en huiselijk geweld minimaal is. Hun dictator, want dat is hij, zal met open armen worden ontvangen. Weten WIE de vijand is, is essentieel. Niemand kan vechten en winnen tegen een onbekende vijand. Dit boek kan gebruikt worden als een militair handboek. *Bestudeer* de inhoud en onthoud alle namen. Ik heb het in dit hoofdstuk vaak gehad over profileringstechnieken. Een volledige uitleg van 'profiling' vindt u in het volgende hoofdstuk. Een van de meest diepgaande inzichten die voortkomen uit de wetenschap van het opstellen van profielen is het relatieve gemak waarmee het kan worden uitgevoerd op individuen, partijgroepen, politieke entiteiten enzovoort. Als we eenmaal begrijpen hoe gemakkelijk het is om dit te doen, is de samenzwering niet langer onbegrijpelijk. De moord op president Kennedy en de poging tot moord op president Reagan zijn dan gemakkelijk te begrijpen en te ontcijferen.

Instellingen die controle uitoefenen

Profiling is een techniek die in 1922 werd ontwikkeld in opdracht van het Royal Institute for International Affairs (RIIA). Majoor John Rawlings Reese, een technicus van het Britse leger, kreeg de opdracht 's werelds grootste hersenspoelfaciliteit op te zetten in het Tavistock Institute for Human Relations, onderdeel van de Universiteit van Sussex. Dit instituut werd de kern van het Britse Psychological Warfare Bureau. Toen ik de namen Reese en Tavistock voor het eerst introduceerde in de Verenigde Staten in 1970, was er weinig belangstelling. Maar in de loop der jaren, toen ik meer en meer onthulde over Tavistock en haar vitale rol in het complot, werd het populair om mijn vroege onderzoek te imiteren.

Het Britse Psychological-Warfare Bureau maakte uitgebreid gebruik van Reese's werk op zijn 80.000 proefkonijnen van het Britse leger, gevangen soldaten die werden onderworpen aan vele vormen van testen. Het waren de door Tavistock bedachte methoden die de Verenigde Staten in de Tweede Wereldoorlog brachten en onder leiding van Dr. Kurt Lewin leidden tot de oprichting van de OSS, de voorloper van de CIA. Lewin werd directeur van de Strategic Bombing Survey, een plan van de Royal Air Force om zich te concentreren op het bombarderen van Duitse arbeiderswoningen en militaire doelen, zoals munitiefabrieken, met rust te laten. Want deze munitiefabrieken, aan beide zijden, waren eigendom van internationale bankiers die niet wilden dat hun bezittingen werden vernietigd.

Later, na het einde van de oorlog, gaf de NAVO de Universiteit van Sussex opdracht om een zeer speciaal hersenspoelcentrum op te zetten dat deel ging uitmaken van het Britse Office of Psychological Warfare, maar het onderzoek was nu gericht op civiele in plaats van militaire toepassingen. We komen terug op deze supergeheime eenheid, die het Science Policy Research Institute (SPRI) heette, in onze hoofdstukken over drugs.

Het idee achter de verzadigingsbombardementen op woningen van burgerarbeiders was om het moreel van de Duitse arbeiders te breken. Het mocht de oorlogsinspanning tegen de Duitse militaire machine niet beïnvloeden. Lewin en zijn team van actuarissen kwamen tot een streefcijfer, namelijk dat als 65% van de Duitse arbeiderswoningen zou worden vernietigd door nachtelijke bombardementen van de RAF, het moreel van de burgerbevolking zou kelderen. Het eigenlijke document werd opgesteld door de *Prudential Assurance Company.*

De RAF, onder leiding van 'Bomber' Harris, voerde Lewins plannen uit, met als hoogtepunt het terroristische bombardement op Dresden, waarbij meer dan 125.000 mensen, voornamelijk oudere mannen, vrouwen en kinderen, werden gedood. De waarheid over 'Bomber' Harris' gruwelijke aanvallen op Duitse burgers bleef een goed bewaard geheim tot het einde van de Tweede Wereldoorlog.

Tavistock leverde de meeste gedetailleerde programma's die leidden tot de oprichting van het Office of Naval Intelligence (ONI), de belangrijkste inlichtingendienst van de Verenigde Staten, die in omvang en reikwijdte de CIA in de schaduw stelt. De Amerikaanse regering heeft Tavistock voor miljarden dollars aan contracten gegund en de strategische planners van Tavistock leveren veel van wat het Pentagon voor onze defensie gebruikt, ook nu nog. Dit is het zoveelste voorbeeld van de greep van het Comité van 300 op de VS en op het merendeel van onze instellingen. Tavistock beheert meer dan 30 onderzoeksinstellingen in de VS, die we allemaal zullen noemen in onze tabellen aan het eind van het boek.

Deze Amerikaans-Tavistocratische instellingen zijn in veel gevallen reusachtige monsters geworden, die elk aspect van onze overheidsinstanties binnendringen en alle beleidsbeslissingen naar hun hand zetten. Alexander King, stichtend lid van de NAVO en favoriet van het Comité van 300, alsmede prominent lid van de Club van Rome, is een van de belangrijkste vernietigers van onze manier van leven. Dr King kreeg van de Club van Rome de opdracht om het onderwijs in Amerika te vernietigen door de controle over de National Teachers Association over te nemen, in nauwe samenwerking met bepaalde wetgevers en rechters. Als het nog niet bekend was hoe alomtegenwoordig de invloed van het Comité van 300 is, zou dit boek alle twijfels moeten wegnemen.

De test van de Federal Emergency Management Agency (FEMA), een creatie van de Club van Rome, vond plaats tijdens een test tegen de kerncentrale van Three Mile Island in Harrisburg, Pennsylvania. Door de hysterische media omschreven als een "ongeluk", was het geen ongeluk, maar een crisistest die *met opzet* was opgezet voor de FEMA. Een bijkomend voordeel was de door de media gecreëerde angst en hysterie die mensen ertoe aanzette het gebied te ontvluchten, terwijl ze in feite nooit in gevaar waren geweest. Dit werd door de FEMA als een succes beschouwd en leverde veel punten op voor de anti-nucleaire krachten. TMI werd het verzamelpunt voor de zogenaamde "milieuactivisten", een groep die in hoge mate werd gefinancierd en gecontroleerd door het Aspen Institute, in naam van de Club van Rome. De mediaverslaggeving werd gratis verzorgd door William Paley van CBS televisie, een voormalig agent van de Britse geheime dienst.

FEMA is de natuurlijke opvolger van het onderzoek naar strategische bombardementen uit de Tweede Wereldoorlog. Dr. Kurt Lewin, theoreticus van wat de Tavistock samenzweerders crisismanagement noemden, was nauw betrokken bij dit proces. Er is een ononderbroken keten tussen Lewin en Tavistock die zevenendertig jaar omspant. Lewin nam de strategische bombardementsstudie op in de FEMA, met slechts kleine aanpassingen die nodig bleken. Een van de veranderingen was het doelwit, niet langer DUITSLAND, maar de VERENIGDE STATEN VAN AMERIKA.

Vijfenveertig jaar na het einde van de Tweede Wereldoorlog is het nog steeds Tavistock dat de handen op de trekker heeft, en het pistool is gericht op de Verenigde Staten. Wijlen Margaret Mead voerde onder auspiciën van Tavistock een intensieve studie uit onder Duitse en Japanse bevolkingsgroepen om na te gaan hoe zij reageerden op de door luchtbombardementen veroorzaakte stress. Irving Janus was geassocieerd professor in dit project, onder toezicht van Dr. John Rawlings Reese, die in het Britse leger tot brigadegeneraal werd bevorderd. De resultaten van de tests werden voorgelegd aan de FEMA. Het Irving Janus rapport was van groot nut bij het formuleren van het FEMA beleid. Janus gebruikte het in een boek dat hij later schreef, getiteld AIR WAR AND STRESS. De ideeën in zijn boek werden door de FEMA tijdens de Three Mile Island "crisis" naar de letter gevolgd. Janus had een heel eenvoudig idee: simuleer een opeenvolging van crises en manipuleer de bevolking met behulp van Lewins terreurtactieken en ze zullen precies doen wat nodig is.

Daarbij ontdekte Lewin iets nieuws, namelijk dat grootschalige sociale controle kan worden bereikt door de media te gebruiken om de verschrikkingen van een kernoorlog via de televisie bekend te maken. Hij ontdekte dat vrouwenbladen zeer effectief waren in het afbeelden van de verschrikkingen van een kernoorlog. In een proef uitgevoerd door Janus, "schreef" Betty Bumpers, vrouw van senator Dale Bumpers van Arkansas, voor het tijdschrift *McCalls* over het onderwerp.

Het artikel verscheen in het januari 1983 nummer van *McCalls*. In feite heeft mevrouw Bumpers het artikel niet geschreven, het werd voor haar gemaakt door een groep schrijvers van Tavistock, wiens specialiteit het is. Het was een verzameling van onwaarheden, niet-feiten, insinuaties en gissingen die volledig op valse informatie waren gebaseerd. Bumpers' artikel was typerend voor het soort psychologische manipulatie waarin Tavistock uitblinkt. Geen van de dames die *McCalls* las kon niet anders dan onder de indruk zijn van het terreur/horror verhaal over hoe een nucleaire oorlog eruit ziet.

Het Comité van 300 heeft een grote bureaucratie van honderden denktanks en frontorganisaties die het hele spectrum van leiders uit de particuliere sector en de overheid vertegenwoordigen. Ik zal er zoveel mogelijk noemen, te beginnen met het German Marshall Fund. De leden, en vergeet niet dat ze ook lid zijn van de NAVO en de Club van Rome, zijn David Rockefeller van de Chase Manhattan Bank, Gabriel Hague van de prestigieuze Manufactures Hanover Trust and Finance Corporation, Milton Katz van de Ford Foundation, Willy Brandt, leider van de Socialistische Internationale, KGB-agent en lid van het Comité van 300, Irving Bluestone, voorzitter van de Uitvoerende Raad van de United Auto Workers, Russell Train, Amerikaans president van de Club van Rome. Russell Train, Amerikaans voorzitter van de Club van Rome en van Prins Philip's Wereld Natuur Fonds, Elizabeth Midgely, producer van CBS programma's, B. R. Gifford, directeur van de Russell Sage Foundation, Guido Goldman van het Aspen Institute, wijlen Averell Harriman, lid-at-large van het Comité van 300, Thomas L. Hughes van het Carnegie Endowment Fund, Dennis Meadows en Jay Forrestor van MIT "world-dynamics".

Hoewel het Comité van 300 al meer dan 150 jaar bestaat, nam het pas rond 1897 zijn huidige vorm aan. Het gaf altijd opdrachten via andere frontorganen, zoals het Royal Institute of International Affairs. Toen besloten werd dat een superorgaan de Europese zaken zou controleren, richtte het RIIA het Tavistock Instituut op, dat op zijn beurt de NAVO oprichtte. Vijf jaar lang werd de NAVO gefinancierd door het German Marshall Fund. Misschien wel het belangrijkste lid van de Bilderbergers, een tak van het Comité voor buitenlands beleid, was Joseph Rettinger, naar verluidt de oprichter en organisator ervan, wiens jaarlijkse bijeenkomsten al tientallen jaren het genot zijn van samenzweringsjagers.

Rettinger was een goed opgeleide Jezuïtische priester en een 33 graden vrijmetselaar. Mevrouw Katherine Meyer Graham, die ervan verdacht wordt haar man te hebben vermoord om de controle over de *Washington Post te* verkrijgen, was een ander prominent lid van de Club van Rome, evenals Paul G. Hoffman van de New York Life Insurance Company, een van de grootste verzekeringsmaatschappijen in de Verenigde Staten en een van de belangrijkste bedrijven die rechtstreeks verbonden zijn met de directe familie van koningin Elizabeth van Engeland. John J. McCloy, de man die probeerde het naoorlogse Duitsland van de kaart te vegen, en tenslotte James A. Perkins van de Carnegie Corporation, waren ook stichtende leden van de Bilderbergers en de Club van Rome.

Wat een all-star cast! Vreemd genoeg hadden tot voor kort maar weinig mensen buiten de echte inlichtingendiensten van deze organisatie gehoord. De macht die wordt uitgeoefend door deze belangrijke figuren en de bedrijven, tv-zenders, kranten, verzekeringsmaatschappijen en banken die zij vertegenwoordigen is gelijk aan de macht en het prestige van ten minste twee Europese landen, en dit is slechts het topje van de ijsberg van het Comité van 300 in de enorme belangstelling voor de kruisnetwerken en controle-interfaces die het uitoefent.

Richard Gardner wordt in de vorige lijst niet genoemd. Hoewel hij een van de eerste leden van het Comité van 300 was, werd hij voor een speciale missie naar Rome gestuurd. Gardner trouwde in een van de oudste zwarte adellijke families van Venetië, waardoor de Venetiaanse aristocratie een directe lijn naar het Witte Huis kreeg. Wijlen Averell Harriman was een andere directe link van het comité naar het Kremlin en het Witte Huis, een positie die Kissinger erfde na de dood van Harriman.

De Club van Rome is inderdaad een geducht agentschap van het Comité van 300. Hoewel de groep ogenschijnlijk werkt aan Amerikaanse zaken, is het een paraplu voor andere agentschappen van het Comité van 300 en de Amerikaanse leden ervan werken vaak aan "kwesties" in Japan en Duitsland. Enkele van de door het bovengenoemde comité geleide dekmantelorganisaties zijn onder meer:

DE LIGA VAN INDUSTRIËLE DEMOCRATIE. Ambtenaren:

Michael Novak, Jeane Kirkpatrick, Eugene Rostow, IRWIN SUALL, Lane Kirkland, Albert Schenker.

Doel: De normale arbeidsverhoudingen tussen werknemers en werkgevers verstoren en ontwrichten door de vakbonden tot onmogelijke eisen te hersenspoelen, met bijzondere aandacht voor de staal-, automobiel- en woningbouwindustrie.

HUIS VAN VRIJHEID. Ambtenaren: Leo Churn en Carl Gershman.

Doel: het verspreiden van socialistische desinformatie onder Amerikaanse arbeiders, het verspreiden van onvrede en ontevredenheid. Nu deze doelstellingen grotendeels waren bereikt, werd Gershman door Lawrence Eagleburger gerekruteerd voor de CEDC, een nieuw opgerichte organisatie om te voorkomen dat een verenigd Duitsland zijn handel zou uitbreiden naar het Donaubekken.

DEMOCRATISCH MEERDERHEIDSCOMITÉ. Ambtenaren: Ben Wattenburg, Jeane Kirkpatrick, Elmo Zumwa en Midge Dector.

Doel: een link leggen tussen de opgeleide socialistische klasse en minderheidsgroepen om een solide blok kiezers op te bouwen waarop bij verkiezingen op linkse kandidaten kon worden gerekend. Het was echt een Fabianistische operatie van begin tot eind.

INSTITUUT VOOR BUITENLANDS BELEID. Ambtenaren: Robert Strausz Hupe.

Het doel: NASA's ruimteprogramma ondermijnen en uiteindelijk stopzetten.

SOCIALE DEMOCRATEN V.S. Ambtenaren: Bayard Rustin, Lane Kirkland, Jay Lovestone, Carl Gershman, Howard Samuel, Sidney Hook.

Zijn doel was het verspreiden van radicaal socialisme, vooral onder minderheidsgroepen, en het smeden van banden tussen soortgelijke organisaties in socialistische landen. Lovestone was tientallen jaren lang de belangrijkste adviseur van Amerikaanse presidenten voor Sovjetzaken en had een sterke directe band met Moskou.

INSTITUUT VOOR ARBEIDSVERHOUDINGEN. Ambtenaren: Harland Cleveland, Willis Harmon. Doel: De manier waarop Amerika denkt veranderen.

DE BURGERLIGA. Ambtenaren: Barry Commoner.

Doel: "common cause" rechtszaken aanspannen tegen diverse overheidsinstanties, met name in de defensiesector.

LEAGUE OF WAR RESISTERS. Leiders: Noam Chomsky en David McReynolds.

Doel: verzet tegen de Vietnam-oorlog organiseren onder linkse groeperingen, studenten en Hollywood "beroemdheden".

HET DEMOCRATISCH SOCIALISTISCH ORGANISATIECOMITÉ VAN HET INSTITUUT VOOR DEMOCRATISCH SOCIALISME. Ambtenaren: Frank Zeider, Arthur Redier en David McReynolds.

Doel: een centrum voor de uitwisseling van linkse socialistische ideeën en activiteiten in het kader van de Europese Unie, de Verenigde Staten en Europa.

ONDERZOEKSAFDELING VAN DE ANTI-DEFAMATION LEAGUE.

Ambtenaren: IRWIN SUALL, ook bekend als John Graham.

Doel: Een gezamenlijke operatie van de FBI en de Britse geheime diensten om extreem-rechtse groeperingen en hun leiders te isoleren en buiten spel te zetten, voordat ze te groot en invloedrijk worden.

INTERNATIONALE VERENIGING VAN MACHINISTEN.

Doelstelling: Een arbeidersfront voor de Socialistische Internationale en een brandpunt voor georganiseerde arbeidersagitatie, waardoor werknemers en werkgevers worden gepolariseerd.

GEFUSEERDE KLEDINGARBEIDERS.

Officials: Murray Findley, IRWIN SUALL en Jacob Scheinkman.

Doel: net als de machinistenbond de werknemers in de kledingsector socialiseren en polariseren.

INSTITUUT A. PHILIP RANDOLPH. Ambtenaren: Bayard Rustin.

Doel: Een middel verschaffen om organisaties met een gemeenschappelijk doel te coördineren, bijvoorbeeld de verspreiding van socialistische ideeën onder studenten en arbeiders.

CAMBRIDGE POLICY STUDIES INSTITUTE. Ambtenaren: Gar Apelrovitz.

Doel: de werkzaamheden van het Instituut voor Beleidsstudies ontwikkelen. Opgericht in februari 1969 door de internationale socialist Gar Apelrovitz, voormalig assistent van senator Gaylord Nelson. Apelrovitz schreef het controversiële boek *ATOMIC DIPLOMACY* voor de Club van Rome, wiens werk werd gefinancierd door het German Marshall Fund. Hij richt zich op onderzoek en actieprojecten, met het verklaarde doel de Amerikaanse samenleving fundamenteel te veranderen, d.w.z. een Fabiaanse Verenigde Staten te creëren voor de volgende één-wereldregering.

ECONOMISCH COMITÉ VAN HET NOORD-ATLANTISCH INSTITUUT. Ambtenaren: Dr Aurellio Peccei.

Doelstelling: NAVO-denktank voor mondiale economische vraagstukken.

CENTRUM VOOR DE STUDIE VAN DEMOCRATISCHE INSTELLINGEN. Ambtenaren: oprichter Robert Hutchins van het Comité van 300, Harry Ashmore, Frank Kelly en een grote groep "Ereleden".

Het doel was ideeën te verspreiden die zouden leiden tot liberale sociale hervormingen met democratie als ideologie. Een van zijn activiteiten is het opstellen van een nieuwe grondwet voor de Verenigde Staten die net als die van Denemarken sterk monarchistisch en socialistisch zal zijn.

Het Centrum is een Olympisch bastion. Het is gevestigd in Santa Barbara, in wat liefkozend "het Parthenon" wordt genoemd. Voormalig U.S. vertegenwoordiger John Rarick noemde het "een faciliteit gevuld met communisten". In 1973 was men bezig met het opstellen van een nieuwe Amerikaanse grondwet, waarin een amendement werd voorgesteld dat "milieurechten" garandeerde, met als doel de industriële basis van de VS te reduceren tot een embryo van wat het was in 1969. Met andere woorden, deze instelling past het postindustriële nulgroeibeleid van de Club van Rome toe, zoals gedefinieerd door het Comité van 300.

Andere doelstellingen zijn de beheersing van de conjunctuur, welvaart, de regulering van nationale ondernemingen en openbare werken, en de beheersing van vervuiling. Namens het Comité van 300 zei Ashmore dat het CSDI tot taak heeft manieren te vinden om ons politieke systeem effectiever te maken. "We moeten het onderwijs veranderen en we moeten kijken naar een nieuwe Amerikaanse grondwet en een grondwet voor de wereld," zei de heer Ashmore.

Ashmore's andere doelstellingen zijn als volgt:

1)   Het lidmaatschap van de VN moet universeel worden.

2)   De VN moet worden versterkt.

3)   Zuidoost-Azië   moet   worden   geneutraliseerd (geneutraliseerd betekent "gecommuniseerd").

4)   Er moet een einde komen aan de Koude Oorlog.

5)   Rassendiscriminatie moet worden afgeschaft.

6)   Ontwikkelingslanden moeten worden geholpen. (Wat betekent dat we ze moeten vernietigen).

7)   Geen militaire oplossingen voor problemen. (Jammer dat ze dat niet tegen George Bush zeiden voor de Golfoorlog).

8)   Nationale oplossingen volstaan niet.

9)   Coëxistentie is noodzakelijk.

HARVARD PSYCHOLOGISCHE KLINIEK. Verantwoordelijken: Dr Kurt Lewin en een team van 15 wetenschappers gespecialiseerd in de nieuwe wetenschappen.

Doel: een klimaat scheppen waarin het Comité van 300 onbeperkte macht kan krijgen over de Verenigde Staten.

INSTITUUT VOOR SOCIAAL ONDERZOEK. Leiders: Dr. Kurt Lewin en een team van 20 wetenschappers die gespecialiseerd zijn in de nieuwe wetenschappen.

Doel: een reeks nieuwe sociale programma's ontwerpen om Amerika af te keren van de industrie.

ONDERZOEKSEENHEID   VOOR   WETENSCHAPSBELEID. Ambtenaren: Leland Bradford, Kenneth Dam, Ronald Lippert.

Onderwerp: Onderzoeksinstelling "Future Shocks" van de Universiteit van Sussex in Engeland en onderdeel van het Tavistock-netwerk.

EEN   SYSTEEMONTWIKKELINGSBEDRIJF. Verantwoordelijken: Sheldon Arenberg en een team van enkele honderden mensen, te veel om hier op te noemen.

Doel: coördinatie   van   alle   elementen   van   de inlichtingengemeenschappen van de Europese Unie, de Verenigde Staten en Groot-Brittannië. Hij analyseert welke "actoren" de rol van een nationale entiteit zouden moeten krijgen; Spanje zou bijvoorbeeld onder de paraplu van een verwaterde katholieke kerk worden geplaatst, de Verenigde Naties onder de secretaris-generaal, enz. Hij ontwikkelde het "X RAY 2"-systeem, waarbij personeel van denktanks, militaire installaties en wetshandhavingscentra allemaal via een nationaal netwerk van teletypes en computers met het Pentagon zijn verbonden: het toepassen van bewakingstechnieken op nationale schaal. Arenberg beweert dat zijn ideeën niet militair zijn, maar dat zijn technieken vooral die zijn welke hij van het leger heeft geleerd. Hij had de leiding over het New York State Identification and Intelligence System, een project dat typisch is voor George Orwell's "1984" en dat volgens onze grondwet volledig illegaal is. Het NYSIIS systeem wordt momenteel landelijk ingevoerd. Het is wat Brzezinski noemde de mogelijkheid om bijna onmiddellijk gegevens over elke persoon op te vragen.

NYSIIS deelt zijn gegevens met alle overheids- en politiediensten in de staat. Het maakt het snel opslaan en opvragen van individuele, criminele en sociale dossiers mogelijk. Dit is een TYPISCH project van het Comité van 300, en er is dringend behoefte aan een volledig onderzoek naar wat de Systems Development Corporation doet, maar dat valt buiten het bestek van dit boek. Eén ding is *zeker*, de SDC is er niet om de door de Amerikaanse grondwet gegarandeerde vrijheid te behouden. Hoe handig dat het gevestigd is in Santa Barbara, vlakbij Robert Hutchins' "Parthenon".

Dit zijn enkele van de publicaties van deze instellingen van de Club van Rome:

> Centrum Magazine

> Counterspy

> Coventry

> Informatiebulletin over geheime acties

> Dissident

> Menselijke relaties

> Industrieel onderzoek

> Onderzoek

> Mother Jones

➢ Een

➢ Progressief

➢ Verhalenverteller

➢ De Nieuwe Republiek

➢ Werkdocumenten voor een nieuwe samenleving

Dit zijn lang niet alle publicaties die onder auspiciën van de Club van Rome worden uitgegeven. Er zijn er nog honderden meer; in feite geeft elk van de stichtingen zijn eigen publicatie uit. Gezien het aantal stichtingen dat door het Tavistock Institute en de Club van Rome wordt beheerd, kan hier slechts een gedeeltelijke lijst worden opgenomen. Enkele van de belangrijkste stichtingen en denktanks zijn opgenomen in de volgende lijst, die ook denktanks van het leger omvat.

Het Amerikaanse publiek zou verbaasd zijn te weten in welke mate het leger betrokken is bij het zoeken naar "nieuwe oorlogstactieken" met de "denktanks" van het Comité van 300. Amerikanen weten niet dat de Club van Rome in 1946 van het Comité van 300 de opdracht kreeg om de vooruitgang van denktanks te bevorderen, die volgens hen een nieuw middel waren om de filosofie van het Comité te verspreiden. De invloed van deze denktanks op ons leger, alleen al sinds 1959 toen ze plotseling in aantal toenamen, is werkelijk verbijsterend. Het lijdt geen twijfel dat zij een nog belangrijkere rol zullen spelen in de dagelijkse aangelegenheden van deze natie in de late 20e eeuw.

DE VERENIGING MONT PÈLERIN

Mont Pèlerin is een economische stichting die misleidende economische theorieën verspreidt en economen in de westerse wereld beïnvloedt om de door haar voorgestelde modellen van tijd tot tijd te volgen. Haar belangrijkste beoefenaars zijn Von Hayek en Milton Friedman.

HET HOOVER INSTITUUT.

Oorspronkelijk opgericht om het communisme te bestrijden, is de instelling langzaam maar zeker richting socialisme gegaan. Het heeft een jaarlijks budget van 2 miljoen dollar, wordt gefinancierd door bedrijven onder auspiciën van het Comité van 300, en richt zich nu op "vreedzame verandering" met de nadruk op wapenbeheersing en binnenlandse kwesties in de VS. Het wordt door de media vaak gebruikt als een "conservatieve" organisatie waarvan zij de adviezen inwinnen wanneer een conservatief standpunt nodig is. Het Hoover Instituut is verre van een conservatieve organisatie en is na het standpunt van 1953 een organisatie op zich geworden.

Als gevolg van de overname van de instelling door een aan de Club van Rome gelieerde groep is zij een uitlaatklep geworden voor het "wenselijke" beleid van de Nieuwe Wereldorde.

ERFGOEDSTICHTING

Opgericht door brouwerijmagnaat Joseph Coors als een conservatieve denktank, werd Heritage al snel overgenomen door Fabianisten Sir Peter Vickers-Hall, Stuart Butler, Steven Ayzlei, Robert Moss en Frederich Von Hayek onder leiding van de Club van Rome. Dit instituut speelde een belangrijke rol bij de uitvoering van de opdracht van de Britse Labourleider Anthony Wedgewood Benn om "Reagan te Thatcheriseren". Heritage is zeker geen conservatieve organisatie, hoewel het er soms wel op lijkt.

BUREAU VOOR PERSONEELSONDERZOEK

Het is een onderzoeksinstelling van het leger die zich bezighoudt met "psychotechnologie". De meeste personeelsleden zijn opgeleid door Tavistock. Psychotechnologie' omvat de motivatie en het moreel van GI's en de door de vijand gebruikte muziek. In feite lijkt veel van wat George Orwell schreef in zijn boek *1984* opmerkelijk veel op wat aan de HUMRRO wordt onderwezen. In 1969 nam het Comité van 300 dit belangrijke instituut over en veranderde het in een particuliere organisatie zonder winstoogmerk onder auspiciën van de Club van Rome. Het is de grootste gedragsonderzoeksgroep in de Verenigde Staten.

Een van zijn specialiteiten is de studie van kleine groepen onder stress. HUMRRO leert het leger dat een soldaat slechts een verlengstuk is van zijn uitrusting en heeft een grote invloed gehad op het "man/gun"-systeem en zijn "human quality control", dat zo algemeen aanvaard is in het Amerikaanse leger. HUMRRO heeft een zeer uitgesproken invloed gehad op de manier waarop het leger zich gedraagt. Haar mind control technieken komen regelrecht uit Tavistock. De cursussen toegepaste psychologie van de HUMRRO worden verondersteld legerofficieren te leren hoe ze het menselijk wapen moeten bedienen. Een goed voorbeeld hiervan is hoe soldaten in de oorlog tegen Irak bereid waren orders in hun veldhandboeken te negeren en 12.000 Iraakse soldaten levend te begraven.

Dit soort hersenspoeling is vreselijk gevaarlijk, want vandaag wordt het toegepast op het leger, het leger past het toe om duizenden "vijandelijke" soldaten bruut te vernietigen, en morgen zou het leger verteld kunnen worden dat burgerbevolkingsgroepen die tegen het beleid van de regering zijn, de "vijand" zijn. [3]We zijn al een hersenloze, gehersenspoelde kudde schapen (*We the sheeple [?]*), maar het ziet ernaar uit dat HUMRRO de mind control en manipulatie nog verder kan brengen. HUMRRO is een waardevolle aanvulling op Tavistock en veel van de in HUMRRO geleerde lessen zijn toegepast in de Golfoorlog, waardoor iets meer inzicht ontstaat in hoe het komt dat Amerikaanse soldaten zich gedragen als meedogenloze, harteloze moordenaars, ver verwijderd van het concept van de traditionele Amerikaanse vechtersbaas.

RESEARCH ANALYSIS CORPORATION.

Het is de zusterorganisatie van HUMRRO "1984", gevestigd in McLean, Virginia. Opgericht in 1948, werd het in 1961 overgenomen door het Comité van 300, toen het deel ging uitmaken van het Johns Hopkins blok. Zij heeft gewerkt aan meer dan 600 projecten, waaronder de integratie van zwarten in het leger, het tactisch gebruik van kernwapens, programma's voor psychologische oorlogsvoering en massale bevolkingscontrole.

Er zijn natuurlijk nog vele andere grote denktanks, waarvan we de meeste in dit boek zullen bespreken. Een van de belangrijkste gebieden van samenwerking tussen wat denktanks produceren en wat regering en overheidsbeleid wordt, is dat van de "opiniepeilers". Opiniepeilers hebben de taak de publieke opinie te vormen in de richting die de samenzweerders goed uitkomt. Er worden voortdurend opiniepeilingen gehouden door CBS-NBC-ABC, de *New York Times* en de *Washington Post*. De meeste van deze inspanningen worden gecoördineerd in het National Opinion Research Center waar, hoe verbazingwekkend het ook lijkt, een psychologisch profiel is ontwikkeld voor de hele natie.

De resultaten worden in de computers van Gallup Poll en Yankelovich, Skelley en White ingevoerd voor een vergelijkende

---

[3] "Wij de schapen", Ndt.

evaluatie. Het meeste van wat we lezen in onze kranten of zien op televisie is eerst goedgekeurd door de peilinginstituten. WAT WE ZIEN IS WAT DE OPINIEPEILERS DENKEN DAT WE ZOUDEN MOETEN ZIEN. Dit is wat bekend staat als "publieke opinie". Het idee achter deze kleine sociale conditionering is om te bepalen hoe het publiek reageert op de POLITIEKE RICHTLIJNEN van het Comité van 300. Wij worden "doelgroepen" genoemd en wat de opiniepeilers meten is de mate van verzet tegen wat er in het "Nightly News" verschijnt.[4] Later zullen we precies leren hoe deze misleidende praktijk begon en wie ervoor verantwoordelijk is.

Het is allemaal onderdeel van het uitgebreide meningsvormingsproces dat in Tavistock is gecreëerd. Tegenwoordig *denken* onze medeburgers *dat* ze goed geïnformeerd zijn, maar ze beseffen *niet dat* de meningen die ze *denken te hebben*, in feite zijn gecreëerd in Amerikaanse onderzoeksinstituten en denktanks, en dat niemand van ons vrij is om zijn eigen mening te vormen, vanwege de informatie die we krijgen van de media en de opiniepeilers.

De peilingen bereikten een hoogtepunt vlak voordat de Verenigde Staten de Tweede Wereldoorlog ingingen. Amerikanen werden onbewust geconditioneerd om Duitsland en Japan te zien als gevaarlijke vijanden die gestopt moesten worden. In zekere zin was dit waar, en het maakt het geconditioneerde denken des te gevaarlijker, want op basis van de INFORMATIE die zij kregen, leek de vijand inderdaad Duitsland en Japan te zijn. Onlangs nog zagen we hoe goed het conditioneringsproces van Tavistock werkt, toen de Amerikanen werden geconditioneerd om Irak als een bedreiging te zien en Saddam Hoessein als een persoonlijke vijand van de VS.

Een dergelijk conditioneringsproces wordt technisch omschreven als "de boodschap die de zintuigen van het te beïnvloeden volk bereikt". Een van de meest gerespecteerde opiniepeilers is Daniel Yankelovich, lid van het Comité van 300, van de firma Yankelovich, Skelley and White. Yankelovich vertelt zijn studenten met trots dat peilingen een instrument zijn om de publieke opinie te veranderen, hoewel dit niet origineel is, want Yankelovich werd geïnspireerd door het boek "TREND REPORT" van David Naisbett, dat in opdracht van de Club van Rome werd geschreven.

---

[4] "Avondnieuws."

In zijn boek beschrijft Naisbett alle technieken die de opiniemakers gebruiken om de door het Comité van 300 gewenste publieke opinie te creëren. Het creëren van de publieke opinie is de parel aan de kroon van de OLYMPIANEN, want met hun duizenden specialisten in de nieuwe sociale wetenschappen tot hun beschikking, en met de media in handen, kunnen in een tijdsbestek van twee weken NIEUWE publieke opinies over bijna elk onderwerp worden gecreëerd en over de hele wereld worden uitgezonden.

Dit is precies wat er gebeurde toen hun dienaar George Bush de opdracht kreeg een oorlog tegen Irak te beginnen. In twee weken tijd keerde niet alleen de Amerikaanse, maar vrijwel de gehele wereldopinie zich tegen Irak en zijn president Saddam Hoessein. Deze kunstenaars van verandering en manipulatoren van informatie rapporteren rechtstreeks aan de Club van Rome, die op haar beurt rapporteert aan het Comité van 300, onder leiding van de koningin van Engeland, die regeert over een enorm netwerk van nauw verbonden ondernemingen die nooit belasting betalen en aan niemand verantwoording verschuldigd zijn, die hun onderzoeksinstituten financieren via stichtingen en wier gezamenlijke activiteiten bijna totale controle hebben over ons dagelijks leven.

Met zijn in elkaar grijpende bedrijven, verzekeringsmaatschappijen, banken, financieringsmaatschappijen, oliemaatschappijen, kranten, tijdschriften, radio en televisie, zit dit enorme apparaat bovenop de Verenigde Staten en de wereld. Er is geen politicus in Washington D.C. die er niet op de een of andere manier aan verbonden is. Links protesteert tegen dit apparaat en noemt het "imperialisme", wat inderdaad het geval is, maar links wordt geleid door dezelfde mensen die rechts controleren, dus links is niet vrijer dan wij!

De wetenschappers die betrokken zijn bij het conditioneringsproces worden "sociale ingenieurs" of "sociale wetenschappers van de nieuwe wetenschappen" genoemd, en zij spelen een essentiële rol in wat wij zien, horen en lezen. De "oude school" sociale ingenieurs waren Kurt K. Lewin, professor Hadley Cantril, Margaret Meade, professor Derwin Cartwright en professor Lipssitt die, samen met John Rawlings Reese, de ruggengraat vormden van de nieuwe wetenschapswetenschappers aan het Tavistock Instituut.

Tijdens de Tweede Wereldoorlog werkten meer dan 100 onderzoekers onder leiding van Kurt Lewin en kopieerden slaafs de methoden van Reinhard Heydrich van de S.S. De OSS was gebaseerd op Heydrichs methodologie en, zoals we weten, was de OSS de voorloper van de

Central Intelligence Agency. De conclusie van dit alles is, dat de regeringen van Engeland en de Verenigde Staten al de machines hebben geïnstalleerd, die nodig zijn om ons in een Nieuwe Wereld Orde te loodsen, met slechts een klein beetje weerstand, en deze machines zijn er al sinds 1946. Elk jaar dat voorbijgaat voegt nieuwe verfijningen toe.

Het is dit Comité van 300 dat controlenetwerken en -mechanismen heeft ingesteld die veel restrictiever zijn dan alles wat ooit in deze wereld is gezien. Kettingen en touwen zijn niet nodig om ons tegen te houden. Onze angst voor wat komen gaat doet dit werk veel effectiever dan welk fysiek middel dan ook. We zijn gehersenspoeld om ons grondwettelijk recht om wapens te dragen op te geven, om onze grondwet zelf op te geven, om de Verenigde Naties toe te staan ons buitenlands beleid te controleren en het IMF ons fiscaal en monetair beleid te laten controleren, om de president toe te staan straffeloos de Amerikaanse wet te overtreden, om een vreemd land binnen te vallen en het staatshoofd te ontvoeren. Kortom, we zijn gehersenspoeld om als natie elke illegale daad van onze regering zonder meer te accepteren.

Ik weet dat we binnenkort moeten vechten om ons land terug te nemen van de commissie, of het voor altijd verliezen. Maar, als het erop aankomt, hoeveel zullen daadwerkelijk de wapens opnemen? In 1776 nam slechts 3% van de bevolking de wapens op tegen Koning George III. Deze keer zal 3% volstrekt onvoldoende zijn. We moeten ons niet in doodlopende steegjes laten leiden, want dat is wat onze gedachtenbeheersers voor ons gepland hebben, door ons te confronteren met zo'n complexiteit aan kwesties, dat we eenvoudigweg bezwijken voor penetratie op lange termijn en geen beslissingen nemen over veel vitale kwesties.

We zullen kijken naar de namen van degenen die het Comité van 300 vormen, maar voordat we dat doen, moeten we kijken naar de massale verwevenheid van alle grote instellingen, bedrijven en banken die onder controle staan van het Comité. We moeten ze in de gaten houden, want dit zijn de mensen die beslissen wie moet leven en wie moet worden geëlimineerd als "nutteloze eters"; waar we God zullen aanbidden, wat we moeten dragen en zelfs wat we zullen eten. Volgens Brzezinski zullen we onder eindeloze bewaking staan, 24 uur per dag, 365 dagen per jaar, ad infinitum.

[5]Het feit dat we van binnenuit verraden zijn, wordt elk jaar door meer en meer mensen aanvaard, en dat is een goede zaak, want het is door Kennis , een woord vertaald van Geloven, dat we de vijanden van de mensheid kunnen verslaan. Terwijl wij zijn afgeleid door de boemannen in het Kremlin, is het Paard van Troje opgezet in Washington D.C. Het grootste gevaar voor vrije mensen komt vandaag niet uit Moskou, maar uit Washington D.C. We moeten eerst de VIJAND VAN BINNEN overwinnen, en dan zullen we sterk genoeg zijn om een offensief te beginnen om het communisme van de aarde te elimineren, samen met alle "ismen" die erbij horen.

De regering Carter versnelde de ineenstorting van onze economie en ons leger, dit laatste begonnen door Robert Strange McNamara, een lid van de Club van Rome en de Lucis Trust. Ondanks zijn beloftes, ging Reagan door met het ondermijnen van onze industriële basis, door verder te gaan waar Carter was gebleven. Hoewel we onze defensie sterk moeten houden, kunnen we dat niet doen vanuit een zwakke industriële basis, want zonder een goed beheerd militair-industrieel complex kunnen we geen levensvatbaar defensiesysteem hebben. Het Comité van 300 erkende dit en plande al in 1953 zijn post-industriële nulgroei beleid, dat nu in volle gang is. Dankzij de Club van Rome is ons technologisch potentieel gedaald tot onder dat van Japan en Duitsland, landen die wij zogenaamd in de Tweede Wereldoorlog hebben verslagen. Hoe is dit gebeurd? Door mannen als Dr Alexander King en onze blinde mentaliteit hebben we de vernietiging van onze onderwijsinstellingen en -systemen niet onderkend. Door onze blindheid produceren we niet langer voldoende ingenieurs en wetenschappers om ons bij de geïndustrialiseerde landen van de wereld te houden. Dankzij Dr King, een man die maar weinig mensen in Amerika kennen, staat het onderwijs in de Verenigde Staten op het laagste niveau sinds 1786. Uit statistieken van het Institute for Higher Learning blijkt dat de lees- en schrijfvaardigheid van middelbare scholieren in de Verenigde Staten MINDER is dan in 1786.

Wat we nu zien is niet alleen het verlies van onze vrijheid en het weefsel van onze natie, maar, veel erger, de mogelijkheid van het verlies van onze ziel. De gestage erosie van de fundamenten waarop deze republiek rust heeft een leegte achtergelaten, die *Satanisten* en

---

[5] "Mijn volk wordt vernietigd bij gebrek aan [Mijn] kennis". - God, Hosea 4:6.

sekteleden gretig vullen met hun synthetisch materiaal voor zielen. Deze waarheid is moeilijk te accepteren en te waarderen, omdat deze gebeurtenissen niet plotseling zijn. Als een plotselinge schok ons zou treffen, een culturele en religieuze schok, zouden we uit onze apathie worden geschud.

Maar *gradualisme* - dat is het proces waarmee *het Fabianisme* werkt - doet niets om alarm te slaan. Omdat de overgrote meerderheid van de Amerikanen geen MOTIVATIE ziet voor de dingen die ik heb beschreven, kunnen ze het niet accepteren, en dus wordt de samenzwering (waarop ik wijs) geminacht en vaak bespot (als een wilde theorie, of een verzinsel). Door chaos te creëren door honderden dagelijkse keuzes te presenteren die onze mensen moeten maken, zijn we in een positie beland waarin, tenzij de motivatie duidelijk kan worden aangetoond, alle relevante informatie wordt verworpen.

Dit is zowel de zwakste als de sterkste schakel in de samenzweringsketen. De meeste mensen verwerpen alles wat geen motief heeft, dus voelen de samenzweerders zich veilig achter de spot die wordt gegooid met degenen die wijzen op de komende crisis in onze natie en onze individuele levens. Maar als we genoeg mensen de waarheid kunnen laten inzien, verzwakt de motiverende blokkade tot ze uiteindelijk wordt opgeheven, omdat steeds meer mensen verlicht worden en het (valse) idee dat "dit niet kan gebeuren in Amerika" dus wordt losgelaten.

Het Comité van 300 vertrouwt op onze maladaptieve reacties om onze reactie op gecreëerde gebeurtenissen te bepalen, en zij zullen niet teleurgesteld worden zolang wij, als natie, op de huidige manier blijven reageren. We moeten de reacties op de gecreëerde crises omzetten in ADAPTIEVE reacties door de samenzweerders te identificeren en hun plannen voor ons bloot te leggen, zodat deze zaken algemeen bekend worden. De Club van Rome heeft de overgang naar BARBARISME al gemaakt. In plaats van te wachten tot we "*verrukt*" zijn, moeten we het Comité van 300 *stoppen voordat* ze hun doel kunnen bereiken om ons gevangenen (slaven) te maken van het voor ons geplande "nieuwe donkere tijdperk". Het is niet aan God, maar aan *ons*. We moeten de nodige stappen ondernemen.

"We moeten ze stoppen, daar hangt alles van af."

Alle informatie die ik in dit boek geef is de vrucht van jarenlang onderzoek, ondersteund door onberispelijke informatiebronnen. Niets is overdreven. Het is feitelijk en accuraat, dus trap niet in de val van de vijand dat dit materiaal "desinformatie" is. In de afgelopen twee decennia heb ik informatie verstrekt die zeer accuraat is gebleken en heeft geholpen om veel raadselachtige gebeurtenissen te verklaren. Mijn hoop is dat, door dit boek, een duidelijker en breder begrip van de samenzweerderige krachten tegen deze natie zal ontstaan. Deze hoop wordt bewaarheid nu meer en meer jonge mensen vragen beginnen te stellen en informatie zoeken over wat er ECHT aan de hand is. Het is moeilijk voor mensen om te begrijpen dat deze samenzweerders echt zijn en dat zij de macht hebben die ik en vele anderen hen toeschrijven. Velen hebben geschreven om te vragen waarom onze regering niets doet aan deze vreselijke bedreiging van de beschaving. Het probleem is dat onze regering deel uitmaakt van het probleem, deel uitmaakt van de samenzwering, en nergens en op geen enkel moment is dit duidelijker geworden dan tijdens het presidentschap van Bush. Natuurlijk weet president Bush precies wat het Comité van 300 met ons doet. HIJ WERKT VOOR HEN. Anderen hebben geschreven om te zeggen: "We dachten dat we tegen de regering vochten." Natuurlijk doen we dat, maar achter de regering staat een kracht die zo machtig en alomvattend is dat de inlichtingendiensten bang zijn om zelfs hun naam te noemen, de "Olympiërs" (de beroemde verborgen hand).

Het bewijs van het Comité van 300 ligt in het grote aantal machtige instellingen die het bezit en controleert. Hier volgen enkele van de belangrijkste, die alle vallen onder de MOEDER VAN ALLE DENKTANKS EN ONDERZOEKSINSTELLINGEN, HET TAVISTOCK INSTITUUT VOOR MENSELIJKE BETREKKINGEN met zijn uitgebreide netwerk van honderden "bijkantoren".

Het Stanford onderzoekscentrum

Het Stanford Research Centre (SRC) werd in 1946 opgericht door het Tavistock Institute For Human Relations. Stanford werd opgericht om Robert Anderson en zijn oliemaatschappij ARCO te helpen, die voor het Comité van 300 olierechten op de North Slope van Alaska had bemachtigd. In feite was de taak te groot voor Andersons Aspen Instituut, zodat een nieuw centrum moest worden opgericht en gefinancierd. Dit nieuwe instituut werd het Stanford Research Centre. Alaska verkocht zijn rechten voor een aanbetaling van 900 miljoen dollar, een relatief klein bedrag voor het Comité van 300. De gouverneur van Alaska werd naar het SRI verwezen voor hulp en advies. Dit was geen toeval, maar het resultaat van zorgvuldige planning en een langdurig verpakkingsproces.

Na de oproep van de gouverneur om hulp gingen drie wetenschappers van het SRI naar Alaska, waar ze een ontmoeting hadden met de staatssecretaris en het staatsplanningsbureau. Francis Greehan, die het SRI-team leidde, verzekerde de gouverneur dat zijn probleem van het beheer van de rijke olievondst veilig zou zijn in de handen van het SRI. Natuurlijk noemde Greehan niet het Comité van 300 of de Club van Rome. In minder dan een maand stelde Greehan een team samen van enkele honderden economen, oliespecialisten en nieuwe wetenschappers. Het rapport dat de SRI aan de gouverneur voorlegde was achtentachtig pagina's lang. Het voorstel werd vrijwel ongewijzigd aangenomen door de Alaska Wetgever in 1970. Greehan had inderdaad opmerkelijk werk verricht voor het Comité van 300, en vanaf het begin groeide de IRS uit tot een instelling met 4000 werknemers en een jaarlijks budget van meer dan 160 miljoen dollar. De president, Charles A. Anderson, was tijdens zijn ambtsperiode getuige van een groot deel van deze groei, evenals professor Willis Harmon, directeur van het SRI Centrum voor de Studie van Sociaal Beleid, dat honderden wetenschappers in dienst heeft die gespecialiseerd zijn in de nieuwe wetenschappen, waarvan velen werden overgeplaatst van de Londense basis in Tavistock. Een van hen was RCA-voorzitter en voormalig Brits inlichtingenofficier David

Sarnoff, die gedurende vijfentwintig jaar nauwe banden had met Harmon en zijn team. Sarnoff was een soort "waakhond" voor het moederinstituut in Sussex.

Stanford beweert geen moreel oordeel te vellen over de projecten die het aanvaardt en werkt voor Israël en de Arabieren, Zuid-Afrika en Libië, maar, zoals men zich kan voorstellen, verzekert het door deze houding een "inside advantage" met buitenlandse regeringen die de CIA zeer nuttig heeft gevonden. In Jim Ridgeway's boek THE CLOSED CORPORATION schept SRI-woordvoerder Gibson op over de niet-discriminerende houding van de SRI. Hoewel niet vermeld als een federaal onderzoekscentrum, is de SRI nu de grootste militaire denktank, die Hudson en Rand overschaduwt. Onder de gespecialiseerde afdelingen van de SRI zijn centra voor chemische en biologische oorlogsexperimenten.

Een van de gevaarlijkste activiteiten van Stanford betreft anti-oproeroperaties gericht tegen de burgerbevolking - precies het soort "1984" dat de regering al tegen haar *eigen* bevolking gebruikt. De Amerikaanse regering betaalt jaarlijks miljoenen dollars aan de SRI voor dit uiterst controversiële soort "onderzoek". Na protesten van studenten tegen chemische oorlogsexperimenten op Stanford, werd het SRI "verkocht" aan een particuliere groep voor slechts 25 miljoen dollar. Natuurlijk is er eigenlijk niets veranderd, het SRI is nog steeds een Tavistock-project en het Comité van 300 is nog steeds eigenaar, maar de goedgelovigen lijken tevreden met deze cosmetische verandering van geen belang. In 1958 verscheen een verrassende nieuwe ontwikkeling. Het Advanced Research Products Agency (ARPA), een aanbestedende dienst van het Ministerie van Defensie, benaderde de SRI met een topgeheim voorstel. John Foster, van het Pentagon, legde de SRI uit dat er een programma nodig was om de Verenigde Staten te beschermen tegen "technologische verrassingen". Foster wilde een toestand perfectioneren waarin de omgeving een wapen zou worden; speciale bommen om vulkanen en/of aardbevingen te activeren, onderzoek naar het gedrag van potentiële vijanden en mineralen en metalen die als nieuwe wapens konden worden gebruikt. Het project werd aanvaard door de SRI en kreeg de codenaam "SHAKY".

SHAKY's enorme elektronische brein was in staat om talrijke commando's uit te voeren, zijn computers waren door IBM gebouwd voor de SRI. Achtentwintig wetenschappers werkten aan wat bekend staat als "human augmentation". De IBM-computer *heeft* zelfs het vermogen om problemen naar analogie op te lossen en herkent en identificeert vervolgens de wetenschappers die ermee werken. De "speciale toepassingen" van dit instrument kunnen beter worden voorgesteld dan beschreven. Brzezinski wist waar hij het over had toen hij *THE TECHNOTRONIC ERA* schreef.

Het Stanford Research Institute werkt nauw samen met een groot aantal civiele adviesbureaus en probeert militaire technologie toe te passen op binnenlandse situaties. Dit is niet altijd succesvol geweest, maar naarmate de technieken verbeteren, wordt het vooruitzicht van massale, *alomtegenwoordige bewaking*, zoals beschreven door Brzezinski, elke dag reëler. HET BESTAAT AL EN WORDT GEBRUIKT, OOK AL MOETEN ER AF EN TOE KLEINE STORINGEN WORDEN GECORRIGEERD.

Een dergelijk civiel adviesbureau was Schriever McKee Associates uit McLean, Virginia, geleid door de gepensioneerde generaal Bernard A. Schriever, voormalig hoofd van het Air Force Systems Command, dat de Titan, Thor, Atlas en Minuteman raketten ontwikkelde.

Schriever heeft een consortium samengesteld bestaande uit Lockheed, Emmerson Electric, Northrop, Control Data, Raytheon en TRW onder de naam URBAN SYSTEMS Associates INC. Het doel van het consortium? Het oplossen van sociale en psychologische "stedelijke problemen" door middel van militaire technieken met behulp van geavanceerde elektronische systemen. Interessant is dat TRW door zijn werk met Urban Systems Associates Inc. het grootste bedrijf in de kredietinformatie-industrie is geworden.

Dit zou ons veel moeten vertellen over de mate waarin deze natie al onder TOTAAL TOEZICHT staat, wat de eerste eis is van het Comité van 300. Geen enkele dictatuur, zeker geen dictatuur op wereldschaal, kan functioneren zonder totale controle over elk individu. De SRI was bezig een belangrijke onderzoeksorganisatie van het Comité van 300 te worden.

In de jaren tachtig was 60% van de contracten van het SRI gewijd aan "futurisme", met zowel militaire als civiele toepassingen. De belangrijkste klanten waren het Amerikaanse ministerie van Defensie, het Defense Research and Engineering Directorate, het Office of Aerospace Research, dat zich bezighield met "Behavioral Science Applications to Research Management", het Executive Office of the President, het Office of Science and Technology en het Amerikaanse ministerie van Volksgezondheid. Namens het ministerie van

Volksgezondheid voerde het SRI een programma uit getiteld "Patterns in ESDEA Title I Reading Achievement Tests". Andere opdrachtgevers waren onder meer het Amerikaanse ministerie van Energie, het Amerikaanse ministerie van Arbeid, het Amerikaanse ministerie van Vervoer en de National Science Foundation (NSF). Van bijzonder belang was het voor de NSF geproduceerde document "Assessment of Future and International Problems".

Het Stanford Research Centre, onder auspiciën van het Tavistock Institute in Londen, heeft een grootschalig en beangstigend systeem ontwikkeld dat het "Business Intelligence Program" wordt genoemd. Meer dan 600 Amerikaanse en buitenlandse bedrijven hebben zich erop geabonneerd. Het programma omvatte onderzoek naar de buitenlandse handelsbetrekkingen van Japan, consumentenmarketing in een tijd van verandering, de groeiende uitdaging van het internationale terrorisme, de sensorische evaluatie van consumentenproducten, het elektronische geldovermakingssysteem, opto-elektrische detectie, verkennende planningsmethoden, de Amerikaanse defensie-industrie en de beschikbaarheid van kapitaal. Onder de grote bedrijven van het Comité van 300 die klant werden van dit programma waren Bechtel Corporation (George Schultz zat in de raad van bestuur), Hewlett Packard, TRW, Bank of America, Shell Company, RCA, Blyth, Eastman Dillon, Saga Foods Corporation, McDonnell Douglas, Crown Zellerbach, Wells Fargo Bank en Kaiser Industries. Maar een van de meest sinistere van alle SRI-programma's, met het potentieel om enorme schade aan te richten door de richting te veranderen waarin de Verenigde Staten zullen gaan op sociaal, moreel en religieus gebied, was het "CHANGING IMAGES OF MAN" van de Stanford Charles F. Kettering Foundation onder de officiële Stanford-referentie "Contract Number URH (489)-2150 Policy Research Report Number 4/4/74, Prepared by the SRI Centre for the Study of Social Policy, Director Willis Harmon". Dit is waarschijnlijk een van de grondigste onderzoeken die ooit zijn uitgevoerd naar hoe de mens kan worden veranderd.

Het 319 pagina's tellende rapport werd geschreven door 14 nieuwe wetenschapswetenschappers onder toezicht van Tavistock en 23 hoge controleurs, waaronder B. F. Skinner, Margaret Meade, Ervin Lazlo en Sir Geoffrey Vickers, een hoge Britse inlichtingenofficier bij MI6. Zijn schoonzoon, Sir Peter Vickers-Hall, was een van de oprichters van de conservatieve Heritage Foundation. Veel van de 3000 pagina's met "aanbevelingen" die in januari 1981 aan de regering Reagan werden gegeven, waren gebaseerd op materiaal uit Willis Harmon's

"CHANGING IMAGES OF MAN".

Ik had het voorrecht een exemplaar van "THE CHANGING IMAGES OF MAN" te ontvangen van mijn collega's van de inlichtingendienst, vijf dagen nadat het door de Amerikaanse regering was aanvaard. Wat ik las schokte me, want ik besefte dat ik keek naar een blauwdruk voor een toekomstig Amerika, anders dan ik ooit eerder had gezien. De natie zou geprogrammeerd worden om te veranderen en zo gewend raken aan deze geplande veranderingen dat het nauwelijks merkbaar zou zijn als er ingrijpende veranderingen zouden plaatsvinden. Wij zijn zo snel achteruitgegaan sinds "THE AQUARIAN CONSPIRACY" (de titel van het boek in Willis Harmon's technisch document) werd geschreven, dat tegenwoordig echtscheiding niet meer wordt gestigmatiseerd, zelfmoord nog nooit zo hoog is geweest en weinig weerstand oproept, sociale afwijkingen van de norm en seksuele aberraties, ooit onbespreekbaar in nette kringen, nu heel gewoon zijn en geen bijzonder protest oproepen.

Als natie hebben we niet gemerkt hoe "DE EVOLUTIE VAN DE MENS" onze Amerikaanse manier van leven voor altijd radicaal heeft veranderd. In zekere zin werden we verslagen door het "Watergate Syndroom". Een tijdlang waren we geschokt en ontzet toen we hoorden dat Nixon niets meer was dan een tweederangs boef die rondhing met de maffiavrienden van Earl Warren in het prachtige huis dat ze voor hem hadden gebouwd naast het landgoed van Nixon. Toen te veel "toekomstschokken" en nieuwskoppen onze aandacht opeisten, raakten we de weg kwijt, of liever, het grote aantal keuzes waarmee we dagelijks werden en nog steeds worden geconfronteerd, desoriënteerde ons zodanig dat we niet langer in staat waren de noodzakelijke keuzes te maken.

Erger nog, na onderworpen te zijn aan een spervuur van misdaden van hogerhand, plus het trauma van de oorlog in Vietnam, leek onze natie geen waarheden meer te willen. Deze reactie wordt zorgvuldig uitgelegd in het technische artikel van Willis Harmon, kortom, de Amerikaanse natie reageerde precies zoals beschreven. Erger nog, door de waarheid niet te willen aanvaarden, gingen we nog een stap verder: we wendden ons tot de regering om ons tegen de waarheid te beschermen.

We wilden de corrupte stank van de Reagan-Bush regeringen bedekken met zes meter aarde. De misdaden gepleegd onder de noemer van de Iran/Contra-affaire (of schandalen), wilden we niet ontdekt hebben. We stonden *toe* dat onze president tegen ons loog over zijn verblijfplaats tussen 20 en 23 oktober 1980. Maar deze misdaden overtreffen in hoeveelheid en omvang alles wat Nixon deed tijdens zijn ambtsperiode. Zien wij als natie in dat dit een afdaling zonder remmen is?

Nee, dat doen we niet. Toen degenen wier taak het is het Amerikaanse volk de waarheid te vertellen dat een kleine, particuliere, goed georganiseerde regering binnen het Witte Huis bezig was de ene misdaad na de andere te begaan, misdaden die de ziel van deze natie en de republikeinse instellingen waarop zij rustte, aanvielen, werd ons gezegd het publiek niet met zulke dingen te vervelen. "We willen echt niets weten van al deze speculaties" werd het standaard antwoord.

Toen de hoogste gekozen functionaris in het land schaamteloos VN-wetten boven de Amerikaanse grondwet stelde, wat een strafbaar feit is, accepteerde de meerderheid het als "normaal". Toen de hoogste gekozen functionaris in het land een oorlog begon zonder een oorlogsverklaring van het Congres, werd dit feit door de media gecensureerd en, nogmaals, we accepteerden het liever dan de waarheid onder ogen te zien. Toen de Golfoorlog begon, die onze president had beraamd en gepland, waren we niet alleen blij met de meest flagrante censuur, we namen het zelfs ter harte, in de overtuiging dat het "goed voor de oorlogsinspanning" was. [6]Onze president loog, April Glaspie loog, het ministerie van Buitenlandse Zaken loog. Ze zeiden dat de oorlog gerechtvaardigd was omdat president Hoessein gewaarschuwd was Koeweit met rust te laten. Toen Glaspie's telegrammen van Buitenlandse Zaken eindelijk openbaar werden gemaakt, kwam Senator na Senator ter verdediging van Glaspie, de hoer. Het maakte niet uit of het Democraten of Republikeinen waren. Wij, het volk, *lieten* hen wegkomen met hun verachtelijke leugens.

In deze gemoedstoestand van het Amerikaanse volk kwamen de stoutste dromen van Willis Harmon en zijn teams van wetenschappers uit. Het Tavistock Instituut was verheugd erin geslaagd te zijn het zelfrespect en de eigenwaarde van deze eens zo grote natie te vernietigen. Ons wordt verteld dat we de Golfoorlog hebben gewonnen. Wat de overgrote meerderheid van de Amerikanen zich nog niet realiseert is dat het winnen van de oorlog ons het zelfrespect

---

[6] En nog recenter met Clintons leugens over zijn affaire met Monica Lewinsky.

en de eer van onze natie heeft gekost. Wat wegkwijnt in het woestijnzand van Koeweit en Irak, naast de lijken van de Iraakse soldaten die we hebben afgeslacht tijdens de overeengekomen terugtocht uit Koeweit en Basra - we konden onze belofte om de Conventies van Genève te respecteren en hen niet aan te vallen niet nakomen. "Wat willen jullie", vroegen onze controleurs ons, "overwinning of zelfrespect? Je kunt niet beide hebben."

Honderd jaar geleden kon dit niet gebeuren, maar nu gebeurt het zonder commentaar. We zijn gezwicht voor de langdurige penetratieoorlog die Tavistock tegen deze natie voert. Net als de Duitse natie, verslagen door het Prudential Bombing-Survey, hebben genoeg van ons ermee ingestemd om van deze natie het soort land te maken dat de totalitaire regimes uit het verleden alleen in hun dromen voor ogen hadden. "Hier", zouden ze zeggen, "is een natie, een van de grootste ter wereld, die de waarheid niet wil. We kunnen zonder al onze propaganda-agentschappen. We hoeven niet te vechten om de waarheid voor deze natie te verbergen, ze heeft haar vrijwillig afgewezen. Deze natie is een kip."

Onze eens zo trotse Republiek van de Verenigde Staten van Amerika is nu niets meer dan een reeks frontale criminele organisaties, wat, zoals de geschiedenis laat zien, altijd het begin is van totalitarisme. Dit is het stadium van permanente verandering dat we eind 1991 in Amerika bereikten. We leven in een wegwerpmaatschappij, geprogrammeerd om niet te blijven bestaan. We deinzen zelfs niet terug voor de 4 miljoen daklozen, de 30 miljoen werklozen of de 15 miljoen vermoorde baby's. Dit zijn de "wegwerpers" van het tijdperk van de Waterman, een samenzwering die zo betreurenswaardig is dat, wanneer ze er voor het eerst mee geconfronteerd wordt, de meerderheid van hen het bestaan ervan zal ontkennen en deze gebeurtenissen zal *rationaliseren* met het argument dat "de tijden veranderd zijn".

Zo hebben het Tavistock Instituut en Willis Harmon *ons geprogrammeerd* om te reageren. De ontmanteling van onze idealen gaat door zonder protest. Het spirituele en intellectuele momentum van ons volk is vernietigd! Op 27 mei 1991 legde president Bush een zeer diepzinnige verklaring af, waarvan de strekking door de meeste politieke commentatoren volledig lijkt te zijn gekaapt:

> "De morele dimensie van de Amerikaanse politiek vereist dat we een morele koers uitzetten in een wereld van het minste kwaad. Dit is de echte wereld, niets is zwart-wit; er is heel weinig ruimte

voor morele absoluten."

Wat kunnen we anders verwachten van een president die waarschijnlijk de meest kwaadaardige man is die ooit het Witte Huis heeft bezet?

Zie dit in het licht van zijn bevel aan het leger om 12.000 Iraakse soldaten levend te begraven. Zie dit in het licht van zijn voortdurende genocideoorlog tegen het Iraakse volk. President Bush noemde president Saddam Hoessein graag "de Hitler van onze tijd". Hij heeft nooit de moeite genomen enig bewijs te leveren. Dat hoefde ook niet. Omdat president Bush die uitspraak deed, accepteerden we die zonder meer. Bedenk, in het licht van de waarheid, dat hij al deze dingen deed in naam van het Amerikaanse volk, terwijl hij in het geheim zijn orders aannam van het Comité van 300.

Maar, meer dan wat dan ook, overweeg dit: president Bush en zijn controleurs voelen zich zo veilig dat zij het niet langer nodig vinden om te verbergen of te liegen over hun kwaadaardige controle over het Amerikaanse volk. Dit blijkt uit de verklaring dat hij, als onze leider, allerlei compromissen zal sluiten met waarheid, eerlijkheid en fatsoen als zijn controleurs (en de onze) dat nodig achten. Op 27 mei 1991 verliet de president van de Verenigde Staten elk beginsel dat in onze grondwet is vastgelegd en verkondigde hij stoutmoedig dat hij er niet langer aan gebonden was. Dit is een grote overwinning voor het Tavistock Instituut en de Prudential Bombing-Survey, waarvan het doel is verschoven van de huisvesting van Duitse arbeiders in 1945 naar de zielen van het Amerikaanse volk in een oorlog die begon in 1946 en duurt tot 1992.

In het begin van de jaren zestig voerde het Stanford Research Institute de druk op deze natie op om te veranderen. Het SRI-offensief groeide in kracht en dynamiek. Zet je televisie aan en je ziet de Stanford-overwinning voor je ogen: talkshows met zware seksuele details, speciale videokanalen waar perversie, rock and roll en drugs hoogtij vieren. Waar ooit John Wayne heerste, hebben we nu een man (of is hij het?) die Michael Jackson heet, een parodie van een mens die als held wordt gepresenteerd, terwijl hij op de televisieschermen van miljoenen Amerikaanse huizen schudt, mompelt en schreeuwt.

Een vrouw die een reeks huwelijken heeft meegemaakt krijgt landelijke aandacht. Een decadente, smerige, halfgewassen, aan drugs verslaafde rockband krijgt urenlang zendtijd gewijd aan hun onzinnige geluiden en gekke draaibewegingen, hun kleding en taalkundige dwalingen. Soap opera's met zo dicht mogelijk bij pornografische scènes leveren geen commentaar op. Terwijl dit begin jaren zestig nooit zou zijn getolereerd, wordt het nu als normaal geaccepteerd. We zijn onderworpen aan en bezweken voor wat het Tavistock Instituut "future shocks" noemt, waarvan de toekomst NU is, en we zijn zo murw geslagen door de ene cultuurschok na de andere dat protesteren een zinloos gebaar lijkt, en dus denken we logischerwijs dat het geen zin heeft om te protesteren.

In 1986 beval het Comité van 300 om de druk op te voeren. De VS ging niet snel genoeg. De Verenigde Staten begonnen het proces van "erkenning" van de slachters van Cambodja, het criminele regime van Pol Pot, die de moord op 2 miljoen Cambodjaanse burgers hadden gepleegd. In 1991 draaide het wiel volledig rond. De Verenigde Staten voerden oorlog tegen een bevriende natie die geprogrammeerd was om de verraders in Washington te vertrouwen. We beschuldigden president Hoessein van het kleine Irak van allerlei kwaad, waarvan NIETS waar was. We doodden en verminkten zijn kinderen, lieten ze verhongeren en sterven aan allerlei ziektes.

Tegelijkertijd stuurden we de afgezanten van Bush van het Comité van 300 naar Cambodja om de moordenaars van 2 MILJOEN CAMBODIANEN, die zijn opgeofferd door het experiment van het Comité van 300 met de ontvolking van steden, die grote steden in de VS in de niet al te verre toekomst zullen meemaken, te erkennen. Vandaag zeggen president Bush en zijn door het Comité van 300 geteisterde regering in feite: "Luister mensen, wat willen jullie van mij? Ik heb jullie verteld dat ik compromissen sluit wanneer ik dat nodig acht, zelfs als dat betekent dat ik moet onderhandelen met moordenaars als Pol Pot... DUS WAT - KUS MIJN HANDEN.

De druk voor verandering zal in 1993 pieken en we zullen taferelen zien die we nooit voor mogelijk hadden gehouden. Dronken Amerika zal reageren, maar slechts in geringe mate. Zelfs de nieuwste bedreiging van onze vrijheid, de persoonlijke computerkaart, maakt ons niet bang. Willis Harman's artikel "CHANGING IMAGES OF MAN" zou voor de meeste mensen te technisch zijn geweest. Dus deden we een beroep op Marilyn Ferguson om het begrijpelijker te maken. "THE AGE OF AQUARIUS" kondigde naaktshows aan en een hitparade: "Dawn of the Age of Aquarius" ging viral.

De personal computer kaart die, wanneer hij volledig verspreid is, ons zal beroven van onze vertrouwde omgeving en, zoals we zullen zien, betekent omgeving veel meer dan de gebruikelijke gangbare betekenis van het woord. De Verenigde Staten hebben een periode van intense trauma's doorgemaakt zoals geen enkele andere natie in de wereldgeschiedenis, en het ergste moet nog komen.

Alles gebeurt precies zoals Tavistock en de Stanford sociologen voorspelden. Tijden veranderen niet, ze *worden gemaakt om te* veranderen. Alle veranderingen worden vooraf gepland en zijn het resultaat van nauwgezette actie. Eerst werden we geleidelijk veranderd, maar nu gaat het tempo van de veranderingen omhoog. De Verenigde Staten veranderen van een door God gezegende natie in een polyglot doolhof van naties onder vele goden. De Verenigde Staten zijn niet langer een door God gezegende natie. De grondleggers van de grondwet hebben de strijd verloren.

Onze voorouders spraken een gemeenschappelijke taal en geloofden in een gemeenschappelijke godsdienst, het christendom en de idealen daarvan die door iedereen werden gedeeld. Er waren geen buitenlanders onder ons; dat kwam later, in een bewust geplande poging om de Verenigde Staten te verdelen in een reeks gefragmenteerde nationaliteiten, culturen en overtuigingen. Als u daaraan twijfelt, ga dan op een willekeurige zaterdag naar de East Side van New York of de West Side van Los Angeles en kijk om u heen. De Verenigde Staten zijn verschillende naties geworden die worstelen om samen te leven onder een gemeenschappelijk regeringsstelsel. Toen de immigratiesluizen wijd open werden gezet door Franklin D. Roosevelt, een neef van het hoofd van het Comité van 300, veroorzaakte de cultuurschok grote verwarring en ontwrichting en werd "één natie" een onwerkbaar concept. De Club van Rome en de NAVO verergerden de situatie. "Heb je naaste lief" is een ideaal dat alleen werkt als je naaste "is zoals jijzelf".

Voor de grondleggers van onze grondwet waren de waarheden die zij voor toekomstige generaties vastlegden "vanzelfsprekend" - voor henzelf. Niet zeker dat *toekomstige* generaties de waarheden waaraan zij deze natie verbonden, ook vanzelfsprekend zouden vinden. HET LIJKT EROP DAT ZIJ BANG WAREN VOOR EEN TIJD DAT DE WAARHEDEN DIE ZIJ VOOR TOEKOMSTIGE GENERATIES HADDEN VASTGESTELD, NIET LANGER VANZELFSPREKEND ZOUDEN ZIJN. Het Tavistock Institute for Human Relations zorgde ervoor dat wat de grondleggers van de grondwet vreesden, ook daadwerkelijk gebeurde. Die tijd kwam met Bush en zijn "no absolutes" en zijn Nieuwe Wereld Orde onder leiding van het Comité van 300.

Dit maakt deel uit van het concept van sociale verandering dat aan de Amerikanen wordt opgelegd en dat volgens Harmon en de Club van Rome ernstige trauma's en een grote drukopbouw zou veroorzaken. De sociale omwentelingen die sinds de komst van Tavistock, de Club van Rome en de NAVO hebben plaatsgevonden, zullen in de Verenigde Staten doorgaan zolang de absorptielimiet wordt genegeerd. Naties bestaan uit individuen en net als individuen is er een grens aan de mate waarin zij veranderingen kunnen absorberen, hoe sterk zij ook zijn.

Deze psychologische waarheid werd goed bewezen door de Strategic Bombing Study, die de verzadigingsbombardementen op Duitse arbeiderswoningen bepleitte. Zoals eerder vermeld was dit project het werk van de *Prudential Insurance Company* en niemand twijfelt er nog aan dat Duitsland daardoor werd verslagen. Veel van de wetenschappers die aan dit project werkten, werken nu aan de verzadigingsbombardementen op Amerika, of zijn verder getrokken, hun kundige technieken achterlatend in de handen van degenen die hen volgden.

De erfenis die zij achterlieten blijkt uit het feit dat wij als natie niet zozeer de weg *kwijt zijn*, maar dat wij meer dan 200 jaar lang in de *tegenovergestelde* richting zijn *gestuurd* van wat de opstellers van de Verklaring ons hadden meegegeven. Kortom, we hebben het contact verloren met onze historische genen, onze wortels en onze cultuur.

Geloof, dat ontelbare generaties Amerikanen heeft geïnspireerd om als natie vooruit te komen, profiterend van de erfenis die de grondleggers van de Onafhankelijkheidsverklaring en de Amerikaanse grondwet ons hebben nagelaten. Dat wij verloren zijn (schapen) is duidelijk voor iedereen die de waarheid zoekt, hoe onsmakelijk die ook moge zijn.

Met president Bush en zijn "no moral high ground" om ons te leiden, gaan we vooruit zoals verloren naties en individuen plegen te doen. [7]We werken *samen* met het Comité van 300 (tegen God) voor onze *eigen* ondergang en onderwerping. Sommige mensen voelen dit - en voelen een sterk gevoel van onbehagen. De verschillende samenzweringstheorieën die ze kennen lijken niet alles te dekken. Dat

---

[7] "Wie niet *MET* Mij is, is *TEGEN* Mij, en wie niet met Mij verzamelt, verstrooit." - Christus, Mattheus 12:30.

komt omdat ze niets weten over de hiërarchie van samenzweerders, het Comité van 300.

Die zielen die een diep gevoel van onbehagen voelen en dat er iets vreselijk mis is, maar die hun collectieve vinger niet op het probleem kunnen leggen, tasten in het duister. Ze kijken naar een toekomst die ze van zich af zien glijden. De Amerikaanse droom is een fata morgana geworden. Ze stellen hun vertrouwen in religie, maar nemen geen stappen om dat geloof te ondersteunen met ACTIE. Amerikanen zullen nooit teruggaan naar de manier waarop de Europeanen deden op het hoogtepunt van de Donkere Middeleeuwen. Door vastberaden ACTIE ontwaakte een geest van vernieuwing die leidde tot de glorieuze Renaissance.

De vijand die hen tot nu toe heeft geleid, besloot om in 1980 hard tegen de Verenigde Staten toe te slaan. Wie is de vijand? De vijand is geen gezichtsloze "zij". De vijand is duidelijk herkenbaar als het Comité van 300, de Club van Rome, de NAVO en alle daaraan gelieerde organisaties, denktanks en onderzoeksinstituten die door Tavistock worden gecontroleerd. Het is niet nodig om "zij" of "de vijand" te gebruiken, behalve als steno. WE WETEN WIE "ZE" ZIJN. Het Comité van 300 met zijn "aristocratie" van het Oostkust liberale establishment, zijn banken, zijn verzekeringsmaatschappijen, zijn gigantische bedrijven, zijn stichtingen, zijn communicatienetwerken, voorgezeten door een Hiërarchie van CONSPIRATOREN - DAT IS DE VIJAND.

Dit is de macht die leven gaf aan het Russische schrikbewind, de bolsjewistische revolutie, de eerste en tweede wereldoorlog, Korea, Vietnam, de val van Rhodesië, Zuid-Afrika, Nicaragua en de Filippijnen. Het was een geheime regering op hoog niveau die de aanzet gaf tot de gecontroleerde desintegratie van de Amerikaanse economie en die voorgoed deïndustrialiseerde wat ooit de grootste industriële macht ter wereld was.

Het Amerika van vandaag kan worden vergeleken met een soldaat die in slaap valt in het heetst van de strijd. Wij Amerikanen zijn in slaap gevallen, hebben toegegeven aan de apathie die het gevolg is van een veelheid van keuzes die ons hebben gedesoriënteerd. Het zijn de veranderingen die onze omgeving veranderen, die onze weerstand breken zodat we versuft en apathisch worden en uiteindelijk in slaap vallen in het hart van de strijd.

Er bestaat een technische term voor deze toestand. Het heet

"penetratiestress op lange termijn". De kunst om een zeer grote groep mensen gedurende een ononderbroken lange periode te onderwerpen aan indringende spanning is ontwikkeld door wetenschappers die werkzaam zijn bij het Tavistock Institute of Human Relations en hun Amerikaanse dochterondernemingen, Stanford Research en Rand Corporation, en minstens 150 andere onderzoeksinstellingen in de Verenigde Staten.

Dr. Kurt Lewin, de wetenschapper die deze duivelse oorlog heeft ontwikkeld, heeft de gemiddelde Amerikaanse patriot bezorgd gemaakt over verschillende samenzweringstheorieën, waardoor hij zich onzeker en onzeker voelt, geïsoleerd en misschien zelfs bang, terwijl hij zoekt, maar het verval en de verrotting veroorzaakt door "HET VERANDERENDE BEELD VAN DE MENS" niet begrijpt, niet in staat is de sociale, morele, economische en politieke veranderingen die hij ongewenst acht en niet wil, maar die steeds heviger worden, te identificeren of te bestrijden.

De naam van Dr. Lewin komt in geen van de geschiedenisboeken van onze instelling voor, die hoe dan ook een verslag zijn van gebeurtenissen die voornamelijk aan de kant van de heersende klasse of de overwinnaars van oorlogen staan. Ik ben er dan ook trots op zijn naam te presenteren. Zoals reeds vermeld, organiseerde Dr. Lewin de Harvard Psychological Clinic en het Institute for Social Research onder auspiciën van het Tavistock Institute. De namen zeggen niet veel over het doel van deze twee organisaties.

Het doet me denken aan de beruchte Bill to Reform the Laws of Coinage and Minting, aangenomen in 1827. De titel van het wetsvoorstel was onschuldig genoeg, of leek dat te zijn, wat de bedoeling was van de voorstanders. Met deze wet verraadde Senator John Sherman de natie aan de internationale bankiers.

Sherman sponsorde het wetsvoorstel "zonder het te lezen". Zoals we weten, was het werkelijke doel van het wetsvoorstel om geld te demoniseren en bankrovers onbeperkte macht te geven over het krediet van onze natie, macht waartoe bankiers duidelijk geen recht hadden onder de duidelijke en ondubbelzinnige voorwaarden van de Amerikaanse grondwet.

Kurt Lewin heeft het Tavistock Instituut, de Club van Rome en de NAVO onbeperkte macht over Amerika gegeven, waarop geen enkele organisatie, entiteit of onderneming recht heeft. Deze instellingen hebben deze toegeëigende macht gebruikt om de wil van de natie te vernietigen om zich te verzetten tegen de plannen en bedoelingen van de samenzweerders om ons te beroven van de vruchten van de Amerikaanse Revolutie en ons naar een nieuw duister tijdperk te leiden onder een één-wereld regering.

Lewins collega's bij deze lange-termijn penetratiedoelstelling waren Richard Crossman, Eric Trist, H. V. Dicks, Willis Harmon, Charles Anderson, Garner Lindsay, Richard Price en W. R. Bion. Nogmaals, deze namen verschijnen nooit in het avondnieuws; in feite verschijnen ze alleen in wetenschappelijke tijdschriften - dus heel weinig Amerikanen zijn op de hoogte van hun bestaan en helemaal niet van wat de mannen achter deze namen in de Verenigde Staten hebben gedaan en nog doen.

President Jefferson zei ooit dat hij *medelijden had met* degenen die *dachten te* weten wat er gaande was door de krant te lezen. Disraeli, de Britse premier, zei ongeveer hetzelfde. Inderdaad, door de eeuwen heen hebben leiders er plezier in gehad om dingen van achter de schermen te leiden. De mens heeft altijd de behoefte gevoeld om ongemerkt te domineren, en dit verlangen is nog nooit zo overheersend geweest als in de moderne tijd.

Zo niet, waarom dan de noodzaak van geheime genootschappen? Als wij geregeerd worden door een open systeem, geleid door democratisch gekozen functionarissen, waarom dan de noodzaak van een geheime vrijmetselaarsorde in elk dorp, elke stad en elke plaats in de Verenigde Staten? Hoe komt het dat de Vrijmetselarij zo openlijk kan opereren en toch haar geheimen zo goed verborgen kan houden? Wij kunnen deze vraag niet stellen aan de Negen Onbekende Mannen van de Negen Zustersloge in Parijs of hun negen collega's in de Coronati Quartetloge in Londen. Toch maken deze achttien mannen deel uit van een nog geheimere regering, de RIIA, en daarbuiten het Comité van 300.

Hoe kon de Schotse Rite der Vrijmetselarij John Hinckley hersenspoelen om president Reagan te vermoorden? Waarom hebben we geheime orden zoals de Ridders van Sint Jan van Jeruzalem, de Ronde Tafel, de Milner Groep en zo verder in een lange rij geheime genootschappen? Zij maken deel uit van een wereldwijde bevels- en controleketen die loopt via de Club van Rome, de NAVO, de RIIA en, tenslotte, de hiërarchie van samenzweerders, het Comité van Driehonderd. Mensen hebben deze geheime genootschappen nodig, omdat hun daden slecht zijn en verborgen moeten blijven. Het kwaad kan zich niet verzetten tegen het licht van de waarheid.

Het tijdperk van de Waterman

In dit boek vinden we een bijna volledige lijst van de samenzweerders, hun frontinstellingen en hun propaganda organen. Tegen 1980 was de Aquarius Samenzwering in volle gang en het succes ervan is zichtbaar in alle aspecten van ons privé- en nationale leven. De overweldigende toename van psychisch geweld, seriemoordenaars, zelfmoorden onder tieners, de onmiskenbare tekenen van lethargie - "penetratie op lange afstand" maakt deel uit van onze nieuwe omgeving, even gevaarlijk, zo niet gevaarlijker, dan de vervuilde lucht die we inademen.

De komst van het Watermantijdperk verraste Amerika volledig. Als natie waren we niet voorbereid op de veranderingen die ons zouden worden *opgelegd*. Wie had ooit gehoord van Tavistock, Kurt Lewin, Willis Harmon en John Rawlings Reese? Ze waren niet eens op het Amerikaanse politieke toneel. Wat we zouden hebben gemerkt, als we de moeite hadden genomen om te kijken, was dat ons vermogen om futuristische schokken te weerstaan afnam naarmate we vermoeider en angstiger werden en uiteindelijk in een periode van psychologische schok terechtkwamen, gevolgd door wijdverbreide apathie, de uiterlijke manifestatie van "penetratieoorlog op lange termijn".

De "Age of Aquarius" is door het Tavistock Institute beschreven als de vector van turbulentie: "Er zijn drie verschillende fasen in de reactie en het antwoord op stress van grote sociale groepen. *Ten eerste* is er *oppervlakkigheid*; de aangevallen bevolking zal zich verdedigen met slogans; dit identificeert de *bron van* de crisis niet en *doet* dus *niets om* deze op te lossen, vandaar het voortduren van de crisis. De *tweede* is *fragmentatie*. Deze treedt op wanneer de crisis voortduurt en de sociale orde instort. Dan is er de *derde* fase, wanneer de bevolkingsgroep in een fase van *"zelfrealisatie" komt* en zich afkeert van de veroorzaakte crisis. Het resultaat is een maladaptieve reactie, die gepaard gaat met actief synoptisch idealisme en dissociatie."

Wie kan ontkennen dat met de enorme toename van het drugsgebruik - "crack" maakt elke dag duizenden nieuwe instant verslaafden; de schokkende toename van de moord op kinderen elke dag (massale abortus infanticide), die nu veel groter is dan de verliezen geleden door onze strijdkrachten in de twee wereldoorlogen, in Korea en Vietnam; de openlijke acceptatie van homoseksualiteit en lesbianisme, waarvan de "rechten" elk jaar door meer en meer wetten worden beschermd; de verschrikkelijke plaag die wij "AIDS" noemen en die onze steden en dorpen teistert; het totale falen van ons onderwijssysteem; de duizelingwekkende toename van het aantal echtscheidingen; een moordcijfer dat de rest van de wereld met ongeloof vervult; satanische seriemoorden ...; de verdwijning van duizenden jonge kinderen, die van onze straten zijn ontvoerd door perverselingen; een virtuele vloedgolf van pornografie vergezeld van "permissiviteit" op onze televisieschermen - wie kan ontkennen dat deze natie zich in een crisis bevindt, die we niet aanpakken en waarvan we ons afkeren.

Goedbedoelende mensen die gespecialiseerd zijn op dit gebied schrijven een groot deel van het probleem toe aan het onderwijs, of wat wij in de Verenigde Staten onderwijs noemen. Criminelen zijn er tegenwoordig in overvloed in de leeftijdsgroep van 9 tot 15 jaar. Verkrachters zijn vaak niet ouder dan 10 jaar. Onze sociale wetenschappers, onze lerarenvakbonden, onze kerken zeggen dat het allemaal komt door een gebrekkig onderwijssysteem. Testresultaten blijven dalen. Deskundigen betreuren het dat de Verenigde Staten nu rond de 39ste plaats in de wereld staan wat betreft onderwijsniveau.

Waarom betreuren we wat zo duidelijk is? Ons onderwijssysteem is geprogrammeerd om zichzelf te vernietigen. Dat was wat Dr Alexander King in opdracht van de NAVO moest doen. Dat is wat rechter Hugo black moest herstellen. Feit is dat het Comité van 300, met goedkeuring van onze regering, niet wil dat onze jongeren goed onderwijs krijgen. Het onderwijs dat de vrijmetselaars rechter Hugo Black, Alexander King, Gunnar Myrdal en zijn vrouw de kinderen van de Verenigde Staten komen geven, is dat CRIME PAYS, OPPORTUNITY IS ALL THAT COUNTS.

Zij hebben onze kinderen geleerd dat het Amerikaanse recht ongelijk is, en dat is zoals het hoort. Onze kinderen zijn goed opgevoed door een decennium van corrupte voorbeelden; Ronald Reagan en George Bush werden geregeerd door hebzucht en waren daardoor totaal gecorrumpeerd. Ons onderwijssysteem heeft niet gefaald. Onder leiding van King, Black en Myrdal is het in feite een groot succes, maar het hangt ervan af hoe je het bekijkt. Het Comité van 300 is blij met ons onderwijssysteem en laat geen komma veranderen.

Volgens Stanford en Willis Harmon is het langdurig doorgedrongen trauma van ons onderwijs al 45 jaar aan de gang. Maar hoeveel mensen zijn zich bewust van de verraderlijke druk die op onze samenleving wordt uitgeoefend en de voortdurende blootstelling aan hersenspoeling die dagelijks plaatsvindt? De mysterieuze bendeoorlogen die in de jaren vijftig in New York uitbraken, zijn een voorbeeld van hoe samenzweerders elk soort ontwrichtend element kunnen creëren en ensceneren. Niemand wist waar deze bendeoorlogen vandaan kwamen, totdat onderzoekers in de jaren tachtig de verborgen controleurs ontdekten die deze "sociale verschijnselen" aanstuurden.

Bendeoorlogen werden zorgvuldig gepland op Stanford, opzettelijk ontworpen om de samenleving te shockeren en ontwrichting te veroorzaken. In 1958 waren er meer dan 200 van deze bendes. Ze werden populair gemaakt door een Hollywood musical en film, "West Side Story". Na tien jaar in het nieuws te zijn geweest, verdwenen ze in 1966 plotseling uit de straten van New York, Los Angeles, New Jersey, Philadelphia en Chicago.

Gedurende het hele decennium van bendegeweld reageerde het publiek volgens de verwachte geprofileerde reactie van Stanford; de samenleving als geheel kon de bendeoorlog niet begrijpen en het publiek reageerde ongepast. Als er mensen verstandig genoeg waren geweest om de bendeoorlog te herkennen als een Stanford-experiment in social engineering en hersenspoeling, zou het complot van de samenzweerders zijn ontmaskerd. Ofwel hadden we geen getrainde specialisten die konden zien wat er aan de hand was - wat hoogst onwaarschijnlijk is - ofwel werden ze tot zwijgen bedreigd. De samenwerking van de media met Stanford benadrukte een "new age" aanval op onze omgeving, precies zoals de sociale ingenieurs en nieuwe wetenschapswetenschappers van Tavistock hadden voorspeld.

In 1989 werd bendeoorlog, als sociale conditionering voor verandering, opnieuw geïntroduceerd in de straten van Los Angeles. Binnen enkele maanden na de eerste incidenten begonnen de bendes zich te vermenigvuldigen - eerst met tientallen, daarna met honderden in de straten van de East Side van Los Angeles. Crackhuizen en ongebreidelde prostitutie woekerden; drugsdealers beheersten de straten. Iedereen die hen in de weg stond, werd neergeschoten. De verontwaardiging in de pers was luid en lang. De door Stanford geviseerde bevolkingsgroep begon terug te vechten met slogans. Dit is wat Tavistock de eerste fase noemt, waarbij de doelgroep er niet in slaagt de bron van de crisis te identificeren. De tweede fase van de bendeoorlogscrisis is 'fragmentatie'. Mensen die niet in de door de bendes bezochte gebieden woonden, zeiden: "Godzijdank zijn ze niet in onze buurt". Dit ging voorbij aan het feit dat de crisis met of zonder erkenning doorging en dat de sociale orde in Los Angeles begon af te takelen. Volgens het Tavistock-profiel braken groepen die niet door de bendeoorlog waren getroffen "zich af om zich te verdedigen" omdat de bron van de crisis niet was geïdentificeerd, een proces dat bekend staat als "maladaptatie" - de periode van dissociatie.

Wat is het doel van bendeoorlogen, afgezien van de toename van de drugsverkoop? Ten eerste om de doelgroep te laten zien dat ze niet veilig zijn, met andere woorden dat ze onveiligheid creëren. Ten tweede om te laten zien dat de georganiseerde samenleving machteloos staat tegenover dit geweld en ten derde om mensen te laten inzien dat onze maatschappelijke orde aan het afbrokkelen is. De huidige golf van bendegeweld zal even snel verdwijnen als hij begon, zodra de drie fasen van het Stanford-programma zijn afgerond.

Een opmerkelijk voorbeeld van "sociale conditionering om verandering te accepteren", zelfs wanneer deze door de bevolkingsgroep in het vizier van het Stanford Research Institute wordt erkend als een ongewenste verandering, was de "komst" van de BEATLES. De Beatles werden naar de Verenigde Staten gehaald als onderdeel van een sociaal experiment om grote bevolkingsgroepen te hersenspoelen waarvan ze zich niet eens bewust waren.

Toen Tavistock de Beatles naar Amerika bracht, kon niemand zich de culturele ramp voorstellen die in hun kielzog zou volgen. De Beatles waren een integraal onderdeel van "THE AQUARIAN CONSPIRACY", een levend organisme dat ontstond in "THE CHANGING IMAGES OF MAN", URH (489) 2150. Zie Policy Research Report No. 4/4/74. Policy Report opgesteld door het SRI Centre for the study of Social Policy, Director, Professor Willis Harmon.

Het Beatles-fenomeen was geen spontane opstand van jongeren tegen de oude sociale orde. Het was veeleer een zorgvuldig opgezet complot om, door een samenzweerderige instantie die niet kon worden geïdentificeerd, een zeer destructief en verdeeld element te introduceren in een grote groep mensen die tegen hun wil in werd veranderd. Nieuwe woorden en uitdrukkingen - bedacht door Tavistock - werden in Amerika geïntroduceerd met de Beatles. Woorden als "rock" met betrekking tot de muziekklanken, "tiener", "cool", "ontdekt" en "popmuziek" waren een lexicon van verkapte codewoorden die de acceptatie van drugs betekenden en ze kwamen met de Beatles mee en vergezelden hen overal waar ze kwamen, om "ontdekt" te worden door "tieners". Overigens werd het woord "tieners" nooit gebruikt totdat de Beatles opkwamen, dankzij het Tavistock Institute for Human Relations.

Net als bij de bendeoorlogen kon of zou niets zijn bereikt zonder de medewerking van de media, met name de elektronische media en in het bijzonder de zwavelachtige Ed Sullivan, die door de samenzweerders was gecoacht over de rol die hij moest spelen. Niemand zou aandacht hebben besteed aan de bonte bemanning van Liverpool en het 12-toons "muziek" systeem dat zou volgen als er niet een overvloed aan pers was geweest. Het 12-toonssysteem bestaat uit zware, repetitieve klanken, ontleend aan Adorno's muziek van de cultus van Dionysus en het priesterschap van Baäl en door deze speciale vriend van de koningin van Engeland, en dus van het Comité van 300, een "modern" tintje gegeven.

Tavistock en zijn Stanford-onderzoekscentrum creëerden trigger-woorden die vervolgens algemeen werden gebruikt rond "rockmuziek" en de fans ervan. Deze trigger-woorden creëerden een nieuwe en aparte bevolkingsgroep, grotendeels jong, die door social engineering en conditionering werd overgehaald om te geloven dat de Beatles echt hun favoriete band waren. Alle in de context van "rockmuziek" bedachte trigger-woorden waren bedoeld voor de massacontrole van de nieuwe doelgroep, de Amerikaanse jeugd.

[8]De Beatles deden het perfect, of misschien is het correcter om te zeggen dat Tavistock en Stanford het perfect deden, waarbij de Beatles slechts reageerden als getrainde robots "met een beetje hulp van hun vrienden" - codewoorden voor drugs gebruiken en het "cool" maken. De Beatles werden een zeer zichtbaar "nieuw type" - meer jargon van Tavistock - en als zodanig duurde het niet lang of de band creëerde nieuwe stijlen (manieren van kleden, kapsels en taal) die de oudere generatie verstoorden, zoals de *bedoeling was*. Dit maakt deel uit van het "fragmentatie-misaanpassingsproces" dat Willis Harmon en zijn team van sociale wetenschappers en gentechnologische knutselaars hebben ontwikkeld en in praktijk gebracht. De rol van de

---

[8] Verwijzing naar de Beatles song "With a little help from my friends". EDITOR'S NOTE.

gedrukte en elektronische media in onze samenleving is cruciaal voor het succes van het hersenspoelen van grote bevolkingsgroepen. De bendeoorlogen in Los Angeles eindigden in 1966 toen de media er geen aandacht meer aan besteedden. Hetzelfde zal gebeuren met de huidige golf van bendeoorlogen in Los Angeles. De straatbendes zullen wegkwijnen zodra de verzadigde media-aandacht wordt afgezwakt en daarna helemaal verdwijnt. Net als in 1966 zal het probleem "opgebrand" zijn. De straatbendes hebben hun doel bereikt, het creëren van onrust en onveiligheid. Hetzelfde patroon zal gelden voor rockmuziek. Verstoken van media-aandacht zal het uiteindelijk zijn plaats in de geschiedenis innemen.

Na de Beatles, die overigens werden gevormd door het Tavistock Institute, kwamen andere "made in England" rockbands die, net als de Beatles, Theo Adorno vroegen hun cultteksten te schrijven en alle "muziek" te componeren. Ik haat het gebruik van deze mooie woorden in de context van "Beatlemania"; het doet me denken aan hoe het woord "minnaar" wordt misbruikt om te verwijzen naar de walgelijke interactie tussen twee homoseksuelen die zich in de varkensstal wurmen. Rock' muziek noemen is een belediging, net als het taalgebruik in 'rock-lyrics'.[9]

Tavistock en Stanford Research begonnen vervolgens aan de tweede fase van het werk in opdracht van het Comité van 300. Deze nieuwe fase verhoogde de druk voor sociale verandering in Amerika. Zo snel als de Beatles op het Amerikaanse toneel verschenen, zo snel verscheen ook de beat-generatie, triggerwoorden die bedoeld waren om de samenleving te scheiden en te fragmenteren. De media richten nu hun aandacht op de beat-generatie. Andere door Tavistock uitgevonden woorden zijn uit het niets gekomen: "beatniks", "hippies", "flower children" maken allemaal deel uit van het Amerikaanse vocabulaire. Het werd populair om "het los te laten", vuile spijkerbroeken te dragen en rond te lopen met lang ongewassen haar. De "beat-generatie" sloot zich af van het reguliere Amerika. Ze werden net zo berucht als de schonere Beatles voor hen.

De nieuw opgerichte groep en haar "levensstijl" trokken miljoenen jonge Amerikanen de cultus in. De Amerikaanse jeugd onderging een radicale revolutie zonder zich er ooit van bewust te zijn, terwijl de

---

[9] Teksten van rocknummers.

oudere generatie machteloos bleef, niet in staat om de bron van de crisis te identificeren en dus inadequaat reageerde op de manifestatie ervan, namelijk allerlei soorten drugs, marihuana en, later, lyserginezuur, "LSD", zo gemakkelijk geleverd door het Zwitserse farmaceutische bedrijf SANDOZ, nadat een van zijn chemici, Albert Hoffman, had ontdekt hoe je synthetische ergotamine, een krachtige geestverruimende drug, kon maken. Het Comité van 300 financierde het project via een van zijn banken, S. C. Warburg, en de drug werd naar Amerika vervoerd door de filosoof Aldous Huxley.

De nieuwe "wonderdrug" werd snel verspreid in "proefpakketjes", gratis uitgedeeld op universiteitscampussen in de Verenigde Staten en tijdens "rock"-concerten, die het belangrijkste vehikel werden voor de verspreiding van druggebruik. De vraag is: welke invloed hadden drugs op de samenleving? Wat deed de Drug Enforcement Agency (DEA) in die tijd? Overtuigend indirect bewijs suggereert dat de DEA *op de hoogte was van wat er gebeurde*, maar de opdracht kreeg om *niets te* doen.

Met de komst van een groot aantal nieuwe Britse rockbands naar de Verenigde Staten begonnen rockconcerten een vast onderdeel te worden van de sociale kalender van de Amerikaanse jeugd. Tegelijkertijd nam het drugsgebruik onder jongeren evenredig toe. De duivelse herrie van zware, dissonante klanken verdoofde de geest van de luisteraars, die gemakkelijk werden overgehaald om de nieuwe drug te proberen met het argument dat "iedereen het doet". Peer pressure is een zeer krachtig wapen. De "nieuwe cultuur" kreeg maximale media-aandacht, wat de samenzweerders geen cent kostte.

Een aantal burgerlijke leiders en kerkelijken voelde grote woede over de nieuwe cultus, maar hun energie was verkeerd gericht op het RESULTAAT van wat er gebeurde, niet op de OORZAAK. Critici van de rockcultus maakten dezelfde fouten die ze tijdens de drooglegging hadden gemaakt, ze bekritiseerden wetshandhavers, leraren, ouders - iedereen behalve de samenzweerders.

Vanwege de woede en wrok die ik voel tegenover de grote plaag van drugs, verontschuldig ik me niet voor een voor mij ongebruikelijk taalgebruik. Alan Ginsberg is één van de ergste drugsverslaafden die ooit door de straten van Amerika liep. Deze Ginsberg pushte het gebruik van LSD door middel van een advertentie die hem niets kostte, terwijl het onder normale omstandigheden miljoenen dollars aan reclame-inkomsten op televisie zou hebben opgeleverd. Deze gratis publiciteit voor drugs, en LSD in het bijzonder, bereikte een nieuw hoogtepunt aan het eind van de jaren zestig, dankzij de immer bereidwillige medewerking van de media. Het effect van Ginsbergs massale reclamecampagne was verwoestend; het Amerikaanse publiek werd onderworpen aan de ene futuristische cultuurschok na de andere, in hoog tempo.

We waren overbelicht en overprikkeld, en nogmaals, mag ik u eraan herinneren dat dit Tavistock-jargon is, uit het Tavistock-opleidingshandboek, overweldigd door de nieuwe ontwikkeling, en tegen de tijd dat we dat punt bereikten was onze geest in apathie vervallen; het was gewoon te veel om aan te kunnen, d.w.z. "penetratie op lange afstand had ons in zijn greep". Ginsberg beweerde een dichter te zijn, maar niemand die er ooit naar streefde een dichter te zijn schreef ooit zulke onzin. Ginsbergs aangewezen taak had weinig te maken met poëzie; zijn belangrijkste functie was het promoten van de nieuwe subcultuur en deze geaccepteerd te krijgen door de grote doelgroep.

Om hem te helpen bij zijn taak heeft Ginsberg gebruik gemaakt van de diensten van Norman Mailer, een schrijver die enige tijd in een psychiatrische inrichting heeft doorgebracht. Mailer is een favoriet van links Hollywood, dus hij had geen moeite om Ginsberg zoveel mogelijk zendtijd te bezorgen. Natuurlijk moest Mailer een excuus hebben - zelfs hij kon de ware aard van Ginsbergs tv-optredens niet openlijk onthullen. Dus werd een maskerade aangenomen: Mailer zou voor de camera 'serieuze' gesprekken voeren met Ginsberg over poëzie en literatuur.

Deze methode om gratis uitgebreide televisie-aandacht te krijgen werd gevolgd door alle rockbands en concertpromotors die Ginsbergs voorbeeld volgden. De elektronische mediamagnaten hadden een groot hart als het erom ging gratis tijd te geven aan deze smerige wezens, hun nog smeriger producten en hun walgelijke ideeën. Hun promotie van deze afschuwelijke rotzooi sprak boekdelen en zonder de overvloedige hulp van de gedrukte en elektronische media zou de drugshandel zich niet zo snel hebben kunnen verspreiden als aan het eind van de jaren zestig en het begin van de jaren zeventig, en waarschijnlijk beperkt zijn gebleven tot een paar kleine lokale gebieden.

Ginsberg was in staat om verschillende nationaal uitgezonden optredens te geven waarin hij de deugden van LSD en marihuana aanprees, onder het mom van de "nieuwe ideeën" en "nieuwe culturen" die zich in de wereld van kunst en muziek ontwikkelden. De bewonderaars van Ginsberg lieten zich niet overbluffen door de elektronische media en schreven gloedvolle artikelen over "deze kleurrijke man" in de kunst- en sociale secties van Amerika's belangrijkste kranten en tijdschriften. Er is nog nooit zo'n gratis publiciteitscampagne geweest in de geschiedenis van kranten, radio en televisie, en het kostte de promotors van de Aquarius Samenzwering, de NAVO en de Club van Rome geen cent. Het was absoluut gratis reclame voor LSD, dun vermomd als "kunst" en "cultuur".

Een van Ginsbergs beste vrienden, Kenny Love, publiceerde een vijf pagina's tellend rapport in de *New York Times*. Dit is in overeenstemming met de methodologie van Tavistock en Stanford Research: Als je iets gaat promoten dat het publiek nog niet door hersenspoeling heeft geaccepteerd, moet je iemand een artikel laten schrijven waarin alle aspecten van het onderwerp aan bod komen. De andere methode is live talkshows op televisie, waar een panel van deskundigen het product of idee promoot onder het mom van "bespreken". Er zijn punten en tegenpunten, waarbij deelnemers voor en tegen hun steun of verzet uitspreken. Uiteindelijk is het te promoten onderwerp in de publieke opinie verankerd. Begin jaren zeventig was dit een noviteit, maar tegenwoordig is het een gangbare praktijk waarop talkshows gedijen.

Love's vijf pagina's tellende pro-LSD, pro-Ginsberg artikel werd netjes afgedrukt door de *New York Times*. Als Ginsberg had geprobeerd dezelfde hoeveelheid ruimte in een advertentie te kopen, zou het hem minstens 50.000 dollar hebben gekost. Maar Ginsberg hoefde zich geen zorgen te maken; dankzij zijn vriend Kenny Love kreeg Ginsberg deze massale publiciteit gratis. Met kranten als de *New York Times* en de *Washington Post* onder controle van het Comité van 300, wordt dit soort gratis publiciteit gegeven aan elk onderwerp, vooral aan onderwerpen die een decadente levensstijl promoten - drugs - hedonisme - alles wat het Amerikaanse volk zou kunnen verontrusten. Na het proces met Ginsberg en LSD kreeg de Club van Rome de gewoonte om grote Amerikaanse kranten te vragen om op verzoek gratis reclame te maken voor de mensen en ideeën die zij promoten.

Erger nog - of beter, afhankelijk van hoe je het bekijkt - United Press (UP) nam Kenny Love's gratis advertentie voor Ginsberg en LSD en stuurde die naar honderden kranten en tijdschriften in het hele land onder het mom van een nieuwsbericht. Zelfs zeer respectabele tijdschriften als *Harper's Bazaar* en *TIME* maakten Ginsberg respectabel.

Als een nationale campagne van deze omvang door een reclamebureau aan Ginsberg en de LSD-promotors was voorgelegd, zou het prijskaartje in 1970 minstens een miljoen dollar hebben bedragen. Vandaag zou de prijs niet minder dan 15 tot 16 miljoen dollar zijn. Geen wonder dat ik de media "jakhalzen" noem.

Ik stel voor dat we de media zoeken, die een exposé doen over de Federal Reserve Board. Ik bracht mijn artikel, dat een goede ontmaskering was van 's werelds grootste zwendel, naar alle grote kranten, radio- en tv-stations, tijdschriften en verschillende talkshows. Een paar van hen deden beloftes die goed klonken - ze zouden het artikel zeker publiceren en me uitnodigen om erover te praten - geef ze een week en ze zouden contact met me opnemen. Geen van hen deed dat, en mijn artikel verscheen nooit op de pagina's van hun kranten en tijdschriften. Het was alsof er een mantel van stilte was geworpen over mij en het onderwerp dat ik probeerde te promoten, en dat is precies wat er gebeurde.

Zonder massale mediahype en bijna constante berichtgeving zou de cultus van drugs en hippie-beatnikrock nooit van de grond zijn gekomen; het zou een lokale curiositeit zijn gebleven. De Beatles, met hun rinkelende gitaren, domme uitdrukkingen, drugsgebruik en bizarre kleding, zouden weinig nut hebben gehad. In plaats daarvan, omdat de Beatles werden gecoverd door de media, kreeg Amerika de ene cultuurschok na de andere.

De mannen in de denktanks en onderzoeksinstituten, wier namen en gezichten nog slechts bij weinigen bekend zijn, zorgden ervoor dat de pers haar rol speelde. Omgekeerd betekende de belangrijke rol van de media in het niet onthullen van de kracht achter toekomstige cultuurschokken dat de bron van de crisis nooit werd geïdentificeerd. Als gevolg daarvan is onze samenleving gek geworden van psychologische schokken en stress. De term "gek gemaakt" is ontleend aan het Tavistock trainingshandboek. Vanaf het nederige begin in 1921 was Tavistock in 1966 klaar om een grote en onomkeerbare culturele revolutie in Amerika te ontketenen, die nog niet voltooid is. De Aquarian Conspiracy maakt deel uit van die revolutie.

Zo verzacht, werd onze natie nu rijp geacht voor de introductie van drugs, die qua bereik en te verdienen geldbedragen zouden wedijveren met de drooglegging. Ook dit was een integraal onderdeel van de

Aquarius Samenzwering. De proliferatie van druggebruik was één van de onderwerpen die bestudeerd werden door de Science Policy Research Unit (SPRU) van het Tavistock gebouw aan de Universiteit van Sussex. Het stond bekend als het "Future Shock" centrum, een benaming voor zogenaamde toekomstgerichte psychologie, bedoeld om hele groepen mensen te manipuleren om "toekomstschokken" te veroorzaken. Het was de eerste van verschillende van dergelijke instellingen die door Tavistock werden opgericht.

Toekomstschokken" worden omschreven als een reeks gebeurtenissen die zo snel plaatsvinden dat het menselijk brein de informatie niet kan verwerken. Zoals ik al eerder zei, heeft de wetenschap aangetoond dat er duidelijke grenzen zijn aan de hoeveelheid en de aard van de veranderingen die het brein aankan. Na voortdurende schokken ontdekt de beoogde grote bevolkingsgroep dat zij geen keuzes wil maken. Apathie neemt de overhand, vaak voorafgegaan door willekeurig geweld zoals dat van straatbendes in Los Angeles, seriemoordenaars, verkrachters en kinderontvoerders.

Een dergelijke groep wordt gemakkelijk te controleren en zal gehoorzaam bevelen opvolgen zonder in opstand te komen, wat het doel van de oefening is. "Future shock", zegt de SPRU, "wordt gedefinieerd als fysieke en psychologische nood als gevolg van overbelasting van het besluitvormingsmechanisme van de menselijke geest." Dit is Tavistock jargon, rechtstreeks uit hun handboeken waarvan ze niet weten dat ik ze bezit.

Net zoals een overbelast elektrisch circuit een schakelaar activeert, raakt de mens in een toestand van "unplugging", een syndroom dat de medische wetenschap pas begint te begrijpen, hoewel John Rawlings Reese al in de jaren twintig van de vorige eeuw experimenten op dit gebied uitvoerde. Zoals je je kunt voorstellen, is zo'n doelgroep bereid om te 'trippen' en drugs te gebruiken om te ontsnappen aan de druk van zoveel keuzes te moeten maken. Zo verspreidde het drugsgebruik zich zo snel in de Amerikaanse "beat generation". Wat begon met de Beatles en proefpakketjes LSD is uitgegroeid tot een vloedgolf van drugsgebruik die Amerika overspoelt.

De drugshandel wordt gecontroleerd door het Comité van 300, van hoog tot laag. De drugshandel begon met de Britse Oost-Indische Compagnie en werd op de voet gevolgd door de Nederlandse Oost-Indische Compagnie. Beide werden gecontroleerd door de "Raad van 300". De lijst van leden en aandeelhouders van de BEIC lijkt op die van de adelstand van Debretts. De BEIC richtte de China Inland

Mission op, die tot taak had de Chinese boeren, of koelies zoals ze werden genoemd, afhankelijk te maken van opium. Dit creëerde de opiummarkt, die de BEIC vervolgens vulde.

Op dezelfde manier gebruikte het Comité van 300 de "Beatles" om "sociale drugs" te populariseren onder de Amerikaanse jeugd en de Hollywood "menigte". Ed Sullivan werd naar Engeland gestuurd om de eerste "rockband" van het Tavistock Instituut te ontmoeten die de Amerikaanse kusten bereikte. Sullivan keerde vervolgens terug naar de VS om de strategie van de elektronische media uit te werken over hoe de band te presenteren en te verkopen. Zonder de volledige medewerking van de elektronische media en Ed Sullivan in het bijzonder, zouden de Beatles en hun muziek zijn gestorven aan de wijnstok. In plaats daarvan werden ons nationale leven en het karakter van de Verenigde Staten voor altijd veranderd.

Nu we het weten, is het maar al te duidelijk hoe succesvol de campagne van The Beatles was om drugsgebruik te verspreiden. Het feit dat Theo Adorno de muziek en teksten schreef voor The Beatles werd verborgen gehouden voor het publiek. De primaire functie van "The Beatles" was om ontdekt te worden door tieners, die dan werden onderworpen aan een non-stop spervuur van "Beatles muziek" totdat ze overtuigd waren om van het geluid te houden en het te omarmen en alles wat erbij hoorde. De band uit Liverpool voldeed aan de verwachtingen en creëerde, met "een beetje hulp van hun vrienden", d.w.z. de illegale stoffen die wij drugs noemen, een hele nieuwe klasse jonge Amerikanen in de precieze vorm die het Tavistock Instituut voorschreef.

Tavistock had een zeer zichtbaar "nieuw type" drugskoerier gecreëerd. De "christelijke missionarissen" van de China Inland Mission zouden geen plaats hebben gehad in de jaren 1960. "Wat dit betekent is dat de Beatles nieuwe sociale patronen creëerden, voornamelijk de normalisering en popularisering van druggebruik, nieuwe smaak in kleding en nieuwe kapsels die hen echt onderscheidden van de vorige generatie, zoals Tavistock wilde.

Het is belangrijk om de bewust fragmenterende taal van Tavistock op te merken. De "tieners" hadden zich nooit kunnen voorstellen dat alle "andere" dingen die zij nastreefden het product waren van oudere wetenschappers die in denktanks in Engeland en bij Stanford Research werkten. Hoe gekrenkt zouden ze zijn geweest als ze hadden ontdekt dat de meeste van hun "coole" gewoonten en uitdrukkingen opzettelijk voor hen waren gecreëerd door een groep oudere sociale wetenschappers!

De rol van de media was, en is nog steeds, zeer belangrijk bij het bevorderen van drugsgebruik op nationale schaal. Toen de berichtgeving over straatbendes abrupt werd stopgezet door de media, werden ze als maatschappelijk fenomeen "uitgebrand"; het "nieuwe tijdperk" van de drugs volgde. De media hebben altijd als katalysator gefungeerd en hebben altijd de "nieuwe oorzaken" gepusht. Vandaag gaat de aandacht van de media uit naar druggebruik en de voorstanders ervan, de "beat generation", een andere term die in Tavistock werd bedacht, in haar vastberaden pogingen om sociale verandering teweeg te brengen in de Verenigde Staten.

Drugsgebruik werd een geaccepteerd onderdeel van het dagelijks leven in Amerika. Dit door Tavistock ontworpen programma nam miljoenen jonge Amerikanen op, en de oudere generatie begon te geloven dat Amerika een natuurlijke sociale revolutie onderging, zich niet realiserend dat wat hun kinderen overkwam geen spontane beweging was, maar een zeer kunstmatige creatie ontworpen om veranderingen in Amerika's sociale en politieke leven af te dwingen.

De afstammelingen van de Britse Oost-Indische Compagnie waren opgetogen over het succes van hun drugspromotieprogramma. Hun volgelingen werden liefhebbers van lyserginezuur (LSD), zo gemakkelijk beschikbaar gesteld door beschermheren van de drugshandel zoals Aldous Huxley, het gerespecteerde Zwitserse bedrijf Sandoz en gefinancierd door de grote Warburg bankdynastie. De nieuwe "wonderdrug" werd prompt verspreid tijdens rockconcerten en op universiteitscampussen in de vorm van gratis monsters. De vraag die opkomt is: "Wat deed de FBI al die tijd?"

Het doel van The Beatles was heel duidelijk geworden. De afstammelingen van de Britse Oost-Indische Compagnie in de Londense high society moeten zich zeer goed hebben gevoeld over de miljarden dollars die begonnen binnen te stromen. Met de komst van "rock", dat voortaan als steno zal worden gebruikt om Adorno's duivelse satanische muziek te beschrijven, was er een enorme toename in het gebruik van alledaagse drugs, vooral marihuana. De hele drugshandel ontwikkelde zich onder controle en leiding van de Science Policy Research Unit (SPRU). SPRU werd geleid door Leland Bradford, Kenneth Damm en Ronald Lippert, onder wiens deskundige leiding een groot aantal nieuwe wetenschapswetenschappers werd opgeleid om "toekomstschokken" te promoten, met als een van de belangrijkste de dramatische toename van druggebruik door

Amerikaanse tieners. De beleidsdocumenten van de SPRU, ingebracht in verschillende overheidsinstellingen, waaronder het Drug Enforcement Agency (DEA), dicteerden het verloop van de rampzalige "oorlog tegen drugs" die de regeringen Reagan en Bush zouden hebben gevoerd.

Het was een voorloper van de manier waarop de Verenigde Staten vandaag worden bestuurd, door de ene commissie en/of raad na de andere, door een interne regering die gevoed wordt met Tavistock-documenten waarvan zij stellig geloven dat het hun eigen mening is. Deze virtuele vreemden nemen beslissingen die onze regeringsvorm voor altijd zullen veranderen en de kwaliteit van het leven in de Verenigde Staten zullen beïnvloeden. Dankzij "crisisaanpassing" zijn we al zo veranderd dat we nauwelijks meer te vergelijken zijn met wat we in de jaren vijftig waren. Onze omgeving is ook veranderd.

Er wordt tegenwoordig veel gesproken over het milieu, en hoewel het meestal gaat over groene omgevingen, heldere rivieren en schone lucht, is er een ander milieu dat net zo belangrijk is - het milieu van geneesmiddelen. Het milieu van onze manier van leven is vervuild geraakt; onze manier van denken is vervuild geraakt. Ons vermogen om ons lot te bepalen is vervuild geraakt. We worden geconfronteerd met veranderingen die ons denken zodanig vervuilen dat we niet meer weten wat we ervan moeten maken. De "omgeving van verandering" verlamt de natie; we lijken zo weinig controle te hebben dat angst en verwarring het gevolg zijn.

We zoeken nu naar groepsoplossingen in plaats van individuele oplossingen voor onze problemen. We doen geen beroep op onze eigen middelen om problemen op te lossen. De sterke toename van het drugsgebruik speelt hierin een sleutelrol. Het is een doelbewuste strategie, bedacht door de wetenschappers van de nieuwe wetenschappen, de sociale ingenieurs en de knutselaars, die zich richt op het meest kwetsbare gebied van allemaal, namelijk ons zelfbeeld, d.w.z. de manier waarop we onszelf zien, waardoor we uiteindelijk worden als schapen *(wij, de schapen)* die naar de slachtbank worden geleid. We zijn gedesoriënteerd door de vele keuzes die we moeten maken en we zijn apathisch geworden.

We worden gemanipuleerd door gewetenloze mannen zonder het ooit te beseffen. Dit geldt vooral voor de drugshandel en we bevinden ons nu in de overgangsfase waarin we ons kunnen voorbereiden op een verandering van de huidige constitutionele regeringsvorm, die onder de regering Bush een enorme stap voorwaarts heeft gezet. Terwijl sommigen, ondanks alle bewijzen van het tegendeel, blijven zeggen: "Het kan niet gebeuren in Amerika", is het een feit: het is al gebeurd. Onze wil om ons te verzetten tegen gebeurtenissen die ons niet bevallen is gestaag uitgehold en ondermijnd. We zullen ons verzetten, zeggen sommigen van ons, maar er zullen er niet zoveel van ons zijn, en we zullen in de minderheid zijn.

De drugshandel heeft onze omgeving op verraderlijke wijze veranderd. De zogenaamde "oorlog tegen drugs" is een farce; ze bestaan niet in voldoende hoeveelheden om het minste verschil te maken voor de afstammelingen van de Britse Oost-Indische Compagnie. Voeg daarbij de informatisering en we zijn bijna volledig gehersenspoeld, beroofd van ons vermogen om weerstand te bieden aan gedwongen veranderingen. Dat brengt ons bij een ander milieu, CONTROLE VAN DE MENS, ook bekend als controle van persoonlijke informatie, zonder welke regeringen hun getallen spel niet kunnen spelen. Zoals het nu is, kunnen wij mensen absoluut niet weten wat de regering wel of niet van ons weet. Computerbestanden van de overheid zijn niet openbaar. Denken wij dwaas dat persoonlijke informatie heilig is? Vergeet niet dat er in elke samenleving rijke en machtige families zijn die de controle hebben over de wetshandhavers. Ik heb bewezen dat zulke families bestaan. Denk niet dat als deze families meer over ons willen weten, ze dat niet kunnen. Dit zijn de families die vaak een lid hebben in het Comité van 300.

Neem bijvoorbeeld Kissinger, die zijn eigen privé-dossiers heeft over honderdduizenden mensen, niet alleen in de Verenigde Staten, maar over de hele wereld. Staan wij op Kissinger's vijandenlijst? Is dat vergezocht? Helemaal niet. Neem het voorbeeld van de P2 Masonic Lodge en het Monte Carlo Committee, die beschikken over dergelijke lijsten met tienduizenden namen. Kissinger is overigens een van hen. Er zijn andere "particuliere" inlichtingendiensten, zoals *INTEL*, die we later zullen ontmoeten.

Een manier om heroïne Europa binnen te brengen is via het Vorstendom Monaco. De heroïne is afkomstig van Corsica en wordt vervoerd op veerboten die in de zomer druk varen tussen Corsica en Monte Carlo. Er is geen controle op wat deze veerboten binnenkomt of verlaat. Aangezien er geen grens is tussen Frankrijk en Monaco, gaan de drugs, en meer bepaald de heroïne (gedeeltelijk verwerkte opium), via de open grens van Monaco naar laboratoria in Frankrijk, of, indien de heroïne reeds tot heroïne is verwerkt, rechtstreeks naar distributeurs.

De familie Grimaldi zit al eeuwen in de drugssmokkel. Omdat prins Rainier hebberig werd en grote winsten begon te maken, en niet stopte na drie waarschuwingen, werd zijn vrouw, prinses Grace, vermoord bij een auto-'ongeluk'. Rainier onderschatte de macht van het comité waarvan hij lid was. In de Rover waarin zij reed, was met de remvloeistofreservoirs geknoeid, zodat bij elk gebruik van de remmen vloeistof in afgemeten hoeveelheden vrijkwam, totdat de auto bij het bereiken van de gevaarlijkste van een aantal haarspeldbochten geen remkracht meer had en over een stenen muur reed, waar hij vijftig meter lager met een misselijkmakende klap op de grond terechtkwam.

De agenten van het Comité van 300 hebben er alles aan gedaan om de waarheid over de moord op prinses Grace te verdoezelen. Tot op heden blijft de Rover in bewaring bij de Franse politie, verborgen onder een hoes op een trailer die niemand mag benaderen, laat staan onderzoeken. Het signaal voor de executie van prinses Grace is opgevangen door de luisterpost van het Britse leger in Cyprus en een goed ingelichte bron gelooft dat het Comité van Monte Carlo en de vrijmetselaarsloge van P2 het bevel hebben gegeven.

De drugshandel, gecontroleerd door het Comité van 300, is een misdaad tegen de mensheid, maar omdat we geconditioneerd en verzacht werden door jaren van onophoudelijke bombardementen door het Tavistock Instituut, hebben we onze nieuwe omgeving min of meer aanvaard en zien we de drugshandel als een probleem dat "te groot" is om aan te pakken. Dat is het niet. Als we een hele natie bijeen konden brengen, miljoenen Amerikaanse soldaten konden uitrusten en sturen om een oorlog te voeren in Europa waar we niet mochten tussenkomen, als we een grote mogendheid in Europa konden verslaan, dan kunnen we ook de drugshandel verpletteren met dezelfde tactieken als in de Tweede Wereldoorlog. De logistieke problemen die opgelost moesten worden toen we de Tweede Wereldoorlog ingingen, zijn vandaag de dag nog steeds verbijsterend.

Toch hebben we alle problemen met succes overwonnen. Waarom is het dan onmogelijk om een welbepaalde vijand, veel kleiner en zwakker dan Duitsland, te verslaan met de enorm verbeterde wapens en bewakingsapparatuur waarover we vandaag beschikken? De echte reden waarom het drugsprobleem niet is uitgeroeid, is dat het wordt gerund door de grootste families ter wereld als onderdeel van een gigantische gecoördineerde geldmachine.

Tegen 1930 waren de Britse investeringen in Zuid-Amerika veel groter dan die in de Britse overzeese gebieden. Graham, een autoriteit op het gebied van Britse overzeese investeringen, zei dat de Britse investeringen in Zuid-Amerika "meer dan een biljoen pond bedroegen". Denk eraan, dit was 1930 en een biljoen pond was in die tijd een duizelingwekkend bedrag. Wat was de reden voor zo'n grote investering in Zuid-Amerika? In één woord, drugs.

De plutocratie die de Britse banken controleerde, had de touwtjes in handen en zette, toen en nu, een zeer respectabele façade op om hun ware activiteiten te verbergen. Niemand betrapte hen ooit met vuile handen. Ze hadden altijd stromannen, zoals nu, klaar om de schuld op zich te nemen als het fout ging. Toen, net als nu, waren de banden met de drugshandel op zijn best zwak. Niemand heeft ooit de hand kunnen leggen op de respectabele en 'nobele' bankiersfamilies van Groot-Brittannië, waarvan de leden in het Comité van 300 zitten.

Veelzeggend is dat slechts 15 parlementsleden dit enorme imperium controleerden, waarvan de meest prominente Sir Charles Barry en de familie Chamberlain waren. Deze financiële heren waren actief in landen als Argentinië, Jamaica en Trinidad, die via de drugshandel belangrijke geldbronnen voor hen werden. In deze landen hielden de Britse plutocraten de "locals", zoals ze minachtend werden genoemd, op een zeer laag bestaansniveau, nauwelijks boven dat van de slavernij. De fortuinen van de drugshandel in de Caraïben waren aanzienlijk.

De plutocraten verscholen zich achter gezichten als Trinidad Leaseholds Limited, maar het ECHTE GOED, toen en nu, was drugs. Dat is ook nu het geval, waar we vaststellen dat het bruto nationaal product (BNP) van Jamaica bijna volledig bestaat uit de verkoop van ganja, een zeer krachtige vorm van marihuana. Het mechanisme voor het beheer van de ganja-handel werd opgezet door David Rockefeller en Henry Kissinger onder de naam Caribbean Basin Initiative.

Tot vrij recent was de ware geschiedenis van de opiumhandel in China volledig onbekend. Veel van mijn vroegere studenten, toen ik lezingen gaf, kwamen me altijd vragen waarom de Chinezen zo graag opium rookten. Zij waren verbijsterd, zoals velen nog steeds zijn, door de tegenstrijdige verhalen over wat er werkelijk was gebeurd in China. De meesten dachten dat de Chinese arbeiders opium kochten op de markt en het rookten, of dat ze het gingen roken in de duizenden opiumholen om hun verschrikkelijke bestaan even te vergeten. De waarheid is dat de levering van opium aan China een Brits monopolie was, een OFFICIEEL monopolie van de Britse regering en officieel Brits beleid. De Indo-Britse opiumhandel in China was een van de best bewaarde geheimen, waaromheen zich vele misleidende legendes ontwikkelden, zoals "Clive of India" en de verhalen over de moed van het Britse leger in India ter meerdere glorie van "het Rijk", zo goed geschreven door Rudyard Kipling, en de verhalen over "Tea Clippers" die de oceanen overstaken met hun ladingen thee uit China voor de high society tekenkamers van Victoriaans Engeland. In feite behoren de geschiedenis van de Britse bezetting van India en de opiumoorlogen tot de meest schandelijke vlekken op de westerse beschaving.

Bijna 13% van het inkomen van India onder Brits bewind was afkomstig van de verkoop van Bengaalse opium van goede kwaliteit aan door de Britten gerunde opiumdistributeurs in China. De "Beatles" van die tijd, de China Inland *Mission, hadden* een grote bijdrage geleverd aan de verspreiding van het opiumgebruik onder de arme Chinese arbeiders (coolies, zoals ze werden genoemd). Deze verslaafden verschenen niet plotseling uit het niets, evenmin als tienerverslaafden in de Verenigde Staten. In China werd eerst een opiummarkt gecreëerd en vervolgens gevuld door Bengaalse opium. Op dezelfde manier werd in de Verenigde Staten eerst een markt voor marihuana en LSD gecreëerd volgens de reeds beschreven methoden, en vervolgens gevuld door Britse plutocraten en hun Amerikaanse neven met de hulp van de heren van het Britse bankwezen.

De lucratieve drugshandel is één van de ergste voorbeelden van de exploitatie van menselijke ellende, het andere is de legale drugshandel die gerund wordt door de farmaceutische bedrijven in handen van Rockefellers, meestal in de VS maar met grote bedrijven die actief zijn in Zwitserland, Frankrijk en het VK en volledig gesteund worden door de American Medical Association (AMA). Vuile drugstransacties en het geld dat ze opbrengen lopen via de City of London, maar ook via Hong Kong, Dubai en, meer recent, Libanon, dankzij de invasie van Israël in dat land.

Sommigen zullen dit in twijfel trekken. "Kijk naar de zakenrubrieken van de *Financial Times," zullen* ze zeggen. "Vertel me niet dat het allemaal met drugsgeld te maken heeft?" Natuurlijk is dat zo, maar denk maar niet dat de edele heren en dames van Engeland daar reclame voor gaan maken. Herinner je je de Britse Oost-Indische Compagnie? Officieel ging het om de theehandel!

De *Times* of London durfde het Britse publiek nooit te vertellen dat het onmogelijk was om enorme winsten te maken met thee, en de illustere krant zinspeelde zelfs niet op de opiumhandel die werd uitgeoefend door degenen die hun tijd doorbrachten in de mondaine clubs van Londen of polo speelden in de Royal Windsor Club, noch op het feit dat de heren-officieren die in dienst van het Rijk naar India gingen ALLEEN gefinancierd werden door de enorme inkomsten uit de ellende van de miljoenen van opium afhankelijke Chinese koelies.

Deze handel werd gedreven door de roemruchte Britse Oost-Indische Compagnie, wiens inmenging in de politieke, religieuze en economische zaken van de Verenigde Staten ons al meer dan 200 jaar duur komt te staan. De 300 leden van de raad van bestuur van de Britse Oost-Indische Compagnie stonden ver boven de gewone man. Ze waren zo machtig dat, zoals Lord Bertrand Russell eens opmerkte, "ze zelfs God konden adviseren als hij in de hemel in de problemen zat". We moeten ons ook niet voorstellen dat de dingen sindsdien zijn veranderd. Het is precies dezelfde houding die vandaag de dag heerst onder de leden van het Comité van 300, en daarom noemen ze zichzelf vaak "Olympiërs".

Later sloot de Britse Kroon, d.w.z. de koninklijke familie, zich aan bij de handel van de British East India Company en gebruikte deze als vehikel voor de productie van opium in Bengalen en elders in India, waarbij de export werd gecontroleerd door middel van zogenaamde "doorvoerrechten", d.w.z. dat de Kroon een belasting hief op alle opiumproducenten die naar behoren bij het staatsgezag waren geregistreerd en hun opium naar China stuurden.

Vóór 1896, toen de handel nog "illegaal" was - een woord dat werd gebruikt om de opiumtelers een hogere prijs te laten betalen - en er nooit een poging werd ondernomen om er een eind aan te maken, werden enorme hoeveelheden opium vanuit India verscheept aan boord van de China Tea Clippers, de zeilschepen waarrond legendes en tradities zijn opgebouwd en die kisten met thee uit India en China naar de Londense beurzen moesten vervoeren.

De heren en dames van de Britse Oost-Indische Compagnie waren zo vermetel dat ze probeerden deze dodelijke stof in pilvorm als pijnstiller te verkopen aan de legers van de Unie en de Confederatie. Is het moeilijk voor te stellen wat er gebeurd zou zijn als hun plan was geslaagd? Al die honderdduizenden soldaten zouden de slagvelden totaal verslaafd aan opium hebben verlaten. De Beatles waren veel succesvoller in het veranderen van miljoenen tieners in drugsverslaafden in de jaren die volgden. [10](Ze kregen allemaal OBE's van Koningin Elizabeth II en Paul McCartney werd zelfs geridderd).

De Bengaalse kooplieden en hun Britse controleurs en bankiers werden dik en onverdraagzaam van de enorme sommen geld die in de kas van de Britse Oost-Indische Compagnie vloeiden uit de ellendige opiumhandel van Chinese koelies. De winsten van BEIC overtroffen zelfs toen al de gecombineerde winsten van General Motors, Ford en Chrysler op hun hoogtepunt in één jaar. De trend om enorme winsten te maken met drugs werd in de jaren 1960 voortgezet door "legale" drugshandelaars des doods zoals Sandoz, de makers van LSD, en Hoffman la Roche, de makers van *VALIUM*. De kosten van grondstoffen en de productie van Valium bedragen voor Hoffman la Roche 3 dollar per kilo. Het wordt verkocht aan zijn distributeurs tegen een prijs van 20.000 dollar per kilo. Tegen de tijd dat het de consument bereikt, is de prijs van Valium gestegen tot 50.000 dollar per kilo. Valium wordt in grote hoeveelheden gebruikt in Europa en de Verenigde Staten. Het is waarschijnlijk de meest gebruikte (*en verslavende*) drug in zijn soort ter wereld.

Hoffman la Roche doet hetzelfde met vitamine C, waarvan de productie minder dan een cent per kilo kost. Het wordt verkocht met een winst van 10.000 procent. Toen een vriend van mij dit criminele bedrijf, dat in strijd met het octrooirecht een monopolieovereenkomst met andere producenten had gesloten, aan de kaak stelde, werd hij aan de Italiaans-Zwitserse grens gearresteerd en naar de gevangenis gebracht; zijn vrouw werd door de Zwitserse politie bedreigd tot ze zelfmoord pleegde. Als Brits onderdaan werd hij door de Britse consul in Bern gered zodra hij van zijn situatie op de hoogte was gesteld; vervolgens werd hij uit de gevangenis vrijgelaten en per vliegtuig het land uitgezet. Hij verloor zijn vrouw, zijn baan en zijn pensioen omdat hij de geheimen van Hoffman La Roche durfde te onthullen. De Zwitsers nemen hun wet op bedrijfsspionage zeer serieus.

Onthoud dat de volgende keer dat je die mooie reclames ziet voor Zwitserse skipistes, mooie horloges, ongerepte bergen en

---

[10] Orde van het Britse Rijk.

koekoeksklokken. Zwitserland is dat niet. Het is een centrum voor het witwassen van vuil geld, ter waarde van miljarden dollars en uitgevoerd door de belangrijkste Zwitserse bankinstellingen. Dit zijn de fabrikanten van de "*legale*" (verslavende) drugs van het Comité van 300. Zwitserland is de ultieme "veilige haven" van het Comité voor hun geld en de bescherming van hun mensen in geval van een wereldwijde ramp.

De Zwitserse autoriteiten zouden in ernstige problemen kunnen komen als zij informatie over deze snode activiteiten zouden onthullen. De Zwitsers beschouwen dit als "industriële spionage", waarop doorgaans een gevangenisstraf van vijf jaar staat. Het is veiliger om te doen alsof Zwitserland een mooi, schoon land is dan onder de dekens of in de vuilnisbanken te kijken.

In 1931 werden de directeuren van de "Big Five" van Groot-Brittannië beloond met de benoeming tot "peers of the realm" voor hun activiteiten op het gebied van het witwassen van drugsgeld. Wie beslist over deze zaken en kent zulke onderscheidingen toe? Het is de koningin van Engeland die de onderscheidingen toekent aan de mannen die de hoogste posities in de drugshandel bekleden.

De Britse banken die bij deze verschrikkelijke handel betrokken zijn, zijn te talrijk om op te noemen, maar hier volgen enkele van de belangrijkste:

> ➢ De Britse Bank van het Midden-Oosten

> ➢ National and Westminster Bank

> ➢ Royal Bank of Canada

> ➢ Baring Brothers Bank

> ➢ Midland Bank

> ➢ Barclays Bank

> ➢ Hongkong en Shanghai Bank (HSBC)

Veel handelsbanken zitten tot hun nek in de winsten van de drugshandel, banken als Hambros bijvoorbeeld, geleid door Sir Jocelyn Hambro. Voor een echt interessant onderzoek naar de opiumhandel in China, heb je toegang nodig tot het India kantoor in Londen. Ik kreeg toegang via mijn inlichtingenaccreditatie en kreeg onschatbare hulp van de archiefbeheerder van wijlen professor Frederick Wells Williamson, die een schat aan informatie verstrekte over de opiumhandel van de Britse Oost-Indische Compagnie in India en China in de achttiende en negentiende eeuw. [11]Konden deze documenten maar openbaar worden gemaakt, wat een storm zou dat betekenen voor de gekroonde adders van Europa. Vandaag is de handel enigszins verschoven nu de goedkopere cocaïne een groot deel van de Noord-Amerikaanse markt heeft overgenomen.

De Amerikaanse markt. In de jaren zestig dreigde de stroom heroïne uit Hongkong, Libanon en Dubai de Verenigde Staten en West-Europa te overspoelen. Toen de vraag het aanbod overtrof, schakelde men over op cocaïne. Maar vandaag, eind 1991, is de trend omgekeerd; vandaag is het heroïne die een comeback maakt, hoewel het waar is dat cocaïne nog steeds erg populair is onder de armere klassen.

Heroïne, zo wordt ons verteld, is bevredigender voor verslaafden; de effecten zijn veel intenser en duren langer dan die van cocaïne, en de internationale aandacht is minder gericht op heroïneproducenten dan op Colombiaanse cocaïnesmokkelaars. Bovendien is het onwaarschijnlijk dat de VS een echte inspanning zullen leveren om de opiumproduktie in de Gouden Driehoek, die onder controle staat van het Chinese leger, te stoppen, en er zou een ernstige oorlog uitbreken als enig land zou proberen de handel te verbieden. Een ernstige aanval op de opiumhandel zou leiden tot een Chinese militaire interventie.

[12]De Britten weten dit; zij hebben geen ruzie met China, afgezien van het occasionele gekibbel over wie het grootste stuk van de taart krijgt. Groot-Brittannië is al meer dan twee eeuwen betrokken bij de opiumhandel in China. Niemand zal zo dom zijn om ophef te maken wanneer miljoenen en miljoenen dollars naar de bankrekeningen van Britse oligarchen stromen en er op de goudmarkt van Hongkong meer goud wordt verhandeld dan in Londen en New York samen.

De mensen die graag denken dat ze een soort deal kunnen sluiten met een kleine Chinese of Birmese heer in de heuvels van de Gouden

---

[11] "Vul de maat van uw vaderen. Gij slangen, gij zaad van adders, hoe zult gij de verdoemenis van het hellevuur ontgaan?" - Christus, Mattheus 23:32-33.

[12] Op 21 oktober 1999 kreeg de Chinese president de "rode loper behandeling" op Buckingham Palace. Hij werd samen met de koningin in stijl vervoerd in haar koninklijke koets te paard en in een limousine van Rolls-Royce. Tegelijkertijd verbood de Britse politie iedereen te demonstreren tegen de mensenrechtensituatie in China, om hem niet van zijn stuk te brengen.

Driehoek hebben blijkbaar geen idee wat dat inhoudt. Hadden ze dat geweten, dan hadden ze nooit gesproken over het stoppen van de opiumhandel. Dergelijke praatjes getuigen van weinig kennis van de omvang en complexiteit van de opiumhandel in China.

Britse plutocraten, de Russische KGB, de CIA en Amerikaanse bankiers werken samen met China. Kan één man deze handel stoppen of zelfs maar een klein deukje maken? Dat zou absurd zijn. Wat is heroïne en waarom wordt het tegenwoordig verkozen boven cocaïne? Volgens professor Galen, een autoriteit op dit gebied, is heroïne een afgeleide van opium, een drug die de zintuigen uitschakelt en lange slaapperiodes opwekt. Dit is waar de meeste drugsverslaafden van houden, het heet "in de armen van Morpheus zijn". Opium is de meest verslavende drug bij mensen. Veel medicijnen bevatten in meer of mindere mate opium.

Sigaretten worden aanvankelijk gemaakt met opium, wat verklaart waarom rokers zo verslaafd raken aan hun gewoonte.

Het papaverzaad waarvan het is afgeleid was lang bekend bij de Mughals van India, die de zaden gemengd met thee gebruikten als geschenk voor een moeilijke tegenstander. Het wordt ook gebruikt als pijnstiller die chloroform en andere verdovingsmiddelen uit een vervlogen tijdperk grotendeels heeft vervangen. Opium was populair in alle modieuze clubs van het Victoriaanse Londen en het was geen geheim dat mannen als de gebroeders Huxley er veelvuldig gebruik van maakten. Leden van de Orphisch-Dionysische culten van het Helleense Griekenland en de Osiris-Horus culten van het Ptolemeïsche Egypte, waartoe de Victoriaanse samenleving behoorde, rookten allemaal opium; het was de 'mode' om dat te doen. Dat deden sommigen die in 1903 in het St Ermins Hotel bijeenkwamen om te beslissen wat voor wereld wij zouden krijgen ook. De afstammelingen van de St Ermins menigte zijn vandaag te vinden in het Comité van 300. Het zijn deze zogenaamde wereldleiders die onze omgeving zo hebben veranderd dat het druggebruik zich zo ver heeft kunnen verspreiden dat het niet meer te stoppen is met de gebruikelijke tactieken en beleidsmaatregelen voor wetshandhaving. Dit is vooral waar in grote steden waar de grote bevolking veel van wat er gaande is kan verbergen.

Velen in koninklijke kringen gebruikten regelmatig opium. Een van hun favorieten was de schrijver Coudenhove-Kalergi, die in 1932 een boek schreef met de titel "REVOLUTIE DOOR TECHNOLOGIE", een plan om de wereld terug te brengen naar een middeleeuwse samenleving. Dit boek werd in feite een werkdocument voor het plan van het Comité van 300 om de wereld te de-industrialiseren, te beginnen met de Verenigde Staten. Kalergi stelt dat de druk van overbevolking een ernstig probleem is en adviseert een terugkeer naar wat hij noemt "open ruimtes". Klinkt dit als de Rode Khmer en Pol Pot?

Hier zijn enkele fragmenten uit het boek:

> "In haar inrichting zal de stad van de toekomst lijken op de stad van de Middeleeuwen... en iedereen die niet door zijn beroep veroordeeld is om in de stad te leven, zal naar het platteland gaan. Onze beschaving is een cultuur van grote steden; zij is dus een moerasplant, geboren uit ontaarden, zieken en decadenten, die vrijwillig of onvrijwillig op dit doodlopende levenspad terecht zijn gekomen."

Ligt dat niet heel dicht bij wat "Ankar Wat" gaf als "zijn" redenen om Phnom Penh te ontvolken?

De eerste zendingen opium kwamen in 1683 vanuit Bengalen in Engeland aan, vervoerd door de "Tea Clippers" van de Britse Oost-Indische Compagnie. Opium werd naar Engeland gebracht als een proef, een experiment, om te zien of het gewone volk, de yeomen en de lagere klassen konden worden overgehaald om de drug in te nemen. Het was wat wij tegenwoordig een "test marketing" van een nieuw product zouden noemen. Maar de harde yen en de veel bespotte "lagere klassen" waren spijkerhard en het experiment met de testmarketing was een totale mislukking. De "lagere klassen" van de Britse samenleving verwierpen het opium roken resoluut.

De plutocraten en oligarchen van de Londense high society gingen op zoek naar een markt die niet zo resistent, zo onbuigzaam was. Ze vonden zo'n markt in China. In de documenten die ik bestudeerde bij het India Office onder de rubriek "Miscellaneous old Records", vond ik alle bevestiging die ik me kon wensen om te bewijzen dat de opiumhandel in China echt van de grond kwam na de oprichting van de "China Inland Mission", gefinancierd door de British East India Company, ogenschijnlijk een *christelijke missievereniging,* maar in werkelijkheid was de enige missie van de mannen en vrouwen het "promoten" van het nieuwe product dat op de markt werd gebracht, OPIUM.

Dit werd later bevestigd toen ik toegang kreeg tot de documenten van Sir George Birdwood in de archieven van het India Office. Kort nadat de missionarissen van de China Inland Mission hun proefpakketjes begonnen uit te delen en koelies lieten zien hoe ze opium moesten roken, begonnen grote hoeveelheden opium in China aan te komen. De Beatles hadden het niet beter kunnen doen. (In beide gevallen werd de handel gesanctioneerd door de Britse koninklijke familie, die de Beatles openlijk steunde). Terwijl de Britse Oost-Indische Compagnie in Engeland had gefaald, slaagde zij boven verwachting in China, waar miljoenen arme mensen opiumconsumptie zagen als een ontsnapping uit hun leven van ellende.

In grote steden als Shanghai en Guangzhou vonden honderdduizenden ongelukkige Chinezen dat een opiumpijp het leven draaglijker maakte. De Britse Oost-Indische Compagnie had meer dan 100 jaar vrij spel voordat de Chinese regering besefte wat er gebeurde. Pas in 1729 werden de eerste wetten tegen opiumgebruik uitgevaardigd. De 300 leden van de raad van bestuur van de BEIC stelden dit niet op prijs en het bedrijf ging al snel de strijd aan met de Chinese regering.

De BEIC had papaverzaden ontwikkeld die het mogelijk maakten de beste kwaliteit opium te verkrijgen uit de papavervelden van Benares en Bihar in het Gangesbekken in India, een land dat zij volledig controleerde. Om deze lucratieve markt niet te verliezen, ging de Britse kroon de strijd aan met de Chinese troepen en versloeg hen. [13]Op dezelfde manier zou de Amerikaanse regering een strijd voeren tegen de huidige drugsbaronnen en net als de Chinezen zwaar verliezen. Er is echter één groot verschil: de Chinese regering heeft gevochten om te winnen, terwijl de Amerikaanse regering niet van plan is de strijd te winnen, wat verklaart waarom het personeelsverloop bij de Drug Enforcement Agency (DEA) zo hoog is.

Onlangs is opium van hoge kwaliteit uit Pakistan gesmokkeld via Marka, aan de desolate kust van het land, van waaruit schepen de lading naar Dubai vervoeren, waar zij tegen goud wordt geruild. Dit kan gedeeltelijk verklaren waarom heroïne nu de voorkeur krijgt boven cocaïne. De heroïnehandel is discreter, en er worden geen moorden gepleegd op prominente ambtenaren, zoals in Colombia bijna dagelijks gebeurt. Pakistaanse opium wordt niet tegen dezelfde

---

[13] Heb je je ooit afgevraagd waarom deze mensen drugsbaronnen worden genoemd in plaats van drugskoningen? Als deze mensen gewoon drugsbaronnen zijn, wie zijn dan de drugskoningen?

prijs verkocht als opium uit de Driehoek of de (Iraanse) Gouden Halve Maan. Dit heeft de productie en verkoop van heroïne sterk gestimuleerd, die de cocaïne als belangrijkste winstbron dreigt in te halen.

In de hogere kringen van de Engelse samenleving werd de verachtelijke opiumhandel jarenlang de "buit van het rijk" genoemd. Verhalen over dapperheid in de Khyber Pass gingen over een enorme opiumhandel. Het Britse leger was gestationeerd in de Khyber Pass om karavanen met ruwe opium te beschermen tegen plundering door heuvelstammen. Wist de Britse koninklijke familie dit? Ongetwijfeld, want wat anders kon de kroon ertoe brengen een leger te handhaven in deze regio waar niets anders te doen was dan de lucratieve opiumhandel? Het was erg duur om mannen onder de wapenen te houden in een ver land. Zijne Majesteit moet zich hebben afgevraagd waarom deze militaire eenheden daar waren. Zeker niet om polo of biljart te spelen in de officiersmess. De BEIC was jaloers op haar opiummonopolie. Potentiële concurrenten mochten geen fouten maken. In een beroemd proces in 1791 werd een zekere Warren Hastings ervan beschuldigd een vriend te hebben geholpen in de opiumhandel te gaan op kosten van de BEIC. De woorden die ik vond in de dossiers van het India Office geven inzicht in de omvangrijke opiumhandel:

> "De beschuldiging is dat Hastings een contract voor de levering van opium voor vier jaar heeft gegund aan Stephen Sullivan, zonder het contract bekend te maken, op duidelijke en overvloedige voorwaarden, met het doel een INSTANT FORTUNE te creëren voor William Sullivan Esq. (cursivering toegevoegd)".

Aangezien de Britse regering een monopolie had op de opiumhandel, mochten alleen de Engelse "adel", "aristocratie", plutocraten en oligarchische families, van wie velen in het Comité van 300 zitten, net zoals hun voorouders in de Raad van 300 zaten die de BEIC bestuurde, onmiddellijk fortuin maken. Buitenstaanders zoals de heer Sullivan kwamen al snel in de problemen met de Kroon als ze het lef hadden om te proberen in de miljardenhandel in opium te stappen.

De eremannen van de BEIC, met een lijst van 300 raadsleden, waren lid van alle vooraanstaande gentlemen's clubs in Londen en waren voor het merendeel parlementsleden, terwijl anderen, zowel in India als thuis, magistraat waren. Company paspoorten waren vereist om in China van boord te gaan. Toen enkele toeschouwers in China aankwamen om de betrokkenheid van de Britse Kroon bij deze lucratieve handel te onderzoeken, trokken BEIC-magistraten snel hun paspoorten in, waardoor zij China niet meer in mochten. Wrijving met de Chinese regering was aan de orde van de dag. De Chinezen hadden een wet aangenomen, het Yung Cheny edict van 1729, die de invoer van opium verbood, maar de BEIC slaagde erin opium in de Chinese tarieven te houden tot 1753, met een recht van drie taels per pakje opium. Ook toen zorgde de Britse speciale geheime dienst (de 007's van die tijd) ervoor dat lastige Chinese ambtenaren werden afgekocht, en in gevallen waarin dat niet mogelijk was, werden ze gewoon vermoord.

Elke Britse vorst sinds 1729 heeft enorm geprofiteerd van de drugshandel, en hetzelfde geldt voor de huidige troonopvolger. Ministers zorgden ervoor dat de rijkdom in hun familiekas vloeide. Onder koningin Victoria was Lord Palmerston een van de belangrijkste. Hij hield koppig vast aan de overtuiging dat niets de Britse opiumhandel met China mocht stoppen. Palmerston's plan was om de Chinese regering te voorzien van genoeg opium om individuele leden hebberig te maken. Dan zouden de Britten de leveringen beperken en, wanneer de Chinese regering op haar knieën zat, zouden ze die hervatten - maar tegen een veel hogere prijs, zodat de Chinese regering zelf een monopolie zou behouden, maar dit plan mislukte.

De Chinese regering reageerde door grote ladingen opium in opslagplaatsen te vernietigen, en Britse kooplieden moesten INDIVIDUELE overeenkomsten tekenen om geen opium meer in Canton in te voeren. De BEIC reageerde door tientallen met opium geladen schepen naar Macau te sturen. Aan de BEIC gelieerde bedrijven, in plaats van particulieren, verkochten vervolgens deze zendingen. De Chinese commissaris Lin zei:

> "Er is zoveel opium aan boord van de Engelse schepen die nu op weg zijn naar deze plaats (Macau) dat het nooit zal worden teruggebracht naar het land waar het vandaan komt, en het zal mij niet verbazen te vernemen dat het onder Amerikaanse vlag wordt gesmokkeld."

Lin's voorspelling bleek opmerkelijk accuraat.

De opiumoorlogen tegen China waren bedoeld om "de Chinezen op hun plaats te zetten", zoals Lord Palmerston ooit zei, en het Britse leger deed precies dat. Er was eenvoudigweg geen manier om deze enorme en lucratieve handel te stoppen die de Britse oligarchische feodale heren miljarden opleverde, terwijl China met miljoenen opiumverslaafden bleef zitten. Later vroegen de Chinezen Groot-Brittannië hen te helpen hun immense probleem op te lossen en de twee landen sloten overeenkomsten. Vervolgens zagen opeenvolgende Chinese regeringen het voordeel van samenwerking met Groot-Brittannië in plaats van strijd met Groot-Brittannië - en dit werd bevestigd tijdens het bloedige bewind van Mao Tse Tung - zodat, zoals ik al zei, de geschillen die nu ontstaan uitsluitend gaan over het aandeel van de opiumhandel waar ieder recht op heeft.

In een moderner verleden werd het Chinees-Britse partnerschap geconsolideerd door de overeenkomst van Hongkong, waarbij een gelijkwaardig partnerschap in de opiumhandel werd ingesteld. Deze handel is soepel verlopen, met hier en daar wat hobbels, maar terwijl geweld en dood, roof en moord de ontwikkeling van de cocaïnehandel in Colombia hebben gekenmerkt, heeft een dergelijke laaghartigheid de heroïnehandel niet kunnen verstoren die, zoals ik reeds zei, aan het einde van 1991 opnieuw de overhand krijgt.

Het belangrijkste probleem in de Chinees-Britse betrekkingen van de afgelopen 60 jaar was de eis van China om een groter stuk van de opium-heroïnetaart te krijgen. Dit werd opgelost toen Groot-Brittannië ermee instemde Hongkong over te dragen aan de volledige controle van de Chinese regering, met ingang van 1997. Afgezien daarvan behouden de partners hun vroegere gelijke aandelen in de lucratieve opiumhandel in Hongkong.

De Britse oligarchische families van het Comité van 300 die zich op het hoogtepunt van de opiumhandel in Canton verschansten, hebben hun nakomelingen achtergelaten. Kijk naar een lijst van prominente Britse inwoners in China en u zult de namen van leden van het Comité van 300 onder hen zien. Hetzelfde geldt voor Hong Kong. Deze plutocraten, erfgenamen van een feodaal tijdperk dat zij aan de hele wereld willen opleggen, controleren de goud- en opiumhandel, waarvan Hong Kong HET centrum is. Birmese en Chinese opiumkwekers worden in goud betaald; zij vertrouwen het Amerikaanse papieren 100-dollarbiljet niet. Dit verklaart het enorme volume van de goudhandel op de beurs van Hong Kong.

De Gouden Driehoek is niet langer de grootste opiumproducent ter wereld. Sinds 1987 wordt deze dubieuze titel gedeeld door de Gouden Halve Maan (Iran), Pakistan en Libanon. Dit zijn de belangrijkste opiumproducenten, hoewel kleinere hoeveelheden opnieuw uit Afghanistan en Turkije komen. De drugshandel, en de opiumhandel in het bijzonder, zou niet kunnen functioneren zonder de hulp van de banken, zoals we zullen aantonen.

Banken en de drugsmarkt

Hoe raken de banken, met hun respectabele uitstraling, betrokken bij de drugshandel, met al zijn smerige onderbuik? Dat is een lang en ingewikkeld verhaal, waar een boek over geschreven zou kunnen worden. De banken zijn erbij betrokken, met name door het financieren van dekmantelbedrijven die de chemicaliën invoeren die nodig zijn om ruwe opium in heroïne om te zetten. De Hong Kong and Shanghai Bank, die een filiaal heeft in Londen, staat centraal in deze handel via een bedrijf genaamd TEJAPAIBUL, dat een rekening heeft bij de Hong Kong and Shanghai Bank. Wat doet dit bedrijf? Zij importeert in Hong Kong de meeste chemicaliën die nodig zijn voor het raffinageproces van heroïne.

Het is ook een belangrijke leverancier van azijnzuuranhydride aan de Gouden Halve Maan en de Gouden Driehoek, Pakistan, Turkije en Libanon. De eigenlijke financiering van deze handel is toevertrouwd aan de Bangkok Metropolitan Bank. De nevenactiviteiten in verband met de opiumverwerking vallen dus weliswaar niet in dezelfde categorie als de opiumhandel, maar leveren de banken toch aanzienlijke inkomsten op. Maar het echte inkomen van de Hong Kong and Shanghai Bank en alle banken in de regio is de financiering van de opiumhandel.

Het heeft me veel onderzoek gekost om een verband te leggen tussen de goudprijs en de opiumprijs. Ik zei altijd tegen iedereen die wilde luisteren: "Als je de goudprijs wilt weten, zoek dan de prijs van een pond of een kilo opium in Hong Kong". Tegen mijn critici antwoordde ik: "Kijk wat er gebeurde in 1977, een kritiek jaar voor goud." De Bank van China schokte goudspecialisten, en die slimme voorspellers die in groten getale in Amerika te vinden zijn, door zonder waarschuwing plotseling 80 ton goud op de markt te dumpen.

Hierdoor kelderde de goudprijs. Het enige wat de experts konden zeggen was: "We wisten niet dat China zoveel goud had; waar kan het vandaan komen?" Het kwam van het goud dat aan China wordt betaald op de goudmarkt van Hong Kong voor grote opiumaankopen.

Het huidige beleid van de Chinese regering ten opzichte van Engeland is hetzelfde als in de 18e en 19e eeuw. De Chinese economie, gekoppeld aan de economie van Hong Kong - en dan heb ik het niet over televisies, textiel, radio's, horloges, illegale videobanden - maar over opium/heroïne - zou een verschrikkelijke klap krijgen zonder de opiumhandel die zij delen met Groot-Brittannië. De BEIC bestaat niet meer, maar de afstammelingen van haar Raad van 300 zitten nog steeds in het Comité van 300.

De oudste van de Britse oligarchische families die de afgelopen 200 jaar aan het hoofd van de opiumhandel stonden, zijn er nog steeds. Neem bijvoorbeeld de Mathesons. Deze "adellijke" familie is een van de pijlers van de opiumhandel. Een paar jaar geleden, toen de situatie wat precair leek, stapten de Mathesons in en verleenden China een lening van 300 miljoen dollar voor investeringen in onroerend goed. In feite werd deze lening gepresenteerd als een "joint venture tussen de Volksrepubliek China en de Matheson Bank". Bij het onderzoek naar documenten van het Indiase Bureau uit de jaren 1700 kwam ik de naam Matheson tegen, die overal bleef opduiken - in Londen, Peking, Dubai, Hong Kong, overal waar sprake was van heroïne en opium.

Het probleem met de drugshandel is dat het een bedreiging is geworden voor de nationale soevereiniteit. Dit is wat de Venezolaanse ambassadeur bij de Verenigde Naties te zeggen had over deze globale bedreiging:

> "Het drugsprobleem wordt niet langer behandeld als een eenvoudig volksgezondheidsprobleem of een sociaal probleem. Het is een veel ernstiger en ingrijpender probleem geworden, dat onze nationale soevereiniteit aantast; een probleem van nationale veiligheid, omdat het de onafhankelijkheid van een natie ondermijnt. Drugs, in al hun verschijningsvormen van productie, marketing en consumptie, denatureren ons door ons ethische, religieuze en politieke leven, onze historische, economische en republikeinse waarden te ondermijnen."

Dit is precies hoe de Bank voor Internationale Betalingen en het IMF werken. Laat ik zonder aarzeling zeggen dat deze twee banken niets anders zijn dan clearing houses voor de drugshandel. De BIB ondermijnt elk land dat het IMF tot zinken wil brengen door de middelen in te stellen voor een gemakkelijke exit van weggelopen kapitaal. De BIS erkent noch onderscheidt vluchtig kapitaal en witgewassen drugsgeld.

De BIS werkt volgens het gangstermodel. Als een land zich niet onderwerpt aan de asset stripping van het IMF, zegt het in feite: "Goed, dan breken we jullie met de enorme voorraad narcodollars die we bezitten. Het is gemakkelijk te begrijpen waarom goud werd gedemoniseerd en vervangen door de papieren "dollar" als 's werelds reservemunt. Het is niet zo gemakkelijk om een land met goudreserves te chanteren als een land met papieren dollars.

Een paar jaar geleden hield het IMF een bijeenkomst in Hong Kong die werd bijgewoond door een collega van mij, en hij vertelde me dat het seminar juist over dit onderwerp ging. Hij vertelde me dat IMF-functionarissen de vergadering vertelden dat ze met narcodollars letterlijk een run op de munt van een land konden veroorzaken, wat een kapitaalvlucht zou veroorzaken. Rainer-Gut, een afgevaardigde van Credit Suisse en lid van het Comité van 300, zei dat hij een situatie voorzag waarin nationaal krediet en nationale financiën tegen het einde van de eeuw in één organisatie zouden zijn samengevoegd. Hoewel Rainer-Gut het niet met zoveel woorden zei, wist iedereen op het seminar precies waar hij het over had.

[14][15]Van Colombia tot Miami, van de Gouden Driehoek tot de Gouden Poort, van Hongkong tot New York, van Bogota tot Frankfurt, de drugshandel, en meer bepaald de heroïnehandel, is een GROOT BEDRIJF, dat van boven tot onder wordt gerund door enkele van de meest "onaantastbare" families ter wereld, en elk van deze families heeft minstens één lid dat deel uitmaakt van het Comité van 300. Dit is geen zaak van de straat, en er is veel geld en expertise nodig om de zaken vlot te laten verlopen. De mechanismen die door het Comité van 300 worden gecontroleerd, zorgen daarvoor.

Zulk talent vind je niet op de straathoeken en in de metro's van New York. Natuurlijk zijn dealers en venters een integraal onderdeel van de business, maar alleen als kleine parttime verkopers. Ik zeg parttime omdat ze het druk hebben en rivaliteit betekent dat sommigen van hen worden neergeschoten. Maar wat maakt dat uit? Er zijn genoeg vervangers beschikbaar.

Nee, het is niet iets waarin de Small Business Administration

---

[14] BIG BUSINESS in het origineel.

[15] Het Britse koningshuis creëerde de Britse rechtbanken, vestigde zijn eigen wetten en zijn eigen rechtssysteem, zodat niemand juridische stappen kon ondernemen tegen de monarch.

geïnteresseerd is. Het is een groot bedrijf, een enorm imperium, deze vuile drugshandel. Het wordt noodzakelijkerwijs van boven naar beneden gerund in elk land ter wereld. Het is in feite de grootste business in de wereld van vandaag, die alle andere overstijgt. Het feit dat het van bovenaf wordt beschermd, wordt bevestigd door het feit dat het, net als internationaal terrorisme, niet kan worden uitgeroeid, wat een redelijk mens zou moeten vertellen dat sommige van de grootste namen in koninklijke kringen, de oligarchie, de plutocratie het runnen, zelfs als het via tussenpersonen is.

De belangrijkste landen die betrokken zijn bij de papaver- en cocateelt zijn Birma, Noord-China, Afghanistan, Iran, Pakistan, Thailand, Libanon, Turkije, Peru, Ecuador en Bolivia. Colombia verbouwt geen coca, maar is na Bolivia het belangrijkste cocaïneraffinagecentrum en het belangrijkste financiële centrum van de cocaïnehandel, die sinds de ontvoering en gevangenneming van generaal Noriega door president Bush met Panama wedijvert om de toppositie in het witwassen van geld en de financiering van de cocaïnehandel.

De heroïnehandel wordt gefinancierd door banken in Hongkong, Londense banken en bepaalde banken uit het Midden-Oosten, zoals de Britse Bank of the Middle East. Libanon is het "Zwitserland van het Midden-Oosten" aan het worden. Landen die betrokken zijn bij de distributie en het verkeer van heroïne zijn Hong Kong, Turkije, Bulgarije, Italië, Monaco, Frankrijk (Corsica en Marseille), Libanon en Pakistan. De Verenigde Staten zijn 's werelds grootste afnemer van verdovende middelen, met cocaïne op de eerste plaats en heroïne op de tweede. West-Europa en Zuidwest-Azië zijn de grootste heroïneconsumenten. Iran heeft een enorme populatie heroïneverslaafden - meer dan 2 miljoen in 1991.

Er is geen enkele regering die niet precies weet wat er in de drugshandel gebeurt, maar individuele leden op machtige posities worden door het Comité van 300 in de gaten gehouden via zijn wereldwijde netwerk van filialen. Als een lid van de regering "lastig" is, wordt hij verwijderd, zoals het geval was met Ali Bhutto uit Pakistan en Aldo Moro uit Italië. Niemand ontsnapt aan deze almachtige commissie, ook al heeft Maleisië zich tot nu toe weten te verzetten. Maleisië heeft de strengste antidrugswetten ter wereld. Op het bezit van zelfs kleine hoeveelheden drugs staat de doodstraf.

Net als het Bulgaarse bedrijf Kintex zijn de meeste kleine landen rechtstreeks betrokken bij deze criminele ondernemingen. Vrachtwagens van Kintex vervoeren regelmatig heroïne door West-

Europa in hun eigen vloot met het EEG-merkteken Triangle Internationale Routier (TIR). Vrachtwagens met dit merk en het EEG-erkenningsnummer worden niet geacht te worden tegengehouden bij douaneposten. TIR-vrachtwagens mogen alleen bederfelijke goederen vervoeren. Zij moeten worden gecontroleerd in het land waar zij vandaan komen en elke chauffeur moet een document in dit verband bij zich hebben.

Dit gebeurt in het kader van internationale verdragsverplichtingen, zodat de vrachtwagens van Kintex hun heroïnezendingen konden laden en certificeren als "verse groenten en fruit", om vervolgens hun weg te vinden door West-Europa, en zelfs door te dringen tot de streng beveiligde NAVO-bases in Noord-Italië. Zo werd Bulgarije een van de belangrijkste landen waarlangs heroïne werd vervoerd.

De enige manier om de enorme hoeveelheden heroïne en cocaïne die momenteel op de Europese markten terechtkomen een halt toe te roepen, is het *TIR-systeem te* beëindigen. Dit zal nooit gebeuren. De internationale verdragsverplichtingen die ik zojuist heb genoemd zijn door het Comité van 300, via zijn ongelooflijke netwerken en controlemechanismen, in het leven geroepen om de doorvoer van allerlei soorten drugs naar West-Europa te vergemakkelijken. Vergeet perishables! Een voormalig DEA agent gestationeerd in Italië vertelde me: *"TIR = DOPE"*.[16]

Onthoud dit de volgende keer dat je in de krant leest dat er een grote lading heroïne is gevonden in een koffer met valse bodem op Kennedy airport, en dat een of andere ongelukkige "muilezel" de prijs zal betalen voor zijn criminele activiteiten. Dit soort acties is niets meer dan "klein bier", gewoon om rook in de ogen van het publiek te blazen, om ons te doen geloven dat onze regering echt iets doet aan de drugsbedreiging. Neem nu "The French Connection", een Nixon programma gelanceerd zonder medeweten of instemming van het Comité van 300.

De totale hoeveelheid opium en heroïne die bij deze massale inspanning in beslag werd genomen, vertegenwoordigt iets minder dan een kwart van wat een enkele TIR-truck vervoert. Het Comité van 300 zorgde ervoor dat Nixon een zware prijs betaalde voor een relatief

---

[16] "Dope" is een algemene Amerikaanse term waarvan het Franse equivalent "kwam" is.

kleine heroïnevangst. Het ging niet om de hoeveelheid heroïne, maar om het feit dat iemand die zij hadden geholpen de ladder naar het Witte Huis te beklimmen, geloofde dat hij nu zonder hun hulp en steun kon, en zelfs tegen directe orders van bovenaf in kon gaan.

Het mechanisme van de heroïnehandel is als volgt: de wilde bergstammen van Thailand en Birma verbouwen opiumpapaver. Bij de oogst wordt de zaaddragende peul doorgesneden met een scheermes of een scherp mes. Een harsachtige substantie ontsnapt door de snede en begint te stollen. Dit is de ruwe opium. De oogst van ruwe opium wordt verwerkt tot ronde, kleverige ballen. Stamleden worden betaald in goudstaven van een kilo - 4/10 genoemd - die door Crédit Suisse worden geslagen. Deze kleine staven worden ALLEEN gebruikt om de stamleden te betalen - de goudstaven van normaal gewicht worden op de markt van Hong Kong verhandeld door grote kopers van ruwe opium of gedeeltelijk verwerkte heroïne. Dezelfde methoden worden gebruikt om leden van India's bergstammen - de Baloch - te betalen, die al sinds de tijd van de Mughals bij deze handel betrokken zijn. In het "Dope Season", zoals het bekend staat, wordt een toevloed van goud verhandeld op de markt van Hong Kong. Mexico begon relatief kleine hoeveelheden van de heroïne te produceren die bekend staat als "Mexican Brown" en waarnaar veel vraag was onder Hollywoodsterren. Ook hier wordt de heroïnehandel gerund door hoge regeringsfunctionarissen die het leger aan hun zijde hebben. Sommige "Mexican Brown" producenten verdienen een miljoen dollar per maand door hun Amerikaanse klanten te bevoorraden. Wanneer enkele Mexicaanse federale politieagenten worden aangezet tot actie tegen heroïneproducenten, worden ze "uitgeschakeld" door militaire eenheden die uit het niets lijken te verschijnen.

Een dergelijk incident vond plaats in november 1991 op een afgelegen landingsbaan in het opiumteeltgebied van Mexico. Agenten van de federale narcoticapolitie omsingelden de landingsbaan en stonden op het punt enkele mensen te arresteren die heroïne aan het laden waren, toen een groep soldaten arriveerde. De soldaten pakten de agenten van de federale drugspolitie op en doodden hen systematisch allemaal. Deze actie vormt een ernstige bedreiging voor de Mexicaanse president Goltarin, die geconfronteerd wordt met sterke eisen voor een onderzoek naar de moorden. Goltarin bevindt zich in een delicate situatie: hij kan de roep om een onderzoek niet laten varen, noch kan hij het zich veroorloven de militairen voor het hoofd te stoten. Dit is de eerste barst in de commandostructuur in Mexico, helemaal terug naar het Comité van 300. Ruwe opium uit de Gouden Driehoek wordt naar de Siciliaanse maffia en de Franse kant van de handel geleid om te worden geraffineerd in de laboratoria aan de Franse kust van Marseille tot Monte Carlo. Tegenwoordig produceren Libanon en Turkije steeds grotere hoeveelheden geraffineerde heroïne, en in deze twee landen is de afgelopen vier jaar een groot aantal laboratoria ontstaan. Pakistan heeft ook een aantal laboratoria, maar is niet van dezelfde orde als bijvoorbeeld Frankrijk.

De route van de transporteurs van ruwe opium uit de Gouden Halve Maan loopt via Iran, Turkije en Libanon. Toen de Sjah van Iran aan de macht was, weigerde hij de heroïnehandel voort te zetten, en deze werd met geweld stopgezet totdat hij door het Comité van 300 "onder handen werd genomen". Ruwe opium uit Turkije en Libanon werd vervoerd naar Corsica, vanwaar het met medeplichtigheid van de familie Grimaldi naar Monte Carlo werd verscheept. Pakistaanse laboratoria, onder het mom van "militaire defensielaboratoria", doen meer aan raffinage dan twee jaar geleden, maar de beste raffinage vindt nog steeds plaats langs de Franse Middellandse-Zeekust en in Turkije. Ook hier spelen de banken een essentiële rol bij de financiering van deze operaties.

Laten we hier even bij stilstaan. Moeten we geloven dat met alle moderne en sterk verbeterde bewakingstechnieken, inclusief satellietverkenning, waarover de rechtshandhavingsinstanties in deze landen beschikken, deze beruchte handel niet kan worden opgespoord en gestopt? Waarom kan de politie deze laboratoria niet binnendringen en vernietigen zodra ze ontdekt zijn? Als dat het geval is, en we kunnen de heroïnehandel nog steeds niet uitbannen, dan zouden onze anti-drugsdiensten "geriatrie" moeten heten, en geen drugsagentschappen.

Zelfs een kind kan onze zogenaamde "drugs waakhonden" vertellen wat ze moeten doen. Hou gewoon een oogje op alle fabrieken die azijnzuuranhydride maken, de meest essentiële chemische component die laboratoria nodig hebben om heroïne te raffineren uit ruwe opium. VOLG DAN HET SPOOR! Zo simpel is het. Ik moet denken aan Peter Sellers in "The Pink Panther" als ik denk aan de inspanningen van de politie om de heroïne raffinage laboratoria te lokaliseren. Zelfs iemand zo onhandig als de fictieve detective zou geen moeite hebben om de route van de azijnzuuranhydride zendingen naar hun eindbestemming te volgen.

Regeringen zouden wetten kunnen aannemen die fabrikanten van azijnzuuranhydride verplichten nauwgezet bij te houden wie de chemische stof koopt en waarvoor deze wordt gebruikt. Maar reken daar niet op, vergeet niet dat drugs synoniem zijn met big business en dat big business wordt gedaan door de oligarchische families van Europa en het liberale establishment van de oostkust van de Verenigde Staten. De drugshandel is geen operatie van de maffia of van Colombiaanse cocaïnekartels. De Britse adellijke families en de Amerikaanse top zullen niet pronken met hun rol in etalages; ze hebben altijd een armada van stromannen om het vuile werk op te knappen.

Vergeet niet dat de Britse en Amerikaanse "adel" nooit zijn handen vuil maakte in de opiumhandel in China. De heren en dames waren daar veel te slim voor, net als de Amerikaanse elite: de Delanos, de Forbes, de Appletons, de Bacons, de Boylestons, de Perkins, de Russells, de Cunninghams, de Shaw's, de Coolidges, de Parkmans, de Runnewells, de Cabots en de Codmans; dit is geen volledige lijst van de Amerikaanse families die rijk werden van de opiumhandel in China.

Aangezien dit geen boek over de drugshandel is, kan ik dit onderwerp niet diepgaand behandelen. Maar het belang ervan voor het Comité van 300 moet worden benadrukt. Amerika wordt niet geleid door 60 families, maar door 300 families en Engeland door 100 families en, zoals we zullen zien, zijn deze families verweven door huwelijken, bedrijven, banken, om nog maar te zwijgen van de banden met de zwarte adel, de vrijmetselarij, de Orde van Sint Jan van Jeruzalem, enz. Dit zijn de mensen die, via hun surrogaten, manieren vinden om enorme ladingen heroïne uit Hong Kong, Turkije, Iran en Pakistan te beschermen en ervoor te zorgen dat ze met minimale kosten de markten van de Verenigde Staten en West-Europa bereiken.

Soms worden zendingen cocaïne onderschept en in beslag genomen, maar dit is slechts window dressing. Vaak zijn de in beslag genomen zendingen eigendom van een nieuwe organisatie die probeert in te breken in de handel. Deze concurrenten worden uitgeschakeld door de autoriteiten precies te vertellen waar ze de Amerikaanse markt gaan betreden en wie de eigenaars zijn. De grote deals worden nooit aangeraakt; heroïne is te duur. Het is vermeldenswaard dat agenten van de US Drug Enforcement Agency niet worden toegelaten in Hong Kong. Ze kunnen de scheepslijst niet onderzoeken voor het schip de haven verlaat. Je vraagt je af waarom, als er zoveel "internationale samenwerking" is - wat de media graag "ontmanteling van de drugshandel" noemen. Het is duidelijk dat de handelsroutes voor heroïne beschermd worden door "een hogere autoriteit". In Zuid-Amerika, met uitzondering van Mexico, is cocaïne koning. De productie van cocaïne is zeer eenvoudig, in tegenstelling tot heroïne, en er zijn grote fortuinen te verdienen voor degenen die bereid zijn risico's te nemen voor en in naam van de "superieuren". Net als in de heroïnehandel zijn indringers niet welkom en eindigen ze vaak als slachtoffers, of slachtoffers van familieconflicten. In Colombia is de drugsmaffia een hechte familie. Maar de slechte publiciteit door de aanval van de M19 guerrilla op het justitiegebouw in Bogotá (de M19 is het privé-leger van de cocaïnebaronnen) en de moord op Rodrigo Lara Bonilla, een prominente openbare aanklager en rechter, was zodanig dat de "hogere autoriteiten" de zaken in Colombia moesten reorganiseren.

Bijgevolg gaven de Ochoas van het Medellín-kartel zich over nadat zij de verzekering hadden gekregen dat zij geen vermogensverlies of schade van welke aard ook zouden lijden en dat zij niet aan de Verenigde Staten zouden worden uitgeleverd. Er werd overeengekomen dat er geen strafmaatregelen tegen hen zouden worden genomen op voorwaarde dat zij het grootste deel van hun enorme fortuin in narcodollars zouden repatriëren naar Colombiaanse banken. De Ochoas - Jorge, Fabio en hun leider, Pablo Escobar - zouden worden vastgehouden in particuliere gevangenissen die lijken op een luxe motelkamer, en zouden vervolgens worden veroordeeld tot een maximum van twee jaar - uit te zitten in dezelfde motelgevangenis. Deze overeenkomst is in uitvoering. De Ochoas hebben ook het recht gekregen om hun "bedrijf" vanuit hun motelgevangenis te blijven runnen.

Maar dat betekent niet dat de cocaïnehandel helemaal is gestopt. Integendeel, hij is gewoon overgeheveld naar het Cali-kartel, dat een secundaire rol speelt, en alles is business as usual. Om de een of andere vreemde reden is het Cali-kartel, dat even groot is als het Medellín-kartel, door de DEA - althans tot nu toe - grotendeels genegeerd. Cali verschilt van het Medellín-kartel doordat het wordt geleid door BUSINESSMEN, die elke vorm van geweld vermijden en nooit deals verbreken.

Nog belangrijker is dat Cali vrijwel geen zaken doet in Florida. Mijn bron vertelt me dat het Cali-kartel wordt geleid door gewiekste zakenlieden, zoals men ze nog nooit heeft gezien in de cocaïnehandel. Hij gelooft dat ze "speciaal zijn aangesteld", maar weet niet door wie.

"Ze vestigen nooit de aandacht op zichzelf," zegt hij. "Ze lopen niet rond met rode Ferrari's, zoals Jorge Ochoa deed, om meteen de aandacht te trekken, want het is verboden zulke auto's in te voeren in Colombia."

De markten van het Cali-kartel bevinden zich in Los Angeles, New York en Houston, die nauw aansluiten bij de heroïnemarkten. Cali heeft geen tekenen van inbraak op de heroïnemarkt in Florida. Een voormalige DEA agent, een collega van mij, zei onlangs:

"Deze mensen uit Cali zijn echt intelligent. Ze zijn van een ander ras dan de Ochoa broers. Ze gedragen zich als professionele zakenlui. Ze zijn nu groter dan het Medellín-kartel en ik denk dat er veel meer cocaïne dan ooit tevoren de Verenigde Staten zal binnenkomen. De ontvoering van Manuel Noriega zal de doorvoer van cocaïne en geld via Panama, dat zoveel banken heeft, vergemakkelijken. Tot zover de "Just Cause"-operatie van president George Bush. Het heeft alleen het leven vergemakkelijkt van Nicolas Ardito Barletta, die werd geleid door de gebroeders Ochoa en op het punt staat een dekmantel te worden voor het Cali-kartel".

Op grond van mijn ervaring met de heroïnehandel geloof ik dat het Comité van 300 heeft ingegrepen en de totale controle over de cocaïnehandel in Zuid-Amerika heeft overgenomen. Er is geen andere verklaring voor de opkomst van het Cali-kartel, gekoppeld aan Noriega's ontvoering. Kreeg Bush zijn orders uit Londen over Noriega? Alles wijst erop dat hij letterlijk onder druk werd gezet om Panama binnen te vallen en Noriega te ontvoeren, die een ernstig obstakel was geworden voor de "handel" in Panama, vooral in de banksector.

Verschillende voormalige inlichtingenofficieren hebben mij hun mening gegeven, die overeenkomt met de mijne. Net als bij de Golfoorlog die volgde op de Panama-oorlog, heeft Bush pas na verschillende telefoontjes van de Britse ambassadeur in Washington eindelijk de moed verzameld om zijn volstrekt illegale stunt tegen generaal Noriega uit te halen. Het feit dat hij werd gesteund door de Britse pers en door de *New York Times*, een krant die door de Britse geheime dienst wordt gerund, spreekt boekdelen.

Noriega was ooit de lieveling van het establishment in Washington. Hij ging vaak om met William Casey en Oliver North en ontmoette zelfs president George Bush bij ten minste twee gelegenheden. Noriega werd vaak gezien in het Pentagon, waar hij werd behandeld als een van die Arabische potentaten, en de rode loper werd altijd voor hem uitgerold in het hoofdkwartier van de CIA in Langley, Virginia. US Army Intelligence en de CIA zeiden dat ze hem 320.000 dollar betaalden.

Toen begonnen er stormwolken aan de horizon te verschijnen, ongeveer op het moment dat het Cali-kartel de cocaïnehandel overnam van de gebroeders Ochoa en Pablo Escobar. Onder leiding van senator Jesse Helms, die zich in 1985 verkocht aan Ariel Sharon en de Israëlische Histradut-partij, ontstond een plotselinge agitatie voor Noriega's afzetting. Jesse Helms en zijn geestverwanten werden gesteund door Simon Hersh, een Britse inlichtingenofficier die voor de *New York Times werkte* en woordvoerder was van de Britse inlichtingendienst in de VS sinds de dagen dat MI6-baas Sir William Stephenson het RCA-gebouw in New York bezette.

Het is veelzeggend dat Helms de aanval op Noriega wilde leiden. Helms is de lieveling van de Sharon-factie in Washington en Sharon was de belangrijkste wapenhandelaar in Midden-Amerika en Colombia. Bovendien heeft Helms het respect van christelijke fundamentalisten die geloven in het adagium: "Israël, mijn land, goed of fout." Zo ontstond een krachtige impuls om Noriega te "vangen". Het was duidelijk dat Noriega een ernstig obstakel kon vormen voor de internationale drugshandelaren en hun bankiers in het Comité van 300, dus moest hij worden verwijderd voordat hij ernstige schade kon aanrichten.

Bush werd door zijn Britse bazen onder druk gezet om een illegale zoek- en inbeslagnemingsoperatie in Panama uit te voeren, die resulteerde in de dood van niet minder dan 7000 Panamezen en de moedwillige vernietiging van privé-eigendommen. Er werd nooit iets gevonden dat Noriega als "drugshandelaar" kon aanwijzen, dus werd hij ontvoerd en naar de VS gebracht in een van de meest flagrante voorbeelden van internationale misdadigheid in de geschiedenis. Deze illegale actie past waarschijnlijk het best bij de filosofie van Bush:

> "De morele dimensies van het Amerikaanse buitenlandse beleid vereisen dat we een morele koers uitzetten door een wereld van minder kwaad. Dit is de echte wereld, niet alles is zwart-wit. Er is weinig ruimte voor absolutes."

Het was een "kleiner kwaad" om Noriega te ontvoeren, in plaats van hem de banken van Panama te laten ontmantelen [die] voor het Comité van 300 werken. De zaak Noriega is een prototype van de monsterlijke acties van de één-wereld regering die in de coulissen wacht. [17]Een moedige Bush treedt onbevreesd naar buiten, omdat wij, het volk, een geestelijke mantel hebben aangetrokken, die leugens toestaat en niets te maken wil hebben met de waarheid. Dit is de wereld die we hebben besloten te accepteren. Als dat niet zo was, zou een storm van woede over de invasie van Panama het land hebben overspoeld, die niet zou zijn opgehouden totdat Bush uit zijn ambt werd verdreven. De Watergate-overtredingen van Nixon verbleken bij de vele impeachable overtredingen van president Bush, toen hij de invasie van Panama beval om generaal Noriega te ontvoeren.

De zaak van de regering tegen Noriega is gebaseerd op de valse getuigenissen van een groep prominente mannen, waarvan de meesten al zijn veroordeeld, die door hun tanden heen liegen om hun eigen straf te verminderen. Hun optreden zou Gilbert en Sullivan enorm hebben verheugd, als ze nog leefden. "They made them masters of the DEA" zou misschien toepasselijk zijn in plaats van "They made them masters of the Queen's Navy", uit "HMS Pinafore". Het is volkomen grotesk om te zien hoe deze boeven zich gedragen als niet zo goed getrainde pinguïns voor het Amerikaanse ministerie van Justitie, als iemand zo'n mooi, schoon dier wil beledigen met zo'n onwaardige vergelijking.

Belangrijke data spreken elkaar tegen, belangrijke details schitteren door afwezigheid, geheugenverlies op cruciale punten, wat er allemaal toe leidt dat de regering geen zaak heeft tegen Noriega, maar dat maakt niet uit; het Koninklijk Instituut voor Internationale Zaken (RIIA) zegt "veroordeel hem toch maar" en dat is waar de arme Noriega op mag hopen. Een van de kroongetuigen van Justitie is een zekere Floyd Carlton Caceres, een voormalig piloot bij het bedrijf van de gebroeders Ochoa.

Na zijn arrestatie in 1986 probeerde Carlton zijn standpunt te verzachten ten koste van Noriega.

Hij vertelde zijn DEA-ondervragers dat de gebroeders Ochoa Noriega 600.000 dollar hadden betaald om drie vliegtuigen met cocaïne in Panama te laten landen en tanken. Maar eenmaal in de rechtbank in

---

[17] Jesaja 30:10 die tot de zieners zeggen: Zie niet, en tot de profeten: Profeteer geen rechtvaardige dingen tot ons; spreek zoete dingen tot ons; profeteer bedrog (leugens).

Miami werd het snel duidelijk dat de man die als "kroongetuige" van de aanklager was aangekondigd, in het beste geval een vochtige jongen was. Kruisverhoor onthulde het echte verhaal: Noriega werd niet eens betaald om de vluchten toe te staan, maar was zelfs niet door de Ochoas benaderd. Erger nog, in december 1983 had Noriega bevolen dat alle vluchten naar Panama vanuit Medellín geen toestemming kregen om in Panama te landen. Carlton is niet de enige in diskrediet gebrachte getuige. Een van hen, nog meer een leugenaar dan Carlton, is Carlos Lehder, die een spil was van het Medellín-kartel totdat hij in Spanje werd gearresteerd en naar de Verenigde Staten werd gestuurd. Wie gaf de DEA de belangrijkste informatie, namelijk dat Lehder in Madrid was? De DEA geeft schoorvoetend toe dat ze deze belangrijke vangst aan Noriega te danken heeft. Maar vandaag gebruikt Justitie Lehder als getuige tegen Noriega. Deze ene getuige toont de ellende aan van de zaak van de Amerikaanse regering tegen Manuel Noriega.

In ruil voor zijn diensten kreeg Lehder een lichtere straf en een veel mooier onderkomen - een kamer met uitzicht en televisie - en kreeg zijn gezin een permanent verblijf in de Verenigde Staten.

De Amerikaanse advocaat die Lehder vervolgde in 1988 vertelde de *Washington Post*:

> "Ik vind dat de overheid niets te maken moet hebben met Carlos Lehder, punt uit. Deze man is een leugenaar van begin tot eind.

Het ministerie van Justitie, waarvan de naam niets te maken heeft met wat het geacht wordt te vertegenwoordigen, heeft alle vuile trucs tegen Noriega uitgehaald: het illegaal afluisteren van zijn gesprekken met zijn advocaat; de benoeming van een regeringsadvocaat die beweerde Noriega te dienen, maar die ondertussen ontslag nam; het bevriezen van zijn bankrekeningen zodat Noriega zich niet naar behoren kon verdedigen; illegale ontvoering, huiszoekingen en inbeslagnemingen. De regering overtrad meer wetten dan Noriega ooit deed.

Het ministerie van Justitie van de Verenigde Staten staat terecht, tien keer meer dan generaal Noriega. De zaak Noriega toont het duidelijk duivelse systeem dat in dit land voor "justitie" doorgaat. De door de VS geleide "oorlog tegen drugs" staat terecht, evenals het zogenaamde drugsbeleid van de regering-Bush. Hoewel het Noriega-proces eindigt in een gewelddadige en flagrante verkrachting van het recht, zal het toch enige compensatie bieden aan degenen die niet blind, doof en stom zijn. Het zal voor eens en voor altijd bewijzen dat Engeland aan het hoofd van onze regering staat en het zal de volstrekt failliete ideologie van de regering-Bush onthullen, wier motto zou moeten zijn: "Wat er ook gebeurt, het doel heiligt altijd de middelen". Er zijn maar weinig morele absoluten". Zoals de meeste politici, als Bush een standaard van ABSOLUTE MORALITEIT zou hebben, zou dat SUICIDE zijn. Alleen in dit klimaat konden we president Bush toestaan minstens zes Amerikaanse wetten en TWELVE internationale overeenkomsten te schenden door oorlog te voeren tegen Irak.

Wat we zien in Colombia en Washington is een complete herziening van de manier waarop de cocaïnehandel moet worden gerund; geen wilde geweren meer, geen vuurwapens. Laat de heren van het Cali-kartel, in hun krijtstreeppakken, hoffelijk zaken doen. Kortom, het Comité van 300 heeft directe controle over de cocaïnehandel, die voortaan even soepel zal verlopen als de heroïnehandel. De nieuwe Colombiaanse regering heeft zich aangepast aan deze verandering van tactiek en richting. Zij heeft opdracht gekregen te handelen volgens het plan van het Comité.

Het is noodzakelijk de betrokkenheid van de VS bij de opiumhandel in China te vermelden, die in het zuiden van de VS begon vóór de Oorlog tussen de Staten. Hoe kunnen we de opiumhandel koppelen aan de grote katoenplantages in het zuiden? Daarvoor moeten we beginnen met Bengalen, India, dat de fijnste opium produceerde (als je zo'n besmettelijk fijne stof fijn kunt noemen), waar veel vraag naar was. Katoen was DE belangrijkste handel in Engeland, na de opiumverkoop via de BEIC. Het meeste katoen van de zuidelijke plantages werd bewerkt in de slavenfabrieken van Noord-Engeland, waar vrouwen en kinderen een hongerloon verdienden voor een 16-urige werkdag. De lakenfabrieken behoorden toe aan rijke Londense socialisten, de Barings, Palmerstons, Keswicks en vooral de Jardine Mathesons, die eigenaar waren van de Blue Star Shipping Line, waarmee de afgewerkte katoen- en lakenproducten naar India werden verscheept. Zij konden zich niets aantrekken van de miserabele levensomstandigheden van Hare Majesteits onderdanen. Daar zijn ze tenslotte voor, en hun echtgenoten en zonen zijn nuttig om oorlog te voeren om Hare Majesteits verre rijk in stand te houden, zoals ze dat al eeuwen doen, het laatst in de bloedige Boerenoorlog. Dat was toch de Britse traditie?

De naar India geëxporteerde katoenveredelingsproducten ondermijnden en vernietigden de langdurige Indiase producenten van de katoenveredelingshandel. Duizenden Indiërs moesten verschrikkelijke ontberingen doorstaan omdat goedkopere Britse producten hun markten veroverden. India werd toen volledig afhankelijk van Groot-Brittannië om genoeg buitenlandse valuta te verdienen om de spoorwegen en de invoer van afgewerkte katoenproducten te betalen. Er was maar één oplossing voor India's economische moeilijkheden. Meer opium produceren en goedkoper verkopen aan de Britse Oost-Indische Compagnie. Dit was de rots waarop de Britse handel groeide en bloeide. Zonder de opiumhandel zou Engeland net zo geruïneerd zijn.

Wisten de plantage-eigenaren in het Zuiden van het gruwelijke geheim van opiumgoederen voor katoen? Het is onwaarschijnlijk dat sommigen van hen niet wisten wat er gaande was. Neem bijvoorbeeld de familie Sutherland, een van de grootste katoenplantage-eigenaren in het Zuiden. De Sutherlands waren nauw verbonden met de familie Matheson - Jardine Matheson - die op hun beurt als handelspartners de gebroeders Baring hadden, oprichters van de beroemde Peninsular and Orient Navigation Line (P&O), de grootste van de vele Britse koopvaardijbedrijven.

De Barings waren belangrijke investeerders in de plantages van het Zuiden, evenals in de Amerikaanse Clipper schepen die de zeeën bevaren tussen Chinese havens en alle grote havens aan de oostkust van de Verenigde Staten. Vandaag beheren de Barings een aantal zeer belangrijke financiële operaties in de Verenigde Staten. Al deze namen waren, en hun nakomelingen zijn nog steeds, lid van het Comité van 300.

De meeste families die het liberale establishment aan de oostkust vormen, waaronder enkele van de rijkste van het land, hebben hun fortuin gemaakt in de katoenhandel of de opiumhandel en in sommige gevallen in beide. De Lehmans zijn een opmerkelijk voorbeeld. Als het gaat om fortuinen die uitsluitend afkomstig zijn van de opiumhandel in China, zijn de eerste namen die in je opkomen die van de Astors en Delanos. De vrouw van president Franklin D. Roosevelt was een Delano. John Jacob Astor verdiende een kolossaal fortuin met de opiumhandel in China, en werd daarna respectabel door grote stukken vastgoed in Manhattan op te kopen met zijn vuile geld. Tijdens zijn leven speelde Astor een belangrijke rol in de beraadslagingen van het Comité van 300. In feite was het het Comité van 300 dat koos wie mocht deelnemen aan de fabelachtige en lucratieve opiumhandel in China, via zijn monopolist, de BEIC, en de begunstigden van hun vrijgevigheid bleven voor altijd verbonden met het Comité van 300.

Daarom zijn, zoals we zullen ontdekken, de meeste eigendommen in Manhattan eigendom van verschillende leden van het Comité, zoals ze zijn sinds Astor ze begon te kopen. Door toegang tot dossiers die gesloten zouden zijn voor iemand buiten de Britse geheime dienst, ontdekte ik dat Astor al lang een bron van de Britse geheime dienst was in de Verenigde Staten. Astor's financiering van Aaron Burr, de moordenaar van Alexander Hamilton, bewijst dit punt onomstotelijk.

De zoon van John Jacob Astor, Waldorf Astor, had de extra eer te worden benoemd in het Royal Institute for International Affairs (RIIA), de organisatie via welke het Comité van 300 elk aspect van ons leven in de Verenigde Staten controleert. Er wordt aangenomen dat de familie Astor Owen Lattimore uitkoos om zijn associatie met de opiumhandel voort te zetten, wat hij deed via het Institute for Pacific Relations (IPR), gefinancierd door Laura Spelman. Het was het IPR dat toezag op de toetreding van China tot de opiumhandel als volwaardige partner in plaats van slechts als leverancier. Het was de IPR die de weg vrijmaakte voor de Japanse aanval op Pearl Harbour. Pogingen om van de Japanners opiumverslaafden te maken, liepen uit op een mislukking.

Rond de eeuwwisseling waren de Britse oligarchische plutocraten als overvoede gieren op de Serengeti-vlakte tijdens de jaarlijkse wildebeestentocht. Hun inkomsten uit de opiumhandel in China overtroffen die van David Rockefeller met ALTIJD MILJARD DOLLAREN per JAAR. De historische documenten die mij in het British Museum in Londen en door het India Office en andere bronnen - voormalige collega's op hoge posten - ter beschikking zijn gesteld, bewijzen dit volledig.

In 1905 probeerde de Chinese regering, ernstig bezorgd over de toename van het aantal opiumverslaafden in China, hulp te krijgen van de internationale gemeenschap. Groot-Brittannië deed alsof het meewerkte, maar hield zich absoluut niet aan de protocollen van 1905 die het had ondertekend. Later maakte Hare Majesteits regering een ommezwaai nadat ze China had laten zien dat het beter was om mee te werken aan de opiumhandel dan te proberen deze te stoppen.

Zelfs de Conventie van Den Haag wordt door de Britten met voeten getreden. De afgevaardigden van de Conventie waren overeengekomen dat Groot-Brittannië zich zou houden aan de protocollen die het had ondertekend, hetgeen inhield dat de hoeveelheid opium die in China en elders werd verkocht, drastisch moest worden verminderd. De Britten bewijzen weliswaar lippendienst, maar zijn niet van plan hun handel in menselijke ellende, waartoe ook de "varkenshandel" behoort, op te geven.

Hun dienaar, president George Bush, heeft door de wrede genocideoorlog tegen het Iraakse volk voort te zetten, ALLEEN voor en in naam van de Britse belangen, ook zijn minachting getoond door de Haagse overeenkomsten inzake luchtbombardementen en een hele reeks internationale verdragen die door de VS zijn ondertekend, waaronder ALLE Verdragen van Genève, met voeten te treden.

Toen twee jaar later het bewijs werd geleverd, met name door de Japanners, die zich steeds meer zorgen maakten over de smokkel van Britse opium naar hun land, dat de opiumverkoop eerder was toegenomen dan afgenomen, kwam de afgevaardigde van Hare Majesteit bij de Vijfde Haagse Conventie met een reeks statistieken die de door Japan verstrekte gegevens tegenspraken. De Britse afgevaardigde draaide de rollen om en zei dat dit een zeer sterk argument was om de verkoop van opium te legaliseren, waardoor wat hij "de zwarte markt" noemde, zou verdwijnen.

Hij stelde namens de regering van Hare Majesteit voor dat de Japanse regering dan een monopolie en totale controle over de handel zou hebben. Dit is precies hetzelfde argument dat door de stromannen van de Bronfmans en andere grote drugshandelaren naar voren wordt gebracht - legaliseer cocaïne, marihuana en heroïne, laat de Amerikaanse regering er een monopolie op hebben en stop zo met het verspillen van miljarden aan de valse oorlog tegen drugs en bespaar de belastingbetaler miljarden.

In de periode 1791-1894 steeg het aantal vergunde opiumholen in de internationale kolonie Shanghai van 87 naar 663. De stroom opium naar de Verenigde Staten nam ook toe. De plutocraten van de Ridders van Sint Jan en de Orde van de Kousenband, die vreesden in China in de problemen te komen door de aandacht van de wereld op hen te vestigen, verlegden een deel van hun aandacht naar Perzië (Iran).

Lord Inchcape, die aan het begin van de negentiende eeuw 's werelds grootste stoombootmaatschappij oprichtte, de legendarische Peninsula and Orient Steam Navigation Company, was de drijvende kracht achter de oprichting van de Hong Kong and Shanghai Bank, die nog steeds de grootste en minst gecontroleerde clearingbank voor de opiumhandel is, en die ook de "varkenshandel" met de Verenigde Staten financierde.

De Britten hadden een zwendel opgezet waarbij Chinese 'koelies' als contractarbeiders naar de Verenigde Staten werden gestuurd. De spoorweg van de familie Harriman had koelies nodig om de spoorverbinding naar het westen te duwen langs de Californische kust, althans dat zeiden ze. Vreemd genoeg kregen maar weinig zwarten de handenarbeid die ze in die tijd gewend waren en die beter werk hadden kunnen verrichten dan de uitgemergelde opiumverslaafden die uit China aankwamen.

Het probleem was dat er geen markt was voor opium onder zwarten en bovendien had Lord Inchcape, zoon van de oprichter van P&O, 'koelies' nodig om duizenden ponden ruwe opium naar Noord-Amerika te smokkelen, iets wat zwarten niet konden. Het was dezelfde Lord Inchcape die in 1923 waarschuwde dat de opiumteelt in Bengalen niet mocht worden beperkt. "Deze belangrijkste bron van inkomsten moet beschermd worden", zei hij tegen de commissie die de opiumproductie in India moest onderzoeken.

Tegen 1846 waren ongeveer 120.000 "coolies" in de Verenigde Staten aangekomen om te werken aan de Harriman Railway, die naar het westen werd opgestuwd. De "varkenshandel" bloeide, want de Amerikaanse regering schatte dat 115.000 van hen opiumverslaafd waren. Toen de spoorweg eenmaal klaar was, gingen de Chinezen niet terug naar waar ze vandaan kwamen, maar vestigden zich in San Francisco, Los Angeles, Vancouver en Portland. Ze creëerden een enorm cultureel probleem dat nooit is verdwenen.

Interessant is dat Cecil John Rhodes, lid van het Comité van 300 dat de Rothschilds in Zuid-Afrika vertegenwoordigde, het Inchcape-model volgde door honderdduizenden Indiase "coolies" binnen te halen om op de suikerrietplantages in de provincie Natal te werken. Onder hen was Mahatma Ghandi, een communistische agitator en onruststoker. Net als de Chinese koelies werden zij na afloop van hun contract niet teruggestuurd naar hun land van herkomst. Ook zij creëerden een uitgebreid sociaal programma, en hun nakomelingen werden advocaten die de campagne leidden om namens het Africa National Congress te infiltreren in de regering.

Tegen 1875 hadden Chinese "coolies" die vanuit San Francisco opereerden een opiumleveringsnetwerk opgezet dat 129.000 Amerikaanse opiumverslaafden omvatte. Met 115.000 bekende

Chinese opiumverslaafden, ontvingen Lord Inchcape en zijn familie alleen al uit deze bron honderdduizenden dollars per jaar, wat vandaag de dag neerkomt op minstens 100 miljoen dollar per jaar.

Dezelfde Britse en Amerikaanse families die hun krachten hadden gebundeld om de Indiase textielindustrie te vernietigen en de opiumhandel te bevorderen, en die Afrikaanse slaven naar de Verenigde Staten hadden gebracht, bundelden hun krachten om van de "varkenshandel" een waardevolle bron van inkomsten te maken. Later zouden zij hun krachten bundelen om de verschrikkelijke Oorlog tussen de Staten, ook bekend als de Amerikaanse Burgeroorlog, uit te lokken en te bevorderen.

De decadente Amerikaanse families van het onheilige partnerschap, volkomen corrupt en zwelgend in rijkdom, werden wat wij vandaag kennen als de Liberale gevestigde orde van het Oosten, waarvan de leden, onder de zorgvuldige leiding en het advies van de Kroon en vervolgens van zijn uitvoerend orgaan voor buitenlands beleid, het Koninklijk Instituut voor Internationale Zaken (RIIA), dit land van boven tot onder bestuurden - en nog steeds doen - via hun geheime parallelle regering op hoog niveau, nauw verbonden met het Comité van 300, het ULTIEME geheime genootschap. In 1923 gingen er stemmen op tegen deze dreiging, die in de Verenigde Staten was toegelaten. In de overtuiging dat de Verenigde Staten een vrije en soevereine natie waren, diende congreslid Stephen Porter, voorzitter van de Commissie Buitenlandse Zaken van het Huis, een wetsvoorstel in dat de Britten verplichtte hun opiumuitvoer en -invoer per land te rapporteren. De resolutie stelde quota vast voor elk land, die, indien ze werden gehaald, de opiumhandel met 10% zouden verminderen. De resolutie werd omgezet in een wet en het wetsvoorstel werd aanvaard door het Amerikaanse Congres.

Maar het Koninklijk Instituut voor Internationale Zaken had andere ideeën. Opgericht in 1919 in de nasleep van de Parijse vredesconferentie van Versailles, was het een van de eerste uitvoerders van de "buitenlandse politiek" van het Comité van 300. Uit mijn onderzoek in het Congressional Record Office blijkt dat Porter zich totaal niet bewust was van de machtige krachten waartegen hij het opnam. Porter wist niet eens dat het RIIA bestond, laat staan dat het specifieke doel ervan was elk facet van de Verenigde Staten te controleren.

Blijkbaar kreeg Congreslid Porter een soort tip van Wall Street's Morgan Bank dat hij de hele zaak moest laten vallen. In plaats daarvan stapte een woedende Porter naar het Opium Comité van de Volkenbond. Porter's totale onwetendheid over de identiteit van zijn tegenstander blijkt uit een deel van zijn correspondentie met collega's van het House Foreign Affairs Committee als reactie op de openlijke Britse oppositie tegen zijn voorstellen.

De vertegenwoordiger van Hare Majesteit berispte Porter en vervolgens, handelend als een vader voor een dolende zoon, presenteerde de Britse afgevaardigde - in opdracht van de RIIA - de voorstellen van Hare Majesteit om de opiumquota te verhogen om rekening te houden met een toename van het opiumgebruik voor medicinale doeleinden. Volgens de documenten die ik in Den Haag kon vinden, was Porter eerst verward, toen verbaasd en tenslotte woedend. Samen met de Chinese afgevaardigde stormde Porter de plenaire vergadering van het comité uit en liet het veld vrij voor de Britten.

In zijn afwezigheid zorgde de Britse afgevaardigde ervoor dat de Volkenbond de voorstellen van de regering van Hare Majesteit voor de oprichting van een Centrale Raad voor Verdovende Middelen goedkeurde. Wat er met de "informatie" moest gebeuren werd nooit gespecificeerd. Porter keerde geschokt en veel wijzer terug naar de Verenigde Staten.

Een andere troef van de Britse geheime dienst was de fabelachtige William Bingham, een aangetrouwde familie van een van de Barings. In papieren en documenten die ik heb gezien staat dat de gebroeders Baring de Philadelphia Quakers runden en de helft van het onroerend goed in die stad bezaten, allemaal mogelijk gemaakt door het fortuin dat de gebroeders Baring hadden vergaard met de opiumhandel in China. Een andere begunstigde van de vrijgevigheid van het Comité van 300 was Stephen Girard, wiens nakomelingen de Girard Bank and Trust erfden.

De namen van deze families, wier geschiedenis verweven is met die van Boston en die weinig aandacht besteden aan de gewone mensen, kwamen terecht in de armen van het Comité van 300 en zijn zeer lucratieve BEIC, de Chinese opiumhandel. Veel beroemde families werden geassocieerd met de beruchte Hong Kong and Shanghai Bank, die nog steeds de clearinginstelling is voor miljarden dollars uit China's opiumhandel.

Beroemde namen als Forbes, Perkins en Hathaway komen voor in de archieven van de Britse Oost-Indische Compagnie. Deze echte

Amerikaanse "blauwbloeden" richtten de Russell and Company op, waarvan de belangrijkste handel opium was, maar die ook andere scheepvaartondernemingen van China tot Zuid-Amerika en alle punten daartussen beheerde. Als beloning voor hun diensten aan de Britse kroon en de BEIC verleende het Comité van 300 hen in 1833 een monopolie op de slavenhandel.

Boston dankt zijn beroemde verleden aan de katoen-, opium- en slavenhandel die het van het Comité van 300 kreeg, en in de documenten die ik in Londen mocht raadplegen, staat dat de koopmansfamilies van Boston de belangrijkste aanhangers van de Britse Kroon in de Verenigde Staten waren. John Murray Forbes wordt genoemd als de butler van de Boston Blue Bloods in de India House en Hong Kong bankverslagen.

De zoon van Forbes was de eerste Amerikaan die van het Comité van 300 toestemming kreeg om zitting te nemen in de raad van bestuur van 's werelds meest prestigieuze bank voor het witwassen van drugsgeld - nog steeds - de Hong Kong and Shanghai Bank Corporation (HSBC). Toen ik begin jaren zestig in Hong Kong was als "historicus met belangstelling voor de Britse Oost-Indische Compagnie", kreeg ik een aantal oude dossiers te zien, met daarin voormalige bestuursleden van deze beruchte drugsbank, en natuurlijk stond Forbes' naam ertussen.

De familie Perkins, zo roemrucht dat hun naam nog steeds gefluisterd wordt, was nauw betrokken bij de beruchte opiumhandel in China. In feite was Perkins de oudste een van de eerste Amerikanen die werd gekozen in het Comité van 300, en zijn zoon, Thomas Nelson, was Morgan's man in Boston en als zodanig een agent van de Britse geheime dienst. Zijn onfrisse - ik zou zelfs zeggen walgelijke - verleden werd niet in twijfel getrokken toen hij de Harvard Universiteit rijkelijk begiftigde. Canton en Tientsin liggen immers ver van Boston, en wie zou het wat kunnen schelen?

Wat de familie Perkins erg hielp, was dat Morgan een machtig lid was van het Comité van 300, waardoor Thomas N. Perkins zijn carrière in de Chinese opiumhandel snel kon uitbouwen. Alle Morgans en Perkins waren vrijmetselaars, wat een andere band tussen hen was, omdat alleen de hoogste vrijmetselaars hoopten te worden geselecteerd door het Comité van 300. Sir Robert Hart, die bijna drie decennia lang het hoofd was geweest van de Keizerlijke Chinese Douanedienst en de belangrijkste agent van de Britse Kroon in de Chinese opiumhandel, werd later benoemd in de raad van bestuur van

Morgan Guarantee Bank's Far-Eastern Division.

Door toegang tot historische archieven in Londen en Hong Kong heb ik kunnen vaststellen dat Sir Robert een nauwe relatie ontwikkelde met Morgan's activiteiten in de Verenigde Staten. Interessant is dat Morgan's belangen in de opium- en heroïnehandel ononderbroken doorgingen, zoals blijkt uit het feit dat David Newbigging deel uitmaakt van de adviesraad van Morgan's Hong Kong operatie, die samen met Jardine Matheson wordt geleid.

Voor degenen die bekend zijn met Hongkong, zal de naam Newbigging bekend zijn als de machtigste naam in Hongkong. Newbigging is niet alleen lid van de Morgan Bank, maar ook adviseur van de Chinese regering. Opium voor rakettechnologie, opium voor goud, opium voor high-tech computers - voor Newbigging is het allemaal hetzelfde. De manier waarop deze banken, financiële instellingen, handelsbedrijven en de families die ze leiden met elkaar verweven zijn, zou Sherlock Holmes verbazen, maar op de een of andere manier moeten ze ontrafeld en gevolgd worden als we hun banden met de drugshandel en hun lidmaatschap van het Comité van 300 willen begrijpen.

De binnenkomst van alcohol en drugs in de Verenigde Staten langs koninklijke weg is het product van dezelfde stal die door dezelfde volbloeden wordt bezet. Allereerst moest de prohibitie in de Verenigde Staten worden ingevoerd. Dit werd gedaan door de erfgenamen van de Britse Oost-Indische Compagnie, die, gewapend met de ervaring opgedaan in de goed gedocumenteerde China Inland Mission documenten gevonden in India House, de Women's Christian Temperance Union (WCTU) oprichtten, die zich moest verzetten tegen alcoholgebruik in Amerika.

Men zegt dat de geschiedenis zich herhaalt en in zekere zin is dat waar, behalve dan dat zij zich herhaalt in een opwaartse spiraal. Vandaag zien we dat enkele van de grootste bedrijven, die zogenaamd de aarde "vervuilen", de grootste geldschieters zijn van de milieubeweging. De "grote namen" brengen hun boodschap over. Prins Philip is een van hun helden, maar zijn zoon, prins Charles, bezit een miljoen hectare bosgrond in Wales, waar regelmatig hout wordt gekapt. Prins Charles is ook een van de grootste eigenaars van ondermaatse woningen in Londen, waar vervuiling welig tiert.

Degenen die zich uitspraken tegen het "kwaad van de drank" werden gefinancierd door de Astors, de Rockefellers, de Spelmans, de

Vanderbilts en de Warburgs die een gevestigd belang hadden in de alcoholhandel. In opdracht van de Kroon kwam Lord Beaverbrook uit Engeland om deze rijke Amerikaanse families te vertellen dat zij in de WCTU moesten investeren. (Dit was dezelfde Lord Beaverbrook die in 1940 naar Washington kwam en Roosevelt VERPLICHTte zich in de Britse oorlog te mengen).

Roosevelt voldeed door een US Navy flotilla in Groenland te stationeren, die de 9 maanden voor Pearl Harbour doorbracht met het opsporen en aanvallen van Duitse onderzeeërs.

Net als zijn opvolger, George Bush, beschouwde Roosevelt het Congres als een verwarde lastpost. Dus, handelend als een koning - een gevoel dat hij sterk aanvoelde omdat hij verwant was aan de Britse koninklijke familie - vroeg Roosevelt nooit toestemming aan het Congres voor zijn illegale actie. Dit is wat de Britten graag hun "speciale relatie met Amerika" noemen.

De drugshandel wordt in verband gebracht met de moord op president John F. Kennedy, die het nationale karakter heeft bezoedeld en dat zal blijven doen totdat de schuldigen zijn gevonden en berecht. Er zijn aanwijzingen dat de maffia via de CIA bij deze zaak betrokken was, wat ons eraan herinnert dat het allemaal begon met het oude netwerk van Meyer Lansky dat uitgroeide tot de Israëlische terreurorganisatie Irgun, en dat Lansky een van de beste vehikels bleek te zijn voor het voeren van de cultuuroorlog tegen het Westen.

Via meer respectabele fronten was Lansky verbonden met de Britse hogere echelons om gokken en drugsdistributie naar Paradise Island, Bahama's, te brengen onder het mom van de Mary Carter Paint Company, een joint venture tussen Lansky en de Britse MI6. Lord Sassoon werd later vermoord omdat hij geld had verduisterd en dreigde alles te onthullen als hij werd gestraft. Ray Wolfe, meer toonbaar, vertegenwoordigde de Bronfmans uit Canada. De Bronfmans wisten misschien niet van Churchill's enorme project in Nova Scotia, maar ze waren en zijn nog steeds een belangrijke aanwinst voor de Britse Koninklijke familie in de drugshandel.

Sam Rothberg, een naaste medewerker van Meyer Lansky, werkte ook samen met Tibor Rosenbaum en Pinchas Sapir, allemaal kopstukken van Lansky's drugsbende. Rosenbaum runde een drugsgeld witwasoperatie vanuit Zwitserland via een bank die hij daarvoor had opgericht, de Banque du Crédit International. Deze bank breidde haar activiteiten snel uit en werd de belangrijkste bank die Lansky en zijn maffia-medewerkers gebruikten om geld wit te wassen uit prostitutie, drugs en andere maffia-zwendelpraktijken.

Interessant is dat de bank van Tibor Rosenbaum werd gebruikt door het schimmige hoofd van de Britse inlichtingendienst, Sir William Stephenson, wiens rechterhand, majoor John Mortimer Bloomfield, een Canadees staatsburger, tijdens de Tweede Wereldoorlog aan het hoofd stond van Division Five van de FBI. Stephenson was een van de eerste leden van het Comité van 300 in de 20e eeuw, hoewel Bloomfield nooit zover is gekomen. Zoals ik onthulde in mijn serie monografieën over de moord op Kennedy, was het Stephenson die de operatie leidde die door Bloomfield als praktisch project werd uitgevoerd. De doofpot van de moord op Kennedy gebeurde via een andere drugsgerelateerde doofpot, Permanent Industrial Expositions (PERMINDEX), opgericht in 1957 en gericht op het World Trade Mart gebouw in het centrum van New Orleans.

Bloomfield was toevallig de advocaat van de familie Bronfman. De World Trade Mart werd opgezet door kolonel Clay Shaw en het hoofd van FBI Afdeling 5 in New Orleans, Guy Bannister. Shaw en Bannister waren nauwe medewerkers van Lee Harvey Oswald, beschuldigd van het neerschieten van Kennedy, die door CIA-contractagent Jack Ruby werd vermoord voordat hij kon bewijzen dat hij niet de moordenaar was die president Kennedy neerschoot. Ondanks het onderzoek van de Warren Commissie en talrijke officiële rapporten, is nooit vastgesteld dat Oswald het Mannlicher geweer bezat dat het moordwapen moest zijn (dat was niet zo), noch dat hij het gebruikte. Het verband tussen de drugshandel, Shaw, Bannister en Bloomfield is al meerdere malen aangetoond, en het is niet nodig om daar hier verder op in te gaan. In de onmiddellijke nasleep van de Tweede Wereldoorlog was een van de meest gebruikelijke methoden die Resorts International en andere drugsbedrijven gebruikten om geld wit te wassen, een koerier naar een witwasbank. Vandaag is dat allemaal veranderd. Alleen de kleintjes gebruiken nog zo'n riskante methode. De "grote jongens" sturen hun geld via het CHIPS systeem, een acroniem voor Clearing House International Payments System, beheerd door een computersysteem van Burroughs in het Clearing House in New York. Twaalf van de grootste banken gebruiken dit systeem. Eén daarvan is de Hong Kong and Shanghai Bank Corporation. Een andere is Credit Suisse, dat toonbeeld van bankdeugdzaamheid dat zo respectabel was - totdat het deksel werd gelicht. In combinatie met het SWIFT systeem uit Virginia, wordt vuil drugsgeld onzichtbaar. Alleen baldadige nalatigheid laat de FBI toe om af en toe geluk te hebben, als en wanneer ze verteld wordt niet elders te zoeken.

Alleen dealers van laag niveau worden gepakt met drugsgeld in hun handen. De elite, Drexel Burnham, Credit Suisse, Hong Kong en Shanghai Bank, ontsnappen aan ontdekking. Maar ook dat verandert met de ondergang van de *Bank of Credit and Commerce International (BCCI)*, die waarschijnlijk veel zal onthullen over de drugshandel als het ooit goed wordt onderzocht.

Een van de belangrijkste activa in de portefeuille van het Comité van 300 is American Express (AMEX). De voorzitters ervan bekleden regelmatig functies in het Comité van 300. Ik raakte voor het eerst geïnteresseerd in AMEX toen ik een onderzoek ter plaatse uitvoerde dat me naar de Business Development Bank in Genève leidde. Dit bracht me later in grote problemen. Ik ontdekte dat de Trade Development Bank, destijds geleid door Edmund Safra, een sleutelfiguur in de opiumgoudhandel, via de Trade Development Bank tonnen goud leverde aan de markt van Hongkong.

Voordat ik naar Zwitserland ging, reisde ik naar Pretoria, Zuid-Afrika, waar ik besprekingen voerde met Dr. Chris Stals, de toenmalige vice-gouverneur van de Zuid-Afrikaanse Reserve Bank, die alle bulktransacties met in Zuid-Afrika geproduceerd goud controleert. Na verschillende gesprekken gedurende een week kreeg ik te horen dat de bank mij niet de tien ton goud kon leveren die ik mocht kopen namens de klanten die ik geacht werd te vertegenwoordigen. Mijn goed geplaatste vrienden wisten de documenten te produceren, die zonder discussie werden geaccepteerd.

De Reserve Bank verwees me naar een Zwitsers bedrijf dat ik niet kan noemen omdat dat de dekmantel zou verpesten. Ik kreeg ook het adres van de Trade Development Bank in Genève. Het doel van mijn oefening was om het mechanisme van het goudverkeer en de goudhandel te ontdekken en, ten tweede, om de vervalste documenten te testen die voor mij waren voorbereid door voormalige vrienden van de inlichtingendienst die in dit soort zaken gespecialiseerd waren. Herinner je je 'M' in de James Bond serie? Ik verzeker u dat 'M' bestaat, maar zijn correcte initiaal is 'C'. De documenten die ik had waren "aankooporders" voor Liechtensteinse bedrijven, met ondersteunende documentatie.

Toen ik contact opnam met de Trade Development Bank, werd ik aanvankelijk hartelijk begroet, maar naarmate de gesprekken vorderden werd ik steeds wantrouwiger totdat ik, omdat ik het gevoel had dat het niet langer veilig was om de bank te bezoeken, Genève verliet zonder iemand iets te zeggen. Later werd de bank verkocht aan American Express. American Express werd kort onderzocht door voormalig procureur-generaal Edwin Meese, waarna hij prompt werd ontslagen en als "corrupt" werd bestempeld. Ik ontdekte dat American Express een kanaal was en is voor het witwassen van drugsgeld en tot op heden heeft niemand mij kunnen uitleggen waarom een particuliere onderneming het recht heeft dollars te drukken - zijn de reischeques van American Express geen dollars? Vervolgens onthulde ik de banden tussen Safra en American Express in de drugshandel, wat veel mensen schokte, zoals u zich kunt voorstellen.

Het comité van 300 leden Japhet controleert Charterhouse Japhet, dat op zijn beurt Jardine Matheson controleert, een directe link naar de opiumhandel in Hong Kong. De familie Japhet zou Engelse Quakers zijn. De familie Matheson, ook leden van het Comité van 300, waren belangrijke spelers in de opiumhandel in China, tenminste tot 1943. De Mathesons staan sinds het begin van de 19e eeuw op de erelijst van de koningin van Engeland.

De belangrijkste controleurs van de drugshandel binnen het Comité van 300 zijn zich niet bewust van de miljoenen levens die ze elk jaar vernietigen. Het zijn gnostici, katharen, leden van de cultus van Dionysus, Osiris, of erger. Voor hen zijn "gewone" mensen er om gebruikt te worden voor hun eigen doeleinden. Hun hogepriesters, Bulwer-Lytton en Aldous Huxley, predikten het evangelie van drugs als een heilzame stof.

Om Huxley te citeren:

> "En voor dagelijks particulier gebruik zijn er altijd al chemische roesmiddelen geweest. Alle kalmerende en plantaardige verdovende middelen, alle euforiserende middelen die aan bomen groeien, de hallucinogenen die in bessen rijpen, zijn sinds mensenheugenis door mensen gebruikt. En aan deze bewustzijnsveranderende drugs heeft de moderne wetenschap haar quota synthetische producten toegevoegd. Het Westen heeft alleen alcohol en tabak toegestaan voor onbeperkt gebruik. Alle andere chemische poorten worden bestempeld als DOPE."

Voor de oligarchen en plutocraten van het Comité van 300 hebben drugs een dubbel doel: ten eerste om kolossale sommen geld binnen te halen en ten tweede om uiteindelijk een groot deel van de bevolking te veranderen in *hersenloze drugszombies die gemakkelijker te controleren zullen zijn* dan mensen die geen drugs nodig hebben, omdat straf voor rebellie zal betekenen dat ze geen heroïne, cocaïne, marihuana, enz. meer zullen krijgen. Hiervoor is het nodig om drugs te legaliseren, zodat een monopoliesysteem, dat is voorbereid om te worden ingevoerd bij ernstige economische omstandigheden, waarvan de depressie van 1991 de voorloper is, het drugsgebruik zal prolifereren als honderdduizenden arbeiders zonder vaste baan zich tot drugs wenden voor troost.

In een van de topgeheime documenten van het Royal Institute of International Affairs wordt het scenario als volgt uiteengezet (gedeeltelijk):

> "... Na in de steek gelaten te zijn door het christendom, en met de werkloosheid die overal hoogtij viert, zullen degenen die al vijf jaar of langer werkloos zijn zich afkeren van de kerk en troost zoeken in drugs. Het is op dit punt dat de totale controle over de drugshandel moet worden voltooid, zodat de regeringen van alle landen onder onze jurisdictie een MONOPOLIE zullen hebben die wij zullen controleren door middel van het aanbod... *Drugsbars zullen zich richten op de onhandelbare en ontevredenen, would-be revolutionairen zullen worden veranderd in onschuldige drugsverslaafden zonder eigen wil.*"

Er zijn genoeg aanwijzingen dat de CIA en de Britse geheime diensten, met name MI6, al minstens een decennium aan dit doel werken.

Het Royal Institute of International Affairs heeft het levenswerk van Aldous Huxley en Bulwer-Lytton gebruikt als blauwdruk voor het creëren van een staat waarin de mensheid geen eigen wil meer zal hebben in de One World Government - New World Order van de snel naderende New Dark Age. Nogmaals, laten we eens kijken wat de hogepriester Aldous Huxley hierover te zeggen had:

> "In vele samenlevingen, op vele niveaus van beschaving, zijn pogingen ondernomen om bedwelming door drugs samen te voegen met bedwelming door God. In het oude Griekenland bijvoorbeeld had ethylalcohol zijn plaats in gevestigde religies. Dionysus, Bacchus zoals hij vaak werd genoemd, was een ware godheid. Een totaal verbod op chemische modificaties kan worden uitgevaardigd, maar kan niet worden afgedwongen."

(DE TAAL VAN DE PRO-DRUGS LOBBY OP CAPITOL HILL).

"Overweeg nu een ander soort drug - nog niet ontdekt, maar waarschijnlijk heel dichtbij - een drug die mensen gelukkig maakt in situaties waarin ze zich normaal gesproken ellendig zouden voelen. (Is er iemand ellendiger dan iemand die werk heeft gezocht en dat niet heeft kunnen vinden). Zo'n drug zou een zegen zijn, maar een zegen bezoedeld met ernstige sociale en politieke gevaren. Door een onschadelijke chemische stof - euforie - vrij verkrijgbaar te maken, zou een dictator een hele bevolking kunnen verzoenen met een toestand waarmee zichzelf respecterende mensen zich niet zouden moeten verzoenen".

Een waar dialectisch meesterwerk. Wat Huxley bepleitte, en wat het officiële beleid is van het Comité van 300 en zijn surrogaat, het RIIA, kan eenvoudigweg worden omschreven als massale geestbeheersing. Zoals ik vaak heb gezegd, alle oorlogen zijn oorlogen om de ziel van de mensheid. Tot nu toe hebben we niet begrepen dat de drugshandel een laag-intensieve ongeregelde oorlog is tegen de hele mensheid van vrije mensen. Ongeregelde oorlogvoering is de meest verschrikkelijke vorm van oorlogvoering, die een begin heeft maar geen einde.

Sommigen zullen vraagtekens zetten bij de betrokkenheid van Britse koninklijke families, vroeger en nu, bij de drugshandel. Op het eerste gezicht lijkt dit absurd, en we zien het tegenwoordig steeds vaker in de pers om het precies dat te laten lijken, absurd. De oudste stelregel van de inlichtingendienst luidt: "Als je iets wilt verbergen, zet het dan waar iedereen het kan zien". Het boek BRITISH OPIUM-POLICY van F. S. Turner, gepubliceerd in 1876, toont aan dat de Britse monarchie en haar naaste verwanten sterk betrokken waren bij de opiumhandel. Turner was secretaris van de Anglo-Oriental Society of the Suppression of the Opium Trade. Hij weigerde zich het zwijgen op te laten leggen door de woordvoerder van de Kroon, Sir R. Temple. Turner verklaarde dat de regering, en dus de Kroon, zich moest terugtrekken uit het opiummonopolie,

"en als het inkomen neemt, neem dan alleen dat wat voortkomt uit eerlijke belastingheffing, bedoeld om een beperkende kracht te hebben".

Turner reageerde op een woordvoerder van de monarchie, Lord Lawrence, die zich had verzet tegen het verlies van het monopolie van BEIC.

"Het zou wenselijk zijn van het monopolie af te komen, maar zelf ben ik terughoudend om het middel tot verandering te zijn. Als het een matig verlies is is dat we ons kunnen veroorloven, zou ik niet aarzelen het te ondernemen." (Uit de Calcutta Papers 1870.)

In 1874 werd de oorlog tegen de Britse monarchie en aristocratie vanwege hun verregaande betrokkenheid bij de opiumhandel in China geïntensiveerd. De Society for the Suppression of the Opium Trade haalde hard uit naar de aristocratie van die tijd en voerde haar aanvallen uit op een onverschrokken manier die wij maar beter kunnen evenaren. De vereniging stelde dat het Verdrag van Tientsin, dat China verplichtte de invoer van grote hoeveelheden opium te accepteren, een gruwelijke misdaad tegen het Chinese volk was.

Toen kwam er een krachtige strijder, Joseph Grundy Alexander, advocaat van beroep, die in 1866 een krachtige aanval leidde op het opiumbeleid van de Britse Kroon in China, waarin hij openlijk de betrokkenheid van de koninklijke familie en de aristocratie vermeldde. Voor het eerst brengt Alexander India, "the jewel in the crown", in beeld. Hij geeft direct de monarchie, de zogenaamde aristocratie en haar dienaren in de Britse regering de schuld.

Onder Alexander's leiding zette het bedrijf zich in om de opiumpapaverteelt in Bengalen, India, volledig te vernietigen. Alexander bleek een geduchte tegenstander te zijn. Dankzij zijn leiderschap begon de drugsaristocratie te wankelen en, geconfronteerd met zijn openlijke aanklachten tegen de koninklijke familie en haar trawanten, begonnen verschillende parlementsleden de kant van hem te kiezen: conservatieven, unionisten, Labour. Alexander heeft duidelijk gemaakt dat de drugshandel geen partijpolitieke kwestie is; alle partijen moeten zich verenigen om deze bedreiging uit te roeien.

Lord Kimberly, woordvoerder van de koninklijke familie en de gevestigde oligarchen, dreigde dat elke poging om in te grijpen in wat hij noemde "de handel van de natie op ernstig verzet van het kabinet zou stuiten". Alexander en zijn bedrijf bleven talloze bedreigingen ontvangen en uiteindelijk stemde het Parlement ermee in om een Koninklijke Commissie aan te stellen om de opiumhandel te onderzoeken, met Lord Kimberly, die minister van India was, als voorzitter. Het was onmogelijk om een meer ongeschikte persoon te vinden om die commissie te leiden. Het is net alsof Dulles was benoemd in de Warren Commissie. In zijn eerste verklaring maakte Lord Kimberly duidelijk dat hij liever zijn ambt neerlegde dan in te stemmen met een resolutie die de Indiase opiumopbrengsten zou teruggeven. Het is interessant op te merken dat "de inkomsten van Indische opium" een verdeling van het geld door de natie impliceerde. Net als het idee dat de bevolking van Zuid-Afrika deelde in de enorme winsten uit de verkoop van goud en diamanten, was dit eenvoudigweg niet het geval. De opbrengsten van de Indische opium gingen rechtstreeks naar de koninklijke schatkist en de zakken van de adel, oligarchen en plutocraten, en maakten hen miljardair.

Rowntree's boek, *The Imperial Drug-Trade*, is een fascinerend verslag van hoe premier Gladstone en zijn medeplatocraten logen, bedrogen, verdraaiden en de feiten veranderden om te voorkomen dat de verbazingwekkende waarheid over de betrokkenheid van de Britse monarchie bij de opiumhandel aan het licht kwam. Rowntree's boek is een bron van informatie over de diepe betrokkenheid van de Britse koninklijke familie en de lords en ladies van Engeland, en over het immense fortuin dat zij vergaarden uit de ellende van Chinese opiumverslaafden.

Lord Kimberly, de secretaris van het onderzoek, was zelf diep betrokken bij de opiumhandel en deed er alles aan om de procedure te sluiten voor iedereen die de waarheid zocht. Uiteindelijk werd de Koninklijke Commissie onder druk van de publieke opinie gedwongen de deur van het onderzoek een beetje open te zetten, zodat duidelijk werd dat de hoogste ambtenaren in het land de opiumhandel beheerden en er enorme winsten mee maakten. Maar de deur werd snel gesloten, en de Koninklijke Commissie riep geen deskundige getuigen op en zat daarna absurd kort. De commissie was niets anders dan een farce en een doofpot, zoals we dat in het Amerika van de 20e eeuw gewend zijn.

De families van het liberale oosterse establishment in de Verenigde Staten waren net zo nauw betrokken bij de opiumhandel in China als de Britten dat waren, en nog steeds zijn. De recente geschiedenis getuigt hiervan, toen James Earl Carter de Sjah van Iran ten val bracht. Waarom werd de Sjah afgezet en vervolgens vermoord door de Amerikaanse regering? In één woord, vanwege DRUGS. De Sjah had de zeer lucratieve opiumhandel die de Britten vanuit Iran dreven, ingeperkt en vrijwel beëindigd. Toen de Sjah de macht overnam in Iran, waren er al een miljoen opium- en heroïneverslaafden.

De Britten zouden dit niet tolereren, dus stuurden zij de VS om hun vuile werk voor hen op te knappen als onderdeel van de "speciale relatie" tussen de twee landen. Toen Khomeini het hoofd van de Amerikaanse ambassade in Teheran werd, werd de wapenverkoop van de VS, die met de Sjah was begonnen, niet stopgezet. Waarom was dit? Als de VS dat wel hadden gedaan, zou Khomeini het Britse monopolie op de opiumhandel in zijn land hebben opgeheven. Als bewijs: na 1984 nam door Khomeini's liberale houding tegenover opium het aantal drugsverslaafden toe tot 2 miljoen, volgens statistieken van de Verenigde Naties en de Wereldgezondheidsorganisatie.

Zowel president Carter als zijn opvolger, Ronald Reagan, bleven willens en wetens wapens leveren aan Iran, zelfs toen Amerikaanse gijzelaars in gevangenschap wegkwijnden. In 1980 schreef ik een monografie getiteld "What Really Happened in Iran", waarin de feiten op een rijtje werden gezet. De wapenhandel met Iran werd bezegeld tijdens een ontmoeting tussen Cyrus Vance, een dienaar van het Comité van 300, en Dr Hashemi, die eind 1980 plaatsvond.

De Amerikaanse luchtmacht begon onmiddellijk wapens naar Iran te sturen, zelfs op het hoogtepunt van de gijzelingscrisis. De wapens kwamen uit voorraden van het Amerikaanse leger in Duitsland en sommige werden zelfs rechtstreeks vanuit de Verenigde Staten verstuurd met tankstops op de Azoren.

Met de komst van Khomeini, die in Iran aan de macht werd gebracht door het Comité van 300, nam de opiumproductie een hoge vlucht. In 1984 bedroeg de Iraanse opiumproductie meer dan 650 ton per jaar. Carter en Reagan zorgden ervoor dat er geen verdere inmenging in de opiumhandel plaatsvond en voerden het mandaat uit dat de Britse oligarchische families hen in dit opzicht hadden gegeven. Iran wedijvert nu met de Gouden Driehoek wat betreft de hoeveelheid geproduceerde opium.

De Sjah was niet het enige slachtoffer van het Comité van 300. William Buckley, hoofd van het CIA-station in Beiroet, begon, ondanks zijn gebrek aan ervaring met de verantwoordelijken voor de opiumhandel, onderzoeken uit te voeren in Iran, Libanon en bracht zelfs tijd door in Pakistan. Vanuit Islamabad begon Buckley vernietigende rapporten te sturen naar de CIA in Langley over de bloeiende opiumhandel in de Gouden Halve Maan en Pakistan. De Amerikaanse ambassade in Islamabad wordt in brand gestoken, maar Buckley ontsnapt aan de aanval van de menigte en keert terug naar Washington.

Toen gebeurde er iets heel vreemds. Tegen alle gevestigde CIA procedures in, wanneer de dekmantel van een agent in gevaar komt, werd Buckley teruggestuurd naar Beiroet. Buckley was in feite ter dood veroordeeld door de CIA om hem het zwijgen op te leggen, en deze keer werd het vonnis uitgevoerd. William Buckley werd ontvoerd door agenten van het Comité van 300, brutaal ondervraagd door generaal Mohammed el Khouili van de Syrische inlichtingendienst om hem te dwingen de namen van alle DEA-veldagenten in die landen te onthullen, en brutaal vermoord. Zijn inspanningen om de enorme opiumhandel in Pakistan, Libanon en Iran aan het licht te brengen kostte Buckley zijn leven.

Als de laatste vrije mensen in de wereld denken dat zij, alleen of in kleine groepen, de drugshandel kunnen platwalsen, dan hebben zij het helaas mis. Ze kunnen de tentakels van de opium- en cocaïnehandel hier en daar afsnijden, maar nooit de kop. De gekroonde cobra's van Europa en hun Oosterse liberale familie zullen dat niet pikken. De oorlog tegen drugs die de regering-Bush zogenaamd voert, maar niet voert, is voor de TOTALE legalisering van ALLE soorten en klassen drugs. Deze drugs zijn niet alleen een sociale aberratie, maar een grootschalige poging om de controle over de geesten van de bewoners van deze planeet over te nemen, of zoals de auteurs van de "Aquarius Samenzwering" het zeggen: "om radicale veranderingen teweeg te brengen in de Verenigde Staten". Dit is de hoofdtaak van het Comité van 300, het ultieme geheime genootschap.

Er is niets veranderd in de handel in opium, heroïne en cocaïne. Hij wordt nog steeds gerund door dezelfde "upper class" families in Groot-Brittannië en de Verenigde Staten. Het is nog steeds een fabelachtig winstgevende business waar schijnbaar grote verliezen door inbeslagnames door de autoriteiten in de gelambriseerde directiekamers van New York, Hong Kong en Londen onder het genot van port en sigaren worden afgeschreven als "de eenvoudige kosten van het zakendoen, ouwe jongen".

Het Britse koloniale kapitalisme is altijd de steunpilaar geweest van het feodale oligarchische systeem van privileges in Engeland en is dat nog steeds. Toen de arme ongeschoolde herdersbevolking van Zuid-Afrika, bekend als de Boeren, in 1899 in de bloedige handen van de Britse aristocratie viel, hadden zij er geen idee van dat de opstandige en wrede oorlog die Koningin Victoria meedogenloos voerde, werd gefinancierd door de ongelooflijke geldbedragen van de "instant fortuinen" van de opiumhandel van de BEIC in China in de zakken van de plutocraten.

De leden van het Comité van 300, Cecil John Rhodes, Barney Barnato en Alfred Beit, waren de aanstichters en organisatoren van de oorlog. Rhodes was de belangrijkste agent van de Rothschilds, wiens banken overspoeld werden met geld van de opiumhandel. Deze dieven en leugenaars - Rhodes, Barnato, Oppenheimer, Joel en Beit - beroofden de Zuid-Afrikaanse Boeren van hun geboorterecht, het goud en de diamanten die onder hun grond lagen. De Zuid-Afrikaanse Boeren kregen niets van de miljarden dollars van de verkoop van hun goud en diamanten.

Het Comité van 300 kreeg al snel de volledige controle over deze enorme schatten, een controle die het nog steeds uitoefent via een van zijn leden, Sir Harry Oppenheimer. De gemiddelde Zuid-Afrikaan ontvangt 100 dollar per jaar per hoofd van de bevolking uit de goud- en diamantindustrie. De miljarden die elk jaar wegvloeien, gaan naar de bankiers van het Comité van 300. Het is een van de smerigste en gemeenste verhalen over hebzucht, diefstal en moord op een volk die ooit in de geschiedenisboeken zijn opgetekend.

Hoe slaagde de Britse Kroon erin deze gigantische fraude te plegen? Om een dergelijke Hercules-taak te volbrengen waren een bekwame organisatie en toegewijde agenten ter plaatse nodig om de dagelijkse instructies van de hiërarchie van de samenzweerders uit te voeren. De eerste stap was een propagandacampagne in de pers waarin de Boeren werden afgeschilderd als onbeschaafde, nauwelijks menselijke barbaren die Britse burgers het stemrecht in de Boerenrepubliek ontzegden. Vervolgens werden eisen gesteld aan Paul Kruger, heerser van de Republiek Transvaal, waaraan uiteraard niet kon worden voldaan. Daarna werd een reeks incidenten in scène gezet om de Boeren aan te zetten tot wraak, maar ook dat werkte niet. Toen kwam de beruchte Jameson Raid, waarbij een man genaamd Jameson een groep van enkele honderden gewapende mannen aanvoerde in een aanval op Transvaal. Er ontstond onmiddellijk oorlog.

Koningin Victoria stelde het grootste en best uitgeruste leger samen dat de wereld in die tijd (1898) ooit had gezien. Victoria dacht dat de oorlog binnen veertien dagen voorbij zou zijn, omdat de Boeren geen staand leger of getrainde militie hadden en geen partij zouden zijn voor haar 400.000 soldaten, afkomstig uit de rangen van de armere klassen van Groot-Brittannië. De Boeren telden nooit meer dan 80.000 boeren en hun zonen - sommigen nog zo jong als veertien - Ook Rudyard Kipling dacht dat de oorlog in minder dan een week voorbij zou zijn.

In plaats daarvan, met geweer in de ene hand en bijbel in de andere, hielden de Boeren drie jaar stand.

"We gingen naar Zuid-Afrika met de gedachte dat de oorlog

binnen een week voorbij zou zijn," zei Kipling. "In plaats daarvan leerden de Boeren ons een lesje."

Deze zelfde "les" zou vandaag aan het Comité van 300 kunnen worden geleerd, als we maar 10.000 leiders, echte goede mannen zouden kunnen verzamelen om deze natie te leiden in de strijd tegen het reusachtige monster dat alles dreigt te verslinden waar onze Grondwet voor staat.

Na het einde van de oorlog in 1902 moest de Britse kroon zijn greep op het onvoorstelbare fortuin aan goud en diamanten dat onder de dorre velden van de Boerenrepublieken Transvaal en Oranje Vrijstaat lag, verstevigen. Dit werd gedaan door middel van de Ronde Tafel legende van Koning Arthur en zijn ridders. De Ronde Tafel is strikt genomen een Britse MI6 inlichtingen operatie opgezet door het Comité van 300 dat, samen met het Rhodes Studiebeurs plan, een dolk in het hart van Amerika is.

De Ronde Tafel werd in Zuid-Afrika opgericht door Cecil Rhodes en gefinancierd door de Engelse tak van de Rothschilds. Het doel was zakenlieden op te leiden die trouw waren aan de Britse kroon en in staat waren de enorme goud- en diamantschatten van de Britse kroon veilig te stellen. De Zuid-Afrikanen werden beroofd van hun geboorterecht in een staatsgreep die zo massaal en wijdverbreid was dat het duidelijk was dat alleen een verenigd centraal commando dit had kunnen bewerkstelligen. Dat centrale commando was het Comité van 300.

Dat dit is gebeurd, staat niet ter discussie. Begin jaren dertig had de Britse Kroon de controle over de grootste goud- en diamantreserves die ooit in de wereld waren ontdekt. Nu had het Comité van 300 zowel de enorme fortuinen van de drugshandel als de even immense rijkdommen van de Zuid-Afrikaanse mineralen tot zijn beschikking. De financiële controle over de wereld was compleet.

De Ronde Tafel speelde een centrale rol in de staatsgreep. Het uitdrukkelijke doel van de Ronde Tafel was, na de absorptie van Zuid-Afrika, de voordelen van de Amerikaanse Onafhankelijkheidsoorlog voor de Verenigde Staten te verzachten en het land opnieuw onder Britse controle te brengen. Organisatorisch vermogen was essentieel voor een dergelijke onderneming en werd geleverd door Lord Alfred Milner, een protegé van de Londense Rothschild familie. Gebruikmakend van de principes van de Schotse Vrijmetselarij om de leden van de Ronde Tafel te selecteren, ondergingen de uitverkorenen een periode van intensieve training aan de universiteiten van Cambridge en Oxford, onder het toeziend oog van John Ruskin, een openlijke "oude school communist", en T. H. Green, een MI6 agent.

Het was Green, de zoon van een Christelijke Evangelist, die Rhodes, Milner, John Wheeler Bennet, A. D. Lindsay, George Bernard Shaw en Hjalmar Schacht, Hitlers Minister van Financiën, verwekte. Ik herinner de lezers eraan dat de Ronde Tafel slechts één sector is van dit enorme en allesomvattende Comité van 300, maar dat de Ronde Tafel zelf bestaat uit een doolhof van bedrijven, instellingen, banken en onderwijsinstellingen waar alleen al gekwalificeerde verzekeringsactuarissen een jaar over zouden doen om ze uit te pluizen.

De leden van de Ronde Tafel verspreidden zich over de hele wereld om de controle over het fiscale en monetaire beleid en het politieke leiderschap over te nemen in elk land waar zij actief waren. In Zuid-Afrika werd generaal Smuts, die in de Boerenoorlog tegen de Britten had gevochten, "getransformeerd" en werd hij een vooraanstaand Brits inlichtingen-, militair en politiek agent die de zaak van de Britse Kroon omhelsde. In de Verenigde Staten was het in de jaren daarna de taak van William Yandell Elliot om de Verenigde Staten van binnenuit binnen te dringen, de man die Henry Kissinger baarde en verantwoordelijk was voor diens razendsnelle opkomst als belangrijkste Amerikaanse adviseur van het Comité van 300.

William Yandell Elliot was een "Oxford American" (president William Jefferson Clinton was ook een "Oxford American") die het Comité van 300 al goed gediend had, wat een voorwaarde is voor een hogere positie in het comité.

Na zijn afstuderen aan de Vanderbilt Universiteit in 1917 werd Elliot aangeworven door het Rothschild-Warburg banknetwerk. Hij werkte bij de Federal Reserve Bank van San Francisco en werd er directeur van. Van daaruit trad hij op als de inlichtingenagent van Warburg-Rothschild, die verslag uitbracht over de belangrijke regio's van de Verenigde Staten die hij controleerde. Elliot's 'vrijmetselaars' talentenjagers beveelden hem aan voor een Rhodes Scholarship en in 1923 ging hij naar Balliol College, Oxford University, waarachter een web van intriges en toekomstige verraders van het Westen schuilging.

Balliol College was, en is nog steeds, het rekruteringscentrum van de Ronde Tafel. Na uitgebreide hersenspoeling door de vertegenwoordiger van het Tavistock Institute of Human Relations,

A.D. Lindsay, die Balliol-meester T. H. Green was opgevolgd, werd Elliot toegelaten tot de Ronde Tafel en naar het Royal Institute of International Affairs gestuurd om zijn opdracht te ontvangen.

De filosofie van de Ronde Tafel was haar leden in een positie te plaatsen om sociaal beleid te formuleren en uit te voeren via instellingen die konden manipuleren wat Ruskin "de massa" noemde. De leden infiltreerden in de hoogste regionen van de bank na het volgen van een cursus aan het Tavistock Instituut. De cursus was opgezet door Lord Leconsfield, een naaste medewerker van het Britse koningshuis, en werd vervolgens geleid door Robert Brand, die later Lazard Frères ging leiden. Het Royal Institute of International Affairs was, en blijft, volledig verbonden met de Britse monarchie. Afgeleiden van de Ronde Tafel zijn de Bilderbergers, opgericht en geleid door Duncan Sandys, een vooraanstaand politicus en schoonzoon van wijlen Winston Churchill; de Ditchley Foundation, een geheime club bankiers die ik onthulde in mijn boek uit 1983, *International Banker's Conspiracy: The Ditchley Foundation*; de Trilaterale Commissie; de Atlantic Council van de Verenigde Staten; en het Aspen Institute for Humanistic Studies, waarvan de goed verborgen oprichter achter de schermen Lord Bullock van het RIIA was, waarvoor Robert Anderson als dekmantel fungeerde.

Het verhaal van hoe Henry Kissinger, de belangrijkste agent van de RIIA in de Verenigde Staten, aan de macht kwam is een verhaal van de triomf van het instituut van de Britse monarchie over de Republiek van de Verenigde Staten van Amerika. Het is een horrorverhaal, te lang om hier op in te gaan. Niettemin zou het verwijtbaar nalatig zijn om enkele hoogtepunten van Kissingers opkomst naar roem, fortuin en macht niet te vermelden.

Na een periode in het Amerikaanse leger, waar hij begon als assistent van generaal Fritz Kraemer in het door oorlog verscheurde Duitsland, werd Kissinger door de familie Oppenheimer uitgekozen voor verdere opleiding in Wilton Park. In die tijd had hij de rang van soldaat eerste klas. In 1952 werd Kissinger naar het Tavistock Instituut gestuurd, waar R. V. Dicks hem onder handen nam en opleidde. Daarna kon niets Kissinger meer tegenhouden. Later werd hij opgeroepen om te dienen onder George Franklin en Hamilton Fish in het New Yorkse kantoor van de Council on Foreign Relations.

Het officiële nucleaire beleid van de Verenigde Staten zou aan Kissinger zijn doorgegeven tijdens zijn verblijf in Tavistock en vorm hebben gekregen door zijn deelname aan "Nuclear Weapons and

Foreign Policy", een seminar van de Ronde Tafel waar de doctrine is ontstaan die bekend staat als de "flexible response", een totale irrationaliteit die bekend werd onder het acroniem MAD. Dankzij William Yandell Elliot en onder de voogdij van John Wheeler Bennett, de directeur inlichtingen van de Ronde Tafel en hoofd van MI6-operaties in de Verenigde Staten, werd Kissinger Elliot's "favoriete zoon", zoals hij uitlegt in zijn boek *The Pragmatic Revolt in Politics*. Kissinger werd opgenomen in de Ronde Tafel om het monetaristische beleid te bevorderen dat hij had bestudeerd op de internationale seminars van Harvard.

Kissinger nam de lessen van Elliot gretig in zich op en was al snel niet meer herkenbaar als de man die generaal Kraemer ooit had omschreven als "mijn kleine Joodse chauffeur". Kissinger werd doordrenkt met de geest van de Meester van Balliol en werd een vurige leerling van de decadente Britse aristocratie. Kissinger adopteerde de filosofieën van Toynbee, directeur inlichtingen voor MI6, aan het Royal Institute of International Affairs en gebruikte zijn papieren om zijn proefschrift te schrijven. Halverwege de jaren zestig had Kissinger zijn waarde bewezen aan de Ronde Tafel en het RIIA, en dus aan de Britse monarchie. Als beloning en om te testen wat hij had geleerd, kreeg Kissinger de leiding over een kleine groep bestaande uit James Schlessinger, Alexander Haig en Daniel Ellsberg, waarmee de Ronde Tafel een reeks experimenten uitvoerde. De hoofdtheoreticus van het Institute of Policy Studies, Noam Chomsky, werkte met deze groep samen. Haig werkte, net als Kissinger, voor generaal Kraemer, zij het niet als chauffeur, en de generaal vond binnen het ministerie van Defensie een aantal gevarieerde openingen voor zijn protegé. Toen Kissinger eenmaal geïnstalleerd was als Nationaal Veiligheidsadviseur, bezorgde Kraemer Haig de plaatsvervangende positie. Ellsberg, Haig en Kissinger zetten vervolgens het RIIA Watergate-plan in gang om president Nixon af te zetten wegens ongehoorzaamheid aan directe instructies.

Haig speelde de hoofdrol in het hersenspoelen en verwarren van President Nixon, en in feite was het Kissinger die het Witte Huis leidde tijdens deze verzachting van de President. [18]Zoals ik zei in 1984, was Haig de tussenpersoon in het Witte Huis, bekend als "Deep Throat", die informatie doorgaf aan het *Washington Post* team van

---

[18] Diepe keel, Ndt.

Woodward en Bernstein.

Nixon's Watergate was de grootste coup ooit gepleegd door de Ronde Tafel als een agentschap en tak van de RIIA. Alle draden gingen terug naar de Ronde Tafel, dan naar de RIIA, en tenslotte naar de Koningin van Engeland. De vernedering van Nixon was een les, een schoolvoorbeeld en een waarschuwing voor toekomstige Amerikaanse presidenten om niet te denken dat zij tegen het Comité van 300 konden ingaan en winnen. Kennedy werd voor de ogen van het Amerikaanse volk bruut vermoord om dezelfde reden; Nixon werd niet belangrijk genoeg geacht om hetzelfde lot te ondergaan als John F. Kennedy.

Maar welke methode ook werd gebruikt, het Comité van 300 zorgde ervoor dat alle kandidaten voor het Witte Huis de boodschap kregen dat "niemand buiten ons bereik ligt". Het feit dat deze boodschap even sterk blijft als toen Kennedy werd vermoord en Nixon van de macht werd verdreven, wordt onderstreept door het karakter van president George Bush, wiens gretigheid om zijn meesters te behagen een grote zorg zou moeten zijn voor degenen die om de toekomst van de Verenigde Staten geven.

Het doel van de oefening werd duidelijk met de episode van de Pentagon Papers en Schlessinger's intrede in de regering Nixon om de rol van spoiler te spelen bij het opzetten van verdediging en tegenoffensief bij de ontwikkeling van atoomenergie, een rol die Schlessinger op zich nam onder dekking van zijn positie in de Commissie voor Atoomenergie, een van de sleutelfactoren in de de-industrialisering van de Verenigde Staten als onderdeel van de post-industriële nulgroeistrategieën die de Club van Rome voor ogen had. Van hieruit kunnen we de wortels van de recessie/depressie van 1991 traceren, die tot nu toe 30 miljoen Amerikanen hun baan heeft gekost.

Het is vrijwel onmogelijk om door te dringen tot het Comité van 300 en de oligarchische families waaruit het bestaat. De camouflage waarmee zij zich bedekken als een beschermend masker is zeer moeilijk af te scheuren. Dit feit zou elke vrijheidslievende Amerikaan moeten weten: het Comité van 300 dicteert wat doorgaat voor het buitenlands en binnenlands beleid van de VS, en doet dit al meer dan 200 jaar. Nergens werd dit duidelijker geïllustreerd dan toen de zelfverzekerde president Truman het tapijt onder zijn voeten werd weggetrokken door Churchill, die de "Truman Doctrine" door de strot duwde van de kleine man uit Independence, Missouri.

Tot hun vroegere leden, wier afstammelingen de door overlijden ontstane vacatures hebben opgevuld, en hun huidige leden behoren Sir Mark Turner, Gerald Villiers, Samuel Montague, de Inchcapes, Keswicks, Peases, Schroeders, Airlies, Churchills, Frasers, Lazars en Jardine Mathesons. De volledige ledenlijst is elders in dit boek te vinden; deze comitéleden gaven president Wilson opdracht om in de Eerste Wereldoorlog oorlog te voeren tegen Duitsland; dit comité gaf Roosevelt opdracht om de Japanse aanval op Pearl Harbour te organiseren om de VS in de Tweede Wereldoorlog te krijgen.

Deze mensen, dit Comité, gaf deze natie opdracht tot oorlog in Korea, Vietnam en de Perzische Golf. De eenvoudige waarheid is dat de Verenigde Staten deze eeuw 5 oorlogen hebben gevoerd voor en namens het beruchte Comité van 300.

Het lijkt erop dat, op een enkeling na, niemand de tijd heeft genomen om zich af te vragen "WAAROM voeren wij deze oorlogen? Het grote tromgeroffel van "patriottisme", de krijgshaftige muziek en het zwaaien met vlaggen en gele linten hebben, zo lijkt het, een grote natie gek gemaakt.

Op de vijftigste verjaardag van Pearl Harbour wordt een nieuwe "haat jegens Japan"-campagne gevoerd, niet door het Institute of Pacific Relations (IPR), maar op de meest directe en schaamteloze wijze door de regering-Bush en het Congres. Het doel is hetzelfde als toen Roosevelt de aanzet gaf tot de aanval op Pearl Harbour: de Japanners afschilderen als agressors en een economische oorlog voeren, om vervolgens onze troepen voor te bereiden op de volgende fase - gewapende agressie tegen Japan.

Het gebeurt al; het is slechts een kwestie van tijd voordat meer van onze zonen en dochters naar de slachtbank worden gestuurd in dienst van de feodale heren van het Comité van 300. We zouden van de daken moeten schreeuwen:

> "Het is niet voor vrijheid of vaderlandsliefde dat we gaan sterven, maar voor een systeem van tirannie dat binnenkort de hele wereld zal omhullen."

De greep van deze organisatie op Groot-Brittannië is zo sterk dat 95% van de Britse burgers sinds de jaren 1700 gedwongen is minder dan 20% van de nationale rijkdom van het land als hun deel te accepteren. Dit is wat de oligarchische feodale heren van Engeland graag "democratie" noemen. Wat zij hebben gedaan in India, Soedan, Egypte, Irak, Iran en Turkije zal in elk land worden herhaald onder de

Nieuwe Wereldorde - één wereldregering. Zij zullen elke natie en haar rijkdom gebruiken om hun bevoorrechte manier van leven te beschermen. Het is deze klasse van de Britse aristocratie wier fortuin onlosmakelijk verbonden is met de drugs-, goud-, diamant- en wapenhandel, het bankwezen, de handel en industrie, olie, media en de amusementsindustrie.

Met uitzondering van de leden van de Labour Party (maar niet haar leiders) zijn de meeste Britse politieke leiders afstammelingen van titelfamilies, waarbij titels erfelijk zijn en van vader op oudste zoon worden doorgegeven. Dit systeem zorgt ervoor dat geen enkele "buitenstaander" de politieke macht in Engeland ambieert. Toch zijn sommige buitenlanders erin geslaagd binnen te sluipen.

Neem het geval van Lord Halifax, voormalig Brits ambassadeur in Washington en de man die tijdens de Tweede Wereldoorlog orders van het Comité van 300 doorgaf aan onze regering. Halifax' zoon, Charles Wood, trouwde met Miss Primrose, een familielid van Lord Rothschild. Achter namen als Lord Swaythling staat Montague, directeur van de Bank of England en adviseur en vertrouweling van de meerderheidsaandeelhouder van de Shell Oil Company, koningin Elizabeth II. Allen zijn lid van het Comité van 300, en sommige oude barrières zijn geslecht. Tegenwoordig is titel niet langer het enige criterium voor toelating tot de Club van Rome.

Het is passend om een overzicht te geven van wat het Comité van 300 hoopt te bereiken, van zijn doelstellingen, alvorens over te gaan naar zijn uitgebreide netwerk van banken, verzekeringsmaatschappijen, bedrijven enz. Voor de volgende informatie zijn jaren van onderzoek en research nodig geweest om honderden documenten te verzamelen uit bronnen die mij toegang hebben gegeven tot bepaalde details die zorgvuldig voor het publiek verborgen zijn gehouden.

Het Comité van 300 bestaat uit bepaalde personen die specialisten zijn op hun eigen gebied, waaronder Cultus Diabolicus, geestverruimende drugs, en specialisten in moord door vergiftiging, inlichtingen; bankwezen, en alle facetten van commerciële activiteit. Het is noodzakelijk voormalige leden te vermelden die inmiddels zijn overleden, vanwege hun vroegere rol en omdat hun plaatsen zijn ingenomen door familieleden van nieuwe leden die deze eer waardig worden geacht.

Leden zijn de oude families van de Zwarte Europese adel, de Liberale gevestigde orde van de Amerikaanse Oostkust (in de Vrijmetselaars hiërarchie en de Orde van de Schedel en Beenderen), de Illuminati, of zoals het bekend staat bij het "MORIAH CONQUERING WIND" Comité, de Mumma Groep, de National and World Council of Churches, de Circle of Insiders, de Unknown Nine, de Lucis Trust, de Jesuit Liberation Theologians, de Order of the Elders of Zion, de Nasi Princes, het International Monetary Fund (IMF), de Bank for International Settlements (BIS), de Verenigde Naties (U.N.), het Centrale en Britse Coronati Kwartet, de Italiaanse P2 Vrijmetselarij - met name die in de Vaticaanse hiërarchie - de Central Intelligence Agency, geselecteerd personeel van het Tavistock Institute, diverse leden van de grote stichtingen en verzekeringsmaatschappijen die in de volgende lijsten worden genoemd, de Hong Kong and Shanghai Bank, de Milner Group-Round Table, de Cini Foundation, het German Marshall Fund, de Ditchley Foundation, de NAVO, de Club van Rome, de Ecologen, de Orde van Sint Jan van Jeruzalem, One World Government Church, Socialist International, Black Order, de Thule Society, Anenherbe-Rosicrucianisten, The Great Superior Ones en letterlijk HONDERDEN andere organisaties.[19]

Dus wat vinden we? Een bijeenkomst van mensen met vreemde ideeën? Zeker niet. In het Comité van 300, dat al 150 jaar bestaat, komen enkele van de knapste koppen samen om een "nieuwe" maatschappij te vormen die volledig totalitair is en absoluut gecontroleerd wordt, behalve dat ze niet nieuw is, omdat ze de meeste ideeën ontleend heeft aan de Cultus Diabolicus Clubs. Het streeft naar een één-wereld regering, vrij goed beschreven door een van haar overleden leden, H.G. Wells, in zijn boek dat Wells in opdracht van het Comité schreef: *The Open Conspiracy - Plans for a World Revolution.* [20]Het was een gewaagde intentieverklaring, maar niet erg gewaagd, want niemand geloofde Wells, behalve de Grote Oversten, de Anenherbes en degenen die wij tegenwoordig "ingewijden" zouden noemen.

Hier is een uittreksel van wat Wells voorstelde:

> "De Open Samenzwering zal in het begin, denk ik, verschijnen als een bewuste organisatie van intelligente en, in sommige gevallen, rijke mannen, als een beweging met duidelijke sociale en politieke

---

[19] Skulls and Bones, Ndt.

[20] De "onbekende superieuren" van de internationale vrijmetselarij. NDÉ.

doelen, die weliswaar de meeste van de bestaande instrumenten van politieke controle negeert, of ze slechts incidenteel gebruikt in de loop van stadia, een loutere beweging van een aantal mensen in een bepaalde richting, die spoedig met een soort verrassing het gemeenschappelijke doel zullen ontdekken waarnaar zij allen streven. Op allerlei manieren zullen zij de regering ogenschijnlijk beïnvloeden en controleren."

Net als George Orwell's *1984 is* Wells' verhaal een massale oproep tot een één-wereld regering. Kortom, de bedoeling en het doel van het Comité van 300 is om de volgende voorwaarden door te drukken:

Eén wereldregering en een gecentraliseerd monetair systeem onder leiding van permanente ongekozen erfelijke oligarchen die zichzelf selecteren uit hun leden in de vorm van een feodaal systeem zoals dat in de Middeleeuwen bestond. In deze verenigde wereldentiteit zal de bevolking worden beperkt door beperkingen van het aantal kinderen per gezin, ziekte, oorlog, hongersnood, totdat één miljard (1.000.000.000) mensen die nuttig zijn voor de heersende klasse, in gebieden die strikt en duidelijk zullen worden afgebakend, de totale wereldbevolking blijft.

Er zal geen middenklasse zijn, alleen heersers en bedienden. Alle wetten zullen uniform zijn onder een rechtssysteem van wereldrechtbanken die hetzelfde uniforme wetboek toepassen, ondersteund door één politiemacht van de wereldregering en één wereldleger om de wetten te handhaven in alle voormalige landen waar geen nationale grenzen zullen bestaan. Het systeem zal gebaseerd zijn op een verzorgingsstaat; zij die gehoorzaam en onderdanig zijn aan de ene wereldregering zullen beloond worden met een inkomen; zij die in opstand komen zullen eenvoudigweg uitgehongerd of vogelvrij verklaard worden, en een doelwit worden voor iedereen die hen wil doden. Vuurwapens of wapens van welke aard dan ook in handen van individuen zullen worden verboden.

Slechts één godsdienst zal worden toegestaan en wel in de vorm van de Kerk van de Eenheidsregering, die zoals we zullen zien al sinds 1920 bestaat. Satanisme, Luciferianisme en hekserij zullen worden erkend als legitieme programma's van de Eenheidsregering, zonder particuliere of confessionele scholen. *Alle* christelijke kerken zijn *reeds* ondermijnd en het christendom zal in de regering van één wereld tot het verleden behoren.

Om een staat tot stand te brengen waar geen individuele vrijheid bestaat of een concept van vrijheid overleeft, zal er niets zijn als republicanisme, soevereiniteit of rechten van het volk. Nationale trots en raciale identiteit zullen worden onderdrukt en in de overgangsfase zal de loutere vermelding van iemands raciale afkomst met de zwaarste straffen worden bestraft.

Elke persoon zal volledig geïndoctrineerd zijn om te weten dat hij een schepsel is van de ene wereldregering en dat hij een identificatienummer heeft dat duidelijk op zijn persoon is aangebracht, zodat het gemakkelijk toegankelijk is; dit identificatienummer zal in het hoofddossier van de NAVO-computer in Brussel, België, staan en kan te allen tijde onmiddellijk worden opgevraagd door elk agentschap van de ene wereldregering. De hoofdbestanden van de CIA, FBI, staats- en lokale politie, IRS, FEMA, Sociale Zekerheid zullen sterk worden uitgebreid en de basis vormen voor de personeelsbestanden van alle personen in de Verenigde Staten.

Het huwelijk zal worden verboden en er zal geen gezinsleven meer zijn zoals wij dat kennen. Kinderen zullen op jonge leeftijd bij hun ouders worden weggehaald en door voogden als eigendom van de staat worden opgevoed. Een soortgelijk experiment werd uitgevoerd in Oost-Duitsland onder Erich Honnecker, toen kinderen werden weggehaald bij ouders die door de staat als ontrouwe burgers werden beschouwd. Vrouwen zullen worden gedegradeerd door het lopende proces van "vrouwenbevrijdingsbewegingen". Vrije seks zal verplicht zijn.

Als zij daar vóór haar twintigste niet ten minste één keer aan voldoet, zal zij worden gestraft met zware represailles tegen haar persoon. Zelfabortus zal worden onderwezen en toegepast nadat een vrouw twee kinderen heeft gebaard; deze gegevens zullen worden opgenomen in het persoonlijke dossier van elke vrouw in de regionale computers van de regering van de Ene Wereld. Als een vrouw na de geboorte van twee kinderen zwanger raakt, zal zij onder dwang naar een abortuskliniek worden gebracht voor abortus en sterilisatie.

Pornografie wordt aangemoedigd en verplicht in alle bioscopen, inclusief homoseksuele en lesbische pornografie. Het gebruik van "recreatieve" drugs wordt verplicht, waarbij iedereen quota's drugs krijgt toegewezen die hij kan kopen in winkels van de eenheidsregering over de hele wereld. Mind control drugs zullen worden ontwikkeld en het gebruik ervan zal verplicht worden gesteld. Deze drugs zullen worden toegediend in voedsel en/of water zonder dat de bevolking dit weet of ermee instemt. Er zullen drugsbars worden opgezet, gerund door werknemers van de regering van de ene wereld, waar de slavenklasse haar vrije tijd kan doorbrengen. Op deze manier zal de niet-elitaire massa worden gereduceerd tot het niveau en het gedrag van gecontroleerde dieren, zonder eigen wil en gemakkelijk te controleren.

Het economisch systeem zal gebaseerd zijn op de heersende oligarchische klasse die net genoeg voedsel en diensten zal produceren om de massale slavenkampen te laten draaien. Alle rijkdom zal worden geconcentreerd in de handen van de elitaire leden van het Comité van 300, en elk individu zal worden geïndoctrineerd om te begrijpen dat hij of zij volledig afhankelijk is van de staat om te overleven. De wereld zal worden geregeerd door de uitvoerende decreten van het Comité van 300, die onmiddellijk wet zullen worden. Boris Jeltsin gebruikte de decreten van het Comité van 300 om de wil van het Comité op proef aan Rusland op te leggen. Er komen strafhoven, geen rechtbanken. De industrie moet volledig worden vernietigd, samen met de kerncentrales. Alleen de 300 leden van het Comité en hun elites zullen recht hebben op alle grondstoffen van de aarde. De landbouw zal uitsluitend in handen zijn van het Comité van 300 en de voedselproductie zal strikt worden gecontroleerd. Wanneer deze maatregelen in werking treden, zal de grote bevolking van de steden onder dwang worden verplaatst naar afgelegen gebieden en degenen die weigeren te vertrekken, zullen worden uitgeroeid op de manier van het experiment van Pol Pot's Eén Wereldregering in Cambodja.

Euthanasie voor terminaal zieken en ouderen wordt verplicht. Geen enkele stad zal groter zijn dan een vooraf bepaald aantal, zoals beschreven in Kalergi's werk. Essentiële arbeiders zullen worden verplaatst naar andere steden als de stad waar ze zijn overbevolkt raakt. Andere niet-essentiële werknemers worden willekeurig geselecteerd en naar onderbevolkte steden gestuurd om "quota" te vullen.

Ten minste 4 miljard "nutteloze eters" zullen worden geëlimineerd tegen 2050 door middel van beperkte oorlogsvoering, georganiseerde epidemieën van dodelijke snelwerkende ziekten en verhongering. Energie, voedsel en water zullen op een bestaansniveau worden gehouden voor de niet-elites, te beginnen met de blanke bevolking van West-Europa en Noord-Amerika, en zich dan verspreiden naar de andere rassen. De bevolking van Canada, West-Europa en de Verenigde Staten zal sneller worden gedecimeerd dan die van andere continenten, totdat de wereldbevolking een beheersbaar niveau van één miljard heeft bereikt, waarvan 500 miljoen Chinezen en Japanners, geselecteerd omdat zij mensen zijn die eeuwenlang zijn gereglementeerd en gewend zijn gezag zonder vragen te gehoorzamen.

Van tijd tot tijd zullen er kunstmatige tekorten aan voedsel, water en medische zorg zijn om de massa's eraan te herinneren dat hun bestaan afhangt van de goede wil van het Comité van 300.

Na de vernietiging van woningen, auto's, staal en zware industrie zal er een beperkt aantal woningen zijn, en industrieën van welke aard dan ook die mogen blijven bestaan, zullen onder leiding staan van de Club van Rome van de NAVO, evenals de ontwikkeling van wetenschappelijke en ruimte-exploratie, beperkt tot de elite onder controle van het Comité van 300. De ruimtewapens van alle voormalige naties zullen worden vernietigd, samen met hun kernwapens.

Alle essentiële en niet-essentiële farmaceutische producten, artsen, tandartsen en gezondheidswerkers zullen worden geregistreerd in het centrale computerbestand en er zullen geen geneesmiddelen of medische zorg worden voorgeschreven zonder de uitdrukkelijke toestemming van de regionale controleurs die verantwoordelijk zijn voor elke stad en elk dorp.

De Verenigde Staten zullen worden binnengevallen door mensen van vreemde culturen die uiteindelijk blank Amerika zullen overweldigen; mensen die geen idee hebben waar de grondwet van de Verenigde Staten voor staat en daarom niets zullen doen om die te verdedigen, en in wier geest de begrippen vrijheid en rechtvaardigheid zo zwak zijn dat ze er weinig toe doen. Voedsel en onderdak zullen de voornaamste zorg zijn. Geen enkele centrale bank, met uitzondering van de Bank voor Internationale Betalingen en de Wereldbank, zal mogen opereren. Particuliere banken worden verboden. Beloning voor gedaan werk zal op een vooraf vastgestelde schaal zijn, uniform in de ene wereldregering. Geen loongeschillen zullen worden toegestaan en geen afwijkingen van de standaard uniforme schalen vastgesteld door de ene wereldregering. Zij die de wet overtreden zullen ter plekke worden geëxecuteerd.

Niet-elites krijgen geen contant geld of munten in handen. Alle transacties worden verricht met een debetkaart met het identificatienummer van de kaarthouder. Van personen die op enigerlei wijze de regels en voorschriften van het Comité van 300 overtreden, wordt het gebruik van hun kaart geschorst voor een periode die varieert naar gelang van de aard en de ernst van de overtreding.

Deze mensen zullen bij hun aankopen merken dat hun kaart op de zwarte lijst staat en dat zij geen enkele vorm van dienstverlening kunnen krijgen. Pogingen om "oude" munten in te wisselen, d.w.z. zilveren munten van vroegere naties die nu verdwenen zijn, zullen worden behandeld als een halsmisdaad waarop de doodstraf staat. Al deze munten moeten binnen een bepaalde termijn worden ingeleverd, samen met wapens, wapens, explosieven en auto's. Alleen de elite en hoge regeringsambtenaren zullen gebruik mogen maken van privé-vervoer, wapens, munten en auto's.

Als de overtreding ernstig is, wordt de kaart in beslag genomen bij de controlepost waar zij wordt aangeboden. Daarna kan deze persoon geen voedsel, water, onderdak en medische diensten voor werk meer krijgen en wordt hij officieel op de lijst van vogelvrij verklaarden geplaatst. Er zullen dus grote bendes vogelvrijen ontstaan, die zullen leven in de gebieden die de beste kans op levensonderhoud bieden, onderhevig aan jacht en schot op zicht. Degenen die de bandieten op enigerlei wijze helpen, worden ook doodgeschoten. Vogelvrijverklaarden die zich na een bepaalde periode niet overgeven aan de politie of het leger, krijgen een willekeurig familielid in hun plaats.

Rivaliserende facties en groepen zoals Arabieren, Joden en Afrikaanse stammen zullen hun verschillen uitvergroten en elkaar uitroeiingsoorlogen laten voeren onder het oog van de NAVO en VN-waarnemers. Dezelfde tactiek zal worden toegepast in Midden- en Zuid-Amerika. Deze uitputtingsoorlogen zullen plaatsvinden VOORDAT de éénwereldregering aan de macht komt en zullen worden georganiseerd op alle continenten waar grote groepen mensen met etnische en religieuze verschillen leven, zoals Sikhs, Pakistaanse moslims en Indische hindoes. Etnische en religieuze verschillen zullen worden uitvergroot en verergerd en gewelddadige conflicten als middel om hun verschillen te "beslechten" zullen worden aangemoedigd en bevorderd.

Alle nieuwsdiensten en gedrukte media zullen onder controle staan van de ene wereldregering. Regelmatige hersenspoelingsmaatregelen zullen worden gepresenteerd als "entertainment", op dezelfde manier waarop ze in de VS zijn beoefend en tot kunst zijn verheven. Jongeren die bij "ontrouwe ouders" zijn weggehaald, zullen speciaal onderwijs krijgen dat erop gericht is hen te brutaliseren. Jonge mensen van beide geslachten zullen worden opgeleid tot gevangenisbewakers voor het systeem van werkkampen van de Ene Wereld. Uit het bovenstaande blijkt duidelijk dat er nog veel werk verzet moet worden voordat de Nieuwe Wereldorde kan aanbreken. Het Comité van 300 heeft al lang plannen om de beschaving zoals wij die kennen te destabiliseren, waarvan sommige bekend zijn bij Zbigniew Brzezinski in zijn klassieke werk *The Technotronic Age* en bij het werk van Aurellio Peccei die de Club van Rome oprichtte, met name in zijn boek *The Chasm Ahead*.

In *The Chasm Ahead* geeft Peccei details over de 300 plannen van het Comité om de man, die hij "DE ENEMIE" noemt, te temmen. Peccei citeert wat Felix Dzerzhinsky ooit zei tegen Sydney Reilly op het hoogtepunt van de Rode Terreur, toen miljoenen Russen werden vermoord:

> "Waarom zou ik erom geven hoeveel mensen er sterven? Zelfs de Christelijke Bijbel zegt: "Wat is de mens dat God zich om hem bekommert? Voor mij is de mens niets anders dan een brein aan de ene kant en een strontfabriek aan de andere kant."

Het was vanuit deze brute visie op de mens dat Immanuel de Christus kwam om de wereld te redden. Sydney Reilly was de MI6 agent die gestuurd was om Dzerzhinsky's activiteiten te controleren. Reilly werd naar verluidt doodgeschoten door zijn vriend Felix toen hij Rusland probeerde te ontvluchten. Het ingewikkelde complot kwam tot stand toen bepaalde leden van het Britse parlement protesteerden en aandrongen op een verslag van Reilly's activiteiten in Rusland, waardoor de rol van het Comité van 300 bij de overname van de olievelden in Bakoe en zijn belangrijke rol bij het helpen van Lenin en Trotski tijdens de bolsjewistische revolutie aan het licht zouden komen. In plaats van de waarheid over Reilly te onthullen, vond MI6 het nodig om zijn dood in scène te zetten. Reilly bracht de rest van zijn leven door in de grootste luxe in een Russische villa, gewoonlijk gereserveerd voor de bolsjewistische elite.

Peccei betoogde dat er chaos zou ontstaan als het "Atlantisch Bondgenootschap", een eufemisme voor het Comité van 300, het post-industriële Amerika niet zou besturen, en stelde een Malthusiaanse triage op wereldschaal voor. Hij voorzag een botsing tussen het wetenschappelijk-technologisch-militaire apparaat van de Sovjet-Unie en de Westerse wereld. De landen van het Warschaupact zouden dus samen met het Westen worden opgenomen in één wereldregering die de wereldzaken zou beheren op basis van crisismanagement en globale planning.

De gebeurtenissen in de voormalige USSR en het ontstaan van verschillende onafhankelijke staten binnen een losse federatie in Rusland zijn precies wat Peccei en de Club van Rome voor ogen stond, en dit wordt duidelijk uitgelegd in de twee boeken die ik heb genoemd. Een verdeelde USSR zal gemakkelijker aan te pakken zijn dan een sterke, verenigde Sovjetnatie. De plannen van het Comité van 300 voor één wereldregering, waarin het vooruitzicht van een verdeeld Rusland was opgenomen, naderen nu een punt van snelle escalatie. De gebeurtenissen die zich eind 1991 in Rusland voltrekken zijn des te dramatischer in vergelijking met de langetermijnplannen van het Comité van 300 die sinds 1960 zijn opgesteld.

In West-Europa werkt men aan een federatie van staten onder één regering met één munt. Van daaruit zal het EEG-systeem geleidelijk overgaan naar de Verenigde Staten en Canada. De Verenigde Naties worden langzaam maar zeker omgevormd tot één enkele wereldregering waarvan het beleid wordt gedicteerd door de Verenigde Staten, zoals we hebben gezien in het geval van de Golfoorlog. Precies hetzelfde gebeurt met het Britse parlement. De discussie over de Britse betrokkenheid bij de Golfoorlog werd tot een belachelijk minimum beperkt en vond pas laat op de dag plaats, tijdens een motie om het Parlement te schorsen. Dit was nog nooit eerder gebeurd in de lange geschiedenis van het Parlement, waar zo'n belangrijke beslissing moest worden genomen en zo weinig tijd werd uitgetrokken voor discussie. Een van de meest opmerkelijke gebeurtenissen in de parlementaire geschiedenis bleef vrijwel onopgemerkt.

We naderen het punt waarop de Verenigde Staten hun strijdkrachten zullen sturen om alle geschillen te beslechten die aan de Verenigde Naties worden voorgelegd. De aftredende secretaris-generaal, Pérez de Cuéllar, zwaar beladen met smeergeld, was de meest volgzame VN-leider in de geschiedenis, die zonder meer toegaf aan de eisen van de Verenigde Staten. Zijn opvolger zal nog meer geneigd zijn te buigen voor alles wat de Amerikaanse regering hem voor de voeten werpt. Dit is een belangrijke stap op weg naar één wereldregering.

Het Internationaal Gerechtshof in Den Haag zal de komende twee jaar steeds vaker worden gebruikt om allerlei juridische geschillen te beslechten. Dit is natuurlijk het prototype voor het rechtssysteem van de ene wereldregering die alle andere zal vervangen. De centrale banken, die essentieel zijn voor de planning van de Nieuwe Wereldorde, zijn reeds een voldongen feit nu de Bank voor Internationale Betalingen eind 1991 het toneel zal domineren. De particuliere banken verdwijnen snel om plaats te maken voor de tien grote banken die onder leiding van de BIB en het IMF de banksector in de hele wereld zullen controleren.

Welvaartsstaten zijn er in overvloed in Europa, en de Verenigde Staten zijn goed op weg om de grootste welvaartsstaat ter wereld te worden. Als mensen eenmaal voor hun levensonderhoud afhankelijk zijn van de overheid, zal het heel moeilijk zijn om ze daarvan af te trekken, zoals we hebben gezien in de resultaten van de laatste tussentijdse verkiezingen in de VS, waar 98% van de zittende bestuurders terug werd gestuurd naar Washington om van het goede leven te genieten, ondanks hun volstrekt slechte staat van dienst.

De afschaffing van particuliere vuurwapens is al in driekwart van de wereld van kracht. Alleen in de Verenigde Staten kunnen mensen nog alle soorten vuurwapens bezitten, maar dit wettelijke recht wordt in een alarmerend tempo ingeperkt door lokale en staatswetten die het grondwettelijke recht van alle burgers om wapens te dragen schenden. Privébezit van vuurwapens zal in 2010 tot het verleden behoren in de Verenigde Staten.

Ook het onderwijs wordt in een alarmerend tempo uitgehold. Openbare scholen worden gedwongen hun deuren te sluiten om verschillende juridische redenen, regelingen en gebrek aan financiering. Het niveau van het onderwijs in de Verenigde Staten is al tot zo'n deplorabel niveau gedaald dat er tegenwoordig nauwelijks meer over onderwijs gesproken kan worden. Dit is volgens plan; zoals ik al eerder beschreef, wil de ene wereldregering niet dat onze jongeren goed worden opgeleid en onderwezen.

De vernietiging van de nationale identiteit gaat steeds verder. Het is niet langer goed om patriottisch te zijn, tenzij het gaat om een project dat de standpunten van de één-wereld regering dient, zoals de genocidale oorlog die wordt gevoerd tegen het land Irak of de dreigende vernietiging van Libië. Rassentrots wordt nu afgekeurd en als illegaal beschouwd in vele delen van de wereld, waaronder de Verenigde Staten, Groot-Brittannië, West-Europa en Canada, allemaal landen met de hoogste concentraties blanken.

Onder impuls van Amerikaanse geheime genootschappen is de vernietiging van republikeinse regeringsvormen sinds het einde van de

Tweede Wereldoorlog onverminderd doorgegaan. De lijst van door de Verenigde Staten vernietigde regeringen is lang, en het is voor ongeïnformeerden moeilijk te aanvaarden dat de regering van een land dat zich zogenaamd inzet voor het republicanisme onder één enkele grondwet, zich aan dergelijk gedrag zou bezondigen, maar de feiten spreken voor zich.

Dit is een doel dat meer dan een eeuw geleden is vastgesteld door het Comité van 300. De Verenigde Staten hebben de aanvallen op deze regeringen geleid en blijven dat doen, zelfs nu de Republikeinse basis van de Verenigde Staten voortdurend wordt ondermijnd. Beginnend met de juridisch adviseur van James Earl Carter, Lloyd Cutler, werkte een comité van constitutionele juristen aan de omvorming van het Amerikaanse Congres tot een niet-representatief parlementair systeem. Sinds 1979 werd er gewerkt aan het plan voor een dergelijke verandering, en vanwege zijn toewijding aan de zaak werd Cutler benoemd tot lid van het Comité van 300. Het definitieve ontwerp van een parlementaire regering zal eind 1993 aan het Comité van 300 worden voorgelegd.

In het nieuwe parlementaire systeem zullen parlementsleden geen verantwoording verschuldigd zijn aan hun kiezers, maar aan de parlementsleden, en zij zullen stemmen zoals hun is opgedragen. Door gerechtelijke en bureaucratische ondermijning zal de grondwet en de individuele vrijheid verdwijnen. De geplande ontaarding van de mens door losbandige seksuele praktijken zal worden geïntensiveerd. Nieuwe seksueel ontaarde culten worden zelfs opgericht door de Britse Kroon - via de diensten SIS en MI6. Zoals we al weten, zijn alle sekten die vandaag de dag in de wereld actief zijn, het product van de Britse geheime diensten, die handelen in opdracht van de oligarchische machthebbers.

Wij denken misschien dat deze fase van het creëren van een geheel nieuwe cultus, gespecialiseerd in ontaard seksueel gedrag, nog ver weg is, maar volgens mijn informatie zal deze in 1992 intensiever worden. Tegen 1994 zal het heel gewoon zijn om "live shows" te organiseren in de meest prestigieuze clubs en uitgaansgelegenheden. Het imago van dit soort "entertainment" wordt al duidelijker en schoner.

Binnenkort zullen de grote namen in Hollywood en de entertainmentwereld deze of gene club aanbevelen als een "must" voor live seksshows. Lesbianisme en homoseksualiteit zullen niet in de schijnwerpers staan. Dit nieuwe, sociaal aanvaardbare "entertainment" zal bestaan uit heteroseksuele shows, en zal onderworpen zijn aan het soort kritiek dat je vandaag de dag in de kranten vindt over Broadway shows of de nieuwste blockbuster film.

Een ongekende aanval op morele waarden zou in 1992 in een hogere versnelling worden gezet. Pornografie zou niet langer "pornografie" worden genoemd, maar "seksueel amusement voor volwassenen". De retoriek zal de vorm aannemen van "waarom verbergen als iedereen het doet". Laten we af van het beeld dat het publiekelijk tonen van seks lelijk en vies is". Liefhebbers van dit soort ongebreideld seksueel verlangen zullen niet langer verplicht zijn louche pornografische salons te bezoeken. In plaats daarvan zullen high society diners en de favoriete plekjes van de rijken en beroemden openbare seksuele vertoningen tot een zeer "artistieke" vorm van vermaak maken. Erger nog, sommige kerkelijke "leiders" zullen het zelfs aanbevelen.

Het omvangrijke en enorme sociaal-psychiatrische apparaat dat door het Tavistock Instituut en zijn enorme netwerk van verwante vermogens is opgezet, stond onder controle van één enkele entiteit, en die entiteit heeft begin 1992 nog steeds de controle. Deze ene entiteit, de hiërarchie van samenzweerders, wordt het Comité van 300 genoemd, en het is een commandostructuur en machtscentrum dat ver buiten het bereik van elke wereldleider of regering opereert, inclusief de regering van de Verenigde Staten en haar presidenten - zoals wijlen John F. Kennedy ontdekte. De moord op Kennedy was een operatie van het Comité van 300 en daar komen we op terug.

Het Comité van 300 is het ultieme geheime genootschap van een onaantastbare heersende klasse, waartoe de koningin van Engeland, de koningin van Nederland, de koningin van Denemarken en de koninklijke families van Europa behoren. Deze aristocraten besloten na de dood van koningin Victoria, de matriarch van de Venetiaanse Zwarte Welfen, dat het voor het verkrijgen van de wereldheerschappij noodzakelijk was dat de aristocratische leden "zaken deden" met de niet-aristocratische, maar uiterst machtige leiders van de commerciële ondernemingen in de wereld, en dus werden de deuren van de opperste macht geopend voor wat de koningin van Engeland graag "het gewone volk" noemt.

Omdat ik bij de inlichtingendienst heb gewerkt, weet ik dat de hoofden van buitenlandse regeringen dit almachtige orgaan "de magiërs" noemen. Stalin bedacht zijn eigen uitdrukking om ze te beschrijven: "de duistere krachten", en president Eisenhower, die nooit boven de rang van "hofjood" kon uitstijgen, noemde het, in een kolossaal understatement, "het militair-industrieel complex". Stalin hield de USSR zwaar bewapend met conventionele en nucleaire strijdkrachten omdat hij geen vertrouwen had in wat hij "de familie" noemde. Zijn wantrouwen en angst voor het Comité van 300 bleek gegrond.

Volksvermaak, met name de bioscoop, is gebruikt om diegenen in diskrediet te brengen die hebben geprobeerd te waarschuwen tegen deze uiterst gevaarlijke bedreiging van de individuele vrijheid en de vrijheid van de mensheid. Vrijheid is een door God gegeven wet die de mens voortdurend heeft getracht te ondermijnen; toch is het verlangen naar vrijheid in elk individu zo groot dat tot nu toe geen enkel systeem in staat is geweest dit gevoel uit het menselijk hart te rukken. Experimenten in de USSR, Groot-Brittannië en de Verenigde Staten om het verlangen van de mens naar vrijheid af te stompen zijn tot nu toe vruchteloos gebleken.

Maar met de komst van de Nieuwe Wereldorde - een wereldregering - zullen grootschalige experimenten worden uitgevoerd om het door God gegeven verlangen naar vrijheid uit de geest, het lichaam en de ziel van de mens te verdrijven. Wat we nu al meemaken is niets, een peulenschil, vergeleken met wat komen gaat. De aanval op de ziel is de as van een reeks experimenten in wording, en ik moet helaas zeggen dat instellingen in de Verenigde Staten een hoofdrol zullen spelen in de verschrikkelijke experimenten die al op kleine schaal zijn uitgevoerd op lokaal niveau, in plaatsen als het Bethesda Naval Hospital en de Vacaville-gevangenis in Californië.

De films die we tot nu toe hebben gezien omvatten de James Bond-serie, het Assassination Bureau, de Matarese Circle enzovoort. Dit waren fictieve films, ontworpen om de waarheid te verbergen dat dergelijke organisaties wel degelijk bestaan, en op een veel grotere schaal dan de vruchtbare geesten van Hollywood zich hadden kunnen voorstellen.

Maar het Assassination Bureau is absoluut echt. Het bestaat in Europa en de Verenigde Staten met als enig doel het uitvoeren van de orders van het Comité van 300 en het uitvoeren van moorden op hoog niveau wanneer al het andere faalt. Het was PERMINDEX dat de moord op Kennedy beraamde onder leiding van Sir William Stephenson, jarenlang de belangrijkste ongediertebestrijder van de koningin van Engeland.

Clay Shaw, een contractagent van de CIA, leidde PERMINDEX

vanuit het Trade Mart Centre in New Orleans. Voormalig officier van justitie van New Orleans, Jim Garrison, kwam heel dicht bij het ontmaskeren van het Kennedy moordcomplot op het niveau van Clay Shaw, totdat Garrison werd "betrapt" en Shaw niet schuldig werd bevonden aan betrokkenheid bij het Kennedy moordcomplot. Het feit dat Shaw op dezelfde manier werd geëlimineerd als Jack Ruby, een andere CIA contract agent - beiden stierven aan snel voortschrijdende kanker - laat zien dat Garrison op het juiste spoor zat. (Jack Ruby stierf aan kanker in de gevangenis in januari 1967).

Een tweede moordbureau was gevestigd in Zwitserland en werd tot voor kort geleid door een schimmige figuur van wie na 1941 geen foto meer bestaat. De operaties werden en worden waarschijnlijk nog steeds gefinancierd door de familie Oltramaire - zwarte Zwitserse adel, eigenaars van de Lombard Odier bank in Genève, een tak van het Comité van 300. De belangrijkste contactpersoon was Jacques Soustelle - volgens de US Army G2 intelligence files.

De groep had ook nauwe banden met Allen Dulles en Jean de Menil, een vooraanstaand lid van het Comité van 300 en een bekende naam in de Texaanse olie-industrie. Uit Army-G2 dossiers blijkt dat de groep sterk betrokken was bij de wapenhandel in het Midden-Oosten, maar meer dan dat, het moordbureau deed niet minder dan 30 pogingen op het leven van Generaal de Gaulle, waarbij Jacques Soustelle direct betrokken was. Diezelfde Soustelle was contactpersoon voor de guerrillagroep Sendero Luminosa-Shining Pathway, die de Peruaanse cocaïneproducenten van het Comité beschermde.

Nadat het beste wat het moordbureau kon doen was mislukt, dankzij het uitstekende werk van de DGSE (Franse inlichtingendienst - voorheen SDECE), werd de missie overgedragen aan MI6 - Military Intelligence Department Six, ook bekend als de Secret Intelligence Service (SIS), onder de codenaam "Jackal". De SDECE had intelligente jonge afgestudeerden in dienst en was niet in noemenswaardige mate geïnfiltreerd door MI6 of de KGB. Het was deze groep die Operatie Jakhals volgde naar zijn eindbestemming en hem doodde voordat hij kon schieten op de colonne van generaal de Gaulle.

Het was de SDECE die een Sovjet-mol ontdekte in het kabinet van de Gaulle, die ook een verbindingsofficier was met de CIA in Langley. Om de SDECE in diskrediet te brengen, liet Allen Dulles, die de Gaulle haatte (het gevoel was wederzijds), een van zijn agenten,

Roger de Louette, arresteren in het bezit van 12 miljoen dollar aan heroïne. Na een groot aantal "verhoren" door deskundigen, "bekende" de Louette, maar hij kon niet zeggen waarom hij drugs naar de Verenigde Staten bracht. De hele zaak leek op een valstrik.

Op basis van een onderzoek naar de methoden van de SDECE om de Gaulle te beschermen, met name in motorcades, wisten de FBI, de geheime dienst en de CIA precies hoe ze president Kennedy van zijn beveiliging moesten ontdoen en het voor de drie PERMINDEX-schutters gemakkelijker moesten maken om hem in november 1963 in Dealey Plaza te vermoorden.

Een ander voorbeeld van als fictie vermomde feiten is de roman *Topaz* van Leon Uris.[21] In *Topaz* vinden we een feitelijk verslag van de activiteiten van Thyraud de Vosjoli, dezelfde KGB-agent die door de SDECE werd ontdekt en ontmaskerd als de liaison van de KGB met de CIA. Er zijn veel gefictionaliseerde verslagen van de activiteiten van MOSSAD, die bijna allemaal gebaseerd zijn op ware gebeurtenissen.

MOSSAD staat ook bekend als "Het Instituut". Veel aspirant-schrijvers doen er absurde beweringen over, waaronder één door christelijk rechts bevoorrechte schrijver, die als waarheid wordt aanvaard. Het is de dader vergeven dat hij geen inlichtingenopleiding heeft genoten, maar dat weerhoudt hem er niet van overal "Mossad-namen" te laten vallen.

Dergelijke desinformatie-oefeningen worden routinematig uitgevoerd tegen rechts-patriottische groeperingen in de Verenigde Staten. MOSSAD bestond oorspronkelijk uit drie groepen, het Office of Military Intelligence, het Foreign Office Political Department en het Department of Security (Sherut Habitachon). David Ben Gurion, een lid van het Comité van 300, kreeg aanzienlijke hulp van MI6 bij de oprichting ervan.

Maar het was geen succes, en in 1951 herstructureerde Sir William Stephenson van MI6 het tot één eenheid, als een afdeling van de politieke afdeling van het Israëlische ministerie van Buitenlandse Zaken, met een speciale operatiegroep voor spionage en "zwarte" operaties. De Britse inlichtingendienst verleende extra steun door de

---

[21] Waar Alfred Hitchcock een film van maakte.

Sarayet Maktal, ook bekend als de General Staff Reconnaissance Unit, naar het voorbeeld van de Britse Special Air Service (SAS), op te leiden en uit te rusten. Deze MOSSAD-eenheid wordt nooit bij naam genoemd en staat gewoon bekend als "The Guys".

De "Guys" zijn gewoon een verlengstuk van de SAS-eenheid van de Britse geheime diensten, die hen voortdurend trainen en bijscholen in nieuwe methoden. Het waren de 'Guys' die de leiders van de PLO doodden en Adolph Eichmann ontvoerden. "The Guys, en in feite ALLE MOSSAD agenten, werken op voet van oorlog. MOSSAD heeft een aanzienlijk voordeel ten opzichte van andere inlichtingendiensten omdat elk land ter wereld een grote Joodse gemeenschap heeft.

Door sociale en criminele dossiers te bestuderen, kan MOSSAD onder de plaatselijke joden agenten selecteren die zij in haar greep kan krijgen en voor haar laten werken zonder hen te betalen. MOSSAD heeft ook het voordeel toegang te hebben tot de bestanden van alle wetshandhavingsdiensten en inlichtingendiensten in de Verenigde Staten. Het Office of Naval Intelligence (OM) ELINT levert diensten aan de Mossad zonder kosten voor Israël. De burgers van de Verenigde Staten zouden geschokt, woedend en ontzet zijn als ooit ontdekt zou worden hoeveel de Mossad weet over het leven van miljoenen Amerikanen, op alle gebieden, zelfs van degenen die zich niet met politiek bezighouden.

Het eerste hoofd van MOSSAD, Reuben Shiloach, werd benoemd tot lid van het Comité van 300, maar het is niet bekend of zijn opvolger hetzelfde voorrecht genoot. De kans is groot van wel. MOSSAD heeft een slimme desinformatie-afdeling. De hoeveelheid desinformatie die zij aan de Amerikaanse "markt" levert is beschamend, maar wat nog beschamender is, is de manier waarop die wordt geslikt, haak, lijn en zinklood.

Wat we werkelijk zien in de microkosmos van MOSSAD is de mate van controle die de "Olympiërs" uitoefenen via de inlichtingendiensten, entertainment, uitgeverijen, opiniepeilingen en de wereldwijde televisie nieuwsmedia. Ted Turner won onlangs een zetel in het Comité van 300 als erkenning voor zijn "nieuws"-uitzendingen op CNN. Het Comité heeft de macht en de middelen om de mensen van deze wereld ALLES te vertellen, en het zal door de overgrote meerderheid worden geloofd.

Telkens wanneer een onderzoeker op deze verbazingwekkende

centrale controlegroep stuit, wordt hij ofwel met succes gekocht, ofwel volgt hij een "specialistische opleiding" aan het Tavistock Instituut, waarna hij nog een fictieve, James Bond-achtige medewerker wordt, d.w.z. hij wordt geflipt en goed beloond. Als iemand als John F. Kennedy op de waarheid stuit over wie de wereldgebeurtenissen regisseert en hij kan niet worden gekocht, wordt hij vermoord.

In het geval van John F. Kennedy werd de moord uitgevoerd met grote publiciteit en brutaliteit om als waarschuwing te dienen voor wereldleiders om niet uit de pas te lopen. Paus Johannes Paulus I werd stilletjes vermoord omdat hij via de vrijmetselaars in de hiërarchie van het Vaticaan dicht bij het Comité van 300 stond. Zijn opvolger, paus Johannes Paulus II, werd publiekelijk vernederd om hem te waarschuwen op te houden - wat hij deed. Zoals we zullen zien, zitten sommige Vaticaanse leiders nu in het Comité van 300.

Het is gemakkelijk om serieuze onderzoekers weg te leiden van het spoor van het Comité van 300, omdat de Britse MI6 (SIS) een grote verscheidenheid aan gekken promoot, zoals New Age, yoga, Zen Boeddhisme, hekserij, het priesterschap van Apollo van Delphi (Aristoteles was lid) en honderden kleine "sektes" van allerlei aard. Een groep "gepensioneerde" Britse inlichtingenofficieren die op het spoor bleef, noemde de hiërarchie van de samenzweerders "Force X" en beweerde dat er een superdienst van de inlichtingendienst bestond die de KGB, de Vaticaanse inlichtingendienst, de CIA, de ONI, de DGSE, de Amerikaanse militaire inlichtingendienst, de inlichtingendienst van het State Department en zelfs de geheimste van alle Amerikaanse inlichtingendiensten, het Office of National Reconnaissance, corrumpeerde.

Het bestaan van het National Reconnaissance Office (NRO) was slechts bekend bij een handvol mensen buiten het Comité van 300, totdat Truman het bij toeval ontdekte. Churchill was betrokken bij de oprichting van de NRO en zou razend zijn geweest toen Truman het bestaan ervan ontdekte. Churchill, meer dan enig ander dienaar van het Comité van 300, beschouwde Truman, zijn kleine Onafhankelijkheidsman "zonder enige onafhankelijkheid". Dit verwees naar het feit dat Truman's elke beweging werd gecontroleerd door de Vrijmetselarij. Zelfs vandaag de dag is het jaarlijkse budget van de NRO niet bekend bij het Amerikaanse Congres, en is het alleen verantwoording verschuldigd aan een selecte groep in het Congres. Maar het is een schepsel van het Comité van 300, naar wie de rapporten elk uur worden gestuurd.

Zo waren de fictieve spoliaties die we zien in verband met de verschillende takken en controletakken van het Comité bedoeld om de verdenking van de Commissie af te wenden.

Maar we mogen er nooit aan twijfelen dat de werkelijkheid bestaat. Laten we een ander voorbeeld nemen van wat ik bedoel: het boek *The Day of the Jackal*, waarvan een kaskrakerfilm is gemaakt. De gebeurtenissen die in het boek worden verteld zijn feitelijk. Hoewel, om voor de hand liggende redenen, de namen van sommige acteurs en de locaties zijn veranderd, is de strekking van het verhaal, dat één enkele MI6-agent de opdracht kreeg generaal Charles de Gaulle uit de weg te ruimen, absoluut accuraat. Generaal de Gaulle was onhandelbaar geworden en weigerde samen te werken met het comité - waarvan hij het bestaan heel goed kende, omdat hij was uitgenodigd om er lid van te worden - en deze weigering bereikte zijn hoogtepunt toen de Gaulle Frankrijk terugtrok uit de NAVO en onmiddellijk begon met de opbouw van zijn eigen nucleaire macht - de "force de frappe".

Dit bracht het Comité zo in gevaar dat de Gaulle's moord werd bevolen. Maar de Franse geheime diensten slaagden erin de plannen van Jackal te onderscheppen en de Gaulle te beschermen. Gezien de staat van dienst van MI6, de belangrijkste bron van inlichtingen voor het Comité van 300, is het werk van de Franse inlichtingendiensten niets minder dan een wonder.

De oorsprong van MI6 gaat terug tot Sir Francis Walsingham, de strateeg voor geheime operaties van Koningin Elizabeth I. Gedurende honderden jaren heeft MI6 een record gevestigd dat geen enkele andere inlichtingendienst kan evenaren. MI6-agenten hebben informatie uit alle hoeken van de wereld verzameld en geheime operaties uitgevoerd die zelfs de meest deskundige zouden verbazen als ze openbaar zouden worden gemaakt. Daarom wordt het beschouwd als de belangrijkste dienst van het Comité van 300.

Officieel bestaat MI6 niet; het budget komt uit de kas van de koningin en uit "particuliere fondsen", en bedraagt naar verluidt zo'n 350 tot 500 miljoen dollar per jaar, maar niemand weet precies hoeveel. In zijn huidige vorm gaat MI6 terug tot 1911, toen het werd geleid door Sir Mansfield Cumming, een kapitein bij de Royal Navy, die altijd werd aangeduid met de letter "C", waarvan de naam "M" is afgeleid in de James Bond-serie.

Er is geen officieel verslag van de mislukkingen en successen van MI6 - het is een geheim, hoewel de rampen met Burgess-Maclean-Blake-Blunt een zware tol hebben geëist van het MI6-moraal. In tegenstelling tot andere diensten worden toekomstige leden van universiteiten en andere kennisgebieden gerekruteerd door hooggekwalificeerde "talentscouts", zoals we zagen bij de Rhodes Scholars die in de Ronde Tafel werden opgenomen. Een van de vereisten is het spreken van vreemde talen. De kandidaten ondergaan een strenge "opleiding".

Met de steun van zo'n geduchte macht heeft het Comité van 300 decennia lang weinig angst gehad om ontmaskerd te worden. Wat het Comité onaantastbaar maakt, is zijn ongelooflijke geheimhouding. Geen enkel mediakanaal heeft ooit melding gemaakt van deze samenzweerderige hiërarchie, dus het is niet verwonderlijk dat mensen twijfelen aan het bestaan ervan.

Comitéstructuur

Het Comité van 300 staat grotendeels onder controle van de Britse monarch, in dit geval Elizabeth II. Men denkt dat koningin Victoria paranoïde genoeg was om het geheim te bewaren en veel moeite heeft gedaan om de vrijmetselaarsgeschriften te verbergen die op de plaats van de "Jack the Ripper"-moorden werden achtergelaten en waarin werd gezinspeeld op de banden van het Comité van 300 met "experimenten" die werden uitgevoerd door een familielid dat ook een hooggeplaatst lid was van de Schotse Rite der Vrijmetselarij. Het Comité van 300 bestaat uit leden van de Britse aristocratie die belangen en medewerkers hebben in alle landen van de wereld, inclusief de USSR.

De structuur van het comité is als volgt

Het Tavistock Institute van de Universiteit van Sussex en de vestigingen in Londen is eigendom van en wordt gecontroleerd door het Royal Institute for International Affairs, waarvan de "hofjuden" in Amerika Henry Kissinger zijn. De EAGLE STAR GROUP, die na het einde van de Tweede Wereldoorlog zijn naam veranderde in de STAR GROUP, bestaat uit een groep grote internationale ondernemingen die betrokken zijn bij elkaar overlappende en met elkaar verweven gebieden: (1) verzekeringen (2) banken (3) onroerend goed (4) amusement (5) geavanceerde technologie, waaronder cybernetica, elektronische communicatie, enz.

De banksector is, hoewel niet de belangrijkste pijler, van vitaal belang, met name in gebieden waar banken fungeren als clearinginstellingen en centra voor het witwassen van drugsgeld. De belangrijkste "grote banken" zijn de Bank of England, de Federal Reserve, de Bank for International Settlements, de Wereldbank en de Hong Kong and Shanghai Bank. De American Express bank is een manier om drugsgeld te recyclen. Elk van deze banken is verbonden met en/of controleert honderdduizenden grote en kleine banken over de hele wereld.

Duizenden banken, groot en klein, maken deel uit van het Comité van 300, waaronder de Banca Commerciale d'Italia, Banca Privata, Banco Ambrosiano (Roberto Calvi - lees David Yallop's *In Godsnaam*), de Nederlandse Bank, Barclays Bank, Banco del Colombia, Banco de Ibero-America. Van bijzonder belang is de Banca del la Svizzeria Italiana (BSI), die vluchtkapitaalinvesteringen van en naar de VS beheert - hoofdzakelijk in dollars en Amerikaanse obligaties - gevestigd en geïsoleerd in de "neutrale" stad Lugano, het centrum van geconcentreerd kapitaal van de zwarte Venetiaanse adel. Lugano ligt noch in Italië noch in Zwitserland, en is een soort grijze zone voor dubieuze kapitaalverduisteringen. George Ball, die een groot blok BSI-aandelen bezit, is een belangrijke "insider" en de vertegenwoordiger van de bank in de Verenigde Staten.

BCCI, BNL, Banco Mercantil de Mexico, Banco Nacional de Panama, Bangkok Metropolitan Bank, Bank Leumi, Bank Hapoalim, Standard Bank, Bank of Geneva, Bank of Ireland, Bank of Scotland, Bank of Montreal, Bank of Nova Scotia, Banque de Paris et Pays-Bas, British Bank of the Middle-East en Royal Bank of Canada, om maar een paar "gespecialiseerde" banken te noemen.

De Oppenheimers van Zuid-Afrika zijn veel grotere "zwaargewichten" dan de Rockefellers. Zo zei Harry Oppenheimer, voorzitter van de gigantische Anglo American Corporation, die de winning, verkoop en distributie van goud en diamanten wereldwijd beheerst, in 1981 dat hij op het punt stond de Noord-Amerikaanse bankmarkt te betreden. Oppenheimer heeft snel 10 miljard dollar geïnvesteerd in een speciaal vehikel dat is opgezet om grote banken in de VS te kopen, waaronder Citicorp. Het investeringsvehikel van Oppenheimer heet Minorco en is gevestigd in Bermuda, een reservaat van de Britse koninklijke familie. Tot de raad van bestuur van Minorco behoren Walter Wriston van Citicorp en Robert Clare, de belangrijkste juridisch adviseur.

Het enige andere bedrijf dat Oppenheimer in edelmetalen en mineralen evenaarde, was het Zuid-Afrikaanse Consolidated Gold Fields, maar Oppenheimer nam de controle over met een belang van 28% - de grootste individuele aandeelhouder. Goud, diamanten, platina, titanium, tantaliet, koper, ijzererts en uranium werden allemaal door Oppenheimer verworven.

52 andere metalen en mineralen, waarvan vele van absoluut vitaal strategisch belang zijn voor de Verenigde Staten, werden overgedragen aan het Comité van 300.

En zo werd de visie van een van de eerste Zuid-Afrikaanse leden van het Comité van 300, Cecil John Rhodes, volledig verwezenlijkt; een visie die begon met het vergieten van het bloed van duizenden en duizenden blanke boeren en hun gezinnen in Zuid-Afrika, in de geschiedenis bekend als de "Boeren". Terwijl de Verenigde Staten, net als de rest van de wereld, werkeloos toezagen, werd deze kleine natie onderworpen aan de meest wrede genocideoorlog uit de geschiedenis. De Verenigde Staten zullen aan dezelfde behandeling worden onderworpen door het Comité van 300 als het onze beurt is, en dat zal niet lang meer duren.

Verzekeringsmaatschappijen spelen een sleutelrol in de activiteiten van het Comité van 300, waaronder vooraanstaande verzekeringsmaatschappijen zoals Assicurazioni Generali uit Venetië en Riunione Adriatica di Sicurta, de grootste en tweede grootste verzekeringsmaatschappij ter wereld, die hun bankrekeningen bij de Bank voor Internationale Betalingen in Zwitserse frank aanhouden. Beide controleren een groot aantal investeringsbanken waarvan de omzet in aandelen op Wall Street het dubbele bedraagt van die van de Amerikaanse beleggers.

Onder de bestuursleden van deze twee verzekeringsgiganten bevinden zich leden van het Comité van 300: De familie Giustiniani, de zwarte adel van Rome en Venetië, waarvan de lijn teruggaat tot keizer Justian; Sir Jocelyn Hambro van Hambros (Merchant) Bank; Pierpaolo Luzzatti Fequiz, waarvan de lijn zes eeuwen teruggaat tot de oudste Luzzato, de zwarte adel van Venetië, en Umberto Ortolani van de oude zwarte adellijke familie met dezelfde naam.

Andere leden van de oude zwarte Venetiaanse adel in het Comité van 300 en bestuursleden van de ASG en de RAS zijn de familie Doria, financiers van de Spaanse Habsburgers, Élie de Rothschild van de Franse tak van de familie Rothschild, Baron August von Finck (Finck, de tweede rijkste man van Duitsland is nu overleden), Franco Orsini Bonacassi van de oude zwarte Orsini-adel, die zijn afstamming terugvoert op een vroegere Romeinse senator met dezelfde naam, de familie Alba, waarvan de afstamming teruggaat op de groothertog van Alba, en Baron Pierre Lambert, een neef van de Belgische familie Rothschild.

De Britse bedrijven die door de Britse koninklijke familie worden gecontroleerd zijn Eagle Star, Prudential Assurance Company en Prudential Insurance Company, die de meeste Amerikaanse verzekeraars bezitten en controleren, waaronder Allstate Insurance.

Bovenaan de lijst staat Eagle Star, waarschijnlijk het machtigste front voor de zesde militaire inlichtingendienst (MI6). Eagle Star is lang niet zo belangrijk als Assicurazioni Generale, maar misschien wel net zo belangrijk omdat het eigendom is van leden van de familie van de koningin van Engeland en omdat Eagle Star, als titulair hoofd van het Comité van 300, een enorme invloed heeft. Eagle Star is meer dan alleen een belangrijk "front" voor MI6, het is ook een "front" voor grote Britse banken, waaronder Hill-Samuels, N.M. Rothschild and Sons (een van de "fixers" van de goudprijs die dagelijks in Londen bijeenkomen), en Barclays Bank (een van de geldschieters van het African National Congress-ANC). Met grote nauwkeurigheid kan worden gezegd dat de machtigste oligarchische families van Groot-Brittannië Eagle Star hebben opgericht als vehikel voor "zwarte operaties" tegen degenen die zich verzetten tegen het beleid van het Comité van 300.

In tegenstelling tot de CIA is het volgens de Britse wet een ernstig misdrijf om MI6-functionarissen te benoemen. Hieronder volgt daarom slechts een gedeeltelijke lijst van MI6 "hoge officieren" die ook lid zijn (of waren) van het Comité van 300:

➢ Lord Hartley Shawcross.

➢ Sir Brian Edward Mountain.

➢ Sir Kenneth Keith.

➢ Sir Kenneth Strong.

➢ Sir William Stephenson.

➢ Sir William Wiseman.

Alle bovengenoemde personen zijn (of waren) sterk betrokken bij de kernactiviteiten van het Comité van 300 ondernemingen, dat in contact staat met duizenden ondernemingen die actief zijn in alle takken van de handelsactiviteit, zoals we zullen zien.

Hiertoe behoren Rank Organisation, Xerox Corporation, ITT, IBM, RCA, CBS, NBC, BBC en CBC in de communicatiesector, Raytheon, Textron, Bendix, Atlantic Richfield, British Petroleum, Royal Dutch Shell, Marine Midland Bank, Lehman Brothers, Kuhn Loeb, General Electric, Westinghouse Corporation, United Fruit Company en vele anderen.

MI6 leidde veel van deze bedrijven via de Britse inlichtingendienst die in het RCA-gebouw in New York was gestationeerd, waar de directeur, Sir William Stephenson, zijn hoofdkantoor had. De Radio Corporation of America (RCA) werd in 1919 opgericht door G.E., Westinghouse, Morgan Guarantee and Trust (handelend voor de Britse Kroon) en United Fruit als een Brits inlichtingencentrum. De eerste voorzitter van RCA was Owen Young van J.P. Morgan, naar wie het Young-plan werd genoemd. In 1929 werd David Sarnoff benoemd tot hoofd van RCA. Sarnoff was Young's assistent geweest op de Parijse Vredesconferentie in 1919, waar het gevallen Duitsland in de rug was gestoken door de zegevierende "geallieerden".

Een netwerk van Wall Street-banken en makelaarshuizen verzorgt de aandelenmarkt voor het Comité, en tot de belangrijkste behoren Blyth, Eastman Dillon, de Morgan-groepen, Lazard Frères en Kuhn Loeb Rhodes. Er gebeurde niets op Wall Street dat niet werd gecontroleerd door de Bank of England, waarvan de instructies werden doorgegeven door de Morgan-groepen en vervolgens uitgevoerd door de belangrijkste makelaarshuizen, waarvan de hoogste leidinggevenden uiteindelijk verantwoordelijk waren voor de uitvoering van de richtlijnen van het Comité.

Drexel Burnham Lambert was een favoriet van het Committee of 300 voordat het de grenzen van Morgan Guarantee overschreed, en tegen 1981 hadden bijna alle grote Wall Street-makelaars zich aan het Committee verkocht, waarbij Phibro fuseerde met Salomon Brothers. Phibro is de commerciële tak van de Oppenheimers van de Anglo American Corporation. Via dit controlemechanisme zorgt het Comité van 300 ervoor dat zijn leden en hun afgelegen handelsmaatschappijen hun investeringen op Wall Street doen tegen het dubbele tarief van "leken" buitenlandse investeerders.

Vergeet niet dat enkele van de rijkste families ter wereld in Europa wonen, dus is het logisch dat zij een overwicht aan leden in het Comité hebben. De familie Von Thurn en Taxis, die ooit de Duitse postfranchise bezat, doet David Rockefeller lijken op een zeer arm familielid. De Von Thurn und Taxis dynastie gaat 300 jaar terug, en leden van deze familie hebben generatie na generatie zitting genomen in het Comité, waar zij nog steeds aanwezig zijn. Wij hebben reeds verschillende van de rijkste leden van de zwarte Venetiaanse adel in het Comité van 300 genoemd en meer namen zullen worden toegevoegd naarmate wij hen op hun verschillende werkterreinen ontmoeten. We zullen nu ook enkele Amerikaanse leden van het Comité van 300 vermelden en proberen hun banden en banden met de

Britse Kroon te traceren.

Hoe kunnen deze feiten worden geverifieerd? Sommige ervan kunnen precies niet worden geverifieerd omdat de informatie rechtstreeks afkomstig is uit inlichtingenbestanden, maar met veel werk zijn er vele bronnen die ten minste een deel van de feiten kunnen verifiëren. Dit betekent ijverig onderzoek in Dun and Bradstreet's bedrijfsreferentieboek, Standard and Poors, de Britse en Amerikaanse "Who's Who", met vele uren hard werken om namen te vergelijken met hun bedrijfsrelaties.

Het Comité, bestaande uit 300 bedrijven, banken en verzekeringsmaatschappijen, werkt onder één commando dat elk denkbaar aspect van strategie en samenhangende actie omvat. Het Comité is de ENIGE georganiseerde hiërarchie van macht in de wereld die alle regeringen en individuen overstijgt, hoe machtig en veilig zij zich ook mogen voelen. Dit omvat financiën, defensiezaken en politieke partijen van alle kleuren en types.

Er is geen enkele entiteit die het Comité niet kan bereiken en controleren, en dat geldt ook voor de georganiseerde religies van de wereld. Het is dus de almachtige OLYMPISCHE GROEP waarvan de machtsbasis in Londen en de financiële centra van de City of London ligt, met zijn wurggreep op mineralen, metalen en edelstenen, cocaïne, opium en drugs, rentenier-financiële bankiers, cultuspromotors en de grondleggers van de rockmuziek. De Britse Kroon is het controlepunt van waaruit alles straalt. Zoals het gezegde luidt: "Ze hebben een vinger in elke pap."

Het is duidelijk dat de communicatiesector streng wordt gecontroleerd. Terugkomend op RCA, merken wij op dat de leiding ervan bestaat uit Brits-Amerikaanse establishmentfiguren die prominent aanwezig zijn in andere organisaties zoals de CFR, de NAVO, de Club van Rome, de Trilaterale Commissie, de Vrijmetselarij, Skull and Bones, de Bilderbergers, de Ronde Tafel, de Milner Society en de Jezuïeten-Aristotle Society. Onder hen is David Sarnoff naar Londen verhuisd op hetzelfde moment als Sir William Stephenson naar het RCA-gebouw in New York.

De drie grote televisienetten zijn alle voortgekomen uit RCA, met name de National Broadcasting Company (NBC) die de eerste was, op de voet gevolgd door de American Broadcasting Company (ABC) in 1951. Het derde grote televisienetwerk was Columbia Broadcasting System (CBS) dat, net als zijn zusterbedrijven, werd en wordt gedomineerd door de Britse geheime dienst. William Paley werd getraind in massahersenspoeltechnieken aan het Tavistock Instituut, voordat hij geschikt werd geacht om CBS te leiden. Dus, als wij Amerikaanse burgers niet beter wisten, zijn al onze grote TV netwerken onderworpen aan Brits toezicht, en de informatie die zij verstrekken gaat eerst naar Londen voor goedkeuring. Interessant is dat het inlichtingenwerk van Tavistock, geschreven door het Stanford Research Institute, algemeen bekend als "The Aquarian Conspiracy", werd gefinancierd door donaties van de drie grote TV-netwerken.

De drie grote netwerken zijn vertegenwoordigd in het Comité van 300 en zijn gelieerd aan de massacommunicatiegigant, de Xerox Corporation uit Rochester, New York, waarvan Robert M. Beck zitting heeft in het Comité. Beck is tevens directeur van Prudential Life Insurance Company, een dochteronderneming van London Prudential Assurance Company Limited.

Andere bestuursleden van Xerox zijn Howard Clark van de American Express Company, een van de belangrijkste kanalen voor de overdracht van drugsgeld via travellers-cheques, William Simon, voormalig minister van Financiën, en Sol Linowitz, die voor het Comité onderhandelde over de Panama Kanaal verdragen. Linowitz is belangrijk voor het Comité vanwege zijn jarenlange expertise in het witwassen van drugsgeld via Marine Midland en de Hong Kong and Shanghai Bank.

Een ander bestuurslid van Xerox is Robert Sproull, die van groot belang is omdat hij als president van de Universiteit van Rochester het Tavistock Instituut via de CIA toestond de faciliteiten van de universiteit te gebruiken voor de MK-Ultra LSD-experimenten, die 20 jaar duurden. Ongeveer 85 andere universiteiten in de Verenigde Staten stonden ook toe dat hun faciliteiten op deze manier werden gebruikt. Hoe gigantisch Xerox ook is, het wordt in de schaduw gesteld door de Rank Organisation, een Londens conglomeraat dat volledig wordt gecontroleerd door leden van de directe familie van koningin Elizabeth.

De opmerkelijke leden van de Raad van Bestuur van de Rank Organisation die tevens lid zijn van het Comité van 300 zijn de volgende:

Lord Helsby, voorzitter van Midland Bank, het drugsgeld vereffeningsinstituut. Helsby's andere functies omvatten directeur van de gigantische Imperial Group en de Industrial and Commercial

Finance Corporation.

Sir Arnold France, een directeur van Tube Investments, die de Londense metro beheert. France is ook directeur van de BANK OF ENGLAND, die zoveel controle heeft over de Federal Reserve banken.

Sir Dennis Mountain, voorzitter van de machtige Eagle Star Group en directeur van English Property Corp, een van de vermogens- en financieringsmaatschappijen van de Britse koninklijke familie. Een van deze leden is de geachte Angus Ogilvie, "Prince of Companies", die getrouwd is met Hare Koninklijke Hoogheid Prinses Alexandria, zuster van de Hertog van Kent, hoofd van de Schotse Rite der Vrijmetselarij en die de Koningin vervangt wanneer zij niet in Groot-Brittannië is. Ogilvie is directeur van de Bank of England en voorzitter van het gigantische conglomeraat LONRHO. Het was LONRHO dat een einde maakte aan het bewind van Ian Smith in Rhodesië, zodat hij kon worden vervangen door Robert Mugabe. Op het spel stonden de chroommijnen van Rhodesië, die het beste chroomerts ter wereld produceren.

Cyril Hamilton, voorzitter van de Standard and Chartered Bank (de voormalige bank van Lord Milner-Cecil Rhodes) en lid van de Raad van Bestuur van de Bank of England. Hamilton is ook bestuurder van de Xerox Corporation, de Malta International Banking Corporation (een bank van de Ridders van Malta), bestuurder van de Standard Bank of South Africa - de grootste bank van dat land, en bestuurder van de Banque Belge d'Afrique.

Lord O'Brien of Lotherby, voormalig voorzitter van de British Bankers Association, directeur van Morgan Grenfell - een machtige bank, directeur van Prudential Assurance, directeur van J. P. Morgan, directeur van de Bank of England, lid van de raad van bestuur van de Bank voor Internationale Betalingen, directeur van het gigantische conglomeraat Unilever.

Sir Reay Geddes, voorzitter van bandengiganten Dunlop en Pirelli, directeur van Midland and International Banks, directeur van de Bank of England. Merk op hoeveel van deze machtige mannen directeur zijn van de Bank of England, wat het makkelijker maakt om het Amerikaanse fiscale beleid te controleren.

Veel van deze organisaties en instellingen, bedrijven en banken zijn zo verweven en onderling afhankelijk dat het bijna onmogelijk is om ze te ontwarren. Tot de raad van bestuur van RCA behoort Thornton

Bradshaw, voorzitter van Atlantic Richfield en lid van de NAVO, het Wereld Natuur Fonds, de Club van Rome, het Aspen Institute for Humanistic Studies en de Council on Foreign Relations. Bradshaw is ook voorzitter van NBC. De belangrijkste functie van RCA blijft zijn dienst aan de Britse inlichtingendienst.

In hoeverre het Comité van 300 een belangrijke rol heeft gespeeld bij het tegenhouden van het onderzoek naar de CIA, dat senator McCarthy bijna tot stand wist te brengen, is algemeen bekend. Als McCarthy was geslaagd, zou president John F. Kennedy nu waarschijnlijk nog leven.

Toen McCarthy aankondigde dat hij William Bundy zou oproepen om voor zijn onderzoekscommissie te verschijnen, sloeg de paniek toe in Washington en Londen. Als Bundy was opgeroepen om te getuigen, zou hij hoogstwaarschijnlijk de deur hebben opengezet voor de "speciale relatie" tussen Britse oligarchische kringen en hun neven in de Amerikaanse regering.

Die mogelijkheid was uitgesloten. Het Royal Institute of International Affairs werd ingeschakeld om McCarthy een halt toe te roepen. Het RIIA koos Allen Dulles, een man die helemaal weg was van de decadente Britse samenleving, om McCarthy frontaal aan te vallen. Dulles gaf Patrick Lyman en Richard Helms de leiding over de zaak McCarthy. Helms werd later beloond voor zijn diensten tegen McCarthy door benoemd te worden tot hoofd van de CIA.

Generaal Mark Clark, lid van de CFR en een militair die populair was in Londense kringen, werd door generaal Eisenhower aangesteld om McCarthy's grootschalige aanval op de CIA af te slaan. McCarthy werd voorgetrokken toen Clark aankondigde dat een speciale commissie zou worden benoemd om het agentschap te onderzoeken. Clark, in opdracht van RIIA, beval de oprichting aan van een toezichtscommissie van het congres om "periodiek het werk van de inlichtingendiensten van de regering te beoordelen". Het was allemaal een grote tragedie voor Amerika en een overwinning voor de Britten, die vreesden dat McCarthy per ongeluk zou stuiten op het Comité van 300 en zijn controle over elk aspect van Amerikaanse zaken.

De voormalige voorzitter van Lehman Brothers-Kuhn Loeb, Peter G. Peterson, diende onder het voormalige hoofd van MI6, Sir William Wiseman, en was dus geen onbekende van het Britse koningshuis. Peterson heeft banden met het Aspen Institute, een andere tak van de Britse geheime dienst.

John R. Petty is voorzitter van de Marine Midland Bank - een bank met gevestigde banden met de drugshandel lang voordat deze werd overgenomen door de Hong Kong and Shanghai Bank, waarschijnlijk de leidende bank in de opiumhandel, een positie die zij sinds 1814 bekleedt.

Maar het beste bewijs dat ik kan leveren voor het bestaan van het Comité van 300 is de organisatie Rank, die samen met Eagle Star de Britse Kroon vormt. Het is ook het zwarte operatiecentrum van MI6 (SIS). Samen controleren deze bedrijven van het Comité van 300 Hare Majesteit's Dominion van Canada, met behulp van de familie Bronfman, "hofjuden", om hun orders uit te voeren.

Trizec Holdings, ogenschijnlijk eigendom van de familie Bronfman, is in feite het belangrijkste bezit van de koningin van Engeland in Canada. De hele opiumhandel in Zuidoost-Azië is verbonden met het Bronfman-imperium en is een van de manieren waarop heroïne naar Amerika wordt gebracht. In zekere zin is Canada als Zwitserland: ongerepte sneeuwlandschappen, grote steden, een plaats van grote schoonheid, maar daaronder ligt een diepe laag vuil en smerigheid van de massale heroïnehandel.

[22]De familie Bronfman bestaat uit "silhouetten", wat MI6 "stromannen" noemt, die vanuit Londen worden aangestuurd door MI6's "deskmen", het jargon voor hoofdkwartiercontroleurs. Edgar Bronfman, het hoofd van de familie, werd herhaaldelijk naar het "Moscow Centre" gestuurd - de schuilnaam voor het KGB hoofdkwartier op 2 Dzerzhinsk Square in Moskou.

Op een lager niveau was Bronfman waarschijnlijk zeer nuttig als contactman met Moskou. Bronfman was nooit een contractagent van MI6 en droeg daarom nooit de titel van "Words", een belangrijk inlichtingenwoord voor wederzijdse identificatie tussen agenten, wat een grote teleurstelling was voor het hoofd van de familie Bronfman. Op een bepaald moment, toen bepaalde leden van de familie zich verdacht gedroegen, werden "spotters" - het jargon voor inlichtingenofficieren die personen in de gaten hielden - op de familie Bronfman gezet, om vervolgens te ontdekken dat een van de Bronfmans had opgeschept tegen een Amerikaanse "neef" (de term die MI6 gebruikt om naar de CIA te verwijzen) die niet op de hoogte was

---

[22] Ambtenaren.

van de rol van Edgar Bronfman. Dit werd snel gecorrigeerd.

Twee directeuren van Eagle Star, die ook de twee belangrijkste MI6 agenten waren, namen ongeveer zes maanden na het einde van de oorlog de controle over van de familie Bronfman. Sir Kenneth Keith en Sir Kenneth Strong, die we eerder hebben ontmoet, legitimeerden de Bronfman familie door Trizec Holdings op te richten. Er is niemand in de wereld die beter kan 'fronten', via bedrijven, dan MI6...

Maar net als Zwitserland heeft Canada een vuile kant die goed verborgen wordt gehouden door het Comité van 300 onder het mom van de Official Secrets Act, een kopie van de Britse wet uit 1913. Drugs, het witwassen van geld, misdaad en afpersing vallen allemaal onder deze beruchte wet.

Veel mensen weten niet dat zij de doodstraf riskeren als zij worden aangeklaagd op grond van de Official Secrets Act, die door vertegenwoordigers van de Kroon naar eigen goeddunken kan worden geïnterpreteerd. Zoals ik sinds 1980 vaak heb gezegd, is Canada geen natie als Zuid-Afrika, Nederland of België; het is en blijft gebonden aan de touwtjes van de koningin van Engeland. Zoals we hebben gezien, is Canada altijd de eerste om de wensen van koningin Elizabeth uit te voeren. Canadese troepen hebben deelgenomen aan alle oorlogen van Hare Majesteit, met inbegrip van de Boerenoorlog (1899-1903).

Net als zijn Amerikaanse tegenhanger is het Canadian Institute of International Affairs een nakomeling van het Royal Institute for International Affairs (RIIA) en geeft het leiding aan het Canadese beleid. Sinds de oprichting in 1925 hebben de leden ervan de functie van staatssecretaris bekleed. Het Institute for Pacific Relations, de organisatie die de aanval op Pearl Harbour bevorderde, werd in Canada verwelkomd nadat Owen Lattimore en zijn collega's in 1947 hun verraderlijke activiteiten hadden ontmaskerd en de Verenigde Staten hadden verlaten voordat zij konden worden aangeklaagd.

Het Canadian Institute of International Affairs is verbonden met de Rank-organisatie via Sir Kenneth Strong, die aan het eind van de Tweede Wereldoorlog plaatsvervangend hoofd van MI6 was. Als lid van de Orde van Sint Jan van Jeruzalem is Strong de nummer twee in Canada voor Rank en de commerciële belangen van de Britse Kroon. Hij zit in het bestuur van de Bank of Nova Scotia, een van de meest productieve drugsbanken ter wereld na de banken van Hong Kong en Shanghai, waarlangs de opbrengsten van de heroïnehandel in Canada

stromen.
De eerste in de rij is Sir Brian Edward Mountain, het hoogste lid van de Ridders van de Orde van Sint Jan van Jeruzalem. Toen de Britse Kroon wilde dat de Verenigde Staten deelnamen aan de Tweede Wereldoorlog, stuurde hij Lord Beaverbrook en Sir Brian Mountain naar president Roosevelt om de orders van de Kroon terzake door te geven. Roosevelt gaf gehoor aan dit bevel en beval de Amerikaanse marine te opereren vanaf een basis in Groenland, waar negen maanden voor Pearl Harbour aanvallen op Duitse onderzeeërs waren uitgevoerd. Dit gebeurde zonder medeweten of toestemming van het Congres.

Een andere grote naam in de Rank-Canadese interface was Sir Kenneth Keith, een directeur van het Canadese equivalent van de Bank of Hong Kong and Shanghai, de Bank of Nova Scotia, die verwikkeld was in het witwassen van drugsgeld. Hij zat ook in de raad van bestuur van de oudste en meest eerbiedwaardige krant van Groot-Brittannië, The *London Times* en The *Sunday Times*. Al meer dan 100 jaar is The *Times de* stem van de Kroon over buitenlandse zaken, financiële zaken en het politieke leven in Engeland.

Zoals zoveel leden van het Comité van 300 bewoog Sir Kenneth zich tussen MI6 en de opiumleveringsketen, de commandostructuur in Hong Kong en China, ogenschijnlijk namens het Canadian Institute of International Affairs, waarvan hij lid was. Bovendien kon zijn aanwezigheid in China en Hong Kong, als directeur van het bankhuis Hill Samuel, gemakkelijk worden verklaard. Een van zijn naaste medewerkers buiten MI6-kringen was Sir Philip de Zuleta, de directe controleur van alle Britse premiers, zowel conservatief als Labour, door het Comité van 300. Sir Kenneth Strong verbond alle spaken van het drugswiel, inclusief terrorisme, opiumproductie, goudmarkten, witwassen van geld en bankieren met de centrale kern, de Britse Kroon.

Aan de top van de controle van de Britse Kroon over Canada staat Walter Gordon. Als voormalig lid van het Comité van Toezicht van de Koningin, ook bekend als de Geheime Raad, sponsorde Gordon het Instituut voor Stille Betrekkingen via het Canadian Institute of International Affairs. Als voormalig minister van Financiën kon Gordon een comité van 300 geselecteerde accountants en juristen plaatsen bij de drie belangrijkste gecharterde banken: de Bank of Nova Scotia, de Canadian Imperial Bank en de Toronto Dominion Bank.

Via deze drie "Crown Banks" hield een netwerk van 300 onder Gordon ressorterende agenten toezicht op de op één na grootste witwasoperatie ter wereld, met een directe toegang tot China. Voor zijn dood controleerde Gordon James Endicott, Chester Ronning en Paul Linn, door MI6 geïdentificeerd als Canada's top "China-specialisten". De drie mannen werkten nauw samen met Chou-En-lai, die ooit tegen Gamal Abdul Nasser had gezegd dat hij Groot-Brittannië en de Verenigde Staten zou aandoen wat zij China hadden aangedaan - hen veranderen in naties van heroïneverslaafden. Chou-En-lai hield zijn belofte, te beginnen met de Amerikaanse GI's in Vietnam. Andere naaste medewerkers in de Canadese heroïne ring waren John D. Gilmer en John Robert Nicholson, beiden lid van de Orde van de Ridders van Sint Jan van Jeruzalem. Lord Hartley Shawcross, die vermoedelijk rechtstreeks rapporteerde aan Koningin Elizabeth II, was een trustee van het Royal Institute for International Affairs en kanselier van de Universiteit van Sussex, de thuisbasis van het beruchte Tavistock Institute for Human Relations, dat uitgebreide connecties heeft in Canada.

Bij de activiteiten van Rank in de VS is geen enkel ander bedrijf zo succesvol geweest voor Rank als de Corning Group, eigenaars van de Metropolitan Life Insurance Company en de New York Life Insurance Company. De leden van het Comité van 300 Amory Houghton en zijn broer James Houghton hebben de Britse Kroon lange tijd gediend via bovengenoemde verzekeringsmaatschappijen en via Corning Glass, Dow Corning en Corning International. Beiden zitten in de raad van bestuur van IBM en Citicorp. James Houghton is directeur van het Princeton Institute for Advanced Studies, directeur van de J. Pierpont Morgan Library, een bolwerk van de RIIA en de CFR, en tevens directeur van CBS.

Het waren de gebroeders Houghton die honderden hectares, bekend als Wye Plantation in Maryland, schonken aan het Aspen Institute van de Britse Kroon. De bisschop van het aartsbisdom van de Anglicaanse (Episcopale) Kerk van Boston zit ook in de raad van bestuur van Corning Glass. Dit alles geeft de groep zijn veelgeroemde air van respectabiliteit, die bestuurders van verzekeringsmaatschappijen moeten dragen, en zoals we zullen zien, leiden naast James Houghton, Keith Funston en John Harper, beiden lid van het Corning-bestuur, de Metropolitan Life Insurance Company.

De MASSIEVE netwerkvorming en interfacing van deze ene eenheid van het Comité van 300 zal ons een goede indicatie geven van de enorme macht waarover de hiërarchie van samenzweerders beschikt, voor wie alle knieën zijn gebogen, inclusief die van de President van de Verenigde Staten, wie hij ook moge zijn.

Belangrijk is de manier waarop dit Amerikaanse bedrijf, een van de honderden, banden heeft met de Britse geheime diensten, Canada, het Verre Oosten en Zuid-Afrika, om nog maar te zwijgen van een netwerk van ambtenaren en bedrijfsleiders dat elk aspect van het bedrijfsleven en de politiek in de Verenigde Staten raakt.

Hoewel de Metropolitan Life Insurance Company niet vergelijkbaar is met de gigantische Assicurazioni Generale van het Comité van 300, is het toch een goede indicator van hoe de macht van de Houghtons zich uitstrekt over het hele spectrum van het bedrijfsleven in de Verenigde Staten en Canada. Te beginnen met R.H. Macy (waarvan de werknemers niet langer rode anjers dragen ter ere van de banden van het bedrijf met het communisme), de Royal Bank of Canada, de National and Westminster Bank, Intertel (een virulent en verachtelijk particulier inlichtingenbureau), Canadian Pacific, The Reader's Digest, RCA, AT&T, Harvard Business School, W. R. Grace Shipping Company, Ralston Purina Company, U.S. Steel, Irving Trust, Consolidated Edison of New York en de ABC, het stroomnet van de Houghtons reikt tot aan de Hong Kong and Shanghai Bank.

Een ander succesvol Rank bedrijf in de VS is de Reliance Insurance Group. Als onderdeel van de Strategic Bombing Survey legde Reliance de eerste structurele basis voor de hersenspoeling, opinievorming, opiniepeilingen, enquêtes en systeemanalyse die het Tavistock Instituut in de VS gebruikt. De in Philadelphia gevestigde Reliance Insurance Company zette de bedrijfsstructuur op die het mogelijk maakte het Strategisch Bombardement Onderzoek te keren tegen de bevolking van de Verenigde Staten, die, hoewel ze het niet weten, de afgelopen 45 jaar is onderworpen aan wrede psychologische oorlogsvoering.

Een van de hoofdrolspelers in deze aanval op de VS was David Bialkin van het advocatenkantoor Wilkie, Farr en Gallagher, het Comité van 300. Bialkin stond jarenlang aan het hoofd van de Anti-Defamation League (ADL). De ADL is een Britse inlichtingenoperatie die in de VS is opgericht door MI6 en wordt geleid door Saul Steinberg en Eric Trist van Tavistock. Saul Steinberg is de Amerikaanse vertegenwoordiger en zakenpartner van de familie Jacob de Rothschild uit Londen.

De Reliance Corporation is het hoofdkantoor van Carl Lindner, die Eli Black opvolgde toen deze uit een raam op de 44e verdieping van een wolkenkrabber in New York "viel". De Reliance Company heeft banden met de machtige United Fruit Company uit Boston en New Orleans, geleid door Max Fisber die, voordat hij het slachtoffer werd van schapenroof, een bekend figuur was in de Detroitse onderwereld. De United Fruit Company is al lange tijd transporteur van heroïne en cocaïne naar de Verenigde Staten, dankzij de expertise van Misbulam Riklis van de Rapid American Corporation, die de transporten van Canada naar de Verenigde Staten organiseert. Vergeet niet dat dit alles gebeurt onder de paraplu van een enkel bedrijf, dat verbonden is met een groot aantal kleinere bedrijven en operaties om het Comité van 300 totale controle te geven over een veelheid van operaties, elk zorgvuldig geïntegreerd in het netwerk.

Reliance Group is een spin-off van de moedermaatschappij die tot taak heeft het Amerikaanse volk te hersenspoelen via een netwerk van opiniepeilers en -vormers en via operationeel onderzoek rechtstreekse banden legt met het Tavistock Instituut. Een andere geassocieerde onderneming is Leasco, die nauwe banden heeft met AT&T, Disclosure Incorporated, Western Union International, Imbucon Ltd en Yankelovich, Skelly and White.

Daniel Yankelovich is de keizer van de corporate polling/opiniestructuur in de Verenigde Staten, een enorm apparaat dat zorgt voor "publieke opinies over wezenlijke sociale, economische en politieke kwesties", om Edward Bernays te citeren. Het is dit enorme apparaat dat de meerderheid van de Amerikanen, die nog nooit van Saddam Hussein hadden gehoord en vaag wisten dat Irak een land ergens in het Midden-Oosten was, heeft veranderd in een volk dat huilt om zijn bloed en om de uitroeiing van Irak als natie.

Yankelovich maakte volledig gebruik van alle kennis die hij tijdens de Tweede Wereldoorlog had opgedaan. Als strijder van de tweede generatie heeft Jankelovitsj geen gelijke, en daarom zijn de ABC-peilingen, uitgevoerd door zijn bedrijf, altijd op het scherpst van de snede van de "publieke opinie". De bevolking van de Verenigde Staten is op dezelfde manier geviseerd als de Duitse arbeiderswoningen, door een aanval op de realiteitszin. Deze techniek is natuurlijk een standaardtraining voor bepaalde inlichtingendiensten, waaronder de CIA.

Het was Yankelovich's taak om de traditionele Amerikaanse waarden te vernietigen en te vervangen door de waarden van de New Age en het Tijdperk van de Waterman. Als de hoogste publieke opiniefunctionaris van het Comité van 300 kan niemand eraan twijfelen dat Yankelovich uitstekend werk heeft verricht.

De beste manier om de gebruikte methoden en de verwachte resultaten uit te leggen is waarschijnlijk door het werk van John Naisbitt aan te halen, zoals uitgelegd in zijn "Trend Report". Naisbitt heeft Lyndon Johnson, Eastman Kodak, IBM, American Express, het Centre for Policy Study, Chase Manhattan, General Motors, Louis Harris Polls, het Witte Huis, het Institute of Life Insurance, het Amerikaanse Rode Kruis, Mobil Oil, B.P. en een groot aantal bedrijven en instellingen geadviseerd over het Comité van 300. Zijn methodologie, afgeleid van MI6's Tavistock procedures, is natuurlijk niet uniek:

"Laat ik kort onze methodologie uiteenzetten. Bij het ontwikkelen van het trendrapport voor onze klanten vertrouwen we vooral op een systeem van het volgen van lokale gebeurtenissen en gedragingen. Daarom volgen we wat er lokaal gebeurt, in plaats van wat er in Washington of New York gebeurt. Dingen beginnen in Los Angeles, Tampa, Hartford, Wichita, Portland, San Diego en Denver. Het is een bottom-up maatschappij.

"Het concept van tracking dat wordt gebruikt om deze trends te bepalen vindt zijn oorsprong in de Tweede Wereldoorlog. Tijdens de oorlog zochten inlichtingendeskundigen naar een methode om informatie over vijandelijke landen te verkrijgen die opiniepeilingen normaal gesproken zouden opleveren. Onder leiding van Paul Lazarsfeld en Harold Laswell werd een methode ontwikkeld om na te gaan wat er in deze samenlevingen gebeurde door de inhoud van de dagelijkse pers te analyseren.

"Terwijl deze methode om het publieke denken te volgen de keuze van de inlichtingendienst blijft, besteedt de natie elk jaar miljoenen dollars aan inhoudelijke analyse van kranten in elk deel van de wereld.

De reden waarom dit systeem om veranderingen in de samenleving te volgen zo goed werkt, is dat de "nieuwsgaten" in kranten een gesloten systeem zijn. Om economische redenen verandert de hoeveelheid ruimte voor nieuws in een krant niet in de tijd.

"Dus wanneer iets nieuws in dit informatiegat wordt gebracht, moet er iets of een combinatie van dingen uitkomen of worden weggelaten. Het principe waar het hier om gaat wordt geclassificeerd als een gedwongen keuze in een gesloten systeem. In deze gedwongen situatie voegen samenlevingen nieuwe zaken toe en vergeten de oude. Er wordt bijgehouden welke worden toegevoegd en welke worden weggelaten.

"Uiteraard zijn bedrijven net als mensen. Ik weet niet wat het getal is, maar een mens kan maar een bepaald aantal problemen en zorgen tegelijk in zijn hoofd houden. Als er nieuwe problemen of zorgen bijkomen, moeten sommige worden opgegeven. We houden bij wat de Amerikanen hebben opgegeven en wat ze hebben teruggenomen.

"De Verenigde Staten ondergaan een snelle overgang van een industriële massamaatschappij naar een informatiemaatschappij, en de uiteindelijke gevolgen zullen ingrijpender zijn dan de overgang van een agrarische naar een industriële maatschappij in de 19e eeuw. Vanaf 1979 werd het belangrijkste beroep in de Verenigde Staten dat van kantoormedewerker, ter vervanging van handarbeiders en boeren. In deze laatste verklaring ligt een korte geschiedenis van de Verenigde Staten besloten."

Het is geen toeval dat Naisbitt lid is van de Club van Rome en in die hoedanigheid een hoge functionaris is van het Comité van 300, en tevens een hoge vice-voorzitter is van Yankelovich, Skelly and White. Wat Naisbitt doet is geen trends voorspellen, maar ze DOEN. We hebben gezien hoe de industriële basis van de Verenigde Staten is vernietigd, te beginnen met de staalindustrie. In 1982 schreef ik een boek met de titel *Death of the Steel Industry, waarin* ik betoogde dat tegen het midden van de jaren negentig de staalproductie in de VS tot een point of no return zal zijn gedaald, en dat de auto- en huizenindustrie dit voorbeeld zullen volgen.

Dit alles is gebeurd, en wat we vandaag (1992) meemaken is een economische recessie die niet alleen te wijten is aan een verkeerd economisch beleid, maar ook aan de bewust geplande vernietiging van onze industriële basis - en daarmee de vernietiging van de unieke Amerikaanse middenklasse - de ruggengraat van het land - die afhankelijk is van progressieve industriële expansie voor groei en stabiele werkgelegenheid.

Dit is een van de redenen waarom de recessie, die in januari 1991 serieus begon, uitgroeide tot een depressie waaruit de Verenigde Staten, zoals wij die in de jaren zestig en zeventig kenden, waarschijnlijk nooit meer zullen terugkeren. [23]De economie zal de

---

[23] Dr. Coleman's voorspelling is uitgekomen. Kijk naar e-commerce.

depressie van 1991 niet te boven komen voor ten minste 1995-1996, en tegen die tijd zullen de VS een heel andere samenleving zijn geworden dan die welke zij waren aan het begin van de recessie.

Opiniemakers speelden een belangrijke rol in deze oorlog tegen de Verenigde Staten; we moeten kijken naar de rol van het Comité van 300 bij het tot stand brengen van deze ingrijpende veranderingen en hoe sociale ingenieurs gebruik maakten van centrale systeemanalyse om te voorkomen dat de publieke opinie iets anders uitdroeg dan het beleid van de onzichtbare regering. Hoe en waar is dit alles begonnen?

Uit documenten met betrekking tot de Eerste Wereldoorlog die ik heb kunnen verzamelen en onderzoeken op het War Office in Whitehall, Londen, blijkt dat het Royal Institute for International Affairs van het Committee of 300 de opdracht kreeg een studie uit te voeren naar de manipulatie van oorlogsinformatie. De opdracht werd gegeven aan Lord Northcliffe, Lord Rothmere en Arnold Toynbee, die agent van MI6 was bij het RIIA. De familie van Lord Rothmere bezat een krant die werd gebruikt om verschillende regeringsstandpunten te ondersteunen, dus dacht men dat de media de publieke perceptie konden veranderen, met name in de gelederen van de groeiende oppositie tegen de oorlog.

Het project werd ondergebracht in Wellington House, genoemd naar de hertog van Wellesly. Tot de Amerikaanse specialisten die werden aangetrokken om Lords Rothmere en Northcliffe bij te staan, behoorden Edward Bernays en Walter Lippmann. De groep hield 'brainstormsessies' om technieken te ontwikkelen om de massa's voor de oorlog te mobiliseren, vooral onder de arbeidersklasse van wie verwacht werd dat hun zonen in recordaantallen naar de slagvelden van Vlaanderen zouden gaan.

Met behulp van het dagboek van Lord Rothmere werden nieuwe manipulatietechnieken getest en na een periode van ongeveer 6 maanden succesvol bevonden. De onderzoekers ontdekten dat slechts een zeer kleine groep mensen het redeneerproces begreep en het vermogen om het probleem te observeren in plaats van er een mening over uit te spreken. Volgens Lord Rothmere is dit hoe 87% van het Britse publiek de oorlog benaderde, en hetzelfde principe geldt niet alleen voor oorlog, maar voor elk denkbaar probleem in de samenleving in het algemeen.

EDITOR'S NOTE.

Zo werd irrationaliteit tot een hoog niveau van publiek bewustzijn verheven. De manipulatoren profiteerden hiervan om de aandacht van het publiek te ondermijnen en af te leiden van de realiteit die elke situatie beheerst, en hoe complexer de problemen van een moderne industriële samenleving werden, hoe gemakkelijker het was om voor steeds grotere afleidingen te zorgen, zodat uiteindelijk de absoluut irrelevante meningen van massa's mensen, gecreëerd door vaardige manipulatoren, de plaats innamen van wetenschappelijke feiten.

Nadat ze letterlijk op zo'n diepzinnige conclusie waren gestuit, stelden de manipulatoren die tijdens de oorlog een voor een op de proef, zodat er, ondanks de honderdduizenden jonge Britten die op de slagvelden van Frankrijk werden afgeslacht, vrijwel geen verzet tegen de bloedige oorlog ontstond. Uit verslagen van die tijd blijkt dat in 1917, vlak voordat de Verenigde Staten in de oorlog kwamen, 94% van de Britse arbeidersklasse, die het zwaarst door de oorlog werd getroffen, geen idee had waarvoor ze vochten, afgezien van het beeld dat door de manipulatieve media werd geschapen, namelijk dat de Duitsers een afschuwelijk ras waren, vastbesloten om hun vorst en land te vernietigen, en van de aardbodem moesten worden weggevaagd.

Er is zeker niets veranderd, want in 1991 hadden we precies dezelfde situatie, gecreëerd door de nieuwsmedia, die het president Bush mogelijk maakte de grondwet flagrant te schenden door een genocideoorlog te voeren tegen het volk van Irak, met de volledige instemming van 87% van het Amerikaanse volk. Woodrow Wilson kan worden verweten - als dat de juiste uitdrukking is - dat hij op de kar van de manipulatoren van de publieke opinie sprong en deze gebruikte om de zaken te bevorderen die hem door zijn controleur, kolonel House, in het oor werden gefluisterd.

In opdracht van President Wilson, of beter gezegd Kolonel House, werd de Creel Commission opgericht en, voor zover kan worden nagegaan, was de Creel Commission de eerste organisatie in de VS die gebruik maakte van de technieken en methodologie van de RIIA op het gebied van opiniepeilingen en massapropaganda. De in Wellington House geperfectioneerde experimenten voor psychologische oorlogvoering werden met evenveel succes gebruikt tijdens de Tweede Wereldoorlog en werden voortdurend gebruikt in de massale psychologische oorlogvoering tegen de Verenigde Staten die in 1946 begon. De methoden zijn niet veranderd, alleen het doel. Vanaf nu zijn het niet langer Duitse arbeiderswoningen, maar de Amerikaanse middenklasse die in het middelpunt van de aanval staan.

Zoals zo vaak konden de samenzweerders hun vreugde niet bedwingen. Na de eerste wereldoorlog, in 1922 om precies te zijn, heeft Lippmann het werk van het RIIA in detail beschreven in een boek getiteld "*PUBLIC OPINION*":

"De publieke opinie houdt zich bezig met indirecte, onzichtbare en verwarrende feiten, en er is niets duidelijks aan. De situaties waarop de publieke opinie betrekking heeft, zijn alleen bekend als meningen; de beelden in de hoofden van mensen, beelden van zichzelf, van anderen, van hun behoeften, hun doelen en hun relaties, zijn hun publieke meningen. Deze beelden, waarnaar wordt gehandeld door groepen mensen of door individuen die namens groepen optreden, vormen de OPENBARE OPINIE met een hoofdletter. Het innerlijke beeld in hun hoofd misleidt mensen vaak in hun omgang met de buitenwereld."

Het is niet verrassend dat Lippmann werd gekozen om ervoor te zorgen dat de bevolking van de Verenigde Staten van de Beatles "hield" toen ze op onze kusten aankwamen en aan een nietsvermoedende natie werden opgedrongen. Voeg daarbij de propaganda die dag en nacht door radio en televisie werd uitgezonden en het duurde slechts een relatief korte tijd voordat de Beatles "populair" werden. De techniek van radiostations die honderden verzoeken om Beatles-muziek ontvangen van denkbeeldige luisteraars leidde tot de creatie van hitlijsten en ratings voor de "top 10" en vervolgens een geleidelijke escalatie naar de "top 40 hitlijsten" in 1992.

In 1928 schreef Lippmanns landgenoot Edward Bernays een boek getiteld *Crystallising Public Opinion* en in 1928 verscheen een tweede boek van hem, eenvoudigweg *PROPAGANDA geheten*. In dit boek beschrijft Bernays zijn ervaringen in Wellington House. Bernays was een goede vriend van de meester-manipulator H.G. Wells, wiens vele quasi-romans door Bernays werden gebruikt om hem te helpen bij het formuleren van technieken voor massa-geestbeheersing.

Wells was niet verlegen om zijn rol als leider in het veranderen van de lagere klasse maatschappij, vooral omdat hij goed bevriend was met leden van de Britse koninklijke familie en veel tijd doorbracht met enkele van de meest vooraanstaande politici van die tijd, mannen als Sir Edward Grey, Lord Haldane, Robert Cecil, van de Joodse Cecil familie die de Britse monarchie controleerde sinds een Cecil de privé secretaris en minnaar van Koningin Elizabeth I was geworden, Leo Amery, Halford Mackinder, van MI6 en later directeur van de London

School of Economics, wiens leerling, Bruce Lockhart, de MI6 controleur van Lenin en Trotski zou worden tijdens de Bolsjewistische revolutie, en zelfs de grote man zelf, Lord Alfred Milner. Een van Wells' favoriete plaatsen was het prestigieuze St Ermins Hotel, ontmoetingsplaats van de Coefficient Club, een club waar alleen gecertificeerde heren werden toegelaten en waar zij eens per maand bijeenkwamen. Alle bovengenoemde mannen waren lid, evenals de leden van de Souls Club. Wells betoogde dat elke natie kon worden verslagen, niet door een directe confrontatie, maar door het begrijpen van de menselijke geest - wat hij noemde "de mentale achtergrond achter de persoonlijkheid".

Met zulke krachtige steun voelde Bernays zich zeker genoeg om zijn *PROPAGANDA te* lanceren:

> "Naarmate de beschaving complexer wordt en *de noodzaak van een onzichtbare regering meer en meer wordt aangetoond* (nadruk toegevoegd) zijn de technische middelen uitgevonden en ontwikkeld *waarmee de publieke opinie kan worden gereguleerd* (nadruk toegevoegd). Met de drukpers en de kranten, de telefoon, de telegraaf, de radio en de vliegtuigen kunnen ideeën snel, zelfs ogenblikkelijk, door heel Amerika worden verspreid."

Bernays had nog niet gezien hoeveel beter televisie het werk zou doen.

> "De bewuste en intelligente manipulatie van de georganiseerde gewoonten en meningen van de massa's is een belangrijk element in een democratische samenleving. Zij die dit onzichtbare mechanisme van de samenleving manipuleren, vormen een onzichtbare regering die de werkelijke regeringsmacht van ons land is."

Ter ondersteuning van zijn standpunt haalt Bernays het artikel van H.G. Wells in de *New York Times* aan, waarin Wells enthousiast het idee steunt dat de moderne communicatiemiddelen "een nieuwe wereld van politieke processen openen die het gemeenschappelijke doel zullen documenteren en ondersteunen tegen de perversie en het verraad" (van de onzichtbare regering).

Om verder te gaan met de openbaringen in *PROPAGANDA:*

> "We worden geregeerd, onze geest gevormd, onze smaak gevormd, onze ideeën voorgesteld, grotendeels door mannen van wie we nog nooit hebben gehoord. Welke houding men ook kiest ten opzichte van deze situatie, het feit blijft dat we in bijna elke

handeling van ons dagelijks leven, of het nu gaat om politiek of zaken, om sociaal gedrag of ethisch denken, worden gedomineerd door een relatief klein aantal mensen, een onbeduidende fractie van onze honderdtwintig miljoen (in 1928), die de mentale processen en sociale patronen van de massa begrijpen. Zij zijn het die de draden trekken die de publieke geest beheersen, en die de oude sociale krachten beheersen en nieuwe manieren bedenken om de wereld te binden en te leiden."

Bernays had niet het lef de wereld te vertellen wie "ZIJ" zijn die "aan de touwtjes trekken die de publieke opinie beheersen...", maar in dit boek zullen we zijn opzettelijke nalatigheid goedmaken door het bestaan te onthullen van dat "relatief kleine aantal mensen", het Comité van 300. Bernays werd voor zijn werk toegejuicht door de CFR, waarvan de leden stemden om hem de leiding te geven over CBS. William Paley werd zijn "leerling" en verving Bernays uiteindelijk, nadat hij een grondig begrip had gekregen van de nieuwe wetenschap van het maken van publieke opinies, waardoor CBS de leider werd op dit gebied, een rol die CBS netwerktelevisie en -radio nooit meer afstond.

De politieke en financiële controle door de "relatief weinigen", zoals Bernays ze noemde, wordt uitgeoefend via een aantal geheime genootschappen, met name de Schotse Rite der Vrijmetselarij, en misschien het belangrijkst, via de Eerbiedwaardige Orde van de Ridders van Sint Jan van Jeruzalem, een oude orde van officieren die door de Britse vorst zijn uitgekozen vanwege hun deskundigheid op gebieden die van vitaal belang zijn voor de voortdurende controle van het Comité.

In mijn boek *L'Ordre de Saint-Jean de Jérusalem,* gepubliceerd in 1986, beschreef ik de Orde als volgt:

"...Het is dus geen geheim genootschap, behalve wanneer haar doelstellingen in de interne raden zijn geperverteerd, zoals de Orde van de Kousenband, die een geprostitueerde oligarchische creatie is van het Britse koningshuis, die de spot drijft met waar de Soevereine Orde van Sint Jan van Jeruzalem voor staat.

"Als voorbeeld vinden we de atheïst Lord Peter Carrington, die beweert een Anglicaans Christen te zijn, maar lid is van de Orde van Osiris en andere duivelse sekten, waaronder de Vrijmetselarij, ingewijd als Ridder van de Kousenband in St George's Chapel, Windsor Castle, door Hare Majesteit, Koningin Elizabeth II van Engeland, van de Zwarte Guelph Adel, tevens hoofd van de

Anglicaanse Kerk, die zij ten zeerste veracht."

Carrington werd door het Comité van 300 gekozen om de regering van Rhodesië ten val te brengen, de minerale rijkdommen van Angola en Zuidwest-Afrika onder controle van de City of London te brengen, Argentinië te vernietigen en de NAVO om te vormen tot een linkse politieke organisatie in dienst van het Comité van 300.

Een ander vreemd gezicht dat we zien bij de Heilige Christelijke Orde van Sint Jan van Jeruzalem, en ik gebruik het woord vreemd zoals het in het oorspronkelijke Hebreeuws van het Oude Testament wordt gebruikt om te verwijzen naar de afkomst van een individu, is dat van majoor Louis Mortimer Bloomfield, de man die de moord op John F Kennedy hielp plannen. We zien foto's van deze "vreemde" man die trots het Maltezer Kruis draagt, hetzelfde kruis dat op de mouw van de Ridders van de Kousenband wordt gedragen.

We zijn zo gehersenspoeld dat we denken dat het Britse koningshuis gewoon een leuke, onschuldige, kleurrijke instelling is, en we beseffen niet hoe corrupt en daarom zeer gevaarlijk deze instelling, die de Britse monarchie heet, is. De Ridders van de Orde van de Kousenband zijn de binnenste kring van de meest corrupte functionarissen die het vertrouwen dat hun natie, hun volk, in hen stelt, volledig hebben beschaamd.

De Ridders van de Orde van de Kousenband zijn de hoofden van het Comité van 300, de meest vertrouwde 'Privy Council' van koningin Elizabeth II. Toen ik een paar jaar geleden onderzoek deed naar de Orde van Sint Jan van Jeruzalem, ging ik naar Oxford om te spreken met een van de meesters, een specialist in oude en moderne Britse tradities. Hij vertelde me dat de Knights of the Garter het inner-sanctum zijn, de elite van de elite van Hare Majesteits meest eerbiedwaardige Orde van Sint Jan van Jeruzalem. Laat ik zeggen dat dit *niet* de oorspronkelijke orde is, gesticht door de ware christelijke strijder, Peter Gerard, maar het is typerend voor veel mooie instellingen die van binnenuit worden overgenomen en vernietigd, terwijl ze *voor* de niet-ingewijden *lijken op het* origineel.

Vanuit Oxford ging ik naar het Victoria and Albert Museum en kreeg toegang tot de papieren van Lord Palmerston, een van de oprichters van de opiumdynastie in China. Palmerston was, zoals zovelen van zijn soort, niet alleen een vrijmetselaar, maar ook een toegewijde dienaar van de gnostiek... Net als de hedendaagse "koninklijke familie" deed Palmerston zich voor als christen, maar was hij in feite een dienaar van Satan. Veel Satanisten werden leiders van de Britse aristocratie en verdienden hun fortuin via de opiumhandel in China.

Uit de museumstukken met Victoria's naam vernam ik dat zij in 1885 de naam van de Orde van Sint Jan van Jeruzalem veranderde om te breken met de katholieke band van de stichter van de Orde, Peter Gerard, en deze omdoopte tot de "Meest Eerbiedwaardige Protestantse Orde van Jeruzalem". Het lidmaatschap stond open voor alle oligarchische families die hun fortuin hadden gemaakt in de opiumhandel in China, en alle volledig decadente families kregen een plaats in de "nieuwe orde".

Veel van deze eerbiedwaardige heren waren verantwoordelijk voor het toezicht op het Droogleggingstijdperk in de Verenigde Staten vanuit Canada, waar verschillende leden whisky leverden aan de Verenigde Staten. Onder deze groep was het Committee of 300 lid Earl Haig, die zijn whisky franchise aan de oude Joe Kennedy gaf. Zowel het Verbod als de distilleerderijen die aan de vraag naar alcohol voldeden, waren creaties van de Britse Kroon via het Comité van 300. Het was een experiment dat de voorloper werd van de huidige drugshandel, en de lessen die getrokken werden uit het Verbodstijdperk worden toegepast op de binnenkort gelegaliseerde drugshandel.

Canada is de route die het meest gebruikt wordt door heroïne leveranciers uit het Verre Oosten. De Britse monarchie zorgt ervoor dat deze informatie nooit openbaar wordt gemaakt. Dankzij haar bevoegdheden bestuurde koningin Elizabeth Canada via de gouverneur-generaal (je vraagt je af hoe moderne Canadezen zo'n archaïsche regeling kunnen aanvaarden), die de PERSOONLIJKE vertegenwoordiger van de koningin was, en vervolgens via de Privy Council (nog zo'n archaïsch overblijfsel uit het koloniale tijdperk) en de Knights of St John of Jerusalem, die alle aspecten van de Canadese handel controleerden. Oppositie tegen het Britse bewind werd onderdrukt. Canada heeft enkele van de meest restrictieve wetten ter wereld, waaronder de zogenaamde "haatmisdaad" wetten die het land zijn opgelegd door Joodse leden van het Hogerhuis in Engeland. Er lopen momenteel vier grote processen in verschillende stadia in Canada tegen mensen die beschuldigd worden van "haatmisdaden". Dit zijn de zaken Finta, Keegstra, Zundel en Ross. Iedereen die het waagt bewijs te leveren van de Joodse controle over Canada (die de Bronfmans uitoefenen) wordt onmiddellijk gearresteerd en beschuldigd van zogenaamde "haatmisdaden". Dit geeft ons een idee van de reikwijdte van het Comité van 300, dat letterlijk aan de top zit van alles in deze wereld.

Deze bewering wordt bevestigd door het feit dat het Comité van 300 onder auspiciën van de Ronde Tafel het Internationaal Instituut voor Strategische Studies (IISS) heeft opgericht. [24]Dit instituut is het vehikel voor zwarte propaganda van MI6 en Tavistock en "wet jobs" (de schuilnaam van de inlichtingendiensten voor een operatie die bloedvergieten vereist), nucleair en terroristisch, die in de wereldpers en onder regeringen en militaire instellingen worden verspreid.

Tot de leden van het IISS behoren vertegenwoordigers van 87 grote nieuwsagentschappen en verenigingen, en 138 redacteuren en columnisten van internationale kranten en tijdschriften. Nu weet u waar uw favoriete columnist al zijn informatie en meningen vandaan haalt. Denk aan Jack Anderson, Tom Wicker, Sam Donaldson, John Chancellor, Mary McGrory, Seymour Hersh, Flora Lewis en Anthony Lewis, enz. De informatie van het IISS, met name scenario's zoals die welke zijn opgesteld om president Hoessein zwart te maken, de komende aanval op Libië te rechtvaardigen en de PLO te veroordelen, zijn allemaal speciaal op maat gemaakt. Het door Seymour Hersh gepubliceerde verhaal over het bloedbad van Mai Lai kwam rechtstreeks uit het IISS, voor het geval we ten onrechte aannemen dat mannen als Hersh hun eigen onderzoek doen.

Het Internationaal Instituut voor Strategische Studies is niets anders dan een opiniemaker van het hoogste niveau zoals gedefinieerd door Lippmann en Bernays. In plaats van boeken te schrijven, publiceren kranten opinies die door geselecteerde columnisten worden gepresenteerd, en het IISS werd opgericht om een centraal punt te zijn, niet alleen voor het creëren van opinies, maar ook voor het verspreiden van deze opinies en scenario's, veel sneller en voor een breder publiek dan met een boek zou kunnen worden bereikt. Het IISS is een goed voorbeeld van de netwerkvorming en interfacing van de instellingen van het Comité van 300.

Het idee om het IISS op te richten werd geboren tijdens de Bilderberger bijeenkomst in 1957. De Bilderberger conferentie was een creatie van MI6 onder leiding van het Royal Institute of International Affairs. Het idee kwam van Alastair Buchan, zoon van Lord Tweedsmuir. Buchan was destijds voorzitter, lid van het bestuur

---

[24] Letterlijk banen waar je nat moet worden... NDT.

van het RIIA en lid van de Ronde Tafel, die naar verluidt zeer dicht bij de Britse koninklijke familie staat. Het was dezelfde conferentie die Labour Party leider Dennis Healey in haar gelederen verwelkomde. Andere deelnemers waren François Duchene, wiens mentor, Jean Monet Duchenes, de Trilaterale Commissie leidde onder de voogdij van H.V. Dicks van het Columbus Centrum in Tavistock.

Tot de leden van de raad van bestuur van deze gigantische propaganda- en opiniemachine behoren de volgende personen:

➢ Frank Kitson, voormalig controleur van de IRA PROVISIONALS, de man die de Mau-Mau opstand in Kenia lanceerde.

➢ Lazard Frères, vertegenwoordigd door Robert Ellsworth.

➢ N. M. Rothschild, vertegenwoordigd door John Loudon.

➢ Paul Nitze, vertegenwoordiger van Banque Schroeder.

Nitze heeft een zeer belangrijke en substantiële rol gespeeld in de kwesties van de wapenbeheersingsovereenkomsten, die ALTIJD onder leiding van de RIIA stonden.

➢ C. L. Sulzberger van The *New York Times*.

➢ Stansfield Turner, voormalig directeur van de CIA.

➢ Peter Calvocoressi, vertegenwoordiger van Penguin Books.

➢ Koninklijk Instituut voor Internationale Zaken, vertegenwoordigd door Andrew Schoenberg.

➢ Columnisten en verslaggevers, vertegenwoordigd door Flora Lewis, Drew Middleton, Anthony Lewis en Max Frankel.

➢ Daniel Ellsberg.

➢ Henry Kissinger.

➢ Robert Bowie, voormalig directeur van National Intelligence Estimates voor de CIA.

Na de Bilderbergervergadering van 1957 kreeg Kissinger opdracht een kantoor van de Ronde Tafel te openen in Manhattan, waarvan de kern bestond uit Haig, Ellsberg, Halperin, Schlessinger, McNamara en de gebroeders McBundy. Kissinger kreeg de opdracht alle topfuncties in de regering-Nixon te vullen met leden van de Ronde Tafel, loyaal aan de RIIA en dus aan de koningin van Engeland. Het is geen toeval dat

Kissinger de oude verblijfplaats van president Nixon, het Pierre Hotel, koos als zijn centrum van operaties.

De betekenis van Operatie Ronde Tafel-Kissinger was als volgt: Op bevel van RIIA president Andrew Schoeberg, werden alle agentschappen die betrokken waren bij inlichtingen geblokkeerd om informatie aan president Nixon te geven. Dit betekende dat Kissinger en zijn team ALLE inlichtingen ontvingen, buitenlandse en binnenlandse, wetshandhaving en veiligheid, inclusief Divisie 5 van de FBI, voordat deze aan de President bekend werden gemaakt. Dit zorgde ervoor dat alle door MI6 gecontroleerde terroristische operaties in de VS geen kans hadden om openbaar gemaakt te worden. Dit was Halperin's domein.

Met behulp van deze methode vestigde Kissinger onmiddellijk zijn hegemonie over het presidentschap van Nixon, en nadat Nixon door de Kissinger-groep in ongenade was gevallen en uit zijn ambt was verdreven, kwam Kissinger tevoorschijn met ongekende bevoegdheden zoals die nooit eerder of sinds Watergate zijn geëvenaard. Enkele van deze zelden genoemde bevoegdheden zijn:

Kissinger gaf opdracht tot het opstellen van het National Security Decision Memorandum No. 1 door Halperin, die de eigenlijke formulering rechtstreeks van de RIIA ontving via de Ronde Tafel kringen. Het memorandum wees Kissinger aan als de hoogste Amerikaanse autoriteit en voorzitter van de verificatiegroep. Alle SALT-onderhandelingen werden gevoerd door dezelfde instanties, onder leiding van Paul Nitze, Paul Warnke en een groep verraders in de wapenbeheersingsmissie van Genève.

Bovendien werd Kissinger benoemd in de Speciale Studiegroep over Vietnam, die toezicht hield op alle rapporten, civiele en militaire, inclusief inlichtingenrapporten uit Vietnam, en deze evalueerde. Kissinger eiste en kreeg ook de supervisie over het "Comité 40", een supergeheim agentschap dat tot taak had te beslissen wanneer en waar heimelijke activiteiten van start moesten gaan en vervolgens de voortgang van de in gang gezette operaties te bewaken.

Ondertussen gaf Kissinger opdracht tot een lawine van telefoontaps door de FBI, zelfs op zijn naaste medewerkers, om de indruk te wekken dat hij alles wist. De meeste leden van zijn entourage werden geïnformeerd dat ze werden afgeluisterd. Dit werkte bijna averechts toen een MI6-agent, Henry Brandon, opdracht kreeg om afgeluisterd te worden, maar door Kissinger niet op de hoogte werd gebracht.

Brandon deed zich voor als verslaggever voor de *London Times* en Kissinger werd bijna ontslagen omdat niemand dat doet bij de *London Times*.

Het volledige verhaal van de Ellsberg-inbraak en het daaropvolgende Watergate-schandaal van Nixon is te lang om hier op te nemen. Het volstaat te zeggen dat Kissinger controle had over Ellsberg vanaf de dag dat hij in Cambridge werd aangenomen. Ellsberg was altijd een fervent voorstander geweest van de oorlog in Vietnam, maar hij werd geleidelijk "bekeerd" tot een radicaal linkse activist. Zijn "bekering" was nauwelijks minder wonderbaarlijk dan Paulus' Damascusweg-ervaring.

Het hele spectrum van Nieuw Links in de Verenigde Staten was het werk van de Britse geheime dienst (MI6) die optrad via de agenten van de Ronde Tafel en het Instituut voor Beleidsstudies (IPS). Zoals in alle landen met een republikeinse basis waarvan het beleid veranderd moest worden, speelde het IPS een leidende rol, zoals nu in Zuid-Afrika en Zuid-Korea. Veel van wat het IPS deed wordt uitgelegd in mijn boek *IPS Revisited* dat in 1990 verscheen.

De belangrijkste functie van de IPS was om tweedracht te zaaien en verkeerde informatie te verspreiden, en zo chaos te veroorzaken. Een van die programma's, gericht op de Amerikaanse jeugd, was gericht op drugs. Via een reeks IPS-fronten, acties zoals de steniging van Nixons autocolonne en een groot aantal bomaanslagen, werd effectief een klimaat van misleiding gecreëerd, waardoor een meerderheid van de Amerikanen geloofde dat de Verenigde Staten werden bedreigd door de KGB, de GRU en de Cubaanse DGI. Het gerucht ging dat veel van deze denkbeeldige agenten nauwe banden hadden met de Democraten via George McGovern. Het was in feite een model desinformatiecampagne waar MI6 terecht beroemd om is.

Haldeman, Ehrlichman en Nixons naaste medewerkers hadden geen idee wat er aan de hand was, met als gevolg een lawine van verklaringen van het Witte Huis dat Oost-Duitsland, de Sovjet-Unie, Noord-Korea en Cuba terroristen trainden en hun operaties in de Verenigde Staten financierden. Ik betwijfel of Nixon veel wist van de IPS, laat staan dat hij vermoedde wat het met zijn presidentschap deed. Tijdens de Golfoorlog, toen het gerucht ging dat terroristen van alle kanten op het punt stonden de Verenigde Staten binnen te vallen en alles in het zicht op te blazen, hadden we last van hetzelfde soort verkeerde informatie.

President Nixon werd letterlijk in het ongewisse gelaten. Hij wist zelfs niet dat David Young, een student van Kissinger, in de kelder van het Witte Huis werkte en toezicht hield op het "lekken". Young was afgestudeerd in Oxford en al lange tijd een medewerker van Kissinger via Round Table activa als het advocatenkantoor Milbank Tweed. President Nixon was geen partij voor de krachten die tegen hem werden ingezet onder leiding van MI6 namens het Royal Institute for International Affairs en dus de Britse Koninklijke familie. Het enige waaraan Nixon schuldig was, wat Watergate betreft, was zijn onwetendheid over wat er om hem heen gebeurde. Toen James McCord "bekende" tegenover rechter John Sirica, had Nixon zich in een oogwenk moeten realiseren dat McCord een dubbel spel speelde. Hij had Kissinger ter plekke moeten ondervragen over zijn relatie met McCord. Dat zou roet in het eten hebben gegooid en de hele MI6-Watergate operatie hebben doen ontsporen.

Nixon heeft zijn presidentiële bevoegdheden niet misbruikt. Zijn misdaad was dat hij de grondwet van de Verenigde Staten van Amerika niet verdedigde en mevrouw Katherine Meyer Graham en Ben Bradley niet beschuldigde van samenzwering tot opstand. De afkomst van mevrouw Katherine Meyer Graham is zeer dubieus, zoals "Jessica Fletcher" uit "Murder She Wrote" snel zou hebben ontdekt. Maar zelfs dit wetende, zouden mevrouw Graham's controleurs aan de Ronde Tafel hard gevochten hebben om het geheim te houden. De rol van de *Washington Post* was om de pot aan de kook te houden door de ene "onthulling" na de andere te genereren en zo een klimaat van wantrouwen bij het publiek ten opzichte van president Nixon te creëren, ook al was er geen enkel bewijs dat hij iets verkeerds had gedaan.

Toch laat het de immense macht van de pers zien, zoals Lippmann en Bernays terecht hadden voorzien, in die zin dat mevrouw Graham, lang verdacht van de moord op haar man, Philip L. Graham - officieel geclassificeerd als "zelfmoord" - enige geloofwaardigheid had moeten behouden. Andere verraders die hadden moeten worden aangeklaagd wegens oproer en verraad waren Kissinger, Haig, Halperin, Ellsberg, Young, McCord, Joseph Califano en Chomsky van de IPS en die CIA-agenten die naar het huis van McCord gingen en al zijn papieren verbrandden. Nogmaals, het moet herhaald worden dat Watergate, net als vele andere operaties waar we hier geen ruimte voor hebben, de VOLLEDIGE CONTROLE aantoonde die het Comité van 300 over de Verenigde Staten uitoefende.

Hoewel Nixon omging met mensen als Earl Warren en sommige gangsters die het huis van Warren bouwden, betekent dat niet dat hij door de Watergate-affaire te schande had moeten worden gemaakt. Mijn afkeer van Nixon komt voort uit zijn bereidheid om het beruchte ABM-verdrag in 1972 te ondertekenen en zijn al te intieme relatie met Leonid Brezjnev. Een van de meest betreurenswaardige fouten van de Minderheidsraad was het abjecte falen om de vuile rol te onthullen die gespeeld werd door INTERTEL, het afschuwelijke privé-inlichtingendienst van de Corning Group, die we al hebben ontmoet, bij het "lekken" van een groot deel van Watergate naar Edward Kennedy. Particuliere inlichtingendiensten zoals INTERTEL hebben geen bestaansrecht in de Verenigde Staten. Ze zijn een bedreiging voor ons recht op privacy en een belediging voor vrije mensen overal.

De fout ligt ook bij degenen die president Nixon moesten beschermen tegen het soort stalen net dat om hem heen werd geworpen om hem te isoleren. Het inlichtingenpersoneel rond Nixon had geen kennis van de strenge Britse inlichtingenoperaties; sterker nog, ze hadden geen idee dat Watergate in zijn geheel een Britse inlichtingenoperatie was. Het Watergate-complot was een staatsgreep tegen de Verenigde Staten van Amerika, net als de moord op John F. Kennedy. Hoewel dit feit vandaag de dag niet als zodanig wordt erkend, ben ik ervan overtuigd dat wanneer alle geheime documenten eindelijk worden geopend, de geschiedenis zich zal herinneren dat twee staatsgrepen, de ene tegen Kennedy en de andere tegen Nixon, inderdaad hebben plaatsgevonden, en dat zij in hun kielzog de meest gewelddadige verkrachting en aanval brachten op de instellingen waarop de Republiek van de Verenigde Staten rust.

De persoon die de titel verrader en opruier het meest verdient is generaal Alexander Haig. Deze klerikale kolonel, wiens pennenlikkerscarrière niet het commando over gevechtstroepen inhield, werd plotseling in de schijnwerpers gezet door de onzichtbare parallelle regering daarboven. President Nixon beschreef hem ooit als een man die Kissinger toestemming moest vragen om naar het toilet te gaan.

Haig is een product van de Ronde Tafel. Hij kwam onder de aandacht van prominent lid Joseph Califano, een van Hare Majesteits meest vertrouwde vertegenwoordigers in de Verenigde Staten. Joseph Califano, juridisch adviseur van de Democratische Nationale Conventie, had Alfred Baldwin, een van de loodgieters, een maand voor de inbraak geïnterviewd. Califano was dom genoeg om een memorandum te schrijven over zijn interview met Baldwin, waarin hij details gaf over McCords achtergrond en waarom McCord Baldwin had uitgekozen om deel uit te maken van het "team".

Erger nog, Califano's memorandum bevatte alle details van de afgeluisterde gesprekken tussen Nixon en het herverkiezingscomité, allemaal VOOR de inbraak plaatsvond. Califano had aangeklaagd moeten worden voor een groot aantal federale aanklachten; in plaats daarvan ontsnapte hij ongedeerd aan zijn criminele activiteiten. De schijnheilige Sam Ervin weigerde minderheidsraadsman Fred Thompson toe te staan dit zeer schadelijke bewijsmateriaal te presenteren tijdens de Watergate hoorzittingen - met het valse argument dat het "te speculatief" was.

Op bevel van de Ronde Tafel bevorderde Kissinger Haig van kolonel tot viersterrengeneraal, in de meest bliksemsnelle stijging ooit in de annalen van de Amerikaanse militaire geschiedenis, waarbij Haig 280 generaals en hoge officieren in het Amerikaanse leger overtrof.

Tijdens en als gevolg van Haigs "promotie" werden 25 hoge generaals gedwongen ontslag te nemen. Als beloning voor zijn verraad aan president Nixon en de Verenigde Staten kreeg Haig vervolgens de functie van commandant-generaal van de strijdkrachten van de Noord-Atlantische Verdragsorganisatie (NAVO), hoewel hij de minst gekwalificeerde commandant was die deze functie ooit had bekleed. Ook hier werd hij overtroffen door 400 hoge generaals uit de NAVO-landen en de Verenigde Staten.

Toen het nieuws van zijn benoeming het opperbevel van de Sovjetstrijdkrachten bereikte, riep maarschalk Orgakov zijn drie topgeneraals van het Warschaupact uit Polen en Oost-Duitsland terug. Gedurende Haigs ambtstermijn als bevelhebber van de NAVO-strijdkrachten werd Haig door de elitaire beroepskaders van de Sovjetstrijdkrachten, mannen die nooit iets anders dan beroepssoldaten waren geweest, met de grootste minachting bejegend en werd hij openlijk een "NAVO-bureauchef" genoemd. Zij wisten dat Haig zijn benoeming te danken had aan de RIIA en niet aan het Amerikaanse leger.

Maar voordat zijn militaire promotie hem uit Washington haalde, vernietigde Alexander Haig, samen met Kissinger, vrijwel het ambt van President van de Verenigde Staten en zijn regering. De chaos die Kissinger en Haig achterlieten in de nasleep van Watergate is bij mijn weten nooit beschreven. Op aandringen van de RIIA nam Haig vrijwel de leiding van de Amerikaanse regering over na de staatsgreep van april 1973. Door 100 zelfgekozen Ronde Tafel agenten naar het Brookings Institution, het Institute Policy Studies en de Council on Foreign Relations te brengen, vulde Haig de honderd belangrijkste posities in Washington met mannen die, net als hijzelf, schatplichtig waren aan een buitenlandse macht. In het debacle dat volgde, werd de Nixon administratie beschadigd, en daarmee de Verenigde Staten.

Afgezien van de vrome gemeenplaatsen en aanstellerij ter verdediging van de grondwet, heeft senator Sam Ervin meer gedaan om de Verenigde Staten te veranderen dan alles wat president Nixon zou hebben gedaan, en de Verenigde Staten zijn nog niet hersteld van de bijna fatale wond van Watergate, een operatie die werd gesponsord door het Comité van 300 en uitgevoerd door het Koninklijk Instituut voor Internationale Zaken, de Ronde Tafel en in de VS gevestigde MI6-agenten.

De manier waarop president Nixon eerst werd geïsoleerd, omringd door verraders en vervolgens in de war werd gebracht, volgde naar de letter de Tavistock-methode om totale controle over een persoon te krijgen volgens de methodologie die is vastgelegd door de belangrijkste theoreticus van Tavistock, Dr. Kurt Lewin. Ik heb de methodologie van Lewin elders in dit boek in detail beschreven, maar met het oog op het schoolvoorbeeld van president Richard M. Nixon vind ik dat het herhaald moet worden:

"Een van de belangrijkste technieken om het moreel te breken, door middel van een strategie van terreur, bestaat uit precies deze tactiek: de persoon in het ongewisse houden over zijn situatie en wat hij kan verwachten. Bovendien, als de frequente afwisseling tussen harde disciplinaire maatregelen en beloften van een goede behandeling, alsmede de verspreiding van tegenstrijdige berichten, de cognitieve structuur van deze situatie volledig vertroebelen, kan het individu zelfs niet meer weten of een bepaald plan hem naar zijn doel leidt of er juist van weg. Onder deze omstandigheden worden zelfs personen die precieze doelen hebben en bereid zijn risico's te nemen, verlamd door een ernstig innerlijk conflict over wat zij moeten doen".

Kissinger en Haig volgden de Tavistock training handleidingen naar de letter. Het resultaat was een verbijsterde, verwarde, bange en gedemoraliseerde president Nixon, wiens enige actie - vertelde Haig hem - was om af te treden. [25]In 1983 schreef ik twee boeken, *The Tavistock Institute: Sinister and Deadly* en *The Tavistock Institute: Britain's Control of U.S. Policy*, gebaseerd op de geheime Tavistock handboeken die in mijn handen waren gevallen. De methoden en acties van het Tavistock Instituut worden in deze twee boeken in detail beschreven.

De methoden van Tavistock werden zo succesvol toegepast om president Nixon af te zetten, dat het volk van deze natie de laster van de samenzweerders van leugens, verdraaiingen en verzonnen situaties volledig als waarheid geloofde, terwijl Watergate in feite door en door een duivelse leugen was. Het is belangrijk dit te benadrukken, want we hebben het einde van Watergate-achtige operaties zeker nog niet gezien.

Wat waren de vermeende impeachable overtredingen van president Nixon, en het zogenaamde "smoking gun" bewijs dat deze beschuldigingen moest ondersteunen? Allereerst, het "rokende pistool". Dit stukje FICTIE werd gecreëerd door Kissinger en Haig rond de 23 juni tape, die Haig Nixon dwong te overhandigen aan Leon Jaworski.

Haig besteedde uren aan het overtuigen van President Nixon dat deze opname hem ten val zou brengen, omdat deze "onomstotelijk" bewees dat Nixon schuldig was aan ernstige overtredingen en dat hij medeplichtig was aan de Watergate-inbraak. De eerste reactie van president Nixon was om tegen Haig te zeggen: "Het is volkomen absurd om er zo'n groot punt van te maken", maar Haig ging door tot Nixon ervan overtuigd was dat hij zich niet met succes kon verdedigen voor de Senaat alleen op basis van deze specifieke opname van 23 juni!

Hoe had Haig zijn missie volbracht? [26]Haig speelde een scenario uit dat voor hem was voorbereid door zijn Ronde Tafel controleurs, en had een onbewerkt transcript van de "smoking gun" tape getypt door zijn staf. In werkelijkheid stond er niets op de tape dat president Nixon niet had kunnen verklaren. Haig voelde dit en verspreidde zijn onbevoegde en onbewerkte transcriptie van de band onder Nixon's

---

[25] Zie de bijgewerkte versie van deze werken *in The Tavistock Institute of Human Relations*, Omnia Veritas Ltd, www.omnia-veritas.com.

[26] "Smoking gun", een synoniem voor onweerlegbaar bewijs.

trouwste aanhangers in het Huis en de Senaat en de hoge leiding van de Republikeinse partij. Besprenkeld met gedachten over het "rokende pistool" en het "verwoestende" effect dat het zeker zou opleveren. Afkomstig van Nixon's vertrouwde assistent, had het transcript het effect van een havik die een kudde duiven slaat; Nixon's aanhangers raakten in paniek en zochten dekking.

Na zijn opruiing en opstand ontbood Haig Congreslid Charles Wiggins, een overtuigd aanhanger van Nixon die ermee had ingestemd de strijd in het Huis van Afgevaardigden te leiden om een afzettingsprocedure te voorkomen, naar zijn kantoor. In een flagrante leugen kreeg Wiggins van Haig te horen: "De strijd is verloren". Daarna verloor Wiggins interesse in het verdedigen van Nixon, in de overtuiging dat Nixon zelf had ingestemd met het afhaken. Haig behandelde vervolgens senator Griffin, een van de belangrijkste aanhangers van de president in de Senaat, op dezelfde manier. Als gevolg van Haigs opruiende en verraderlijke activiteiten schreef senator Griffin onmiddellijk een brief aan president Nixon waarin hij hem vroeg af te treden.

Drie maanden geleden stelde het door de Ronde Tafel gecontroleerde Instituut voor Beleidsstudies, het kind van James Warburg, oprichter en lid Marcus Raskin, EXACT hetzelfde ultimatum aan President Nixon om af te treden, gebruik makend van de propagandakrant van de Britse Geheime Dienst, de *New York Times* van 25 mei. De Watergate tragedie was een stap in de onomkeerbare overgang naar barbarij die de Verenigde Staten omhult, en die ons leidt naar de Eén Wereld Regering/Nieuwe Wereld Orde. De Verenigde Staten zijn nu in hetzelfde stadium als Italië was toen Aldo Moro het probeerde te redden van de instabiliteit die het had gecreëerd.

Waarvan werd Nixon beschuldigd? John Doar, wiens botheid perfect paste bij zijn taak om artikelen van impeachment tegen de president in te dienen, was de auteur en afmaker van een van de grootste ILLEGALE binnenlandse surveillance en contra-inlichtingen operaties ooit uitgevoerd in de Verenigde Staten.

Als hoofd van de Interdepartmental Intelligence Unit (IDIU) verzamelde Doar informatie van alle denkbare federale overheidsinstanties, waaronder de Internal Revenue Service. Het programma was gekoppeld aan het Institute for Policy Studies. Een van de hoogtepunten in de carrière van John Doar was het verstrekken van 10.000 tot 12.000 namen van burgers waarvan hij vermoedde dat ze politieke dissidenten waren, aan de CIA - die bij wet verboden was zich bezig te houden met binnenlandse surveillance - voor nader onderzoek.

Op 18 juli 1974 diende deze grote verdediger van de wet met afgemeten praal de "aanklacht" tegen president Nixon in, een gebeurtenis die nationaal werd uitgezonden. Toch was er geen enkel bewijs dat Nixon iets laakbaars had gedaan dat tot zijn afzetting zou kunnen leiden; Doar's zielige opsomming van Nixon's vermeende "misdaden" was zelfs zo triviaal dat het verbazingwekkend is dat de procedure verder ging dan dat punt. Belastingfraude, het zonder toestemming bombarderen van Cambodja en een vage beschuldiging van "machtsmisbruik", die in een rechtbank nooit stand zou hebben gehouden, was het beste wat Doar kon doen. De Verenigde Staten waren zo instabiel als ze ooit geweest waren toen president Nixon op 8 augustus 1974 aftrad.

Nergens meer dan in ons economisch en fiscaal beleid. In 1983 kwamen internationale bankiers bijeen in Williamsburg, Virginia, om een strategie te bedenken om de VS voor te bereiden op de totale desintegratie van hun banksysteem. Deze geplande gebeurtenis moest de Amerikaanse Senaat ertoe aanzetten, om de controle over ons monetaire en fiscale beleid door het Internationaal Monetair Fonds (IMF) te accepteren. Dennis Weatherstone van Morgan Guarantee op Wall Street zei dat hij ervan overtuigd was dat dit de enige manier was waarop de VS zichzelf kon redden.

Dit voorstel werd goedgekeurd door de Ditchley Group, die in mei 1982 werd opgericht in Ditchley Park, Londen. Op 10 en 11 januari 1983 kwam deze groep buitenlanders bijeen in Washington D.C., in strijd met de Sherman Anti-Trust Act en de Clayton Act, en spande samen om de soevereiniteit van de Verenigde Staten van Amerika in haar monetaire en financiële vrijheid omver te werpen. De Amerikaanse procureur-generaal was op de hoogte van de bijeenkomst en het doel ervan. In plaats van de leden van de groep aan te klagen voor samenzwering om een federale misdaad te begaan, keek hij gewoon de andere kant op.

Volgens bovengenoemde statuten is het bewijs van een samenzwering alles wat nodig is voor een veroordeling wegens misdrijf, en er was voldoende bewijs dat er inderdaad een samenzwering had plaatsgevonden. Maar omdat de Ditchley Foundation was bijeengekomen op verzoek van het Koninklijk Instituut voor Internationale Zaken en werd ontvangen door de Ronde Tafel, had niemand in het Ministerie van Justitie de moed om te handelen zoals vereist door degenen die gezworen hebben de wetten van de Verenigde Staten te handhaven.

Het plan van Ditchley om de controle over het Amerikaanse fiscale en monetaire beleid over te nemen was het geesteskind van Sir Harold Lever, een fervent aanhanger van het zionisme, een vertrouweling van leden van de Britse koninklijke familie en lid van het Comité van 300. Sir Harold Lever was directeur van het gigantische conglomeraat UNILEVER, een belangrijk bedrijf in het Comité van 300. Lever's plan hield in dat de invloed van het IMF zou worden uitgebreid zodat het de centrale banken van alle naties, inclusief de Verenigde Staten, zou kunnen beïnvloeden en ze in de handen van één enkele wereldoverheidsbank zou kunnen leiden.

Dit was een essentiële stap op weg naar het IMF om de opperste arbiter van het wereldwijde banksysteem te worden. De topgeheime bijeenkomst in januari werd voorafgegaan door een andere in oktober 1982, waaraan vertegenwoordigers van 36 van 's werelds grootste banken in het Vista Hotel in New York deelnamen. De beveiliging van het seminar op 26 en 27 oktober was zo streng als ooit tevoren in de Big Apple. Ook deze eerdere bijeenkomst van de Ditchley Group was in strijd met de Amerikaanse wet.

In zijn toespraak tot de vergadering zei Sir Harold Lever dat het van essentieel belang was om vóór het jaar 2000 een einde te maken aan de nationale soevereiniteit als archaïsch overblijfsel.

"De Verenigde Staten zullen spoedig moeten beseffen dat zij niet beter af zullen zijn dan om het even welk derde wereldland wanneer het IMF de controle overneemt," zei Sir Harold.

De afgevaardigden kregen later te horen dat plannen om het IMF aan te wijzen als toezichthouder op het begrotingsbeleid van de VS werden voorbereid om tegen het jaar 2000 aan de Amerikaanse Senaat te worden voorgelegd.

Rimmer de Vries, die namens Morgan Guarantee sprak, zei dat het hoog tijd was dat de VS lid werd van de Bank voor Internationale Betalingen. "We moeten de terughoudendheid van de Verenigde Staten in de afgelopen 50 jaar heroverwegen," zei de heer de Vries. Sommige Britse en Duitse bankiers, die mogelijke schendingen van de Amerikaanse wetgeving vrezen, zeiden dat de Ditchley Group niet meer is dan een comité om wisselkoersproblemen glad te strijken. Felix Rohatyn sprak ook over de grote noodzaak om de Amerikaanse bankwetten te veranderen zodat het IMF in dat land een grotere rol zou kunnen spelen. Rohatyn stond aan het hoofd van Lazard Frères, een bank van de Club van Rome die deel uitmaakt van de Eagle Star Group, die we al eerder hebben ontmoet.

Vertegenwoordigers van de Ronde Tafel William Ogden en Werner Stang spraken enthousiast voor het opgeven van de fiscale soevereiniteit van de VS aan het Internationaal Monetair Fonds en de Bank voor Internationale Betalingen. Afgevaardigden van de Alpha Ranking Group, een P2 vrijmetselaarsbank, zeiden dat de VS gedwongen moeten worden zich te onderwerpen aan de "hogere autoriteit van een wereldbank" voordat er enige vooruitgang kan worden geboekt in de richting van de Nieuwe Wereldorde.

Op 8 januari 1983, voorafgaand aan hun grote bijeenkomst op 10-11 januari, werd Hans Vogel, een vooraanstaand lid van de Club van Rome, ontvangen op het Witte Huis. President Ronald Reagan had George Schultz, Caspar Weinberger, George Kennan en Lane Kirkland uitgenodigd om zijn ontmoeting met Vogel bij te wonen, die president Reagan de doelstellingen van de Ditchley Group uitlegde. Vanaf die dag draaide president Reagan zich om en werkte samen met de verschillende agentschappen van het Comité van 300 om het Internationaal Monetair Fonds en de Bank voor Internationale Betalingen naar voren te schuiven als de autoriteit inzake het binnenlands en buitenlands monetair beleid van de VS.

De onzichtbare regering van het Comité van 300 heeft enorme druk uitgeoefend op Amerika om zijn manieren te veranderen - ten kwade. Amerika is het laatste bastion van vrijheid, en tenzij onze vrijheden worden afgenomen, zal de voortgang naar een Eén Wereld Regering aanzienlijk worden vertraagd. Een onderneming als één wereldregering is een enorme onderneming, die veel vaardigheid, organisatievermogen en controle over regeringen en hun beleid vereist. De enige organisatie die deze gigantische taak met enige hoop op succes op zich had kunnen nemen is het Comité van 300, en we hebben gezien hoe ver het is gegaan in de richting van een volledig succes.

Het is in de eerste plaats een geestelijke strijd. Helaas zijn de christelijke kerken weinig meer geworden dan sociale clubs die worden geleid door de oneindig kwaadaardige Wereldraad van Kerken (WCC), waarvan de oorsprong niet in Moskou ligt maar in de stad Londen, zoals we zien in het schema aan het eind van het boek dat de structuur weergeeft van de Kerk van de Ene Wereldregering. Dit orgaan werd in de jaren twintig opgericht als vehikel voor het beleid van de regering van één wereld, en is een monument voor de langetermijnplanning van het Comité van Driehonderd.

Een ander corrupt orgaan dat qua structuur en opzet lijkt op de WCC is de Union of Concerned Scientists, opgericht door de Trilaterale Commissie en gefinancierd door het Carnegie Endowment Fund, de Ford Foundation en het Aspen Institute. Het was deze groep die de strijd leidde om te voorkomen dat de VS een doeltreffend afschrikmiddel zouden ontwikkelen tegen Sovjet Kosferen, in de ruimte gestationeerde laserstraalwapens die vanuit de ruimte geselecteerde doelen in de VS of elders kunnen vernietigen.

Het Amerikaanse SDI-programma was ontworpen om de dreiging van de Sovjet Kosmosferen tegen te gaan, een dreiging die nog steeds bestaat ondanks de verzekering dat "het communisme dood is". Sovjetwoordvoerder Georgi Arbatov vertelde een vergadering van de Union of Concerned Scientists dat het belangrijk was dat zij zich tegen het SDI-programma zouden verzetten, want als het operationeel zou worden, "zou dat een militaire ramp zijn". Jaar na jaar verzette de Union of Concerned Scientists zich tegen alle begrotingen die middelen bevatten voor het vitale SDI-programma, totdat er eind 1991 niet eens genoeg geld was om het nog noodzakelijke aanvullende onderzoek te financieren, laat staan het systeem in een baan om de aarde te brengen. De Union of Concerned Scientists wordt geleid door het Royal Institute for International Affairs en is zwaar geïnfiltreerd door agenten van MI6, de Britse inlichtingendienst.

Er is geen enkel aspect van het leven in Amerika dat niet wordt gecontroleerd, in de "juiste" richting wordt gestuurd, gemanipuleerd en gecontroleerd door de onzichtbare regering van het Comité van 300. Er is geen enkele gekozen functionaris of politieke leider die niet onderworpen is aan haar gezag. Tot nu toe is niemand erin geslaagd onze geheime heersers uit te dagen, die er niet voor terugdeinzen iemand tot een "afschuwelijk voorbeeld" te maken, inclusief de president van de Verenigde Staten van Amerika.

Vanaf 1776, toen Jeremy Bentham en William Petty, de graaf van Shelburne, vers van de triomf van de Franse Revolutie die zij hadden gepland en geleid, door de Britse kroon werden gerekruteerd om hun gezamenlijke ervaring in dienst te stellen van de kolonisten; tot 1812, toen de Britten Washington plunderden en in brand staken en geheime documenten vernietigden die het verraad van de prille Verenigde Staten van Amerika zouden hebben onthuld; tot president Nixon's Watergate en de moord op president Kennedy; de hand van het

Comité van 300 is duidelijk zichtbaar. Dit boek is een poging om de ogen van het Amerikaanse volk te openen voor deze verschrikkelijke waarheid: we zijn geen onafhankelijke natie, en kunnen dat ook *nooit* zijn, zolang we geregeerd worden door een onzichtbare regering, het Comité van 300.

Vroegere en huidige instellingen/organisaties die rechtstreeks onder de invloed staan van het Comité van 300

- ➢ Academie voor Hedendaagse Problemen.
- ➢ Afrika Fonds.
- ➢ Agency of International Development.
- ➢ Albert Previn Stichting.
- ➢ Alliance Israelite Universelle.
- ➢ American Civil Liberties Union
- ➢ American Council of Race Relations.
- ➢ American Defence Society.
- ➢ American Press Institute.
- ➢ American Protective League.
- ➢ Anti-Defamation League.
- ➢ Arabisch Bureau.

- ➢ Instituut voor Sociaal Onderzoek.
- ➢ Instituut voor de Toekomst.
- ➢ Instituut voor Wereld Orde.
- ➢ Instituut voor drugs, misdaad en justitie.
- ➢ Inter-Alpha.
- ➢ Inter-Amerikaans Instituut voor Sociale Ontwikkeling.
- ➢ Internationaal Instituut voor Strategische Studies.
- ➢ Interreligieus Vredescolloquium.
- ➢ Irgun.
- ➢ Ridders van Malta.
- ➢ Volkenbond.
- ➢ Logistics Management

- ➢ Arabisch Hoger Comité.
- ➢ ARCA Foundation.
- ➢ Armour Research Foundation.
- ➢ Wapenbeheersing en buitenlands beleid
- ➢ Caucus.
- ➢ Arthur D. Little, Inc.
- ➢ Aziatisch Onderzoeks Instituut.
- ➢ Aspen Instituut.
- ➢ Vereniging voor Humanistische Psychologie.
- ➢ Augmentation Research Centre.
- ➢ Baron de Hirsh Fonds.
- ➢ Battelle Memorial Institute.
- ➢ Berger National Foundation.
- ➢ Berlin Centre for Future Research.
- ➢ Bilderbergers.
- ➢ Zwarte Orde.
- ➢ Boycot Japanse Goederen Conferentie.
- ➢ British Newfoundland Corporation.
- ➢ British Royal Society.
- ➢ Brotherhood of Co-operative Bureau of

Institute.
- ➢ London Board of Deputies of British Jews.
- ➢ London School of Economics.
- ➢ Mary Carter Paint Company.
- ➢ Massachusetts Institute of Technology.
- ➢ Mellon Instituut. Metaphysical Society.
- ➢ Milner Group.
- ➢ Mocatto Metals.
- ➢ Mont Pelerin Society.
- ➢ NAACP.
- ➢ Nationaal Actie Onderzoek naar het Militair/Industrieel Complex.
- ➢ Nationaal Centrum voor Productiviteitsinstitu ut.
- ➢ Nationale Raad van Kerken.
- ➢ Nationaal Centrum voor Opinieonderzoek.
- ➢ Nationale opleidingslaboratoria

International Commonwealth.
- Revolutionaire Propaganda.
- Canadees Joods Congres.
- Kathedraal van St. John the Divine, New York.
- Centre for Advanced Studies in the Behavioural Sciences.
- Centrum voor Constitutionele Rechten.
- Centrum voor Cubaanse Studies.
- Centrum voor Democratische Instellingen.
- Centrum voor Internationaal Beleid.
- Centre for the Study of Responsive Law.
- Christelijke Socialistische Bond.
- Cini Stichting.
- Club van Rome. Cominform.
- Comité voor de komende dertig jaar.
- Comité van Veertien.
- Committee on National Morale.
- Committee to Frame A

.
- Nieuwe Democratische Coalitie.
- New World Foundation.
- New York Rand Institute.
- NORML. Noord-Atlantische Verdragsorganisatie (NAVO).
- Odd Fellows. Orde van Sint Jan van Jeruzalem.
- Orde van de Gouden Dageraad. OXFAM.
- Oxford Univac.
- Pacific Studies Centre.
- Palisades Foundation.
- Peninsula and Orient Navigation Company (P&O.).
- PERMINDEX.
- Princeton University.
- Rand Corporation.
- Rand School of Social Sciences.
- Research Triangle Institution.
- Rhodes Studiebeurs

World Constitution.

➢ Communistische Liga.

➢ Congres van Industriële Organisaties.

➢ Council on Foreign Relations.

➢ David Sassoon Company.

➢ De Beers Consolidated Mines.

➢ Democratische Liga van Brussel.

➢ Oost-Indië Het Comité van 300.

➢ Economische en Sociale Controle (ECOSOC).

➢ Milieufonds.

➢ Environmetrics Inc.

➢ Esalen Instituut.

➢ Fabian Society.

➢ Federatie van Amerikaanse Zionisten.

➢ Fellowship for a Christian Social Order.

➢ Fellowship of Reconciliation.

➢ Ford Foundation.

➢ Fordham University Instelling

➢ Onderwijsonderzoek.

➢ Stichting voor Nationale

Comité.

➢ Rio Tinto Zinc Company.

➢ Riverside Church Ontwapeningsprogramma.

➢ Ronde tafel.

➢ Koninklijk Instituut voor Internationale Zaken.

➢ Russell Sage Foundation.

➢ Stichting San Francisco.

➢ Sharps Pixley Ward.

➢ Social Science Research Council.

➢ Socialist International.

➢ Socialistische Partij van de Verenigde Staten.

➢ Society for Promotion of Study of Religions.

➢ Society of Heaven (TRIADS).

➢ Sovjet Staatscomité voor Wetenschap en Technologie.

➢ Stanford Research Institute.

➢ Stockholm International Peace

Vooruitgang.

- ➢ Garland Fund.
- ➢ German Marshall Fund.
- ➢ Bestuursorgaan van de Israëliet
- ➢ Religieuze gemeenschap.
- ➢ Gulf South Research Institute.
- ➢ Haganah. Harvard University.
- ➢ Hells Fire Club.
- ➢ Horace Mann League.
- ➢ Hudson Gilde.
- ➢ Hudson Instituut.
- ➢ Hudson Bay Company.
- ➢ Imperial College, Universiteit van Londen.
- ➢ Industrial Christian Fellowship.
- ➢ Instituut voor Hersenonderzoek.
- ➢ Institute for Pacific Relations.
- ➢ Instituut voor Beleidsstudies.

Research Institute.

- ➢ Sun Yat Sen Society.
- ➢ Systems Development Corporation.
- ➢ Tavistock Institute of Human Relations.
- ➢ Tempo Corporation.
- ➢ De High Twelve International.
- ➢ De Public Agenda Foundation.
- ➢ Het Quality of Life Institute.
- ➢ Theosofische Vereniging.
- ➢ Thule Society.
- ➢ Trans-Atlantische Raad.
- ➢ Trilaterale Commissie.
- ➢ Amerikaanse vereniging van de Club van Rome.
- ➢ U.S. Institute for Peace.
- ➢ Union of Concerned Scientists.
- ➢ UNITAR.
- ➢ Universiteit van Pennsylvania Wharton School.
- ➢ Warburg, James P.

en familie.

- ➤ Western Training Laboratories.

- ➤ Wilton Park.

- ➤ Women's Christian Temperance Union.

- ➤ Wong Hong Hon Company.

- ➤ Work in America Institute.

- ➤ Wereldraad van Kerken.

Speciale stichtingen en belangengroepen

- ➤ Arabisch Bureau.

- ➤ Aristotelian Society.

- ➤ Aziatisch Onderzoeks Instituut.

- ➤ Bertrand Russell Vredesstichting.

- ➤ British American Canadian Corporation.

- ➤ Broederschap van Eeuwige Liefde.

- ➤ Cambridge Apostles.

- ➤ Canadese Histadrut Campagne.

- ➤ Canadian Pacific Ltd.

- ➤ Caribbean-Central American Action

- ➤ Endangered Peoples' Society.

- ➤ English Property Corporation Ltd.

- ➤ Hospice Inc.

- ➤ International Brotherhood of Teamsters.

- ➤ Internationale Rode Kruis.

- ➤ Jerusalem Foundation, Canada.

- ➤ Kissinger Associates.

- ➤ Kowloon Kamer van Koophandel.

- ➤ Organisatie van Amerikaanse Staten.

Group.
- China Everbright Holdings Ltd.
- Chinees Volksinstituut voor Buitenlandse Zaken.
- Raad van Zuid-Amerika.

- Overzeese Chinese Zaken Comité.
- Radio Corporation of America (RCA).
- Koninklijke Politie van Hong Kong. YMCA.

BANKEN

- American Express.
- Banca de la Svizzera d'Italia.
- Banca Andioino.
- Banca d'America d'Italia.

- BCCI.[27] Canadian Imperial Bank of Commerce.
- Centrust Bank.
- Chartered Bank.
- Charterhouse Japhet

---

[27] BCCI. Deze bank is herhaaldelijk beschuldigd van grote betrokkenheid bij het witwassen van drugsgeld over de hele wereld. Haar bedrijfsstructuur omvat alle activiteiten van het Comité van 300. Middle East Interests, 35% van de aandelen in handen van:

- Regerende familie van Bahrein.
- Regerende familie van Sharjah.
- De heersende familie van Dubai.
- De heersende familie van Saudi Arabië.

- Regerende familie van Iran.
- Een groep zakenlieden uit het Midden-Oosten.
- BCCI Caymaneilanden 41%.
- Bank of America 24%.

BCCI Caymaneilanden en BCCI Luxemburg hebben agentuurkantoren opgericht in Miami, Boca Raton, Tampa, New York, San Francisco en Los Angeles.

- Banca Nazionale del Lavoro.
- Banca Privata.
- Banco Ambrosiano.
- Banco Caribe.
- Banco Commercial Mexicana.
- Banco Consolidato.
- Banco d'Espana.
- Banco de Colombia.
- Banco de Commercio.
- Banco de Iberio-America.
- Banco de la Nacion.
- Banco del Estada.
- Banco Internacional.
- Banco Latino.
- Banco Mercantile de Mexico.
- Banco Nacional de Cuba.
- Banco Nacional de Panama en kleinere Panamese banken.
- Bangkok Commercial d'Italian.
- Bangkok Metropolitan Bank.
- Bank al Meshreq.
- Bank.
- Chase Manhattan Bank.
- Chemical Bank.
- Citibank.
- Citizens and Southern Bank of Atlanta.
- City National Bank of Miami.
- Claridon Bank.
- Cleveland National City Bank.
- Corporate Bank and Trust Company.
- Credit and Commerce American Holdings.
- Credit and Commerce Holdings,
- Nederlandse Antillen.
- Credit Suisse.
- Crocker National Bank. de'Neuflize, Schlumberger, Mallet Bank.
- Dresdener Bank.
- Dusseldorf Global Bank.
- Litex Bank.
- Ljubljanska Bank.
- Lloyds Bank.
- Marine Midland Bank.
- Midland Bank.

- Bank Amerika.
- Bank voor Internationale Betalingen.
- Bank Hapoalim.
- Bank Leu.
- Bank Leumi.
- Bank van Bangkok.
- Bank of Boston.
- Bank of Canada.
- Bank van Krediet en Handel
- Bank of East Asia.
- Internationaal.
- Bank of England.
- Bank of Escambia.
- Bank van Genève.
- Bank of Ireland.
- Bank of London en Mexico.
- Bank of Montreal.
- Bank of Norfolk.
- Bank of Nova Scotia.
- Bank Ohio.
- Bank Brussel Lambert.
- Arab Commercial Bank.
- Banque du Crédit International.

- Morgan Bank.
- Morgan Et Cie.
- Morgan Grenfell Bank.
- Narodny Bank.
- National Bank of Cleveland.
- Nationale Bank van Florida.
- National Westminster Bank.
- Orion Bank.
- Paravicini Bank Ltd.
- Republic National Bank.
- Royal Bank of Canada.
- Schroeder Bank.
- Seligman Bank.
- Shanghai Commercial Bank.
- Soong Bank.
- Standard en Chartered Bank.
- Standard Bank.
- Swiss Bank Corporation.
- Zwitserse Israëlische Handelsbank.
- Trade Development Bank.
- Unibank.
- Union Bank of Israel.

- Banque de Paris en Nederland.
- Franse en Italiaanse bank voor Zuid-Amerika.
- Banque Louis Dreyfus de Paris.
- Private Banking.
- Banques Sud Ameris.
- Barclays Bank.
- Baring Brothers Bank.
- Barnett Banks.
- Baseler Handeslbank.
- Bazels Comité voor Bankentoezicht.

- Union Bank of Switzerland.
- Vanying Bank.
- White Weld Bank.
- Wereldbank.
- World Commerce Bank of Nassau.
- Wereldhandelsbank.
- Wozchod Handelsbank.

Opmerking: Met uitzondering van het Bazelse Comité voor het Bankwezen is elk van de bovengenoemde banken betrokken geweest bij de handel in drugs, diamanten, goud en wapens, en kan dat nog steeds zijn.

Juridische verenigingen en advocaten

- American Bar Association.
- Clifford en Warnke.
- Coudert Brothers.

- Cravaith, Swain en Moore.
- Wilkie, Farr en Gallagher.

Accountants/accountants

- Price, Waterhouse.

Tavistock instellingen in de Verenigde Staten

Verkrijgt contracten van het Institut national de la santé.

➢ MERLE THOMAS CORPORATION

Krijgt contracten van de U.S. Navy, analyseert satellietgegevens.

➢ WALDEN ONDERZOEK

Werkt op het gebied van de bestrijding van verontreiniging.

➢ PLANNING RESEARCH CORPORATION, ARTHUR D. LITTLE, G.E. "TEMPO", OPERATIONS RESEARCH INC.

Zij behoren tot de ongeveer 350 bedrijven die onderzoek en enquêtes uitvoeren en aanbevelingen doen aan de regering. Zij maken deel uit van wat President Eisenhower noemde "een mogelijk gevaar voor het overheidsbeleid dat zelf gevangen zou kunnen raken in een wetenschappelijk-technologische elite".

➢ BROOKINGS INSTELLING

Werkt aan wat hij noemt een "nationaal programma". Schreef het programma van president Hoover, de "New Deal" van president Roosevelt, het "New Frontiers" programma van de regering Kennedy (afwijken daarvan kostte John F. Kennedy zijn leven), en de "Great Society" van president Johnson. Brookings heeft de Amerikaanse regering de afgelopen 70 jaar verteld hoe zij haar zaken moet aanpakken en doet dat nog steeds namens het Comité van 300.

➢ HUDSON INSTITUUT

Onder leiding van Herman Khan heeft deze instelling meer bijgedragen aan de manier waarop Amerikanen reageren op politieke en sociale gebeurtenissen, denken, stemmen en zich in het algemeen gedragen, dan enige andere instelling behalve de BIG FIVE. Hudson is gespecialiseerd in onderzoek naar defensiebeleid en betrekkingen met de USSR. Het meeste van zijn militaire werk is geheim. (Enkele van zijn vroege papers waren getiteld "Stabiliteit en Rust onder Oudere Naties" en "Analytische samenvatting van Amerikaanse Nationale Veiligheidsbeleidspunten". Hudson gaat prat op zijn diversiteit; hij heeft NASA geholpen met zijn ruimtevaartprogramma's en heeft nieuwe jeugdmode en ideeën, jeugdrebellie en -vervreemding helpen promoten voor het Committee of 300, schijnbaar gefinancierd door *Coca Cola*. Hudson kan met recht worden beschouwd als een van de hersenspoelers van het Comité van 300. Sommige van zijn scenario's voor een kernoorlog zijn zeer interessant om te lezen en, als u ze kunt bemachtigen, raad ik u aan "The 6 Basic Thermonuclear Threats" en "Possible Outcomes of Thermonuclear War" en een van zijn meer huiveringwekkende documenten getiteld "Israeli-Arab Nuclear War". Hudson adviseert ook bedrijven van het Comité van 300, Rank, Xerox, General Electric, IBM en General Motors, om er maar een paar te noemen, maar haar grootste cliënt blijft het Amerikaanse Ministerie van Defensie, dat zich bezighoudt met civiele defensie, nationale veiligheid, militair beleid en wapenbeheersing. Tot op heden heeft zij zich niet gewaagd aan de "natte NASA", d.w.z. het Nationaal Oceanografisch Agentschap.

> ➢ NATIONALE OPLEIDINGSLABORATORIA

NTL staat ook bekend als het International Institute of Applied Behavioural Sciences. Dit instituut is zonder twijfel een hersenspoelcentrum gebaseerd op de principes van Kurt Lewin, met onder meer de zogenaamde T-Groups (trainingsgroepen), kunstmatige stresstrainingen waarbij de deelnemers zich plotseling verdiepen in het verdedigen van zichzelf tegen venijnige beschuldigingen. De NTL is de thuisbasis van de National Education Association, de grootste lerarengroep in de Verenigde Staten.

Hoewel het "racisme" officieel wordt veroordeeld, is het interessant op te merken dat NTL, in samenwerking met NEA, een document heeft opgesteld waarin onderwijsvouchers worden voorgesteld waarbij moeilijk lerende kinderen zouden worden gescheiden van kinderen die meer vooruitgang boeken, waarbij de middelen zouden worden toegewezen overeenkomstig het aantal moeilijke kinderen dat zou worden gescheiden van de kinderen die in een normaal tempo vooruitgang boeken. Dit voorstel werd niet aangenomen.

> ➢ UNIVERSITEIT VAN PENNSYLVANIA, WHARTON SCHOOL OF FINANCE & COMMERCE

Wharton, opgericht door Eric Trist, een van de "breinen" van Tavistock, is in de VS een van de belangrijkste instellingen van Tavistock geworden voor "gedragsonderzoek". Wharton trekt klanten aan zoals het Amerikaanse ministerie van Arbeid - het onderwijst hoe "gekookte" statistieken te produceren bij Wharton Econometric Forecasting Associates Incorporated. Er is veel vraag naar deze methode nu we het einde van 1991 bereiken met miljoenen werklozen meer dan blijkt uit de statistieken van het USDL.

De economische modellen van Wharton worden gebruikt door elk groot bedrijf in de Verenigde Staten en West-Europa, alsook door het Internationaal Monetair Fonds, de Verenigde Naties en de Wereldbank. Wharton heeft opmerkelijke mensen voortgebracht zoals George Schultz en Alan Greenspan.

> ➤ INSTITUUT VOOR SOCIAAL ONDERZOEK

Dit is het instituut dat is opgericht door de 'hersenkrakers' van Tavistock - Rensis Likert, Dorwin Cartwright en Ronald Lippert. De studies omvatten "De menselijke betekenis van sociale verandering", "Jeugd in transitie" en "Hoe Amerikanen hun geestelijke gezondheid zien". Tot de klanten van het instituut behoren de Ford Foundation, het Amerikaanse ministerie van Defensie, de US Postal Service en het Amerikaanse ministerie van Justitie.

> ➤ INSTITUUT VOOR DE TOEKOMST

Het is geen typisch Tavistock-instituut, want het wordt gefinancierd door de Ford Foundation, maar het ontleent zijn methodologie voor langetermijnvoorspellingen aan de moeder van alle denktanks. Het Instituut voor de Toekomst projecteert wat het denkt dat er binnen vijftig jaar zal veranderen. Het instituut wordt geacht sociaal-economische trends te kunnen voorspellen en elke afwijking van wat het als normaal beschouwt aan de kaak te stellen. Het Institut du Futur vindt het mogelijk en normaal om nu in te grijpen en beslissingen voor de toekomst te nemen. Delphi-panels beslissen wat normaal is en wat niet, en stellen standpuntnota's op om de regering in de juiste richting te "sturen" om te voorkomen dat groepen burgerlijke onrust veroorzaken. [Dit kunnen bijvoorbeeld patriottische groepen zijn die oproepen tot afschaffing van progressieve belastingen of eisen dat hun "recht om wapens te dragen" niet wordt geschonden]. Het instituut beveelt acties aan als het liberaliseren van wetten op abortus, drugsgebruik en tolheffing voor auto's die stedelijke gebieden binnenrijden, het onderwijzen van anticonceptie op staatsscholen, het verplicht stellen van vuurwapenregistratie, het legaliseren van homoseksualiteit, het betalen van studenten voor hun academische prestaties, staatscontrole op bestemmingsplannen, het geven van stimulansen voor gezinsplanning en, last but not least, het voorstellen, op de wijze van Pol Pot in Cambodja, van het creëren van nieuwe gemeenschappen op het platteland. Zoals u ziet, zijn veel van de doelstellingen van het Instituut van de Toekomst al meer dan bereikt.

➢ INSTITUUT VOOR BELEIDSSTUDIES (IPS)

Een van de "grote drie", de IPS heeft de Amerikaanse buitenlandse en binnenlandse politiek gevormd en hervormd sinds haar oprichting door James P. Warburg en de Rothschild-entiteiten in de VS, gesteund door Bertrand Russell en de Britse socialisten via haar netwerken in Amerika, waaronder de League for Industrial Democracy waarin Leonard Woodcock een leidende rol speelde, zij het achter de schermen. Belangrijke lokale spelers in de League for Industrial Democracy waren de "conservatieve" Jeane Kirkpatrick, Irwin Suall (van de ADL), Eugene Rostow (onderhandelaar voor wapenbeheersing), Lane Kirkland (Labour-leider) en Albert Shanker.

Voor de goede orde: IPS werd in 1963 opgericht door Marcus Raskin en Richard Barnett, beiden afgestudeerd aan het Tavistock Instituut. De meeste fondsen kwamen van Rothschild medewerkers in Amerika, zoals de James Warburg familie, de Stern familie stichting en de Samuel Rubin stichting. Samuel Rubin was een geregistreerd lid van de Communistische Partij die de naam Fabergé stal [Fabergé was de "juwelier van het Russische keizerlijke hof"] en een fortuin maakte met de naam Fabergé.

De doelstellingen van de IPS waren afgeleid van een programma dat was opgesteld door de Britse Ronde Tafel, die op haar beurt afkomstig was van het Tavistock Instituut. Een van de opvallendste doelstellingen was het creëren van "Nieuw Links" als volksbeweging in de Verenigde Staten. Het IPS moest conflicten en onrust veroorzaken en chaos verspreiden als een oncontroleerbaar wildvuur, de "idealen" van het linkse nihilistische socialisme verspreiden, onbeperkt drugsgebruik van alle soorten steunen en de "grote stok" zijn waarmee het Amerikaanse politieke establishment kon worden geslagen.

Barnett en Raskin controleerden uiteenlopende elementen als de Black Panthers, Daniel Ellsberg, Nationaal Veiligheidsraadlid Halperin, de Weathermen Underground, de Venceramos en de campagnestaf van kandidaat George McGovern. Geen project was te groot voor de IPS en zijn controleurs om te ondernemen en te beheren.

Neem het complot om Kissinger te "ontvoeren", dat in handen was van Eqbal Ahmed, een Britse MI6-inlichtingenofficier van Pakistaanse afkomst, die via "TROTS" (in Londen gevestigde Trotskistische terroristen) werd geklaard. Het "complot" werd "ontmaskerd" door de FBI, zodat het niet te ver kon gaan. Ahmed werd vervolgens directeur van een van de meest invloedrijke agentschappen van het IPS, het Transnational Institute dat, als een kameleon, zijn vroegere naam veranderde in het Institute of Race Relations toen agenten van het BOSS (Bureau of State Security) in Zuid-Afrika ontmaskerden dat hij rechtstreekse banden had met de beurs Rhodes-Harry Oppenheimer en de Anglo-Amerikaans-Britse mijnbouwbelangen in Zuid-Afrika. Het BOSS bracht tegelijkertijd ook de Stichting Zuid-Afrika in diskrediet.

Via haar vele machtige lobbygroepen op Capitol Hill heeft de IPS onophoudelijk haar "big stick" gebruikt om het Congres te slaan. De IPS heeft een netwerk van lobbyisten, die zogenaamd allemaal onafhankelijk opereren, maar in feite samenwerken, zodat leden van het Congres van alle kanten worden bestookt door schijnbaar verschillende en uiteenlopende lobbyisten. Op deze manier was, en is, de IPS in staat om met succes individuele vertegenwoordigers en senatoren te beïnvloeden om te stemmen voor "de trend, de manier waarop de dingen gaan". Door sleutelpersonen op Capitol Hill te gebruiken, was de IPS in staat door te dringen in de infrastructuur van ons wetgevend systeem en hoe het werkt.

Om slechts één concreet voorbeeld te geven van waar ik het over heb: in 1975 overtuigde een ambtenaar van IPS vertegenwoordiger John Conyers (D-Michigan) en zevenenveertig leden van het Huis om IPS te vragen een begrotingsstudie voor te bereiden die zich zou verzetten tegen de door president Gerald Ford opgestelde begroting. Hoewel het verzoek niet werd aangenomen, werd het in 1976, 1977 en 1978 opnieuw ingediend, met nieuwe sponsors.

Dan in 1978, zesenvijftig leden van het Congres ondertekenden om een IPS budget studie te sponsoren. Deze werd opgesteld door Marcus Raskin. De begroting van Raskin riep op tot een bezuiniging van 50% op het defensiebudget, een socialistisch huisvestingsprogramma "dat geleidelijk zou concurreren met de particuliere huisvestings- en hypotheekmarkten en deze zou vervangen", een nationale gezondheidsdienst, "radicale veranderingen in het onderwijssysteem die de kapitalistische controle over de verspreiding van kennis zouden verstoren", en verschillende andere radicale ideeën.

De invloed van het IPS op onderhandelingen over wapenbeheersing was een belangrijke factor om Nixon zover te krijgen het verraderlijke ABM-verdrag in 1972 te ondertekenen, waardoor de VS bijna tien jaar lang vrijwel weerloos waren tegen ICBM-aanvallen. De IPS werd, en blijft tot op heden, een van de meest prestigieuze "denktanks" die beslissingen over buitenlands beleid controleren, waarvan wij, het volk, dwaas genoeg geloven dat het die van onze wetgevers zijn.

Door in eigen land militanten te sponsoren en banden te onderhouden met revolutionairen in het buitenland, door overwinningen zoals de "Pentagon Papers" te organiseren, door de bedrijfsstructuur te belegeren, door de geloofwaardigheidskloof tussen ondergrondse bewegingen en aanvaardbaar politiek activisme te overbruggen, door religieuze organisaties binnen te dringen en ze te gebruiken om tweedracht te zaaien in Amerika, zoals radicale rassenpolitiek onder het mom van religie, door de gevestigde media te gebruiken om de ideeën van de IPS te verspreiden en ze vervolgens te steunen, heeft de IPS de rol waargemaakt waarvoor ze was opgericht.

➤ STANFORD ONDERZOEKSINSTITUUT

Jesse Hobson, de eerste voorzitter van het Stanford Research Institute, gaf in een toespraak in 1952 duidelijk de lijnen aan die het instituut zou volgen. Stanford kan worden omschreven als een van de "juwelen" in de kroon van Tavistocks heerschappij over de Verenigde Staten. Opgericht in 1946, onmiddellijk na het einde van de Tweede Wereldoorlog, werd het geleid door Charles A. Anderson en richtte zich op onderzoek naar mind control en de "wetenschappen van de toekomst". De Charles F. Kettering Foundation, die de "Changing Images of Man" ontwikkelde waarop de Aquarian Conspiracy is gebaseerd, maakte deel uit van het Stanford-kader.

Sommige van de belangrijkste klanten en contracten van Stanford waren aanvankelijk gericht op de defensie-industrie, maar naarmate Stanford is gegroeid, is de diversiteit van zijn diensten toegenomen:

➤ Toepassingen van gedragswetenschappen op onderzoeksbeheer

➤ Bureau voor Wetenschap en Technologie.

➤ SRI economisch inlichtingenprogramma.

➤ Defence Research and Engineering Directorate van het US Department of Defence.

➤ U.S. Department of Defense Office of Aerospace Research.

Onder de bedrijven die gebruik maakten van Stanfords diensten waren Wells Fargo Bank, Bechtel Corporation, Hewlett Packard, Bank of America, McDonnell-Douglas Corporation, Blyth, Eastman Dillon en

TRW Company. Een van de meest geheime projecten van Stanford was uitgebreid werk aan chemische en bacteriologische oorlogswapens (CBW). Stanford Research is verbonden met minstens 200 kleine "denktanks" die elk aspect van het leven in Amerika onderzoeken. Dit heet ARPA networking en het vertegenwoordigt de opkomst van waarschijnlijk de meest geavanceerde inspanning om de omgeving van elk individu in het land te controleren. Tegenwoordig zijn de computers van Stanford verbonden met 2.500 "zuster"-onderzoeksconsoles, waaronder de Central Intelligence Agency (CIA), Bell Telephone Laboratories, US Army Intelligence, Office of Naval Intelligence (ONI), RANI, MIT, Harvard en UCLA. Stanford speelt een sleutelrol als "bibliotheek", die alle ARPA-documentatie catalogiseert.

De "andere agentschappen" - en hier kan men zijn fantasie gebruiken - mogen zoeken naar trefwoorden en zinnen in de "bibliotheek" van het SRI, bronnen raadplegen en hun eigen basisbestanden bijwerken met die van het Stanford Research Centre. Het Pentagon, bijvoorbeeld, maakt uitgebreid gebruik van de basisbestanden van het SRI en het lijdt weinig twijfel dat andere Amerikaanse overheidsinstellingen hetzelfde doen. De "command and control" problemen van het Pentagon worden door Stanford opgelost.

Hoewel dit onderzoek ogenschijnlijk alleen betrekking heeft op wapens en soldaten, is er geen enkele garantie dat hetzelfde onderzoek niet kan, en zal, worden gericht op civiele toepassingen. Stanford staat erom bekend dat het voor iedereen alles wil doen, en ik ben ervan overtuigd dat als het SRI volledig zou worden ontmaskerd, de vijandigheid die zou voortvloeien uit onthullingen over wat het eigenlijk doet, het SRI zeer waarschijnlijk zou dwingen te sluiten.

> MASSACHUSETTS INSTITUTE OF TECHNOLOGY, ALFRED P. SLOAN SCHOOL OF MANAGEMENT

Dit grote instituut wordt niet algemeen erkend als onderdeel van Tavistock. De meeste mensen zien het als een zuiver Amerikaanse instelling, maar dat is verre van het geval. MIT-Alfred Sloan kan grofweg in verschillende groepen worden verdeeld:

> Hedendaagse technologie.

> Arbeidsverhoudingen.

> Lewin groepspsychologie.

> NASA-ERC Computer Onderzoek Laboratoria.

➤ Office of Naval Research Group, Psychologie.

Systeemdynamica. Forrestor en Meadows schreven de nulgroei studie van de Club van Rome "De Grenzen aan de Groei".

MIT klanten zijn onder andere:

➤ American Management Association.

➤ Amerikaanse Rode Kruis.

➤ Comité voor Economische Ontwikkeling.

➤ GTE.

➤ Instituut voor defensieanalyse

➤ (IDA).

➤ NASA.

➤ Nationale Academie van Wetenschappen.

➤ Nationale Raad van Kerken.

➤ Sylvania.

➤ TRW.

➤ Het Amerikaanse leger.

➤ U.S. Department of State.

➤ Amerikaanse marine.

➤ Amerikaanse schatkist.

➤ Volkswagen Company.

Het actieterrein van IDA is zo groot dat het honderden bladzijden zou vergen om de activiteiten die zij ontplooit te beschrijven.

➤ RAND RESEARCH AND DEVELOPMENT CORPORATION

Zonder twijfel is RAND DE denktank die het meest afhankelijk is van het Tavistock Instituut en zeker het meest prestigieuze vehikel van de RIIA om het Amerikaanse beleid op alle niveaus te controleren. Specifieke beleidsmaatregelen van RAND die operationeel zijn geworden, zijn ons ICBM-programma, de belangrijkste analyses voor het buitenlands beleid van de VS, de aanstichter van ruimtevaartprogramma's, het nucleaire beleid van de VS, bedrijfsanalyses, honderden projecten voor het leger, de Central Intelligence Agency (CIA) in verband met het gebruik van geestverruimende middelen zoals peyote, LSD (de geheime operatie MK-Ultra die 20 jaar duurde).

Tot de klanten van RAND behoren:

> American Telephone and Telegraph Company (AT&T).
> International Business Machines (IBM).
> Chase Manhattan Bank.
> National Science Foundation.
> Republikeinse partij.
> TRW.
> United States Air Force.
> US Department of Energy.
> United States Department of Health.

Er zijn letterlijk duizenden bedrijven, overheidsinstellingen en zeer belangrijke organisaties die gebruik maken van de diensten van RAND, en het zou een onmogelijke opgave zijn om ze allemaal op te noemen. Tot de "specialiteiten" van RAND behoort een studiegroep die het tijdstip en de richting van een thermonucleaire oorlog voorspelt en de vele scenario's ontwikkelt die op haar bevindingen zijn gebaseerd. RAND werd er ooit van beschuldigd dat het van de USSR de opdracht had gekregen de voorwaarden voor de overgave van de Amerikaanse regering op te stellen, een beschuldiging die tot in de Amerikaanse Senaat ging, waar ze door senator Symington werd overgenomen en vervolgens ten prooi viel aan de minachtende artikelen van de gevestigde pers. Hersenspoeling blijft de kerntaak van RAND.

Samengevat zijn de belangrijkste Tavistock-instellingen in de Verenigde Staten die zich bezighouden met hersenspoeling op alle niveaus, waaronder regering, leger, bedrijfsleven, religieuze organisaties en onderwijs:

> Brookings Institution.
> Hudson Instituut.
> Instituut voor Beleidsstudies.
> Massachusetts Institute of

> Nationale opleidingslaboratoria.
> Rand Research and Development Corporation.
> Stanford Research

| Technology. | Institute. |
| | ➤ Wharton School aan de Universiteit van Pennsylvania. |

Volgens sommige van mijn bronnen zijn er in totaal ongeveer 50.000 mensen werkzaam bij deze instellingen, met een financiering van bijna 10 miljard dollar.

Enkele belangrijke wereldwijde instellingen en organisaties van het Comité van 300

➤ Amerikanen voor een veilig Israël.

➤ Biblical Archaeology Review.

➤ Bilderbergers.

➤ British Petroleum.

➤ Canadian Institute of Foreign Relations.

➤ Christelijk Fundamentalisme.

➤ Council on Foreign Relations, New York.

➤ Egyptian Exploration Society.

➤ Imperial Chemical Industries.

➤ Internationaal Instituut voor Strategische Studies.

➤ Orde van Skull and Bones.

➤ Palestine Exploration

➤ Temple Mount Foundation.

➤ De Atheïstenclub.

➤ De Vierde Staat van Bewustzijn Club.

➤ De Hermetic Order of the Golden Dawn.

➤ De Milner Group.

➤ De Nasi Prinsen.

➤ De Orde van Magna Mater.

➤ De orde van de goddelijke wanorde.

➤ De RIIA.

➤ De Ronde Tafel.

➤ Trilaterale Commissie.

➤ Universele Vrijmetselarij.

➤ Universeel Zionisme.

➤ Vickers Armament

Fund.

- Arme Tempeliers.
- Royal Dutch Shell Company.
- Socialist International.
- Stichting Zuid-Afrika.
- Tavistock Institute of Human Relations.

Company.

- Warren Commissie.
- Watergate Comité.
- Wilton Park.
- Wereldraad van Kerken.

Vroegere en huidige leden van het Comité van 300

- Abergavemy, Markies de.
- Acheson, Dean.
- Adeane, Lord Michael.
- Agnelli, Giovanni.
- Alba, hertog van Aldington, Heer.
- Aleman, Miguel.
- Allihone, Professor T. E.
- Erfgenaam van de Alsop familie.
- Amory, Houghton.
- Anderson, Charles A.
- Anderson, Robert O.
- Andreas, Dwayne.
- Asquith, Lord.

- Keswick, William Johnston.
- Keynes, John Maynard.
- Kimberly, Heer.
- King, Dr Alexander.
- Kirk, Grayson L.
- Kissinger, Henry.
- Kitchener, Lord Horatio.
- Kohnstamm, Max.
- Korsch, Karl.
- Lambert, Baron Pierre.
- Lawrence, G.
- Lazar. Lehman, Lewis.
- Lever, Sir Harold.

- ➤ Astor, John Jacob en zijn opvolger, Waldorf.
- ➤ Aurangzeb, afstammelingen van.
- ➤ Austin, Paul.
- ➤ Baco, Sir Ranulph
- ➤ Balfour, Arthur.
- ➤ Balogh, Heer.
- ➤ Bancroft, Baron Stormont.
- ➤ Baring.
- ➤ Barnato, B.
- ➤ Barran, Sir John.
- ➤ Baxendell, Sir Peter.
- ➤ Beatrice van Savoye, prinses.
- ➤ Beaverbrook, Lord.
- ➤ Beck, Robert.
- ➤ Beeley, Sir Harold.
- ➤ Beit, Alfred.
- ➤ Benn, Anthony Wedgewood.
- ➤ Bennet, John W.
- ➤ Benetton, Gilberto of Carlo wisselen elkaar af.
- ➤ Bertie, Andrew.
- ➤ Besant, Sir Walter.
- ➤ Bethal, Lord

- ➤ Lewin, Dr. Kurt.
- ➤ Linowitz, S.
- ➤ Lippmann, Walter.
- ➤ Livingstone, Robert R. Familie vertegenwoordiger.
- ➤ Lockhart, Bruce.
- ➤ Lockhart, Gordon.
- ➤ Loudon, Sir John.
- ➤ Luzzatto, Pieipaolo.
- ➤ Mackay, Lord, van Clashfern.
- ➤ Mackay-Tallack, Sir Hugh.
- ➤ Mackinder, Halford.
- ➤ MacMillan, Harold.
- ➤ Matheson, Jardine.
- ➤ Mazzini, Gueseppi.
- ➤ McClaughlin, W. E.
- ➤ McCloy, John J.
- ➤ McFadyean, Sir Andrew.
- ➤ McGhee, George.
- ➤ McMillan, Harold.
- ➤ Mellon, Andrew.
- ➤ Mellon, William Larimer of vertegenwoordiger van de familie.
- ➤ Meyer, Frank.

Nicholas.

➢ Bialkin, David.

➢ Biao, Keng.

➢ Bingham, William. Binny, J. F.

➢ Blunt, Wilfred.

➢ Bonacassi, Franco Orsini.

➢ Bottcher, Fritz.

➢ Bradshaw, Thornton.

➢ Brandt, Willy.

➢ Brewster, Kingman.

➢ Buchan, Alastair.

➢ Buffet, Warren.

➢ Bullitt, William C.

➢ Bulwer-Lytton, Edward.

➢ Bundy, McGeorge.

➢ Bundy, William.

➢ Bush, George.

➢ Cabot, John. Familie vertegenwoordiger.

➢ Caccia, Baron Harold Anthony.

➢ Cadman, Sir John.

➢ Califano, Joseph.

➢ Carrington, Lord.

➢ Carter, Edward.

➢ Catlin, Donat.

➢ Michener, Roland.

➢ Mikovan, Anastas.

➢ Milner, Lord Alfred.

➢ Mitterand, François.

➢ Monet, Jean.

➢ Montague, Samuel.

➢ Montefiore, Lord Sebag of Bisschop Hugh.

➢ Morgan, John P.

➢ Mott, Stewart.

➢ Berg, Sir Brian Edward.

➢ Berg, Sir Dennis.

➢ Mountbatten, Lord Louis.

➢ Munthe, A., of familievertegenwoord iger.

➢ Naisbitt, John.

➢ Neeman, Yuval.

➢ Newbigging, David.

➢ Nicols, Lord Nicholas of Bethal.

➢ Norman, Montague.

➢ O'Brien de Lotherby, Lord.

➢ Ogilvie, Angus.

➢ Okita, Saburo.

➢ Oldfield, Sir Morris.

- Catto, Lord.
- Cavendish, Victor C. W., Hertog van Devonshire.
- Chamberlain, Houston Stewart. Chang, V. F.
- Chechirin, Georgi of de aangewezen familie.
- Churchill, Winston.
- Cicireni, V. of Aangewezen familie.
- Cini, Graaf Vittorio.
- Clark, Howard.
- Cleveland, Amory.
- Cleveland, Harland.
- Clifford, Clark.
- Cobold, Heer.
- Coffin, dominee William Sloane.
- Constanti, Huis van Oranje.
- Cooper, John. Genoemde familie.
- Coudenhove-Kalergi, graaf.
- Cowdray, Lord.
- Cox, Sir Percy.
- Cromer, Lord Evelyn Baring.

- Oppenheimer, Sir Earnest, en zijn opvolger, Harry.
- Ormsby Gore, David (Lord Harlech).
- Orsini, Franco Bonacassi.
- Ortolani, Umberto.
- Ostiguy, J.P.W.
- Paley, William S. Pallavacini.
- Palme, Olaf.
- Palmerston.
- Palmstierna, Jacob.
- Pao, Y.K.
- Pease, Richard T.
- Peccei, Aurellio.
- Peek, Sir Edmund.
- Pellegreno, Michael, kardinaal.
- Perkins, Nelson.
- Pestel, Eduard.
- Peterson, Rudolph.
- Petterson, Peter G.
- Petty, John R.
- Philip, prins, hertog van Edinburgh.
- Piercy, George.
- Pinchott, Gifford.
- Pratt, Charles.

- Crowther, Sir Eric.
- Cumming, Sir Mansfield.
- Curtis, Lionel.
- d'Arcy, William K.
- D'Avignon, Graaf Étienne.
- Danner, Jean Duroc.
- Davis, John W. de Benneditti, Carlo.
- De Bruyne, Dirk.
- De Gunzberg, Baron Alain.
- De Lamater, majoor-generaal Walter.
- De Menil, Jean.
- De Vries, Rimmer.
- de Zulueta, Sir Philip.
- d'Aremberg, Markies Charles Louis.
- Delano. Familie vertegenwoordiger.
- Dent, R.
- Deterding, Sir Henri.
- di Spadaforas, graaf Guitierez (erfgenaam)
- Douglas-Home, Sir Alec.
- Drake, Sir Eric.

- Price Waterhouse, aangewezen vertegenwoordiger.
- Radziwall.
- Rainier, Prins.
- Raskob, John Jacob.
- Recanati.
- Rees, John.
- Reese, John Rawlings.
- Rennie, Sir John.
- Rettinger, Joseph.
- Rhodes, Cecil John.
- Rockefeller, David.
- Rol, Lord Eric van Ipsden.
- Rosenthal, Morton.
- Rostow, Eugène.
- Rothmere, Heer.
- Rothschild Élie de of Edmond de en/of Baron de Rothschild
- Runcie, Dr Robert.
- Russell, Lord John.
- Russell, Sir Bertrand.
- Saint Gouers, Jean.
- Salisbury, Markiezin van
- Robert Gascoigne Cecil.

- Duchêne, François.
- DuPont. Edward, hertog van Kent.
- Eisenberg, Shaul.
- Elliott, Nicholas.
- Elliott, William Yandel.
- Elsworthy, Lord.
- Boer, Victor.
- Forbes, John M.
- Foscaro, Pierre.
- Frankrijk, Sir Arnold.
- Fraser, Sir Hugh.
- Frederik IX, koning van Denemarken, vertegenwoordiger van de familie.
- Frères, Lazard.
- Frescobaldi, Lamberto.
- Fribourg, Michael.
- Gabor, Dennis.
- Gallatin, Albert. Vertegenwoordiger van de familie
- Gardner, Richard.
- Geddes, Sir Auckland.
- Geddes, Sir Reay.
- George, Lloyd.

- Shelburne, Les Salisbury, Heer.
- Samuel, Sir Marcus.
- Sandberg, M. G.
- Sarnoff, Robert.
- Schmidheiny, Stephan of alternatieve broers Thomas, Alexander.
- Schoenberg, Andrew.
- Schroeder.
- Schultz, George.
- Schwartzenburg, E.
- Shawcross, Sir Hartley.
- Sheridan, Walter.
- Shiloach, Rubin.
- Silitoe, Sir Percy.
- Simon, William.
- Sloan, Alfred P.
- Smutts, Jan.
- Spelman.
- Sproull, Robert.
- Stals, Dr. C.
- Stamp, Lord vertegenwoordiger van de familie.
- Staal, David.
- Stiger, George.
- Strathmore, Heer.

- Giffen, James.
- Gilmer, John D.
- Giustiniani, Justin.
- Gladstone, Lord.
- Gloucester, de hertog van.
- Gordon, Walter Lockhart.
- Grace, Peter J.
- Greenhill, Lord Dennis Arthur.
- Greenhill, Sir Dennis.
- Grey, Sir Edward.
- Gyllenhammar, Stones.
- Haakon, koning van Noorwegen.
- Haig, Sir Douglas.
- Hailsham, Lord.
- Haldane, Richard Burdone.
- Halifax, Heer.
- Hall, Sir Peter Vickers.
- Hambro, Sir Jocelyn.
- Hamilton, Cyril.
- Harriman, Averill.
- Hart, Sir Robert.
- Hartman, Arthur H.
- Healey, Dennis.

- Strong, Sir Kenneth.
- Sterk, Maurice.
- Sutherland.
- Swathling, Heer.
- Swire, J. K.
- Tasse, G. of de aangewezen familie.
- Temple, Sir R.
- Thompson, William Boyce.
- Thompson, Lord.
- Thyssen-Bornamisza,
- Baron Hans Henrich.
- Trevelyn, Lord Humphrey.
- Turner, Sir Mark.
- Turner, Ted.
- Tyron, Heer.
- Urquidi, Victor.
- Van Den Broek, H.
- Vanderbilt.
- Vance, Cyrus.
- Verity, William C.
- Vesty, Lord Amuel.
- Vickers, Sir Geoffrey.
- Villiers, Gerald Hyde wisselende familie.
- Volpi, graaf.

- Helsby, Lord.
- Hare Majesteit Koningin Elizabeth II.
- Hare Majesteit Koningin Juliana.
- Hare Koninklijke Hoogheid Prinses Beatrix.
- Hare Koninklijke Hoogheid Koningin Margaretha.
- Hesse, afstammelingen van de groothertog, vertegenwoordiger van de familie.
- Heseltine, Sir William.
- Hoffman, Paul G.
- Holland, William.
- Huis van Bragance.
- Huis van Hohenzollern.
- House, kolonel Mandel.
- Howe, Sir Geoffrey.
- Hughes, Thomas H.
- Hugo, Thieman.
- Hutchins, Robert M.
- Huxley, Aldous.
- Inchcape, Lord.

- von Finck, Baron August.
- von Hapsburg, Aartshertog Otto, Huis van Habsburg-Lotharingen.
- Wallenberg, Peter of familievertegenwoordiger.
- Von Thurn en Taxis, Max.
- Wang, Kwan Cheng, Dr.
- Warburg, S. C.
- Ward Jackson, Lady Barbara.
- Warner, Rawleigh.
- Warnke, Paul.
- Warren, Earl.
- Watson, Thomas.
- Webb, Sydney.
- Weill, David.
- Weill, Dr. Andrew.
- Weinberger, Sir Caspar.
- Weizman, Chaim.
- Wells, H. G.
- Wheetman, Pearson (Lord Cowdray).
- White, Sir Dick Goldsmith.

- Jamieson, Ken.
- Japhet, Ernst Israel.
- Jay, John. Familie vertegenwoordiger.
- Jodry, J. J.
- Joseph, Sir Keith.
- Katz, Milton.
- Kaufman, Asher.
- Keith, Sir Kenneth.
- Keswick, Sir William Johnston, of Keswick, H.N.L.

- Whitney, hetero.
- Wiseman, Sir William.
- Wittelsbach.
- Wolfson, Sir Isaac.
- Wood, Charles.
- Young, Owen.

Bibliografie

1980's PROJECT, Vance, Cyrus en Yankelovich, Daniel.

1984, Orwell, George.

AFTER TWINTIG JAAR: DE DECLINE VAN DE NAVO EN HET ZOEKEN NAAR EEN NIEUW BELEID IN EUROPA, Raskin, Marcus en Barnett, Richard.

AIR WAR AND STRESS, Janus, Irving.

AN AMERICAN COMPANY; THE UNITED FRUIT TRAGEDY, Scammel, Henry en McCann, Thomas.

AN INTRODUCTION TO THE PRINCIPLES AND MORALS OF LEGISLATION, Bentham, Jeremy. In dit werk uit 1780 beweert Bentham dat "de natuur de mensheid onder het bestuur heeft geplaatst van twee soevereine meesters, pijn en plezier". Zij beheersen ons in alles wat we doen". Bentham rechtvaardigde verder de verschrikkingen van de Jacobijnse terroristen van de Franse Revolutie.

JAARVERSLAG VAN BANK LEUMI, 1977.

AT THAT POINT IN TIME: THE INSIDE STORY OF THE SENATE WATERGATE COMMITTEE, Thompson, Fred. Bernard Barker, één van de Watergate inbrekers, vertelde me waar ik Thompson kon vinden, die minderheidsraadgever was in de Ervin Commissie. Mijn ontmoeting met Barker vond plaats buiten een A&P supermarkt niet ver van de Coral Gables Country Club in Coral Gables, Florida. Barker zei dat Thompson bij zijn partner was, die een kort bezoek bracht aan zijn moeder in Coral Gables, op slechts vijf minuten van de A&P supermarkt. Ik ging erheen en ontmoette Thompson. Ik ging erheen en ontmoette Thompson die zijn teleurstelling uitte over de manier waarop Ervin zulke strenge beperkingen had opgelegd aan het bewijsmateriaal dat hij, Thompson, kon toelaten.

BAKU AN EVENTFUL HISTORY, Henry, J. D.

BEASTS OF THE APOCALYPSE, O'Grady, Olivia Maria. Dit

opmerkelijke boek beschrijft een groot aantal historische figuren, waaronder William C. Bullitt, die met Lloyd George samenspande om het kleed onder de Europese Unie weg te trekken.

De Wit Russische generaals Denekin en Rangle op het moment dat zij het bolsjewistische Rode Leger op de rand van de nederlaag hadden. Hij geeft ook een schat aan informatie over de corrupte olie-industrie. Van bijzonder belang is de informatie die hij geeft over Sir Moses Montefiore, van de oude zwarte Venetiaanse adel Montefiores.

BRAVE NEW WORLD, Aldous Huxley.

BRITISH OPIUM POLICY IN CHINA, Owen, David Edward.

BRITISH OPIUM POLICY, F. S. Turner.

CECIL RHODES, Flint, John.

CECIL RHODES, THE ANATOMY OF AN EMPIRE, Marlow, John.

CONFERENTIE OVER TRANSATLANTISCHE IMBALANS EN COLLABORATIE, Rappaport, Dr. Anatol.

Gesprekken met DZERZHINSKY, Reilly, Sydney. Over ongepubliceerde documenten van de Britse geheime dienst.

een bijzondere gedragsstructuur creëren, Cartwright, Dorwin.

CRYSTALLISING PUBLIC OPINION, Bernays, Edward.

DEMOCRATISCHE IDEËN EN REALITEIT, Mackinder, Halford.

ERVIN, SENATOR SAM. Naast het dwarsbomen van de invoering van vitaal bewijsmateriaal tijdens de Watergate hoorzittingen, verraadde Ervin, naar mijn mening, terwijl hij zich voordeed als een constitutionele autoriteit, consequent deze natie door zich te verzetten tegen steun aan confessionele scholen, onder verwijzing naar gerechtelijke adviezen in de Everson zaak. Ervin, een Schotse Rite Vrijmetselaar - wat volgens mij verklaart waarom hij het voorzitterschap van het Watergate Comité kreeg - werd uiteindelijk geëerd met de prestigieuze Scottish Rite "Individual Right's Support" prijs. In 1973 organiseerde Ervin een lunch in de eetzaal van de Senaat ter ere van Sovereign Grand Commander Clausen.

EVERSON VS. BOARD OF EDUCATION, 33 O U.S. I, 1947.

FRANKFURTER PAPERS, Doos 99 en Doos 125, *"HUGO BLACK CORRESPONDENCE."*

GNOSTICISME, MANICHEISME, CATHARISME, De Nieuwe Columbia Encyclopedie

Doelpunten van MANLL, Lazlo, Ernin.

GOD'S BANKER, Cornwell, Rupert. Dit boek geeft een inzicht in P2 en de moord op Roberto Calvi -

MENSELIJKE KWALITEIT, Peccei, A.

INTERNATIONAL JOURNAL OF ELECTRONICS.

INLEIDING TOT DE SOCIOLOGIE VAN DE MUZIEK, Adorno, Theo. Adorno werd door Hitler uit Duitsland verbannen vanwege zijn muzikale experimenten met de cultus van Dionysus. Hij werd door de Oppenheimers naar Engeland overgebracht, waar de Britse koninklijke familie hem faciliteiten aan de Gordonstoun School en ondersteuning bood. Het was hier dat Adorno de 'Beatlemusic Rock', 'Punk Rock', 'Heavy Metal Rock' en al dat decadente rumoer dat tegenwoordig voor muziek doorgaat, perfectioneerde. Interessant is dat de naam 'The Beatles' werd gekozen om een verband aan te geven tussen moderne rock, de cultus van Isis en de scarabee, een religieus symbool van het oude Egypte.

INVASION FROM MARS, Cantril. In dit boek analyseert Cantril de gedragspatronen van mensen die in paniek vluchtten na Orson Wells' experiment in massahysterie, aan de hand van H.G Wells' "WAR OF THE WORLDS".

ONDERZOEK NAAR DE MOORD OP KENNEDY, HET VERSLAG VAN DE BEVINDINGEN VAN JIM GARRISON. Parijs, Flammonde.

IPS REVISITED, Coleman, Dr John.

ISIS UNVEILED, A MASTER KEY TO ANCIENT AND MODERN SCIENCE AND THEOLOGY, Blavatsky, Madame Helena.

JOHN JACOB ASTOR, BUSINESSMAN, Porter, Kenneth Wiggins.

JUSTITIE BLACK'S PAPERS, Doos 25, Algemene correspondentie, Davies.

KING MAKERS, KING BREAKERS, THE STORY OF THE CECIL FAMILY, Coleman, Dr John.

BEVRIJDINGSTHEOLOGIE. De informatie was ontleend aan het werk van Juan Luis Segundo, die zich op zijn beurt sterk baseerde op de geschriften van Karl Marx. Segundo viel de instructies van de katholieke kerk tegen de bevrijdingstheologie, zoals vervat in de "Instructie over bepaalde aspecten van de 'bevrijdingstheologie'" gepubliceerd op 6 augustus 1984, scherp aan.

LIES CLEARER THAN TRUTH, Barnett, Richard (stichtend lid van de IPS). McCalls Magazine, januari 1983.

McGRAW HILL GROUP, ASSOCIATED PRESS. Delen van rapporten uit 28 tijdschriften van McGraw Hill, en AP-artikelen.

MEMOIRS OF A BRITISH AGENT, Lockhart, Bruce. Dit boek legt uit hoe de bolsjewistische revolutie vanuit Londen werd gestuurd. Lockhart was Lord Milners vertegenwoordiger die naar Rusland ging om Milners investeringen in Lenin en Trotski te controleren. Lockhart had op elk moment toegang tot Lenin en Trotski, ook al had Lenin vaak een wachtkamer vol hoge ambtenaren en buitenlandse afgevaardigden, waarvan sommigen al vijf dagen op hem zaten te wachten. Toch hoefde Lockhart nooit langer dan een paar uur te wachten om een van deze mannen te zien. Lockhart had een door Trotski ondertekende brief bij zich waarin aan alle bolsjewistische functionarissen werd meegedeeld dat Lockhart een speciale status had en te allen tijde de grootst mogelijke medewerking moest krijgen.

MIND GAMES, Murphy, Michael.

DIVERSE OLD RECORDS, India House Documents, Londen.

MK ULTRA LSD EXPERIMENT, CIA Dossiers 1953-1957.

MR. WILLIAM CECIL EN QUEEN ELIZABETH, Read, Conyers.

MOORD, Anslinger, Henry. Anslinger was ooit de nummer één agent van de Drug Enforcement Agency en zijn boek is zeer kritisch over de zogenaamde oorlog tegen drugs van de Amerikaanse regering.

MIJN VADER, EEN HERDENKING, Black, Hugo L., Jr.

NATIONALE RAAD VAN KERKEN, Josephson, Emmanuel in zijn boek "ROCKEFELLER, INTERNATIONALIST."

IMPERIALISME VAN DE OLIE, DE INTERNATIONALE STRIJD VOOR PETROLEUM, Fischer, Louis.

PAPERS OF SIR GEORGE BIRDWOOD, India House Documents, Londen.

PATTERNS IN EASDEA TITLE I READING ACHIEVEMENT TESTS, Stanford. Research Institute.

POPULATIEBOMB, Erlich, Paul.

PROFESSOR FREDERICK WELLS WILLIAMSON, Documenten van het Huis van India, Londen.

PUBLIC AGENDA FOUNDATION. Opgericht in 1975 door Cyrus Vance en Daniel Yankelovich.

PUBLIEKE OPINIE, Lippmann, Walter.

REVOLUTIE DOOR TECHNOLOGIE, Coudenhove Kalergi, Graaf.

ROCKEFELLER, INTERNATIONALIST. Josephson beschrijft in detail hoe de Rockefellers hun richisse gebruikten om de christelijke kerk in Amerika binnen te dringen en hoe zij vervolgens hun belangrijkste agent, John Foster Dulles - die familie van hen was - gebruikten om hun wurggreep op alle aspecten van het kerkelijk leven in dit land te handhaven.

ROOM 3603, Hyde, Montgomery. Het boek geeft enkele details over de operaties van de Britse inlichtingendienst MI6, geleid door Sir William Stephenson vanuit het RCA-gebouw in New York; maar zoals gebruikelijk bij "cover stories" zijn de werkelijke gebeurtenissen weggelaten.

SPECIALE BETREKKINGEN: AMERIKA IN VREDE EN OORLOG, Wheeler-Bennet, Sir John.

STEPS TO THE ECOLOGY OF THE MIND, Bateson, Gregory. Bateson was een van Tavistocks vijf belangrijkste wetenschappers in de nieuwe wetenschappen. Later was hij instrumenteel in het formuleren en leiden van Tavistock's 46-jarige oorlog tegen Amerika.

STERLING DRUG. William C. Bullitt was lid van de Raad van Bestuur en was tevens lid van de Raad van Bestuur van I.G. Farben.

TECHNOTRONISCHE ERA, Brzezinski, Z.

TERRORISME IN DE VERENIGDE STATEN INCLUSIEF AANVALLEN OP DE AGENTSCHAPPEN VAN DE V.S. INTELLIGENTIE: FBI-dossiers #100-447935, #100-447735, en #100-446784.

DE CAIRO DOCUMENTEN, Haikal, Mohammed. Haikal was de grootvader van de Egyptische journalistiek, en was aanwezig bij Nasser's interview met Chou En-lai, waarin de Chinese leider wraak zwoer op Groot-Brittannië en de Verenigde Staten voor hun opiumhandel in China.

THE CHASM AHEAD, Peccei, A.

THE DIARIES OF SIR BRUCE LOCKHART, Lockhart, Bruce.

THE ENGINEERING OF CONSENT, Bernays. In dit boek, gepubliceerd in 1955, schetst Bernays de modus operandi om doelgroepen over te halen van gedachten te veranderen over belangrijke kwesties die de nationale oriëntatie van een land kunnen veranderen en dat ook doen. Het boek gaat ook in op het ontketenen van psychiatrische stoottroepen zoals die gevonden worden in lesbische en homoseksuele organisaties, milieugroeperingen, abortusrechtengroeperingen enzovoort. "Psychiatrische stoottroepen" is een concept ontwikkeld door John Rawlings Reese, de oprichter van het Tavistock Institute of Human Relations.

THE FEDERAL BUDGET AND SOCIAL RECONSTRUCTION, IPS-fellows Raskin en Barnett. De lijst van leden van het Congres die IPS vroegen de alternatieve begrotingsstudie te maken en/of deze steunden is te lang om hier op te nemen, maar bevat prominente namen als Tom Harkness, Henry Ruess, Patricia Schroeder, Les Aspin, Ted Weiss, Don Edwards, Barbara Mikulski, Mary Rose Oakar, Ronald Dellums en Peter Rodino.

THE HUXLEYS, Clark.

THE IMPERIAL DRUG TRADE, Rowntree.

THE JESUITS, Martin, Malachi.

THE LATER CECILS, Rose, Kenneth.

THE LEGACY OF MALTHUS, Chase, Allan.

HET BEHEER VAN DUURZAME GROEI, Cleveland, Harlan. Cleveland kreeg van de NAVO de opdracht verslag uit te brengen over de mate van succes van het project van de Club van Rome voor een post-industriële samenleving zonder groei, gericht op de vernietiging van de industriële basis van de Verenigde Staten. Dit schokkende document zou moeten worden gelezen door elke patriottische Amerikaan die dringend behoefte heeft aan een verklaring waarom de VS zich sinds 1991 in een diepe economische depressie bevindt.

THE MEN WHO RULED INDIA, Woodruff, Philip.

THE OPEN CONSPIRACY, Wells, H. G. In dit boek beschrijft Wells hoe in de Nieuwe Wereldorde (die hij de Nieuwe Republiek noemt) de "nutteloze eters", d.w.z. de overtollige bevolking, uit de weg geruimd zullen worden:

> "De mannen van de Nieuwe Republiek zullen niet bang zijn om de dood onder ogen te zien of toe te brengen... Ze zullen een ideaal hebben dat het doden de moeite waard maakt; net als Abraham zullen ze het geloof hebben om te doden, en ze zullen geen bijgeloof hebben over de dood..... Zij zullen, zo voorzie ik, stellen dat een bepaald deel van de bevolking alleen bestaat door lijden, medelijden en geduld, en aangezien zij zich niet voortplanten, en ik voorzie geen reden om hen tegen te werken, zullen zij niet aarzelen om te doden wanneer dit lijden wordt misbruikt... Al deze moorden zullen gebeuren met een opiaat... Als in het wetboek van de toekomst afschrikwekkende straffen worden gebruikt, zal het afschrikmiddel niet de dood of verminking van het lichaam zijn... maar goede pijn die wetenschappelijk wordt veroorzaakt."

De Verenigde Staten hebben een zeer groot contingent van Wells bekeerlingen die niet zouden aarzelen om Wells' dictaten te volgen zodra de Nieuwe Wereld Orde een feit werd. Walter Lippmann was een van Wells' meest vurige discipelen.

THE POLITICS OF EXPERIENCE, Laing, R.D. Laing was stafpsycholoog bij Tavistock en onder Andrew Schofield lid van de Raad van Bestuur.

THE POLITICS OF HEROIN IN SOUTH EAST ASIA, McCoy, Alfred W., Read, C.B. and Adams, Leonard P.

HET PROBLEEM VAN CHINA, Russell, Bertrand.

THE PUGWASH CONFEREES, Bertrand Russell. In het begin van de jaren 50 leidde Russell een beweging voor een nucleaire aanval op Rusland. Toen deze werd ontdekt, waarschuwde Stalin dat hij niet zou aarzelen om in natura terug te slaan. Russell veranderde van gedachten en werd van de ene op de andere dag pacifist. Zo ontstond de campagne voor nucleaire ontwapening "Ban de Bom" (CND), waaruit de anti-nucleaire wetenschappers van Pugwash voortkwamen. In 1957 kwam de eerste groep bijeen in het huis van Cyrus Eaton in Nova Scotia, een oude Amerikaanse communist. De Pugwash fellows legden zich toe op anti-nucleaire en milieukwesties en waren een doorn in het oog van de Amerikaanse inspanningen om kernwapens te ontwikkelen.

THE ROUND TABLE MOVEMENT AND IMPERIAL UNION, Kendle, John.

THE STRUCTURE OF THE POPULAR MUSIC INDUSTRY; THE FILTERING PROCESS WHEREBY RECORDS ARE SELECTED FOR PUBLIC CONSUMPTION, Institute for Social Research. Dit boek legt uit hoe "Hitparades", "De Top Tien" - nu uitgebreid tot "Top Veertig" - en andere schertsvertoningen in elkaar zitten om luisteraars te misleiden en hen ervan te overtuigen dat wat zij horen is wat "zij" leuk vinden!

THE WORKS OF JEREMY BENTHAM, Bowering, John. Bentham was de liberaal van zijn tijd en de agent van Lord Shelburne, de Britse premier aan het einde van de Amerikaanse Onafhankelijkheidsoorlog. Bentham geloofde dat de mens niet meer was dan een gewoon dier, en zijn theorieën werden later overgenomen door zijn protegé, David Hume. Over het instinct bij dieren schreef Hume:

> "die we zo snel bewonderen als buitengewoon en onverklaarbaar. Maar onze verbazing zal misschien ophouden of afnemen als we bedenken dat het experimentele redeneren zelf, dat we gemeen hebben met dieren, en waarvan het hele levensgedrag afhangt, niets anders is dan een soort instinct, of mechanische kracht die in ons werkt zonder dat we het weten... Hoewel instincten verschillend zijn, blijft het een instinct."

TIME PERSPECTIEF EN MORALE, Levin B.

NAAR EEN HUMANISTISCHE PSYCHOLOGIE, Cantril.

TREND REPORT, Naisbitt, John.

U.S. CONGRESS, HOUSE COMMITTEE ON INTERNAL SECURITY, REPORTING ON THE INSTITUTE FOR POLICY STUDIES (IPS) AND THE PENTAGON PAPERS. In het voorjaar van 1970 ging FBI-agent William McDermott naar Richard Best, toenmalig hoofd beveiliging van Rand, om hem te wijzen op de mogelijkheid dat Ellsberg de Vietnam-onderzoeksdocumenten van Rand had verwijderd en buiten het terrein had gekopieerd. Best nam McDermott mee naar Dr Harry Rowan, die Rand leidde en ook een van Ellsbergs beste vrienden was. Rowan vertelde de FBI dat er een onderzoek van het Ministerie van Defensie aan de gang was en op zijn verzekering liet de FBI blijkbaar het onderzoek naar Ellsberg vallen. In feite was er geen onderzoek gaande, en Defensie heeft er nooit een uitgevoerd. Ellsberg behield zijn Rand veiligheidsmachtiging en ging schaamteloos door met het verwijderen en kopiëren van Vietnam oorlogsdocumenten totdat hij werd ontmaskerd in de Pentagon Papers affaire, die de Nixon regering op haar grondvesten deed schudden.

UNDERSTANDING MAN'S SOCIAL BEHAVIOUR, Cantril. Cantril is de belangrijkste oprichter van de in San Francisco gevestigde Association for Humanistic Psychology, die de Tavistock-methoden onderwijst. Het is in dit soort instellingen dat de grens tussen zuivere wetenschap en social engineering volledig vervaagt. De term "social-engineering" omvat elk aspect van de methoden die door Tavistock worden gebruikt om massale veranderingen te bewerkstelligen in de oriëntatie van groepen ten opzichte van sociale, economische, religieuze en politieke gebeurtenissen, en het hersenspoelen van doelgroepen om te geloven dat de geuite meningen en aangenomen standpunten de hunne zijn. Geselecteerde individuen werden onderworpen aan dezelfde Tavistockiaanse behandeling, wat resulteerde in grote veranderingen in hun persoonlijkheid en gedrag. Het effect hiervan op het nationale toneel was, en is nog steeds, verwoestend en is een van de belangrijkste factoren die de Verenigde Staten hebben gebracht tot de schemerige staat van verval en val waarin het land zich eind 1991 bevindt. Ik heb over deze nationale toestand gerapporteerd onder de titel: "Twilight, Decline and Fall of the United States of America", gepubliceerd in 1987. De Association for Human Psychology werd in 1957 opgericht door Abraham Maselov als een project van de Club van Rome. Risis Likhert en Ronald Lippert, die het Centre for Research on the Use of Scientific Knowledge noemden, richtten in opdracht van de Club van Rome in Tavistock een ander onderzoekscentrum op over besluitvorming. Het centrum werd geleid door Donald Michael van de Club van Rome. Het centrum was grotendeels gebaseerd op het Office of Public Opinion Research dat in 1940 aan de Universiteit van Princeton was opgericht. Het was daar dat Cantril veel van de technieken leerde die de huidige opiniepeilers gebruiken.

Onuitgegeven brieven, Kipling, Rudyard. Kipling was een leerling van Wells en geloofde net als Wells in het fascisme als middel om de wereld te beheersen. Kipling nam het kruis pattee aan als zijn persoonlijk embleem. Dit kruis werd later overgenomen door Hitler en werd, na kleine aanpassingen, het hakenkruis.

UNPUBLISHED LETTERS, Wells, H. G. G geeft interessante details over hoe Wells de rechten op *WAR OF THE WORLDS verkocht* aan RCA.

WHO OWNS MONTREAL, Aubin, Henry.

De Illuminati en de Raad voor Buitenlandse Betrekkingen (CFR)

Door MYRON C. FAGAN.

(Een transcriptie)

Over de auteur

De gids "*Wie is wie in het theater*" is altijd de gezaghebbende bijbel van de theaterwereld geweest. Het prijst nooit favorieten aan, vertelt geen leugens en verheerlijkt niemand. Het is altijd een onpartijdige geschiedenis geweest van de mannen en vrouwen van het theater. Hij vermeldt alleen diegenen die hun waarde hebben bewezen in de enige proeftuin van het theater. BROADWAY: Deze Who's Who somt de stukken op die Myron C. Fagan schreef, regisseerde en produceerde... Drama's, komedies, melodrama's, mysteries, allegorieën, kluchten - velen van hen waren de meest klinkende "hits" van hun tijd. Hij arriveerde op Broadway in 1907, op 19-jarige leeftijd, de jongste toneelschrijver in de geschiedenis van het Amerikaanse theater. In de jaren daarna schreef en regisseerde hij stukken voor de meeste groten van die tijd... Mrs. Leslie Carter, Wilton Lackaye, Fritz Leiber, Alla Nazimova, Jack Barrymore, Douglas Fairbanks Sr., E.H. Southern, Julia Marlowe, Helen Morgan, etc, etc. Hij regisseerde Charles M. Frohman, Belasco, Henry W. Savage, Lee Shubert, Abe Erlanger, George M. Cohan, enz. Tussen 1925 en 1930 schreef, regisseerde en produceerde hij twaalf toneelstukken: "La rose blanche", "Les pouces en bas", "Deux étrangers venus de nulle part", "Mal assorti", "Le diable fascinant". "La petite fusée", "Les femmes de Jimmy", "Le grand pouvoir", "Indiscrétion", "L'affaire privée de Nancy", "La femme intelligente" en "Peter plane".[28]

In zijn beginjaren was Fagan ook "Dramatic Editor" voor *The Associated Newspapers*, waaronder The *New York Globe* en verschillende Hearst kranten. Maar in 1916 nam hij een "sabbatical" van het theater en diende hij als "Director of Public Relations" voor Charles Evens Hughes, de Republikeinse presidentskandidaat - een soortgelijke functie die hem in 1928 voor de campagne van Hoover werd aangeboden, sloeg hij af; de carrière van de heer Fagan omvatte dus theater, journalistiek en nationale politiek, en hij is een erkend expert op al deze gebieden.

In 1930 kwam de heer Fagan naar Hollywood, waar hij werkte als "schrijver-regisseur" bij Pathé Pictures, Inc, toen eigendom van Joseph P. Kennedy, de vader van wijlen president Jack Kennedy, en bij 20 Century Fox en andere Hollywood-filmstudio's. Hij bleef echter ook werken met Broadway-legendes. Maar hij bleef ook werken met Broadway-legendes.

In 1945 schreef op aandringen van John T. Flynn, de beroemde auteur van "The Roosevelt Myth", "While We Slept" en "The True Story of Pearl", een artikel over het onderwerp geschreven voor het persbureau van de Universiteit van Zuid-Californië (U.S.A.S.).

De heer Fagan woonde een bijeenkomst bij in Washington D.C. waar hem een reeks microfilms en opnames werd getoond van de geheime bijeenkomsten van Yalta die alleen werden bijgewoond door Franklin Roosevelt, Alger Hiss, Harry Hopkins, Stalin, Molotov en Vishinsky toen zij het complot beraamden om de Balkan, Oost-Europa en Berlijn aan Stalin over te dragen. Na deze bijeenkomst schreef de heer Fagan twee toneelstukken: "Red Rainbow" (waarin hij het hele complot onthulde) en "Thieves Paradise" (waarin hij onthulde hoe deze mannen samenspanden om de "VERENIGDE NATIES" op te richten als "voertuig" voor een zogenaamde communistische wereldregering).

Tegelijkertijd lanceerde de heer Fagan een eenmanskruistocht om de rode samenzwering in Hollywood te ontmaskeren en films te

[28] "The White Rose', 'Thumbs Down', 'Two Strangers From Nowhere', 'Mismates', 'The Fascinating Devil', 'The Little Spitfire', 'Jimmy's Women', 'The Great Power', 'Indiscretion', 'Nancy's Private Affair', 'Smart Woman' en 'Peter Flies High'.

produceren die de samenzwering van de "ENKELE WERELD REGERING" zouden helpen ontmaskeren. Zo ontstond de "CINEMA EDUCATIONAL GUILD". Het resultaat van het werk van deze "C.E.G." organisatie... (geleid door de heer Fagan, in 1947) waren de hoorzittingen van het Congres waarbij meer dan 300 van Hollywoods beroemdste sterren, scenarioschrijvers en regisseurs (evenals radio- en televisieregisseurs) werden ontmaskerd als leidende activisten in de Rode Samenzwering. [29]Het was toen dat de beruchte "Hollywood Tien" naar de gevangenis werden gestuurd. Het was de meest sensationele gebeurtenis van het decennium!

[30]Sindsdien heeft de heer Fagan al zijn tijd en moeite gewijd aan het schrijven van maandelijkse "NIEUWSBRIEVEN" voor de "C.E.G." waarin hij de strijd heeft voortgezet om het Amerikaanse volk te waarschuwen voor het complot om de soevereiniteit van de Verenigde Staten van Amerika te vernietigen en het Amerikaanse volk te onderwerpen aan een "Eén Wereldregering" van de VERENIGDE NATIES.

In zijn sensationele opname (dit transcript); onthult hij het begin van het complot om een verenigde wereld te onderwerpen dat twee eeuwen geleden werd gelanceerd door een zekere Adam Weishaupt, een afvallige katholieke priester die, gefinancierd door het HUIS VAN ROTHSCHILD, creëerde wat hij noemde: "HET ILLUMINATI". De heer Fagan beschrijft (met bewijsstukken) hoe deze ILLUMINATI het instrument werd van het Huis van Rothschild om het project van een "Eén Wereldregering" te realiseren en hoe elke oorlog in de afgelopen twee eeuwen door deze ILLUMINATI werd aangewakkerd. Hij beschrijft hoe een zekere Jacob H. Schiff door de Rothschilds naar de Verenigde Staten werd gestuurd om het ILLUMINATI-complot te bevorderen en hoe Schiff de Democratische en Republikeinse partijen naar zijn hand zette. [31]Hoe Schiff ons Congres en presidenten verleidde om controle te krijgen over ons hele monetaire systeem en de kanker van de inkomstenbelasting te creëren, en hoe Schiff en zijn medesamenzweerders de "FOREIGN RELATIONS COUNCIL" oprichtten om onze gekozen functionarissen te controleren om de

---

[29] "De Hollywood Tien."

[30] "Nieuws Bulletin.

[31] CFR, Council on Foreign Relations.

inkomstenbelasting geleidelijk naar een hoger niveau te tillen.

De Verenigde Staten zijn dus een ondergeschikte entiteit geworden in een verenigde wereld onder de auspiciën van de "VERENIGDE NATIES" regering.

Kortom, deze opname (transcript) is het meest interessante en gruwelijke - en feitelijke - verhaal van het meest opzienbarende complot in de wereldgeschiedenis. Iedereen die van ons land houdt, die van God houdt, die het christendom wil redden, dat de ILLUMINATI tot zijn missie heeft gemaakt om te vernietigen, die onze zonen wil behoeden voor de dood in Korea, Vietnam, Zuid-Afrika en nu op de slagvelden van het Midden-Oosten, zou deze opname moeten horen. Er is absoluut geen twijfel mogelijk dat iedereen die dit verbazingwekkende verhaal hoort (leest) zich zal aansluiten bij de strijd om ons land en de jeugd van onze natie te redden.

Myron Fagan werd opgenomen in de jaren 1960. Neemt u alstublieft de tijd om de beweringen in dit document te "verifiëren". We verwachten niet dat u Mr. Fagan op zijn woord gelooft. Wij stellen voor dat u de rechts- en bewaarbibliotheken in uw staat bezoekt. De telefoonnummers en adressen in dit document zijn waarschijnlijk verouderd, aangezien de heer Fagan niet meer onder ons is.

"De vraag hoe en waarom de Verenigde Naties centraal staan in de grote samenzwering om de Amerikaanse soevereiniteit te vernietigen en het Amerikaanse volk tot slaaf te maken in een één-wereld VN-dictatuur is voor de overgrote meerderheid van het Amerikaanse volk een compleet en onbekend mysterie. De reden voor deze onwetendheid over het angstaanjagende gevaar dat ons land en de hele vrije wereld bedreigt is eenvoudig. De meesterbreinen achter deze grote samenzwering hebben absolute controle over al onze massacommunicatiemiddelen, met name televisie, radio, pers en Hollywood. We weten allemaal dat ons Ministerie van Buitenlandse Zaken, het Pentagon en het Witte Huis onbeschaamd hebben verkondigd dat zij het recht en de macht hebben om het nieuws te beheren, om ons niet de waarheid te vertellen, maar wat zij willen dat wij geloven. Zij hebben zich deze macht toegeëigend in opdracht van hun meesters van de grote samenzwering en het doel is de mensen te hersenspoelen om het nep-vredesgeloof te accepteren, teneinde de Verenigde Staten te veranderen in een ondergeschikte eenheid van de ene wereldregering van de Verenigde Naties.

"Vergeet allereerst niet dat de zogenaamde VN-politionele actie in Korea, die door de Verenigde Staten werd uitgevochten en waarbij 150.000 van onze zonen werden gedood en verminkt, deel uitmaakte van het complot; net zoals de door het Congres niet verklaarde oorlog in Vietnam; evenals het complot tegen Rhodesië en Zuid-Afrika, ook deel uitmaakt van het door de VN uitgebroede complot. Maar het belangrijkste voor alle Amerikanen, alle moeders van de jongens die stierven in Korea en die nu sterven in Vietnam, is om te weten dat onze zogenaamde leiders in Washington, die we gekozen hebben om onze natie en onze Grondwet te beschermen, de verraders zijn en dat achter hen een relatief kleine groep mannen zit, wiens enige doel het is om de hele wereld en de mensheid te onderwerpen aan hun satanische plan van één wereldregering.

"Om u een heel duidelijk beeld te geven van dit satanische complot, ga ik terug naar het begin in het midden van de 18e eeuw en noem ik de mannen die dit complot in werking hebben gezet, en dan breng ik u terug naar het heden, naar de huidige stand van dit complot. Nu, bij wijze van aanvullende informatie, een door de FBI gebruikte term, laat me de betekenis van de uitdrukking "hij is liberaal" verduidelijken. De vijand, de één-wereld samenzweerders, hebben dit woord "liberaal" aangegrepen om hun activiteiten te verbergen. Het klinkt zo onschuldig en humanitair om liberaal te zijn. Nou, zorg ervoor dat de persoon die zichzelf liberaal noemt of als zodanig wordt omschreven, in werkelijkheid geen "rooie" is.

"Deze satanische samenzwering werd gelanceerd in de jaren 1760, toen zij ontstond onder de naam "Illuminati". Deze Illuminati werd georganiseerd door een zekere Adam Weishaupt, die als jood werd geboren, zich bekeerde tot het katholicisme en katholiek priester werd, en vervolgens in opdracht van het toen pas georganiseerde Huis Rothschild de Illuminati uit zijn ambt ontzette en organiseerde. Uiteraard financierden de Rothschilds deze operatie en sindsdien zijn alle oorlogen, te beginnen met de Franse Revolutie, aangemoedigd door de Illuminati, die onder verschillende namen en vermommingen opereren. Ik zeg "onder verschillende namen" en "in verschillende gedaanten", omdat Weishaupt en zijn medesamenzweerders, nadat de Illuminati waren ontmaskerd en beroemd waren geworden, onder verschillende andere namen begonnen te opereren. In de Verenigde Staten richtten zij onmiddellijk na de Eerste Wereldoorlog de "Council on Foreign Relations" op, beter bekend als de CFR, en deze CFR is in feite het vehikel van de Illuminati in de Verenigde Staten en hun hiërarchie. De meesterbreinen achter de oorspronkelijke Illuminati-samenzweerders waren buitenlanders, maar om dit feit te verbergen, veranderden de meesten van hen hun oorspronkelijke achternamen in Amerikaans klinkende namen. De echte naam van de Dillons, Clarence en Douglas Dillon (een secretaris bij het Amerikaanse ministerie van Financiën), is bijvoorbeeld Laposky. Ik kom hier later op terug.

"Er is een soortgelijke Illuminati-instelling in Engeland die opereert onder de naam Royal Institute of International Affairs. (Er zijn soortgelijke geheime Illuminati-organisaties in Frankrijk, Duitsland en andere landen, die onder verschillende namen opereren, en al deze organisaties, inclusief de CFR, creëren voortdurend talrijke dochter- of dekmantelorganisaties die zijn geïnfiltreerd in elke fase van de zaken van de verschillende naties. Maar te allen tijde werden en worden de activiteiten van deze organisaties geleid en gecontroleerd door de internationalistische bankiers, die op hun beurt werden en worden gecontroleerd door de Rothschilds. (Een van de belangrijkste agenten van deze controle is de International BAR Association en haar splintergroepen zoals de America BAR Association. Het is belangrijk op te merken dat er nu in bijna elke natie ter wereld balieverenigingen zijn, die altijd de Verenigde Naties pushen. Ik heb een kopie van de overeenkomst die de America BAR in 1947 indiende, waarin de BAR zich verplichtte de Verenigde Naties in heel Amerika te steunen en te bevorderen).

"Een tak van de Rothschild familie financierde Napoleon; een andere tak van de Rothschilds financierde Groot-Brittannië, Duitsland en andere naties in de Napoleontische oorlogen.

"Onmiddellijk na de Napoleontische oorlogen namen de Illuminati aan dat alle naties zo berooid en oorlogsmoe waren dat ze graag elke oplossing zouden vinden. Dus organiseerden de lakeien van Rothschild wat zij het Congres van Wenen noemden, en op die bijeenkomst probeerden zij de eerste Volkenbond tot stand te brengen, hun eerste poging tot één wereldregering, in de veronderstelling dat alle gekroonde hoofden van de Europese regeringen zo diep in de schulden zaten bij hen dat zij, gewild of ongewild, als stromannen zouden dienen. Maar de tsaar van Rusland rook het complot en torpedeerde het volledig. De woedende Nathan Rothschild, toen hoofd van de dynastie, zwoer dat hij of zijn nakomelingen op een dag de tsaar en zijn hele familie zouden vernietigen, en zijn nakomelingen maakten dat dreigement in 1917 waar. Op dit punt moet worden bedacht dat de Illuminati niet zijn opgericht om op korte termijn te opereren. Normaal gesproken begint een samenzweerder, wie hij ook is, aan een samenzwering in de hoop zijn doel nog tijdens zijn leven te bereiken. Maar dit was niet het geval bij de Illuminati. Zeker, ze hoopten hun doel in hun leven te bereiken, maar om "The show must go on" te parafraseren, de Illuminati opereren voor de zeer lange termijn. Of het nu tientallen jaren of zelfs eeuwen duurt, zij hebben hun nakomelingen opgedragen de pot aan de kook te houden totdat zij hopen dat de samenzwering is bereikt.

"Terug naar de geboorte van de Illuminati. Adam Weishaupt was een door de jezuïeten opgeleide professor in canoniek recht, die doceerde aan de universiteit van Ingolstadt, toen hij het christendom verliet om de Luciferiaanse samenzwering te omarmen. Het was in 1770 dat de professionele geldschieters, het toen pas georganiseerde Huis van Rothschild, hem in dienst namen om de eeuwenoude protocollen van het zionisme te herzien en te moderniseren, die van meet af aan bedoeld waren om de "Synagoge van Satan", zo genoemd door Jezus Christus [en die zijn "zij die zich Joden noemen en het niet zijn" - *Openbaring 2.9], de ultieme overheersing te* geven:9], de ultieme heerschappij over de wereld te geven om de Luciferiaanse ideologie op te leggen aan wat er na het laatste sociale cataclysme van het menselijk ras zou overblijven, door middel van Satanisch despotisme. Weishaupt voltooide zijn taak op 1 mei 1776. Nu weet u waarom 1 mei tot op heden de grote dag is van alle communistische naties [1 mei is ook de "Dag van de Wet" uitgeroepen door de Amerikaanse Orde van Advocaten]. [De viering van 1 mei [Baäl/Bealtaine] gaat veel verder terug in de geschiedenis dan dat, en de dag werd gekozen om oude redenen, die voortkomen uit het heidendom; de verering van Baäl en draait om de verering van Satan]. Het was op deze dag, 1 mei 1776, dat Weishaupt zijn plan voltooide en de Illuminati formeel organiseerde om het uit te voeren. Het plan riep op tot de vernietiging van alle bestaande regeringen en religies. Dit moest worden bereikt door de massa's mensen, die Weishaupt "goyim" [leden van naties] of menselijk vee noemde, te verdelen in steeds groter wordende tegengestelde kampen over politieke, sociale, economische en andere kwesties - precies de omstandigheden waarmee we vandaag de dag in ons land te maken hebben. De tegengestelde kampen moesten dan worden bewapend en incidenten moesten hen leiden om te vechten, nationale regeringen en religieuze instellingen te verzwakken en geleidelijk te vernietigen. Ik herhaal, precies de omstandigheden van vandaag.

"En op dit punt wil ik wijzen op een belangrijk kenmerk van de plannen van de Illuminati. Als en wanneer hun plan voor wereldcontrole, de *Protocollen van de Ouderen van Zion*, wordt ontdekt en ontmaskerd, zullen ze alle Joden van de aardbodem wegvagen om de verdenking van zichzelf af te leiden. Als u denkt dat dit vergezocht is, bedenk dan dat zij Hitler, zelf een liberale socialist, gefinancierd door corrupte Kennedy's, Warburgs en Rothschilds, toestonden 600.000 Joden te verbranden.

"Waarom kozen de samenzweerders het woord "Illuminati" om hun satanische organisatie aan te duiden? Weishaupt zei zelf dat het woord is afgeleid van Lucifer en betekent: "houder van het licht". Hij gebruikte de leugen dat het zijn doel was een enkele wereldregering op te zetten om degenen met de geestelijke vermogens in staat te stellen de wereld te regeren en alle oorlogen in de toekomst te voorkomen. Kortom, met de woorden "vrede op aarde" als lokaas, zoals hetzelfde lokaas "vrede" werd gebruikt door de samenzweerders van 1945 om ons de Verenigde Naties op te leggen, wierf Weishaupt, gefinancierd, ik herhaal, door de Rothschilds, ongeveer 2000 betaalde volgelingen. Onder hen waren de meest intelligente mannen in de kunsten en letteren, onderwijs, wetenschap, financiën en industrie. Vervolgens richtte hij Loges van de Grote Oriënt op, vrijmetselaarsloges die hun geheime hoofdkwartier zouden vormen, en ik herhaal nogmaals dat hij bij dit alles handelde in opdracht van het Huis Rothschild. De belangrijkste kenmerken van het plan van aanpak dat Weishaupt van zijn Illuminati eiste, waren de volgende dingen om hen te helpen hun doel te bereiken:

➤ Om monetaire en seksuele corruptie te gebruiken om controle te krijgen over mannen die al op hoge plaatsen zitten in de verschillende niveaus van alle regeringen en andere werkterreinen. Als invloedrijke mensen eenmaal in de val waren gelopen van de leugens, misleidingen en verleidingen van de Illuminati, moesten zij in slavernij worden gehouden door de toepassing van politieke chantage en andere vormen van druk, bedreigingen met financiële ondergang, publieke openbaarheid en fiscale schade, en zelfs de dood voor henzelf en hun geliefde familieleden.

Beseft u hoeveel van de huidige topambtenaren in onze huidige regering in Washington op deze manier worden gecontroleerd door de CFR? Realiseert u zich hoeveel homoseksuelen in het ministerie van Buitenlandse Zaken, het Pentagon, alle federale agentschappen en zelfs het Witte Huis op deze manier worden gecontroleerd?

➤ De Illuminati en de faculteiten van hogescholen en universiteiten moesten studenten met uitzonderlijke mentale capaciteiten uit welgestelde families met internationale neigingen identificeren en hen aanbevelen voor een speciale opleiding in internationalisme. Deze opleiding moest worden gegeven door beurzen toe te kennen aan degenen die door de Illuminati waren geselecteerd.

"Dit geeft je een idee van wat een 'Rhodes Scholarship' betekent. Het betekent indoctrinatie om het idee te accepteren dat alleen een één-wereld regering een einde kan maken aan steeds terugkerende oorlogen en conflicten. Zo werden de Verenigde Naties verkocht aan het Amerikaanse volk.

"Een van de meest opmerkelijke Rhodes Scholars die we in dit land hebben is Senator William J. Fulbright, soms een half-bright genoemd.[32] Elke stem die hij ooit heeft uitgebracht was een stem van

---

[32] Pun, "half-intelligent/verlicht".

de Illuminati. Al deze geleerden moesten eerst worden overgehaald en vervolgens overtuigd dat mannen met bijzondere talenten en hersenen het recht hebben om te heersen over hen die minder begaafd zijn, met als argument dat de massa niet weet wat fiscaal, mentaal en spiritueel het beste voor hen is. Naast de Rhodes Beurzen en andere soortgelijke beurzen zijn er nu drie speciale Illuminati scholen in Gordonstown in Schotland, Salem in Duitsland en Annavrighta in Griekenland. Deze drie scholen zijn welbekend, maar er zijn andere die geheim worden gehouden. Prins Philip, de echtgenoot van de Britse koningin Elizabeth, kreeg zijn opleiding in Gordonstown (*net als prins Charles*) op instigatie van Lord Louis Mountbatten, zijn oom, een familielid van de Rothschilds, die na het einde van de Tweede Wereldoorlog admiraal van de Britse vloot werd.

➢ Alle invloedrijke mensen die werden misleid om onder controle van de Illuminati te komen, evenals de studenten die speciaal werden opgeleid en getraind, moesten worden gebruikt als agenten en achter de schermen van alle regeringen worden geplaatst als deskundigen en specialisten, om de leiders te adviseren een beleid te voeren dat op de lange termijn de geheime plannen van de Illuminati-wereldsamenzwering zou dienen en de vernietiging zou bewerkstelligen van de regeringen en religies waarvoor zij waren gekozen of aangesteld.

"Weet u hoeveel van zulke mannen op dit moment in onze regering opereren? Rusk, McNamara, Hubert Humphrey, Fulbright, Keekle, en vele anderen.

➢ Misschien wel de belangrijkste richtlijn van Weishaupt' plan was het verkrijgen van absolute controle over de pers, in die tijd het enige massacommunicatiemiddel, om informatie onder het publiek te verspreiden, zodat al het nieuws en alle informatie kon worden verdraaid om de massa's ervan te overtuigen dat een één-wereldregering de enige oplossing was voor onze vele en uiteenlopende problemen.

"Weet je wie onze massamedia bezit en controleert? Ik zal het u vertellen. Vrijwel elke bioscoop in Hollywood is eigendom van Lehman, Kuhn, Loeb and Company, Goldman Sachs en andere internationalistische bankiers. Alle nationale radio- en televisiekanalen zijn eigendom van en worden gecontroleerd door diezelfde internationalistische bankiers. Hetzelfde geldt voor alle grootstedelijke kranten- en tijdschriftenketens, evenals voor nieuwsagentschappen, zoals Associated Press, United Press, International, enzovoort. De zogenaamde leiders van al deze media zijn slechts fronten voor de internationalistische bankiers, die op hun beurt de hiërarchie vormen van de CFR, de hedendaagse Illuminati in Amerika.

"Kun je nu begrijpen waarom persvoorlichter Sylvester van het Pentagon zo brutaal verkondigde dat de regering het recht heeft om tegen het volk te liegen. Wat hij werkelijk bedoelde was dat onze CFR gecontroleerde regering de macht had om te liegen tegen en geloofd te worden door het gehersenspoelde Amerikaanse volk.

"Laten we nog eens teruggaan naar de begindagen van de Illuminati. Omdat Groot-Brittannië en Frankrijk aan het eind van de 18e eeuw de twee grootste wereldmachten waren, gaf Weishaupt de Illuminati opdracht koloniale oorlogen te ontketenen, waaronder onze Revolutionaire Oorlog, om het Britse Rijk te verzwakken en de Franse Revolutie te organiseren die in 1789 zou beginnen. Maar in 1784 kwam de Beierse regering door een ware daad van God in het bezit van bewijsmateriaal over de Illuminati en dit bewijsmateriaal had Frankrijk kunnen redden als de Franse regering niet had geweigerd het te geloven. Zo kwam deze daad van God tot stand. In 1784 gaf Weishaupt zijn orders voor de Franse Revolutie. Een Duitse schrijver genaamd Zweig zette het in boekvorm. Het bevatte de hele geschiedenis van de Illuminati en Weishaupt's plannen. Een exemplaar van dit boek werd gestuurd naar de Illuminati in Frankrijk, onder leiding van Robespierre, die Weishaupt had gedelegeerd om de Franse Revolutie aan te wakkeren. De koerier werd door de bliksem getroffen toen hij door Regensburg reed op weg van Frankfurt naar Parijs. De politie vond de subversieve documenten op zijn lichaam en droeg ze over aan de bevoegde autoriteiten. Na een grondig onderzoek van het complot gaf de Beierse regering de politie opdracht een inval te doen in Weishaupt's nieuw georganiseerde "Grand Orient" Loges en in de huizen van zijn invloedrijkste medewerkers. Al het aanvullende bewijsmateriaal dat zo aan het licht kwam, overtuigde de autoriteiten ervan dat de documenten authentieke kopieën waren van het complot waarmee de Illuminati van plan waren oorlogen en revoluties te gebruiken om één enkele wereldregering te vestigen, die zij, met de Rothschilds aan het hoofd, wilden overnemen zodra deze was ingesteld, precies zoals het complot van de Verenigde Naties van vandaag.

"In 1785 verbood de Beierse regering de Illuminati en sloot de loges van de "Grand Orient". In 1786 publiceerden zij alle details van de samenzwering. De Engelse titel van deze publicatie is: "The Original Writings of the Order and the Sect of the Illuminati".[33] Kopieën van het hele complot werden gestuurd naar alle hoofden van kerk en staat in Europa. Maar de macht van de Illuminati, die in feite de macht van de Rothschilds was, was zo groot dat deze waarschuwing werd genegeerd. [34]Toch werd de Illuminati een vies woord en ging ondergronds.

"Tegelijkertijd gaf Weishaupt de Illuminati opdracht te infiltreren in de loges van de "Blauwe Vrijmetselarij" en binnen alle geheime genootschappen hun eigen geheime genootschappen te vormen. Alleen de vrijmetselaars die zich als internationalisten manifesteerden en degenen wier gedrag bewees dat zij naar God waren overgelopen, werden ingewijd in de Illuminati. Vanaf dat moment trokken de samenzweerders de mantel van filantropie en humanisme aan om hun revolutionaire en subversieve activiteiten te verbergen. Om te infiltreren in de vrijmetselaarsloges in Groot-Brittannië, nodigde Weishaupt John Robison uit naar Europa. Robison was een hoge graad vrijmetselaar van de "Schotse Rite". Hij was hoogleraar natuurfilosofie aan de Universiteit van Edinburgh en secretaris van de Royal Society of Edinburgh. Robison trapte niet in de leugen dat het doel van de Illuminati was een welwillende dictatuur te creëren; maar hij hield zijn reacties zo goed voor zich dat hij een exemplaar van Weishaupt's herziene samenzwering kreeg om te bestuderen en te bewaren.

Hoe dan ook, omdat de staatshoofden en kerkleiders in Frankrijk werden misleid en de waarschuwingen die zij kregen negeerden, brak in 1789 de revolutie uit zoals Weishaupt had voorspeld. Om andere regeringen te waarschuwen voor het gevaar waarin zij verkeerden, publiceerde Robison in 1798 een boek getiteld "Evidence of a Conspiracy to Destroy all Governments and all Religions", maar zijn waarschuwingen werden genegeerd op precies dezelfde manier als het Amerikaanse volk alle waarschuwingen over de Verenigde Naties en de Council on Foreign Relations (CFR) negeerde.

---

[33] "De originele geschriften van de orde en sekte van de Illuminati", NDT.

[34] Destijds bekend als de "illuminati", een term die nu gemeengoed is geworden. NDÉ.

"Hier is iets dat velen die dit horen zal verbazen en waarschijnlijk verontwaardigen; maar er is schriftelijk bewijs dat onze eigen Thomas Jefferson en Alexander Hamilton leerlingen werden van Weishaupt. Jefferson was een van Weishaupt's meest vurige verdedigers toen hij door zijn regering vogelvrij werd verklaard en het was Jefferson die de Illuminati infiltreerde in de nieuw georganiseerde "Schotse Rite" loges in New England. Hier is het bewijs.

"In 1789 waarschuwde John Robison alle vrijmetselaarsleiders in Amerika dat de Illuminati in hun loges waren geïnfiltreerd. Op 19 juli 1789 gaf David Papen, president van de Harvard Universiteit, dezelfde waarschuwing aan de afstudeerklas en legde uit hoe de Illuminati invloed uitoefende op de Amerikaanse politiek en religie. Hij schreef drie brieven aan kolonel William L. Stone, een vooraanstaand vrijmetselaar, waarin hij uiteenzette hoe Jefferson de vrijmetselaarsloges gebruikte voor subversieve en Illuminati-doeleinden. Deze drie brieven bevinden zich nu in de Wittenberg Square Library in Philadelphia. Kortom, Jefferson, oprichter van de Democratische Partij, was lid van de Illuminati, wat, althans gedeeltelijk, de toestand van de partij in die tijd verklaart en, dankzij de infiltratie van de Republikeinse Partij, hebben we vandaag niets van loyaal Amerikanisme. Deze rampzalige afwijzing op het Congres van Wenen, veroorzaakt door de Tsaar van Rusland, heeft de samenzwering van de Illuminati geenszins vernietigd. Het dwong hen slechts tot een nieuwe strategie, door te beseffen dat het idee van één wereld voorlopig onmogelijk was. De Rothschilds besloten dat ze de samenzwering in leven moesten houden door hun controle over het monetaire systeem van de Europese naties te versterken.

"Eerder was door een list de uitslag van de Slag bij Waterloo vervalst, Rothschild had een verhaal verspreid dat Napoleon een slechte slag had gehad, wat een vreselijke paniek op de aandelenmarkt in Engeland teweegbracht. Alle aandelen daalden tot bijna nul en Nathan Rothschild kocht alle aandelen voor bijna een penny op hun dollarwaarde. Dit gaf hem volledige controle over de Britse economie en vrijwel heel Europa. Dus, onmiddellijk nadat het Congres van Wenen instortte, dwong Rothschild Groot-Brittannië een nieuwe "Bank of England" op te richten, waarover hij absolute controle had, precies zoals hij later via Jacob Schiff onze eigen "Federal Reserve Act" ontwierp, die het Huis van Rothschild geheime controle gaf over de economie in de Verenigde Staten. Maar laten we nu even stilstaan bij de activiteiten van de Illuminati in de Verenigde Staten.

"In 1826 besloot kapitein William Morgan dat het zijn plicht was om alle vrijmetselaars en het grote publiek te informeren over de waarheid over de Illuminati, hun geheime plannen, hun doelstellingen en om de identiteit van het brein van de samenzwering te onthullen. De Illuminati berechtten Morgan al snel bij verstek en veroordeelden hem voor verraad. Ze gaven ene Richard Howard, een Engelse Illuminati, opdracht hun vonnis van executie als verrader uit te voeren. Morgan werd gewaarschuwd en probeerde naar Canada te vluchten, maar Howard haalde hem in bij de grens, bij de Niagara-kloof om precies te zijn, waar hij hem vermoordde. Dit werd bevestigd in een beëdigde verklaring van ene Avery Allen in New York, waarin hij Howard verslag hoorde doen van de executie tijdens een bijeenkomst van de "Templars" in St. John's Hall in New York. Hij vertelde ook hoe regelingen waren getroffen om Howard terug te sturen naar Engeland. Allen's beëdigde verklaring is bewaard bij de stad New York. Zeer weinig vrijmetselaars en het grote publiek weten dat de wijdverbreide afkeuring van dit moorddadige incident leidde tot de afscheiding van ongeveer de helft van de vrijmetselaars in de Noordelijke Jurisdictie van de Verenigde Staten. Kopieën van de notulen van de vergadering die werd gehouden om deze zaak te bespreken zijn nog steeds in veilige handen en al deze geheimzinnigheid onderstreept de macht van de Illuminati om te voorkomen dat zulke vreselijke historische gebeurtenissen op onze scholen worden onderwezen.

"In de vroege jaren 1850 hielden de Illuminati een geheime bijeenkomst in New York, die werd bijgewoond door een Britse Illuminist met de naam Wright. De aanwezigen vernamen dat de Illuminati zich organiseerden om Nihilisten en Atheïsten met alle andere subversieve groepen te verenigen in een internationale groep die bekend stond als Communisten. Het was op dit punt dat het woord "communist" voor het eerst verscheen, en het was voorbestemd om het ultieme wapen en schrikwoord te worden om de wereld angst aan te jagen en de geterroriseerde volkeren ertoe te bewegen deel te nemen aan het Illuminati-project van een verenigde wereld. Dit project: "Communisme" zou worden gebruikt om de Illuminati in staat te stellen toekomstige oorlogen en revoluties te ontketenen. Clinton Roosevelt, een directe voorvader van Franklin Roosevelt, Horace Greeley en Charles Dana, de belangrijkste krantenredacteuren van die tijd, werden aangesteld om een comité te leiden dat fondsen moest werven voor deze nieuwe onderneming. Natuurlijk werd het meeste geld verstrekt door de Rothschilds en dit fonds werd gebruikt om Karl Marx en Engels te financieren toen zij "Das Kapital" en het

"Communistisch Manifest" schreven in Soho, Engeland. En dit onthult duidelijk dat communisme geen zogenaamde ideologie is, maar een geheim wapen; een steekwoord om het doel van de Illuminati te dienen.

"Weishaupt stierf in 1830; maar voor zijn dood bereidde hij een herziene versie voor van de eeuwenoude samenzwering, de Illuminati, die onder verschillende pseudoniemen alle internationale organisaties en groepen zouden organiseren, financieren, leiden en controleren door hun agenten in topmanagementfuncties te laten werken. In de Verenigde Staten hebben we Woodrow Wilson, Franklin Roosevelt, Jack Kennedy, Johnson, Rusk, McNamara, Fulbright, George Bush, enz. als voornaamste voorbeelden. En terwijl Karl Marx het "Communistisch Manifest" schreef onder leiding van een groep illuministen, schreef professor Karl Ritter van de Universiteit van Frankfurt de antithese onder leiding van een andere groep. Het idee was dat degenen die de wereldwijde samenzwering leiden, de verschillen tussen deze twee zogenaamde ideologieën konden gebruiken om hen in staat te stellen steeds meer van de mensheid in tegengestelde kampen te verdelen om hen te bewapenen en te hersenspoelen om elkaar te bestrijden en te vernietigen. En vooral, om alle politieke en religieuze instellingen te vernietigen. Het door Ritter begonnen werk werd na zijn dood voortgezet en voltooid door de zogenaamde Duitse filosoof Freidrich Wilhelm Nietzsche, die het Nietzscheanisme stichtte. Dit Nietzscheanisme ontwikkelde zich vervolgens tot fascisme en nazisme en werd gebruikt om de Eerste en Tweede Wereldoorlog aan te wakkeren.

"In 1834 werd de Italiaanse revolutionaire leider Guiseppe Mazzini door de Illuminati gekozen om hun revolutionaire programma over de hele wereld te leiden. Hij bekleedde deze positie tot zijn dood in 1872, maar een paar jaar voor zijn dood had Mazzini een Amerikaanse generaal, Albert Pike, in de gelederen van de Illuminati gelokt. Pike was gefascineerd door het idee van een één-wereld regering en werd uiteindelijk de leider van deze Luciferiaanse samenzwering. Tussen 1859 en 1871 stelde Pike een militair plan op voor drie wereldoorlogen en verschillende revoluties over de hele wereld, die volgens hem de samenzwering in staat zouden stellen haar laatste fase in de 20e eeuw te bereiken. Laat me u er nogmaals aan herinneren dat deze samenzweerders nooit geïnteresseerd waren in onmiddellijk succes. Ze werkten ook met een langetermijnperspectief. Pike deed het meeste werk vanuit zijn huis in Little Rock, Arkansas. Maar een paar jaar later, toen de Grote Oosterse Loges van de Illuminati verdacht en verworpen werden vanwege Mazzini's revolutionaire activiteiten in Europa, organiseerde Pike wat hij de Nieuwe Gereformeerde Palladiaanse Rite noemde. Hij richtte drie Hoge Raden op: één in Charleston, South Carolina, één in Rome, Italië, en een derde in Berlijn, Duitsland. Hij vroeg Mazzini 23 ondergeschikte raden op te richten op strategische plaatsen in de wereld. Deze zijn sindsdien het geheime hoofdkwartier van de revolutionaire wereldbeweging.

"Lang voordat Marconi de radio uitvond, hadden Illuminati wetenschappers een manier gevonden voor Pike en de leiders van zijn raden om in het geheim te communiceren. Door de ontdekking van dit geheim konden inlichtingenagenten begrijpen hoe schijnbaar ongerelateerde incidenten, zoals de moord op een Oostenrijkse prins in Servië, gelijktijdig over de hele wereld plaatsvonden en uitmondden in oorlog of revolutie. Pike's plan was even simpel als effectief. Het voorzag dat communisme, nazisme, politiek zionisme en andere internationale bewegingen zouden worden georganiseerd en gebruikt om drie wereldoorlogen en ten minste twee grote revoluties te ontketenen.

"De Eerste Wereldoorlog moest de Illuminati in staat stellen het tsarisme in Rusland te vernietigen, zoals Rothschild had beloofd nadat de tsaar zijn plan op het Congres van Wenen had getorpedeerd, en Rusland te veranderen in een bastion van atheïstisch communisme. De door Illuminati agenten aangewakkerde meningsverschillen tussen het Britse en Duitse rijk moesten worden gebruikt om deze oorlog aan te wakkeren. Zodra de oorlog voorbij was, zou het communisme worden ontwikkeld en gebruikt om andere regeringen te vernietigen en de invloed van religies op de samenleving (met name de katholieke religie) te verzwakken.

"De Tweede Wereldoorlog moest, wanneer en indien nodig, worden aangewakkerd door gebruik te maken van de controverses tussen de fascisten en de politieke zionisten, en hier moet worden opgemerkt dat Hitler werd gefinancierd door Krupp, de Warburgs, de Rothschilds en andere internationalistische bankiers en dat Hitlers massamoord op de veronderstelde 6.000.000 Joden de Joodse internationalistische bankiers helemaal niet stoorde. Het bloedbad was nodig om in de hele wereld haat tegen het Duitse volk op te wekken en zo een oorlog tegen hen uit te lokken. Kortom, deze Tweede Wereldoorlog moest worden gevoerd om het nazisme te vernietigen en de macht van het politieke zionisme te vergroten, zodat de staat Israël in Palestina kon worden gevestigd.

"Tijdens deze Tweede Wereldoorlog moest het internationale communisme worden ontwikkeld tot het in kracht die van het verenigde christendom evenaarde. Als dat punt eenmaal was bereikt, moest het in toom worden gehouden tot het nodig was voor de uiteindelijke sociale catastrofe. Zoals we nu weten, voerden Roosevelt, Churchill en Stalin precies dit beleid uit, en Truman, Eisenhower, Kennedy, Johnson en George Bush zetten het voort.

"De Derde Wereldoorlog zal worden ontketend, gebruikmakend van de zogenaamde controverses, door Illuminati-agenten die opereren onder welke nieuwe naam dan ook, en die nu gepolariseerd zijn tussen de politieke Zionisten en de heersers van de Moslimwereld. Deze oorlog zal zodanig worden gevoerd dat de islam en het politieke zionisme (de Israëliërs) elkaar zullen vernietigen, terwijl tegelijkertijd de resterende naties, opnieuw verdeeld over deze kwestie, zullen worden gedwongen te vechten tot een staat van volledige uitputting, fysiek, mentaal, spiritueel en economisch.

"Kan ieder weldenkend mens eraan twijfelen dat de intriges die zich momenteel in het Midden- en Verre Oosten afspelen, bedoeld zijn om dit satanische doel te bereiken?

Pike zelf voorspelde dit alles in een verklaring die hij op 15 augustus 1871 voor Mazzini aflegde. Pike zei dat na het einde van de Derde Wereldoorlog degenen die streven naar onbetwiste wereldheerschappij de grootste sociale catastrofe zullen veroorzaken die de wereld ooit heeft gekend. Hij citeerde zijn eigen woorden uit de brief die hij aan Mazzini schreef en die nu gecatalogiseerd is in het British Museum in Londen, Engeland; hij zei:

"Wij zullen de nihilisten en atheïsten ontketenen en een grote sociale cataclysme teweegbrengen die, in al zijn gruwelijkheid, aan alle volkeren duidelijk de gevolgen van het absolute atheïsme, de oorsprong van de wreedheid en de bloedigste wanorde zal aantonen. Dan zullen de volkeren zich overal moeten verdedigen tegen de minderheid van wereldrevolutionairen en zullen zij deze vernietigers van de beschaving uitroeien, en de gedesillusioneerde massa's van het christendom, wier geest vanaf dat moment zonder richting of kader zal zijn en verlangend naar een ideaal, maar zonder te weten waarheen zij hun aanbidding moeten sturen, zullen het ware licht ontvangen door de universele manifestatie van de zuivere leer van Lucifer, die eindelijk op klaarlichte dag zal worden ontmaskerd. Een manifestatie die het gevolg zal zijn van een algemene reactionaire beweging die zal volgen op de vernietiging van het christendom en het atheïsme; beide tegelijk overwonnen en uitgeroeid."

"Toen Mazzini in 1872 stierf, maakte Pike een andere revolutionaire leider, Adriano Lemi, tot zijn opvolger. Lemi werd op zijn beurt opgevolgd door Lenin en Trotski, en vervolgens door Stalin. De revolutionaire activiteiten van al deze mannen werden gefinancierd door Britse, Franse, Duitse en Amerikaanse internationale bankiers, allemaal gedomineerd door het Huis Rothschild. Wij worden geacht te geloven dat de huidige internationale bankiers, net als de geldwisselaars in de tijd van Christus, slechts de werktuigen of agenten zijn van de grote samenzwering, maar in werkelijkheid zijn zij het brein achter alle massacommunicatiemedia die ons willen doen geloven dat het communisme een beweging is van de zogenaamde arbeiders; het is een feit dat Britse en Amerikaanse agenten van de inlichtingendiensten over authentieke schriftelijke bewijzen beschikken dat internationale liberalen, die opereren via hun internationale bankhuizen, in het bijzonder het Huis Rothschild, beide zijden van elke oorlog en revolutie sinds 1776 hebben gefinancierd.

"Degenen die vandaag de dag de samenzwering vormen (de CFR in de VS en de RIIA in Groot-Brittannië) besturen onze regeringen die zij in woeker houden door methoden zoals het Federal Reserve System in Amerika om oorlogen uit te lokken, zoals Vietnam (gecreëerd door de Verenigde Naties), om Pike's Illuminati-plannen te bevorderen, om de wereld in dat stadium van de samenzwering te brengen, waarin het atheïstische communisme en het hele christendom kunnen worden gedwongen tot een totale Derde Wereldoorlog, zowel in elk overgebleven land als internationaal.

"Het hoofdkwartier van de grote samenzwering aan het eind van de achttiende eeuw bevond zich in Frankfurt, Duitsland, waar het Huis Rothschild was opgericht door Mayer Amschel Bauer, die de naam Rothschild aannam en zich verenigde met andere internationale financiers die hun ziel letterlijk aan de duivel hadden verkocht. Nadat de Beierse regering de affaire in 1786 had onthuld, verplaatsten de samenzweerders hun hoofdkwartier naar Zwitserland en vervolgens naar Londen. Sinds de Tweede Wereldoorlog (na de dood van Jacob Schiff, de beschermeling van de Rothschilds in Amerika) heeft de Amerikaanse tak zijn hoofdkwartier in het Harold Pratt Building in New York en hebben de Rockefellers, oorspronkelijk beschermelingen van Schiff, de leiding genomen over het manipuleren van de financiën in Amerika namens de Illuminati.

"In het laatste stadium van de samenzwering zal de regering van een verenigde wereld bestaan uit de dictator-koning, het hoofd van de Verenigde Naties, de CFR, en een paar miljardairs, economen en wetenschappers die hun toewijding aan de grote samenzwering hebben bewezen. Alle anderen worden geïntegreerd in een groot conglomeraat van mensen van verschillende rassen, in feite slaven. Laat me u nu zien hoe onze federale regering en het Amerikaanse volk zijn meegezogen in het complot om de wereld over te nemen door de grote Illuminati-samenzwering, en bedenk altijd dat de Verenigde Naties zijn opgericht om het instrument te worden van deze totalitaire samenzwering. De echte fundamenten van het complot om de Verenigde Staten over te nemen werden gelegd tijdens onze Burgeroorlog. Niet dat Weishaupt en de vroege meesterbreinen de Nieuwe Wereld ooit hebben verwaarloosd, zoals ik al heb aangegeven; Weishaupt had zijn agenten hier al tijdens de Revolutionaire Oorlog gestationeerd.

"Het was tijdens de Burgeroorlog dat de samenzweerders hun eerste concrete pogingen lanceerden. We weten dat Judah Benjamin, Jefferson Davis' hoofdadviseur, een Rothschild agent was. We weten ook dat er Rothschild agenten in het kabinet van Abraham Lincoln zaten, die hem probeerden te overtuigen een financiële deal te sluiten met het Huis van Rothschild. Maar de oude Abe doorzag dit plan en verwierp het zonder meer, waardoor hij de eeuwige vijandschap van de Rothschilds verdiende, net zoals de Russische tsaar deed toen hij de eerste Volkenbond torpedeerde op het Congres van Wenen. Uit het onderzoek naar de moord op Lincoln bleek dat de moordenaar Booth lid was van een geheime groep samenzweerders. Omdat er een aantal hoge ambtenaren bij betrokken waren, werd de naam van de groep nooit onthuld en werd de zaak een mysterie, net zoals de moord op Jack (John F.) Kennedy dat nog steeds is. Maar ik weet zeker dat het niet lang een mysterie zal blijven. Hoe dan ook, het einde van de Burgeroorlog vernietigde tijdelijk elke kans die het Huis van Rothschild had om ons monetaire systeem over te nemen, zoals het had gedaan in Groot-Brittannië en andere Europese landen. Ik zeg tijdelijk, omdat de Rothschilds en het brein van de samenzwering nooit opgaven, dus moesten ze helemaal opnieuw beginnen, maar ze verspilden geen tijd om te beginnen.

"Kort na de Burgeroorlog arriveerde een jonge immigrant, die zichzelf Jacob H. Schiff noemde, in New York. Jacob was een jonge man met een missie die hem was toevertrouwd door het Huis van Rothschild. Jacob was de zoon van een rabbijn, geboren in een van de Rothschild huizen in Frankfurt, Duitsland. Ik ga dieper in op zijn verhaal. Het belangrijke punt is dat Rothschild in hem niet alleen een potentiële geldtovenaar herkende, maar belangrijker nog, hij zag ook de Machiavellistische kwaliteiten die in Jacob sluimerden en die hem tot een onschatbare functionaris konden maken in de grote wereldwijde samenzwering. Na een relatief korte periode van training in de Rothschild bank in Londen, vertrok Jacob naar Amerika met de opdracht een bankhuis te kopen dat de springplank moest worden voor het verkrijgen van controle over het Amerikaanse monetaire systeem. In feite kwam Jacob hier om vier specifieke missies uit te voeren.

1.   En vooral, om controle te krijgen over het Amerikaanse monetaire systeem.

2.   Zoek bekwame mannen die, tegen betaling, bereid zijn te dienen als stromannen voor de grote samenzwering en promoveer ze naar hoge posities in onze federale regering, ons Congres, en het Amerikaanse Hooggerechtshof, en alle federale agentschappen.

3.   Conflicten creëren tussen minderheidsgroepen in alle landen, vooral tussen blanken en zwarten.

4.   Een beweging creëren om religie te vernietigen in de Verenigde Staten; maar het christendom was het hoofddoel.

"Tegen de tijd dat Schiff op het toneel kwam, was "Kuhn en Loeb" een bekende private bankfirma en het was in deze firma dat Jacob aandelen kocht. Kort nadat hij partner werd in "Kuhn and Loeb", trouwde Schiff met Loeb's dochter Teresa, kocht vervolgens Kuhn's belangen uit en verhuisde het bedrijf naar New York. "Kuhn en Loeb" werd "Kuhn, Loeb en Company", internationale bankiers waarvan Jacob Schiff, een agent van de Rothschilds, ogenschijnlijk de enige eigenaar was. En gedurende zijn hele carrière heeft deze mengeling van Judas en Machiavelli, de eerste erfgenaam van de grote Illuminati-samenzwering in Amerika, zich voorgedaan als een gulle filantroop en een man van grote vroomheid; het beleid van verhulling dat door de Illuminati is ingesteld.

"Zoals ik al zei, de eerste grote stap in de samenzwering was de verovering van ons monetaire systeem. Om dit doel te bereiken, moest Schiff de volledige medewerking krijgen van de elementen van de grote Amerikaanse bank van die tijd, wat gemakkelijker gezegd dan gedaan was. Zelfs in die jaren was Wall Street het hart van de Amerikaanse geldmarkt en J.P. Morgan was de dictator ervan. Dan waren er nog de Drexels en de Biddles van Philadelphia. Alle andere financiers, groot en klein, dansten naar de pijpen van deze drie huizen, maar vooral Morgan. Deze drie waren trotse, hooghartige, arrogante potentaten.

"De eerste jaren beschouwden ze de kleine man met de snor uit de Duitse getto's met volslagen minachting, maar Jacob wist hoe hij dat kon overwinnen. Hij gooide ze een paar Rothschild botten toe. Die botten waren de distributie in Amerika van gewenste Europese aandelen en obligaties. Toen ontdekte hij dat hij een nog krachtiger wapen in handen had.

"Het was in de decennia na onze burgeroorlog dat onze industrieën zich begonnen te ontwikkelen. We moesten grote spoorwegen bouwen. De olie-, mijn-, staal- en textielindustrie schoten als paddenstoelen uit de grond. Dit alles vereiste aanzienlijke financiering, waarvan een groot deel uit het buitenland moest komen, voornamelijk van het huis Rothschild, en dit is waar Schiff zich onderscheidde. Hij speelde een zeer sluw spel. Hij werd de beschermheilige van John D. Rockefeller, Edward R. Harriman en Andrew Carnegie. Hij financierde de Standard Oil Company voor Rockefeller, het spoorwegimperium voor Harriman en het staalimperium voor Carnegie. Maar in plaats van alle andere industrieën voor Kuhn, Loeb en Company, opende hij de deuren van het Huis van Rothschild voor Morgan, Biddle en Drexel. Rothschild regelde op zijn beurt de oprichting van Londen, Parijs, Europa en andere filialen voor deze drie, maar altijd in partnerschap met ondergeschikten van Rothschild en Rothschild maakte al deze mannen duidelijk dat Schiff de baas zou zijn in New York.

"Dus rond de eeuwwisseling controleerde Schiff strak de hele Wall Street bankbroederschap die, met Schiff's hulp, de gebroeders Lehman, Goldman Sachs en andere internationalistische banken omvatte, geleid door mannen gekozen door de Rothschilds. Kortom, het betekende controle over de monetaire macht van de natie en het was toen klaar voor de grote stap - de beknelling van ons nationale monetaire systeem.

"Volgens onze grondwet ligt de controle over ons monetaire systeem uitsluitend bij het Congres. De volgende grote stap van Schiff was om ons Congres te verleiden tot verraad aan dit grondwettelijk decreet, door deze controle over te dragen aan de hiërarchie van de grote Illuminati samenzwering. Om deze overgave te legaliseren en het volk machteloos te maken, zou het Congres speciale wetgeving moeten aannemen. Om dit te doen, zou Schiff stromannen moeten infiltreren in beide huizen van het Congres. Stromannen die sterk genoeg zijn om het Congres ertoe te bewegen zulke wetgeving aan te nemen. Net zo belangrijk, zo niet belangrijker, moest hij een stroman in het Witte Huis plaatsen, een president zonder integriteit of scrupules, die zulke wetgeving zou ondertekenen. Om dit te doen, moest hij de Republikeinse of Democratische partij in handen krijgen. De Democratische partij was de meest kwetsbare, de meest ambitieuze van de twee partijen. Met uitzondering van Grover Cleveland waren de Democraten er sinds de Burgeroorlog niet in geslaagd een van hun mannen in het Witte Huis te krijgen. Daar waren twee redenen voor:

1. De armoede van het feest.

2. Er waren veel meer Republikeinse kiezers dan Democraten.

"De armoedkwestie was geen groot probleem, maar de kiezerskwestie was een ander verhaal. Maar zoals ik al eerder zei, Schiff was een slimmerik. Hier is de gruwelijke en moorddadige methode die hij gebruikte om dit kiezersprobleem op te lossen. Zijn oplossing onderstreept de minachting die internationalistische Joodse bankiers hebben voor hun eigen raciale broeders, zoals u zult zien. Rond 1890 brak er plotseling een reeks pogroms uit in heel Rusland. Enkele duizenden onschuldige Joden, mannen, vrouwen en kinderen, werden afgeslacht door Kozakken en andere boeren. In Polen, Roemenië en Bulgarije braken soortgelijke pogroms uit met vergelijkbare slachtingen onder onschuldige Joden. Al deze pogroms werden aangewakkerd door agenten van Rothschild. Als gevolg daarvan stroomden doodsbange Joodse vluchtelingen uit al deze landen naar de Verenigde Staten en dit ging de volgende twee of drie decennia door, omdat de pogroms al die jaren doorgingen. Al deze vluchtelingen werden geholpen door zelfbenoemde humanitaire comités, opgericht door Schiff, de Rothschilds, en al hun filialen.

"In het algemeen stroomden de vluchtelingen naar New York, maar de humanitaire comités van Schiff en Rothschild vonden een manier om velen van hen over te brengen naar andere grote steden zoals Chicago, Boston, Philadelphia, Detroit, Los Angeles, enz., die allemaal snel werden omgevormd tot "genaturaliseerde burgers" en opgeleid om zich te laten registreren als Democraten. Allen werden snel omgevormd tot "genaturaliseerde burgers" en opgeleid om zich als Democraten te laten registreren. Zo werden al deze zogenaamde minderheidsgroepen solide Democratische kiezersgroepen in hun gemeenschappen, allemaal gecontroleerd en gemanoeuvreerd door hun zogenaamde weldoeners. En kort na de eeuwwisseling werden zij vitale factoren in het politieke leven van onze natie. Dit was een van Schiff's methodes om mannen als Nelson Aldrich in onze Senaat en Woodrow Wilson in het Witte Huis te plaatsen.

"Op dit punt wil ik u herinneren aan een andere belangrijke taak die aan Schiff werd toegewezen toen hij naar Amerika werd gestuurd. Ik bedoel de taak om de eenheid van het Amerikaanse volk te vernietigen door minderheidsgroepen te creëren en rassenconflicten aan te wakkeren. Door Joodse vluchtelingen van pogroms naar Amerika te halen, creëerde Schiff een minderheidsgroep die voor dit doel kon worden gebruikt. Maar op het Joodse volk als geheel, bang gemaakt door de pogroms, kon niet worden vertrouwd om het geweld te creëren dat nodig was om de eenheid van het Amerikaanse volk te vernietigen. Maar in Amerika zelf was er een reeds gevormde, zij het nog slapende minderheidsgroep, de zwarten, die konden worden aangezet tot demonstraties, rellen, plundering, moord en elke andere vorm van anarchie - alles wat nodig was, was hen op te hitsen en wakker te schudden. Samen konden deze twee minderheidsgroepen, goed gemanoeuvreerd, worden gebruikt om precies de "tweedracht" in Amerika te creëren die de Illuminati nodig hadden om hun doel te bereiken.

"Dus, op hetzelfde moment dat Schiff en zijn medesamenzweerders hun plannen ontwikkelden om ons monetaire systeem in de val te lokken, ontwikkelden ze plannen om het nietsvermoedende Amerikaanse volk te treffen met een explosieve en angstaanjagende raciale omwenteling die het volk zou verscheuren in haatdragende fracties en chaos zou creëren in het hele land; vooral op elke hogeschool en universiteitscampus; allemaal beschermd door de beslissingen van Earl Warren en onze zogenaamde leiders in Washington D.[35]C. (Denk aan de Warren Commissie over de moord

---

[35] Toen Kennedy president van de Verenigde Staten was, werd hij christen. In zijn poging tot "inkeer" probeerde hij het volk van deze natie (minstens tweemaal) te informeren dat het ambt van president van de Verenigde Staten werd gemanipuleerd door de Illuminati/CFR. Tegelijkertijd stopte hij met het "lenen" van Federal Reserve Notes van de Federal Reserve Bank en begon met de uitgifte van United States Notes (zonder rente) op het krediet van de Verenigde Staten. Deze uitgifte van Amerikaanse biljetten leidde tot de moord op Kennedy.

Na zijn beëdiging stopte Lyndon B. Johnson stopte met de uitgifte van Amerikaanse biljetten en ging weer over tot het lenen van biljetten van de

op President John F. Kennedy).

Natuurlijk kost het perfectioneren van deze plannen tijd en oneindig veel geduld.

"Nu, om alle twijfel weg te nemen, zal ik een paar momenten nemen om u het documentaire bewijs te geven van dit rassenbestrijdende complot. Eerst moesten ze leiderschap en organisaties creëren om miljoenen gedupeerden, Joden en zwarten, aan te trekken, die zouden demonstreren en rellen, plunderingen en anarchie zouden plegen. Dus organiseerden en richtten Schiff, Lehmans en andere samenzweerders in 1909 de "National Association for the Advancement of the Coloured People" op, beter bekend als de "NAACP". De voorzitters, directeuren en juridische adviseurs van de NAACP zijn altijd "blanke joodse mannen" geweest, benoemd door Schiff, en dat is nog steeds zo.

"Toen, in 1913, organiseerde de groep Schiff de "Anti-Defamation League of B'nai B'rith", algemeen bekend als de "ADL", om te dienen als Gestapo en handlanger voor de hele grote samenzwering. Vandaag de dag heeft de sinistere "ADL" meer dan 2000 afdelingen in elke regio van ons land en adviseert en controleert elke actie van de "NAACP", de "Urban League" en alle andere zogenaamde zwarte burgerrechtenorganisaties in het hele land, inclusief leiders als Martin Luther King, Stockely Carmichael, Barnard Rustin en anderen van hetzelfde slag. Bovendien verwierf de "ADL" absolute controle over de reclamebudgetten van vele warenhuizen, hotelketens, industriële sponsors van televisie en radio, en reclamebureaus, om vrijwel alle massacommunicatiemedia te controleren en alle trouwe kranten te dwingen het nieuws te verdraaien en te vervalsen, de anarchie en het geweld in de zwarte menigte verder aan te wakkeren en tegelijkertijd sympathie voor hen op te wekken. Hier is documentair bewijs van het begin van hun doelbewuste complot om de zwarten tot anarchie aan te zetten.

"Rond 1910 schreef een zekere Israel Zengwill een toneelstuk genaamd "The Melting-Pot". Het was pure propaganda om zwarten en Joden op te hitsen, want het stuk moest laten zien hoe het

---

Federal Reserve Bank (die aan het volk van de Verenigde Staten werden uitgeleend tegen de huidige rentevoet van 17%). De onder John F. Kennedy uitgegeven Amerikaanse biljetten maakten deel uit van de reeks van 1963, die een "rood" zegel op de voorzijde van het biljet droeg.

Amerikaanse volk Joden en zwarten discrimineerde en vervolgde. Destijds leek niemand te beseffen dat het een propagandaspel was. Het was zo slim geschreven. De propaganda was goed verpakt in het geweldige entertainment van het stuk en het was een grote hit op Broadway.

"In die tijd organiseerde de legendarische Diamond Jim Brady een banket in het beroemde restaurant Delmonico's in New York na de première van een populair toneelstuk. Hij organiseerde zo'n feest voor de cast van 'The Melting Pot', de schrijver, de producent en enkele Broadway-beroemdheden. Tegen die tijd had ik reeds mijn persoonlijke stempel gedrukt op het Broadway theater en ik werd uitgenodigd op het feest. Ik ontmoette George Bernard Shaw en een Joodse schrijver genaamd Israel Cohen. Zangwill, Shaw en Cohen waren degenen die de Fabian Society in Engeland hadden opgericht en nauw hadden samengewerkt met een jood uit Frankfurt, Mordicai genaamd, die zijn naam had veranderd in Karl Marx; maar vergeet niet, in die tijd waren marxisme en communisme net in opkomst en niemand besteedde veel aandacht aan hen en niemand vermoedde propaganda in de geschriften van deze drie werkelijk briljante schrijvers.

"Tijdens het banket vertelde Israel Cohen mij dat hij een boek aan het schrijven was als vervolg op Zangwill's The Melting Pot. De titel van zijn boek zou zijn "Een rassenprogramma voor de 20e eeuw". Op dat moment ging ik volledig op in mijn werk als toneelschrijver, en hoe veelzeggend de titel ook was, het werkelijke doel ervan kwam nooit bij me op, noch was ik geïnteresseerd in het lezen van het boek. Maar het raakte me plotseling met de kracht van een waterstofbom toen ik een krantenknipsel ontving van een artikel dat in mei 1957 in de *Washington D.C. Evening Star was gepubliceerd.* [th]Het artikel was een woord-voor-woord herdruk van het volgende fragment uit Israel Cohen's boek "A Racial-Program for the 20 Century" en het luidde als volgt:

> "We moeten beseffen dat het machtigste wapen van onze partij de raciale spanning is. Door in het bewustzijn van de donkere rassen te propageren, dat zij eeuwenlang door de blanken zijn onderdrukt, kunnen wij hen doen instemmen met het programma van de Communistische Partij. In Amerika streven we naar een subtiele overwinning. Terwijl wij de zwarte minderheid tegen de blanken ophitsen, zullen wij de blanken een schuldcomplex voor hun uitbuiting van de zwarten bijbrengen. We zullen zwarten helpen om op alle gebieden van het leven, in de beroepen en in de wereld

van sport en amusement, aan de top te komen. Met dit prestige zullen zwarten in staat zijn om met blanken te trouwen en een proces beginnen dat Amerika aan onze zaak zal leveren."

Notulen van 7 juni 1957; door vertegenwoordiger Thomas G. Abernethy.

"Dus de authenticiteit van deze passage uit Cohens boek stond volledig vast. Maar de enige vraag die mij nog restte was of het het officiële beleid of complot van de Communistische Partij vertegenwoordigde of slechts een persoonlijke uiting van Cohen zelf. Dus zocht ik naar verder bewijs en vond het in een officieel pamflet dat in 1935 door de afdeling New York van de Communistische Partij werd gepubliceerd.

Het pamflet was getiteld "Negers in een Sovjet Amerika". Het spoorde de negers aan om in opstand te komen, een Sovjetstaat te vormen in het Zuiden en toetreding tot de Sovjet-Unie na te streven. Het bevatte de vaste belofte dat de opstand zou worden gesteund door alle Amerikaanse "roden" en alle zogenaamde "liberalen". Op bladzijde 38 werd beloofd dat een Sovjetregering meer voordelen zou bieden aan zwarten dan aan blanken en opnieuw beloofde dit officiële communistische pamflet dat, en ik citeer: "elke daad van discriminatie of vooroordeel tegen een neger een misdaad zal worden onder de revolutionaire wet." Deze verklaring bewijst dat het uittreksel uit het boek van Israel Cohen, gepubliceerd in 1913, een officieel decreet van de Communistische Partij was en rechtstreeks in overeenstemming was met het Illuminati-plan voor een wereldrevolutie, gepubliceerd door Weishaupt en later door Albert Pike.

"Nu is er nog maar één vraag en dat is te bewijzen dat het communistische regime rechtstreeks gecontroleerd wordt door de Amerikaanse breinen Jacob Schiff en de Rothschilds van Londen. Even later zal ik het bewijs leveren dat elke twijfel zal wegnemen dat de Communistische Partij, zoals wij die kennen, is opgericht door die (kapitalistische, zo u wilt) breinen, Schiff, de Warburgs en de Rothschilds, die de hele Russische Revolutie hebben gepland en gefinancierd, de moord op de Tsaar en zijn familie, en dat Lenin, Trotski en Stalin hun orders rechtstreeks hebben gekregen van Schiff en de andere kapitalisten die zij geacht worden te bestrijden.

"Kun je begrijpen waarom de beruchte Earl Warren en zijn even beruchte collega-rechters van het Hooggerechtshof in 1954 deze beruchte en verraderlijke desegregatiebeslissing namen? Het was om de samenzwering van de Illuminati te helpen en aan te moedigen om spanning en conflicten te creëren tussen zwarten en blanken. Kun je begrijpen waarom diezelfde Earl Warren zijn uitspraak deed om christelijke gebeden en kerstliederen op onze scholen te verbieden? Waarom Kennedy hetzelfde deed? En kunt u begrijpen waarom Johnson en 66 senatoren, ondanks het protest van 90% van het Amerikaanse volk, stemden voor het "Consulaire Verdrag" dat ons hele land openstelt voor Russische spionnen en saboteurs? Die 66 senatoren zijn allemaal 20-eeuwse Benedict Arnolds.

"Het is aan u en het hele Amerikaanse volk om het Congres, onze gekozen functionarissen, te dwingen deze Amerikaanse verraders voor het gerecht te brengen voor afzetting en, indien schuldig bevonden, hen de straf op te leggen die voorgeschreven is voor verraders die onze vijanden helpen en aanzetten. En dat omvat de uitvoering van strenge onderzoeken door het Congres naar de "CFR" en al hun fronten, zoals de "ADL", de "NAACP", de "SNIC", en Illuminati-werktuigen als Martin Luther King*. Zulke onderzoeken zullen alle leiders van Washington D.C. en de Illuminati en al hun banden en filialen volledig ontmaskeren als verraders die het Illuminati-complot uitvoeren. Zij zullen de Verenigde Naties volledig ontmaskeren als de spil van de samenzwering en het Congres dwingen de Verenigde Staten terug te trekken uit de VN en de VN uit te wijzen uit de Verenigde Staten. In feite zal dit de VN en de hele samenzwering vernietigen.

"Voordat ik deze fase afsluit, wil ik een essentieel punt herhalen en benadrukken dat ik u dringend verzoek nooit te vergeten als u ons land wilt redden voor uw kinderen en hun kinderen. Dat punt is dit. Alle ongrondwettelijke en illegale handelingen van Woodrow Wilson, Franklin Roosevelt, Truman, Eisenhower en Kennedy en nu van Johnson (en nu George Bush en Bill Clinton) zijn precies in overeenstemming met de eeuwenoude samenzwering van de Illuminati die door Weishaupt en Albert Pike is beschreven. Elke gemene beslissing van de verrader Earl Warren en zijn al even verraderlijke Hooggerechtshofrechters was rechtstreeks in overeenstemming met wat het Illuminati-plan vereiste. Elk verraad gepleegd door ons ministerie van Buitenlandse Zaken onder Rusk en eerder door John Foster Dulles en Marshall, en elk verraad gepleegd door McNamara en zijn voorgangers, zijn direct in lijn met ditzelfde Illuminati-plan voor wereldovername. Ook het verbazingwekkende verraad van diverse leden van ons Congres, in het bijzonder van de 66 senatoren die het Consulaire Verdrag ondertekenden, werd gepleegd in opdracht van de Illuminati.

"Nu zal ik terugkomen op Jacob Schiff's interventie in ons monetaire systeem en de verraderlijke acties die daarop volgden. Dit zal ook de controle van Schiff-Rothschild onthullen, niet alleen over Karl Marx, maar ook over Lenin, Trotski en Stalin, die de revolutie in Rusland tot stand brachten en de Communistische Partij oprichtten.

"Het was in 1908 dat Schiff besloot dat de tijd gekomen was om ons monetaire systeem over te nemen. Zijn belangrijkste luitenanten bij deze overname waren kolonel Edward Mandel House, wiens hele carrière bestond uit chef-kok en loopjongen voor Schiff, en Bernard Baruch en Herbert Lehman. In de herfst van dat jaar kwamen ze in het geheim bijeen in de Jekyll Island Hunt Club, eigendom van J.P. Morgan op Jekyll Island, Georgia. Onder de aanwezigen waren J.P. Morgan, John B. Rockefeller, Colonel House, Senator Nelson Aldrich, Schiff, Stillman en Vanderlip van de National City Bank of New York, W. en J. Seligman, Eugene Myer, Bernard Baruch, Herbert Lehman, Paul Warburg - kortom, alle internationale bankiers van Amerika. Allemaal leden van de hiërarchie van de grote Illuminati samenzwering.

"Een week later creëerden ze wat ze het Federal Reserve System noemden. Senator Aldrich was de stroman die het door het Congres moest loodsen, maar dat werd uitgesteld om één belangrijke reden: ze moesten eerst hun man en hun gehoorzame stroman in het Witte Huis krijgen om de Federal Reserve Act te ondertekenen. Ze wisten dat zelfs als de Senaat de wet unaniem zou goedkeuren, president Taft, toen net gekozen, snel zijn veto zou uitspreken. Dus wachtten ze.

"In 1912 werd hun man, Woodrow Wilson, tot president gekozen. Onmiddellijk na Wilson's inauguratie, duwde Senator Aldrich de Federal Reserve Act door beide huizen van het Congres en Wilson ondertekende deze prompt en de Federal Reserve Act werd wet. Deze gruwelijke daad van verraad werd gepleegd op 23 december 1913, twee dagen voor Kerstmis, toen alle leden van het Congres, met uitzondering van enkele vertegenwoordigers en drie gekozen senatoren, afwezig waren in Washington. Hoe gruwelijk was deze daad van verraad? Dat zal ik u vertellen.

De grondleggers waren zich goed bewust van de macht van het geld. Ze wisten dat wie die macht had, het lot van onze natie in handen had. Daarom beschermden ze die macht zorgvuldig toen ze in de grondwet vastlegden dat alleen het Congres, de gekozen vertegenwoordigers van het volk, die macht mocht hebben. De constitutionele taal op dit punt is kort, bondig en specifiek, uiteengezet in artikel I, sectie 8, paragraaf 5, waarin de taken en bevoegdheden van het Congres worden gedefinieerd, en ik citeer:

"om geld te munten, de waarde van munt en vreemde munten te regelen, alsmede de standaard van maten en gewichten".

Maar op die tragische en onvergetelijke dag, 23 december 1913, legden de mannen die wij naar Washington hadden gestuurd om onze belangen te behartigen, de afgevaardigden, de senatoren en Woodrow Wilson, het lot van onze natie in handen van twee buitenlanders uit Oost-Europa, de joden Jacob Schiff en Paul Warburg. Warburg was een zeer recente immigrant, die hier kwam in opdracht van Rothschild, met het doel de blauwdruk te maken voor die foute Federal Reserve Act.

"De overgrote meerderheid van het Amerikaanse volk denkt dat het Federal Reserve System eigendom is van de Amerikaanse overheid. Dit is volledig onjuist. Alle aandelen van de Federal Reserve banken zijn eigendom van de aangesloten banken en de hoofden van de aangesloten banken zijn allemaal leden van de hiërarchie van de grote Illuminati samenzwering, die tegenwoordig bekend staat als de "CFR".

"De details van deze daad van verraad, waaraan vele zogenaamde verraderlijke Amerikanen deelnamen, zijn veel te lang voor dit verslag; maar al deze details zijn beschikbaar in een boek getiteld *The Secrets of the Federal Reserve* , geschreven door Eustace Mullins. In dit boek vertelt Mullins het hele gruwelijke verhaal en staaft het met onweerlegbare documenten. Het is niet alleen een werkelijk fascinerende en schokkende geschiedenis van dit grote verraad, elke Amerikaan zou het moeten lezen als een zaak van vitale intelligentie, want als het hele Amerikaanse volk eindelijk wakker wordt en de hele samenzwering vernietigt, en met Gods hulp, zal die wake-up call zeker komen.

"Als u denkt dat deze buitenlanders en hun papieren Amerikaanse samenzweerders tevreden zouden zijn met de controle over ons monetaire systeem, staat u nog een zeer trieste schok te wachten. Het Federal Reserve System heeft de samenzweerders volledige controle gegeven over ons monetaire systeem, maar het heeft op geen enkele manier het inkomen van het volk geraakt, want de Grondwet verbiedt uitdrukkelijk wat nu bekend staat als bronbelasting van meer dan

20%. Maar het plan van de Illuminati voor slavernij binnen een verenigde wereld omvatte ook de confiscatie van alle privébezit en de controle over de individuele verdiencapaciteit. Dit, en Karl Marx benadrukte dit kenmerk in zijn plan, moest worden bereikt door een progressieve en gedifferentieerde inkomstenbelasting. Zoals ik al zei, een dergelijke belasting kan niet wettelijk worden opgelegd aan het Amerikaanse volk. Het is kort en krachtig verboden door onze grondwet. Dus alleen een amendement op de grondwet kan de federale regering dergelijke confiscerende bevoegdheden geven.

"Nou, ook dat was geen onoverkomelijk probleem voor onze machiavellistische intriganten. Dezelfde gekozen leiders van beide huizen van het Congres en dezelfde meneer Woodrow Wilson, die de beruchte Federal Reserve Act tekende, wijzigden de Grondwet om de federale inkomstenbelasting, bekend als het 16e Amendement, tot wet van het land te maken. Beide zijn illegaal volgens onze grondwet. Kortom, dezelfde verraders ondertekenden beide verraad, de Federal Reserve Act en het 16e Amendement. Niemand schijnt zich echter te realiseren, dat het 16e Amendement bedoeld was om mensen van hun inkomen te beroven.

"De intriganten maakten pas ten volle gebruik van deze bepaling tijdens de Tweede Wereldoorlog, toen de grote humanist Franklin Roosevelt een bronbelasting toepaste van 20% op alle kleine lonen en tot 90% op de hogere inkomens. Oh, zeker, hij beloofde trouw dat het alleen voor de duur van de oorlog zou zijn; maar wat is een belofte voor zo'n charlatan die, in 1940, tijdens zijn derde termijn, bleef verkondigen: "Ik zeg keer op keer dat ik nooit Amerikaanse jongens zal sturen om op vreemde bodem te vechten." Vergeet niet dat hij deze verklaring aflegde terwijl hij zich al voorbereidde om ons in de Tweede Wereldoorlog te storten door de Japanners aan te zetten tot een sluipaanval op Pearl Harbor als excuus.

"En voor ik het vergeet, laat me u eraan herinneren dat een andere charlatan genaamd Woodrow Wilson precies dezelfde campagneslogan gebruikte in 1916. Zijn slogan was: 'Herverkies de man die uw zonen uit de oorlog zal houden'; precies dezelfde formule, precies dezelfde beloften. Maar wacht; zoals Al Jonson altijd zei: "Je hebt nog niets gehoord." De inkomstenbelasting val van het 16 amendement was bedoeld om het inkomen van de gewone man, dat zijn u en ik, te confisqueren en te stelen. Het was niet bedoeld om de enorme inkomens van de Illuminati-bende, de Rockefellers, de Carnegies, de Lehmans en alle andere samenzweerders te treffen.

"Dus creëerden zij samen, met dit 16 amendement, wat zij "belastingvrije stichtingen" noemden, die de samenzweerders in staat zouden stellen hun enorme richisse in deze zogenaamde "stichtingen" om te zetten en vrijwel alle inkomstenbelasting te ontwijken. Het excuus was dat de inkomsten van deze "belastingvrije stichtingen" zouden worden besteed aan humanitaire filantropie. Vandaag hebben we dus de verschillende Rockefeller-stichtingen, de Carnegie- en Dowman-fondsen, de Ford Foundation, de Mellon Foundation en honderden soortgelijke "van belastingen vrijgestelde stichtingen".

"En wat voor soort filantropie ondersteunen deze stichtingen? Nou, ze financieren alle burgerrechten groepen (en milieubewegingen) die chaos en rellen veroorzaken in het hele land. Ze financieren de Martin Luther Kings. De Ford Foundation financiert het "Center for the Study of Democratic Institutions" in Santa Barbara, algemeen bekend als West Moscow, dat wordt geleid door de beroemde Hutchens, Walter Ruther, Erwin Cahnam en anderen van dat soort.

"Kortom; de "belastingvrije stichtingen" hebben degenen gefinancierd die het werk doen voor de grote Illuminati samenzwering. En wat doen ze met de honderden miljarden dollars die ze elk jaar confisqueren uit het inkomen van de gewone kudde, u en ik? Nou, om te beginnen is er de "buitenlandse hulp" truc die miljarden gaf aan communist Tito plus schenkingen van honderden jets, waarvan vele aan Castro werden overhandigd, plus de kosten voor het trainen van communistische piloten zodat ze onze vliegtuigen beter konden neerschieten. Miljarden aan Rood Polen. Miljarden voor India. Miljarden voor Sucarno. Miljarden voor andere vijanden van de Verenigde Staten. Dit is wat het verraderlijke 16e Amendement heeft gedaan met onze natie en het Amerikaanse volk, met u en mij en onze kinderen.

"Onze door Illuminati gecontroleerde federale regering bij de CFR kan een "belastingvrije status" verlenen aan alle pro-Rode Wereld stichtingen en organisaties, zoals het "Fonds voor de Republiek." Maar als jij of een patriottische organisatie te openlijk pro-Amerikaans zijn, kunnen ze je bang maken en intimideren door een misplaatste komma te vinden in je aangifte inkomstenbelasting en je te bedreigen met boetes, geldboetes en zelfs gevangenisstraf. Historici in de toekomst zullen zich afvragen hoe het Amerikaanse volk zo naïef en dom kon zijn om zulke gedurfde en brutale daden van verraad toe te staan als de "Federal Reserve Act" en het "16 amendement". Nou, ze waren niet naïef en ze waren niet dom. Het antwoord is dit: ze vertrouwden de mannen, die ze gekozen hadden, om ons land en ons volk te beschermen, en ze hadden geen flauw benul van deze verraderlijke daden, totdat ze allemaal waren uitgevoerd.

"Het zijn de door de Illuminati gecontroleerde massacommunicatiemedia die onze mensen naïef en dom hebben gehouden en onbewust houden van het verraad dat wordt gepleegd. De grote vraag is nu: "Wanneer zullen de mensen wakker worden en met onze huidige verraders doen wat George Washington en onze grondleggers met Benedict Arnold zouden hebben gedaan?". In werkelijkheid was Benedict Arnold een kleine verrader, vergeleken met onze huidige verraders in Washington D.C. Nu terug naar de gebeurtenissen, die volgden op de schending van onze grondwet door de Federal Reserve Act en het 16e Amendement. Was Wilson volledig onder hun controle?

"De meesterbreinen van de grote samenzwering zetten de volgende en wat zij hoopten, de laatste stappen in gang om hun ene wereldregering te bereiken. De eerste van deze stappen was de Eerste Wereldoorlog. Waarom oorlog? Simpel, het enige excuus voor een wereldregering is dat het voor vrede moet zorgen. Het enige dat mensen om vrede kan laten schreeuwen, is oorlog. Oorlog brengt chaos, vernietiging, uitputting, voor zowel de overwinnaar als de verliezer. Het brengt economische ondergang voor beiden. Nog belangrijker, het vernietigt de bloem van de jonge mannen van beiden. [36]Voor de bedroefde en gebroken ouderen (moeders en vaders) die niets anders hebben dan de herinnering aan hun geliefde zonen, is vrede elke prijs waard, en het is de emotie waarop de samenzweerders rekenen voor het succes van hun satanische complot.

"Gedurende de hele XIXe eeuw, van 1814 tot 1914, was de wereld als geheel in vrede. Oorlogen zoals de "Frans-Pruisische Oorlog", onze eigen "Burgeroorlog", de "Russisch-Japanse Oorlog" waren wat men zou kunnen noemen "plaatselijke onlusten" die de rest van de wereld niet troffen. Alle grote naties waren welvarend en hun volkeren waren fel nationalistisch en trots op hun soevereiniteit. Het was volstrekt ondenkbaar dat de Fransen en de Duitsers bereid zouden zijn onder

---

[36] Het antwoord op die vraag is eenvoudig: dien niet in "hun" strijdkrachten en word geen kanonnenvoer voor de zelfbenoemde elite. Als je dat doet, of als je je kinderen dat laat doen, door de onwetendheid die je toestaat, verdien je wat jij, en zij, zullen krijgen.

een "enkele wereldregering" te leven; of de "Russen", de "Chinezen" of de "Japanners". Het is nog ondenkbaarder dat een keizer Wilhelm, een Frans Jozef, een tsaar Nicolaas of welke monarch dan ook vrijwillig en gedwee zijn troon zou afstaan aan één enkele wereldregering. Maar vergeet niet dat de volkeren van alle naties de echte macht hebben en dat "oorlog" het enige is dat de volkeren kan doen verlangen en eisen dat er "vrede" komt, zodat er één wereldregering komt. Maar het zou een angstaanjagende en verschrikkelijk verwoestende oorlog moeten zijn. Het zou niet zomaar een plaatselijke oorlog tussen twee naties kunnen zijn; het zou een "wereldoorlog" moeten zijn. Geen enkele grote natie mag de verschrikkingen en verwoestingen van zo'n oorlog bespaard blijven. De roep om "vrede" moet universeel zijn.[37]

"In feite was dit de opzet van de Illuminati en Nathan Rothschild aan het begin van de 19e eeuw. Zij sleepten eerst heel Europa mee in de "Napoleontische Oorlogen" en vervolgens in het door Rothschild georganiseerde "Congres van Wenen", dat moest uitmonden in een "Volkenbond" als zetel van hun één-wereldregering; precies zoals de huidige "Verenigde Naties" werden opgericht als zetel van de toekomstige één-wereldregering, God verhoede. In elk geval was dit het plan dat het Huis van Rothschild en Jacob Schiff besloten te gebruiken om hun doel te bereiken in 1914. Natuurlijk wisten ze dat hetzelfde plan in 1814 was mislukt, maar ze dachten dat dat alleen kwam doordat de Russische tsaar het had getorpedeerd. Welnu, de

---

[37] In de "Grote Oorlog" - de Eerste Wereldoorlog - zijn meer levens verloren gegaan dan in enige andere oorlog in de geschiedenis. Bijvoorbeeld, meer mannen werden afgeslacht in een enkele veldslag in de Eerste Wereldoorlog - "de [zogenaamde] oorlog om alle oorlogen te beëindigen" - [en waarom werd die exacte uitdrukking uitgevonden?] dan in welke Tweede Wereldoorlog dan ook. Wat vroeger een totaal onlogische militaire strategie leek, is nu volkomen logisch, als je zoveel mogelijk van je eigen mannen wilt laten doden. De strategie bestond erin de Britse soldaten op te dragen langzaam naar de Duitse machinegeweren toe te marcheren en ze niet aan te vallen of op te vangen, met een verschrikkelijk bloedbad tot gevolg. Als ze niet gehoorzaamden, werden ze voor een vuurpeloton van hun eigen kameraden geplaatst, zodat ze in elk geval zeker zouden sterven. - Aan de hand van dit voorbeeld moet het voor u duidelijk zijn dat de Illuminati er absoluut niet voor terugdeinzen om miljoenen mensen af te slachten die zij beschouwen als "nutteloze eters", en zij zullen er niet voor terugdeinzen om er binnenkort nog miljarden meer af te slachten. EDITOR'S NOTE.

huidige samenzweerders van 1914 zouden de luis in de pels van 1814 elimineren. Zij zouden ervoor zorgen dat er na de nieuwe wereldoorlog die zij beraamden, geen tsaar van Rusland meer in de weg zou staan.

"Laat me u vertellen hoe ze deze eerste stap in het lanceren van een wereldoorlog hebben bereikt. De geschiedenis leert dat de Eerste Wereldoorlog werd uitgelokt door een onbeduidend incident, het soort incident dat Weishaupt en Albert Pike in hun plannen hadden verwerkt. Dat incident was de moord op een Oostenrijkse aartshertog, georganiseerd door het brein van de Illuminati. Er volgde een oorlog. Daarbij waren Duitsland, Oostenrijk, Hongarije en hun bondgenoten, de 'Asmogendheden', betrokken tegen Frankrijk, Groot-Brittannië en Rusland, de 'Geallieerden' genoemd. Alleen de Verenigde Staten waren de eerste twee jaar niet betrokken.

"Tegen 1917 hadden de samenzweerders hun hoofddoel bereikt: heel Europa was in staat van ontreddering. Alle volkeren waren de oorlog beu en wilden vrede. Er zou vrede komen zodra de Verenigde Staten de kant van de geallieerden zouden kiezen, wat onmiddellijk na de herverkiezing van Wilson zou gebeuren. Daarna kon er maar één uitkomst zijn: een totale geallieerde overwinning. Om mijn bewering volledig te bevestigen dat lang voor 1917, de samenzwering, geleid in Amerika door Jacob Schiff, alles had gepland om de Verenigde Staten in deze oorlog te storten. Ik zal het bewijs citeren.

"Toen Wilson campagne voerde voor herverkiezing in 1916, was zijn belangrijkste oproep: "Herverkies de man die uw zonen uit de oorlog zal houden." Maar tijdens diezelfde campagne beschuldigde de Republikeinse Partij Wilson er publiekelijk van dat hij al lang van plan was ons in de oorlog te krijgen. Ze beweerden dat als hij werd verslagen, hij die beslissing zou nemen in de paar maanden dat hij nog in functie was, maar dat hij bij herverkiezing zou wachten tot na de verkiezingen. Maar in die tijd beschouwde het Amerikaanse volk Wilson als een "God-mens". Wilson werd herkozen en overeenkomstig de agenda van de samenzweerders stortte hij ons in 1917 in de oorlog. Hij gebruikte het zinken van de Lusitania als excuus, een zinken dat ook gepland was. Roosevelt, ook een man-god in de ogen van het Amerikaanse volk, volgde dezelfde techniek in 1941, toen hij de aanval op Pearl Harbor gebruikte als excuus om ons in de Tweede Wereldoorlog te storten.

"Precies zoals de samenzweerders hadden voorspeld, zou de geallieerde overwinning alle monarchen van de verslagen naties elimineren en al hun volkeren leiderloos, verward, gedesoriënteerd en perfect voorbereid achterlaten voor de ene wereldregering die de grote samenzwering wilde instellen. Maar er zou nog één obstakel zijn, hetzelfde obstakel dat de Illuminati en de Rothschilds had gehinderd op het Congres van Wenen (vredesbijeenkomst) na de Napoleontische oorlogen. Deze keer zou Rusland aan de winnende kant staan, net als in 1814, en zou de tsaar dus stevig op zijn troon zitten. Er zij op gewezen dat Rusland onder het tsaristische regime het enige land was waar de Illuminati nooit voet aan de grond kregen en waar de Rothschilds nooit konden infiltreren in hun bankbelangen. Zelfs als hij kon worden overgehaald om toe te treden tot een zogenaamde "Volkenbond", stond vast dat hij nooit en te nimmer zou kiezen voor een één-wereldregering.

"Dus nog voor het uitbreken van de Eerste Wereldoorlog hadden de samenzweerders een plan in de maak om de belofte van Nathan Rothschild uit 1814 om de tsaar te vernietigen en alle mogelijke koninklijke troonopvolgers voor het einde van de oorlog te vermoorden, na te komen. De Russische bolsjewieken zouden hun instrumenten zijn in dit specifieke complot. Vanaf het begin van de eeuw waren de leiders van de bolsjewieken Nicolai Lenin, Leon Trotski en later Jozef Stalin. Natuurlijk zijn dit niet hun echte achternamen. Voor het uitbreken van de oorlog werd Zwitserland hun toevluchtsoord. Trotski's hoofdkwartier was in New York's Lower East Side, waar vooral Russische en Joodse vluchtelingen woonden. Zowel Lenin als Trotski droegen snorren en waren onverzorgd. In die tijd was dit het kenteken van het bolsjewisme. Beiden leefden goed, maar hadden geen regelmatig beroep. Ze hadden geen zichtbare middelen van bestaan, maar ze hadden altijd geld in overvloed. Al deze mysteries werden opgelost in 1917. Vanaf het begin van de oorlog gebeurden er vreemde en mysterieuze dingen in New York. Nacht na nacht sloop Trotski in en uit het paleis van Jacob Schiff, en in het midden van diezelfde nachten was er een bijeenkomst van schurken uit de Lower East Side van New York. Allen waren Russische vluchtelingen in Trotski's hoofdkwartier en allen ondergingen een geheimzinnig trainingsproces. Niemand sprak, hoewel bekend werd dat Schiff alle activiteiten van Trotski financierde.

"Toen verdween Trotski plotseling, samen met ongeveer 300 van zijn getrainde schurken. In feite waren ze op volle zee op een door Schiff gecharterd schip, op weg naar een ontmoeting met Lenin en zijn bende in Zwitserland. Het schip bevatte ook 20 miljoen dollar aan goud, bedoeld om de bolsjewistische overname van Rusland te financieren. In afwachting van Trotski's aankomst bereidde Lenin een feest voor in zijn Zwitserse schuilplaats. Mannen uit de hoogste regionen van de wereld zouden voor het feest worden uitgenodigd. Onder hen was de mysterieuze kolonel Edward Mandel House, Woodrow Wilson's mentor en paralyticus, en vooral Schiff's speciale en vertrouwelijke boodschapper. Een andere verwachte gast was Warburg van de bankclan Warburg in Duitsland, die de keizer financierde en die de keizer had beloond door hem te benoemen tot hoofd van de Duitse geheime politie. Daarnaast waren er de Rothschilds van Londen en Parijs, Litvinov, Kaganovitsj en Stalin (die toen aan het hoofd stond van een bende trein- en bankrovers). Hij stond bekend als de 'Jesse James van de Oeral'.

"En hier moet ik u eraan herinneren dat Engeland en Frankrijk toen al lang in oorlog waren met Duitsland en dat Wilson op 3 februari 1917 alle diplomatieke betrekkingen met Duitsland had verbroken. Bijgevolg waren Warburg, Colonel House, de Rothschilds en alle anderen vijanden, maar Zwitserland was natuurlijk neutraal terrein waar vijanden elkaar konden ontmoeten en vrienden konden worden, vooral als ze een gemeenschappelijk project hadden. Lenins partij leed bijna schipbreuk door een onvoorzien incident. Het schip dat Schiff had gehuurd op weg naar Zwitserland werd onderschept en vastgehouden door een Brits oorlogsschip. Maar Schiff gaf Wilson snel opdracht de Britten te bevelen het schip met Trotski's boeven en het goud ongeschonden vrij te laten. Wilson gehoorzaamde. Hij waarschuwde de Britten dat als ze weigerden het schip vrij te laten, de VS in april niet aan de oorlog zouden deelnemen, zoals hij een jaar eerder trouw had beloofd. De Britten gaven gehoor aan de waarschuwing. Trotski arriveerde in Zwitserland en Lenins trein vertrok zoals gepland; maar ze stonden nog steeds voor het onoverkomelijke obstakel om de terroristenbende van Lenin en Trotski over de Russische grens te krijgen. Toen kwam broeder Warburg, hoofd van de Duitse geheime politie, tussenbeide. Hij laadde al deze schurken in verzegelde goederenwagons en maakte alle nodige afspraken voor hun geheime binnenkomst in Rusland. De rest is geschiedenis. De revolutie in Rusland vond plaats en alle leden van de koninklijke familie Romanov werden vermoord.

"Mijn belangrijkste doel is nu om zonder enige twijfel vast te stellen dat het zogenaamde communisme een integraal onderdeel is van de grote samenzwering van de Illuminati om de hele wereld tot slaaf te maken. Dat het zogenaamde communisme slechts hun wapen en wachtwoord is om de volkeren van de wereld angst aan te jagen en dat de verovering van Rusland en de oprichting van het communisme voor een groot deel werd georganiseerd door Schiff en de andere internationale bankiers in onze eigen New York City. Een fantastisch verhaal? Ja. Sommigen zullen zelfs weigeren het te geloven. Nou, ten behoeve van al die "Thomassen" ga ik het bewijzen door erop te wijzen dat nog maar een paar jaar geleden Charlie Knickerbocker, een columnist van de Hearst krant, een interview publiceerde met John Schiff, Jacob's kleinzoon, waarin de jonge Schiff het hele verhaal bevestigde en het bedrag noemde waaraan de oude Jacob had bijgedragen, $20.000.000.

"Als iemand nog de geringste twijfel heeft dat de hele dreiging van het communisme werd gecreëerd door het brein van de grote samenzwering in onze eigen New York City, zal ik het volgende historische feit aanhalen. Uit alle verslagen blijkt dat toen Lenin en Trotski de overname van Rusland organiseerden, zij aan het hoofd stonden van de Bolsjewistische Partij. Bolsjewisme" is een zuiver Russisch woord. Het brein besefte dat het bolsjewisme als ideologie nooit verkocht kon worden aan iemand anders dan het Russische volk. Dus stuurde Jacob Schiff in april 1918 kolonel House naar Moskou met de opdracht aan Lenin, Trotski en Stalin om de naam van hun regime te veranderen in de Communistische Partij en het "Manifest" van Karl Marx aan te nemen als de grondwet van de Communistische Partij. Lenin, Trotski en Stalin gehoorzaamden en in dat jaar 1918 ontstonden de Communistische Partij en de dreiging van het communisme. Dit alles wordt bevestigd door *Webster's Collegiate Dictionary*, Fifth Edition.

"Kortom, het communisme werd gecreëerd door de kapitalisten. Tot 11 november 1918 werkte het hele duivelse plan van de samenzweerders perfect. Alle grote naties, inclusief de Verenigde Staten, waren oorlogsmoe, verwoest en rouwden om hun doden. Vrede was de grote universele wens. Dus toen Wilson voorstelde om een "Volkenbond" op te richten om vrede te garanderen, sprongen alle grote naties, zonder dat de Russische tsaar zich daartegen kon verzetten, op de kar zonder zelfs maar de kleine lettertjes van deze verzekeringspolis te lezen. Dat wil zeggen, allemaal behalve één, de Verenigde Staten, de natie waarvan Schiff en zijn medesamenzweerders het minst verwachtten dat ze in opstand zouden komen, en dat was hun fatale fout in dit eerste complot. Toen Schiff Woodrow Wilson in het Witte Huis zette, dachten de samenzweerders dat ze de VS in de spreekwoordelijke zak hadden. Wilson was perfect voorgesteld aan het publiek als een groot humanist. Hij was aan het Amerikaanse volk opgedrongen als een man-god. Er was alle reden voor de samenzweerders om te geloven dat hij het Congres gemakkelijk zou hebben overtuigd om de wapenwet aan te nemen.

De "Volkenbond", net zoals het Congres in 1945 blindelings de "Verenigde Naties" kocht. Maar er was een man in de Senaat in 1918 die dit plan doorzag, net als de Russische Tsaar in 1814. Hij was een man van groot politiek formaat, bijna net zo groot als Teddy Roosevelt en net zo scherpzinnig. Hij werd zeer gerespecteerd en vertrouwd door alle leden van beide Huizen van het Congres en door het Amerikaanse volk. De naam van deze grote en patriottische Amerikaan was Henry Cabot Lodge, niet de bedrieger van vandaag die zich Henry Cabot Lodge Jr. noemde, totdat hij werd ontmaskerd. Lodge ontmaskerde Wilson volledig en hield de Verenigde Staten uit de "Volkenbond".

OPMERKING:

Kort daarna creëerden de Illuminati het 17 amendement om senatoren, benoemd door de wetgevende machten van de verschillende staten van de Unie, af te schaffen. Waar voorheen de Illuminati de pers controleerden, controleren zij nu de verkiezing van VS-senatoren. De Illuminati/CFR hadden weinig of geen macht over de individuele wetgevers van de verschillende VS-senatoren vóór de ratificatie van het 17 amendement.

Hoewel het 17 amendement geacht wordt de manier waarop Amerikaanse senatoren worden gekozen te veranderen, is het nooit geratificeerd overeenkomstig de laatste zin van artikel V van de Amerikaanse grondwet. Twee staten, New Jersey en Utah, verwierpen het voorstel en negen andere staten stemden helemaal niet. Terwijl de staten New Jersey en Utah uitdrukkelijk weigerden hun "kiesrecht" in de Senaat op te geven, en de andere negen staten die niet stemden nooit hun "uitdrukkelijke" toestemming gaven, kreeg het voorgestelde 17 amendement niet de "unanieme" stem die vereist is voor de aanneming ervan. Bovendien werd de resolutie die het "voorstel" creëerde niet unaniem door de Senaat aangenomen en, aangezien de Senatoren destijds werden "benoemd" door de wetgevende lichamen van hun staten, werden deze "nee-stemmen" of "niet-stemmen" uitgebracht namens hun respectieve staten.

"Het wordt hier van groot belang om de echte reden te kennen voor de flop van Wilson's Volkenbond. Zoals ik al zei, werd Schiff naar de

Verenigde Staten gestuurd om vier specifieke missies uit te voeren:

1.   En het belangrijkste, om volledige controle te krijgen over het Amerikaanse monetaire systeem.

2.   Zoals in Weishaupts oorspronkelijke Illuminati-plan staat, moest hij het juiste type mannen vinden om als stromannen voor de grote samenzwering te dienen en hen bevorderen tot de hoogste ambten van onze federale regering; ons Congres, ons Amerikaanse Hooggerechtshof en alle federale agentschappen, zoals het ministerie van Buitenlandse Zaken, het Pentagon, het ministerie van Financiën, enzovoort.

3.   De eenheid van het Amerikaanse volk vernietigen door conflicten te creëren tussen minderheidsgroepen in de hele natie, in het bijzonder tussen blanken en zwarten, zoals beschreven in het boek van Israel Cohen.

4.   Een beweging creëren om religie te vernietigen in de Verenigde Staten, met het christendom als hoofddoel of slachtoffer.

"Bovendien werd hij krachtig herinnerd aan de dwingende richtlijn van het Illuminati-plan, namelijk het bereiken van totale controle over alle massacommunicatiemiddelen om het volk te hersenspoelen zodat het alle manoeuvres van de grote samenzwering gelooft en accepteert. Schiff werd gewaarschuwd dat alleen controle over de pers, destijds ons enige medium voor massacommunicatie, hem in staat zou stellen de eenheid van het Amerikaanse volk te vernietigen.

"Schiff en zijn medesamenzweerders richtten in 1909 de NAACP (National Association for the Advancement of the Coloured People) op en in 1913 de Anti-Defamation League of B'nai B'rith; beide moesten de nodige conflicten veroorzaken, maar in de eerste jaren opereerde de Anti-Defamation League zeer terughoudend. Misschien uit angst voor pogrom-achtige acties van een ontwaakt en woedend Amerikaans volk, en de NAACP was vrijwel slapend omdat haar blanke leiders niet beseften dat zij opruiende zwarte leiders zouden moeten ontwikkelen, zoals Martin Luther King bijvoorbeeld, om het enthousiasme van de toenmalige tevreden massa zwarten op te wekken.

"Daarnaast was hij, Schiff, druk bezig met het ontwikkelen en infiltreren van de stromannen die in de hogere echelons van onze regering in Washington zouden dienen en de controle zouden krijgen over ons monetaire systeem en de creatie van het "16 amendement".

Hij was ook druk bezig met het organiseren van het complot om Rusland over te nemen. Kortom, hij was zo druk met al deze taken dat hij de allerhoogste taak, het verwerven van volledige controle over onze massacommunicatiemedia, volledig verwaarloosde. Deze verwaarlozing was een directe oorzaak van Wilson's mislukking om de Verenigde Staten in de "Volkenbond" te trekken, want toen Wilson besloot naar het volk te gaan om de tegenstand van de door de Lodge gecontroleerde Senaat te overwinnen, ondanks zijn gevestigde maar valse reputatie als groot humanist, zag hij zich geconfronteerd met een hecht verenigd volk en een loyale pers wier enige ideologie het "Americanisme" en de Amerikaanse levenswijze was. In die tijd waren er, vanwege de onbekwaamheid en ondoeltreffendheid van de "ADL" en de "NAACP", geen georganiseerde minderheidsgroepen, geen zwarte kwesties, geen zogenaamde antisemitische kwesties om het denken van de mensen te beïnvloeden. Er was geen links, geen rechts, geen vooroordelen om listig uit te buiten. Dus Wilson's oproep voor de "Volkenbond" was aan dovemansoren gericht. Dat was het einde van Woodrow Wilson, de grote humanist onder de samenzweerders. Hij liet zijn kruistocht snel varen en keerde terug naar Washington, waar hij kort daarna stierf, een imbeciel door syfilis, en dat was het einde van de "Volkenbond" als gang naar één wereldregering.

"Natuurlijk was dit debacle een vreselijke teleurstelling voor de meesterbreinen van de Illuminati-samenzwering; maar ze waren niet ontmoedigd. Zoals ik al eerder aangaf, geeft deze vijand nooit op; ze besloten gewoon te reorganiseren en opnieuw te beginnen. Tegen die tijd was Schiff erg oud en seniel. Hij wist het. Hij wist dat de samenzwering nieuw, jonger en actiever leiderschap nodig had. Dus organiseerden en richtten kolonel House en Bernard Baruch in zijn opdracht de "Council on Foreign Relations" op, de nieuwe naam waaronder de Illuminati in de VS zouden blijven opereren. De hiërarchie, functionarissen en directeuren van de "CFR" zijn voornamelijk afstammelingen van de oorspronkelijke Illuminati; velen van hen hebben hun oude achternamen opgegeven en nieuwe veramerikaniseerde namen aangenomen. We hebben bijvoorbeeld Dillon, die minister van Financiën van de VS was, wiens oorspronkelijke naam Laposky was. Een ander voorbeeld is Pauley, directeur van de televisiezender CBS, wiens echte naam Palinsky is. De leden van de CFR zijn ongeveer 1000 en omvatten de hoofden van vrijwel elk industrieel imperium in Amerika, zoals Blough, voorzitter van de U.S. Steel Corporation; Rockefeller, koning van de olie-industrie; Henry Ford, II, enzovoort. En natuurlijk alle internationale bankiers. Bovendien zijn de hoofden van de "belastingvrije" stichtingen functionarissen en/of actieve leden van de CFR. Kortom, alle mannen die het geld en de invloed hebben verschaft om de door de CFR gekozen Amerikaanse presidenten, congresleden en senatoren te kiezen, en die beslissen over de benoemingen van onze verschillende secretarissen van Buitenlandse Zaken, Financiën, alle belangrijke federale agentschappen, zijn lid van de CFR en het zijn zeer gehoorzame leden.

"Om dit feit kracht bij te zetten, noem ik de namen van enkele Amerikaanse presidenten die lid waren van de CFR. Franklin Roosevelt, Herbert Hoover, Dwight D. Eisenhower, Jack Kennedy, Nixon en George Bush. Andere presidentskandidaten waren Thomas E. Dewey, Adlai Stevenson en Barry Goldwater, vice-president van een dochteronderneming van de CFR. Onder de prominente kabinetsleden van de verschillende regeringen hebben we John Foster Dulles, Allen Dulles, Cordell Hull, John J. MacLeod, Morgenthau, Clarence Dillon, Rusk, McNamara, en om de "rode kleur" van de "CFR" te onderstrepen, hebben we als leden mannen als Alger Hiss, Ralph Bunche, Pusvolsky, Haley Dexter White (echte naam Weiss), Owen Lattimore, Phillip Jaffey, etc., etc.... Tegelijkertijd overspoelden ze duizenden homoseksuelen en andere kneedbare louche figuren in elk federaal agentschap, vanaf het Witte Huis naar beneden. Herinnert u zich Johnson's grote vrienden Jenkins en Bobby Baker?

"Nu was er veel werk te doen voor de nieuwe CFR. Ze hadden veel hulp nodig. Dus hun eerste taak was het opzetten van verschillende "dochterondernemingen" waaraan zij bepaalde doelstellingen toewezen. Ik kan op deze opname niet alle dochterondernemingen noemen, maar hier zijn er een paar: de Foreign Policy Association ("FPA"), de World Affairs Council ("WAC"), de Business Advisory Council ("BAC"), de beroemde Americans for Democratic Action ("ADA", vrijwel geleid door Walter Ruther), de beroemde 13-13 in Chicago; Barry Goldwater was, en is waarschijnlijk nog steeds, vice-voorzitter van een van de dochterondernemingen van de CFR. Bovendien richtte de CFR in elke staat van de Unie speciale comités op, waaraan zij de verschillende operaties in de staten toevertrouwde.

"Tegelijkertijd creëerden de Rothschilds in Engeland, Frankrijk, Duitsland en andere landen controlegroepen die op de CFR leken, om de wereldvoorwaarden voor samenwerking met de CFR te controleren om een nieuwe wereldoorlog te bewerkstelligen. Maar de eerste en belangrijkste taak van de CFR was het verkrijgen van totale controle over onze massacommunicatiemedia. De controle over de pers werd aan Rockefeller gegeven. Zo werd de onlangs overleden Henry Luce gefinancierd om een aantal nationale tijdschriften te creëren, waaronder "Life", "Time", "Fortune" en andere, waarin de "USSR" in Amerika werd aangeprezen. De Rockefellers financierden ook direct of indirect het tijdschrift "Look" van de gebroeders Coles en een keten van kranten. Ze financierden ook een man genaamd Sam Newhouse om een keten van kranten in het hele land te kopen en op te bouwen. En wijlen Eugene Myer, een van de oprichters van de CFR, kocht de Washington Post, Newsweek, Weekly magazine en andere publicaties. Tegelijkertijd begon de CFR een nieuw ras van scabreuze columnisten en opiniestukken te ontwikkelen en te koesteren - schrijvers als Walter Lippman, Drew Pearson, de Alsops, Herbert Matthews, Erwin Canham, en anderen van dat soort die zichzelf "liberalen" noemden en verkondigden dat "amerikanisme" "isolationisme" was, dat "isolationisme" "oorlogszuchtig" was, dat "anticommunisme" "antisemitisme" en "racisme" was. Dit alles kostte natuurlijk tijd, maar vandaag de dag worden onze "weekbladen", uitgegeven door patriottische organisaties, volledig gecontroleerd door lakeien van het CFR en zo zijn ze er eindelijk in geslaagd om ons te verdelen in een natie van kibbelende, kibbelende, hatende partijen. Als u zich nog steeds afvraagt waarom u in uw krant tendentieuze informatie en regelrechte leugens leest, dan hebt u nu het antwoord. De CFR gaf Lehman, Goldman Sachs, Kuhn-Loebs en Warburg de taak om de filmindustrie, Hollywood, radio en televisie over te nemen, en geloof me, dat is ze gelukt. Als je je nog steeds verbaast over de vreemde propaganda van Ed Morrows en anderen zoals hij, dan heb je nu het antwoord. Als je je afvraagt hoe het zit met al die pornografische, seksuele en gemengd-huwelijkse films die je in de bioscoop en op de televisie ziet (en die onze jeugd demoraliseren), dan heb je nu het antwoord.

"Laten we, om uw geheugen op te frissen, even teruggaan. De flop van Wilson had elke kans getorpedeerd om deze 'Volkenbond' te veranderen in de hoop van de samenzweerders op een één-wereld regering; dus moest het complot van Jacob Schiff opnieuw worden gestart, en zij organiseerden de CFR om dat te doen. We weten ook hoe succesvol de CFR is geweest in het hersenspoelen en vernietigen van de eenheid van het Amerikaanse volk. Maar zoals het geval was met het Schiff-complot, was voor het hoogtepunt en de creatie van een nieuw voertuig voor hun ene wereldregering nog een wereldoorlog nodig. Een oorlog die nog gruwelijker en verwoestender zou zijn dan de Eerste Wereldoorlog, om de mensen van de wereld opnieuw vrede te laten eisen en een manier om alle oorlogen te beëindigen. Maar de CFR besefte dat de gevolgen van de Tweede Wereldoorlog zorgvuldiger moesten worden gepland, zodat er geen ontsnappen mogelijk zou zijn aan de nieuwe één-wereldval - een andere "Volkenbond" die uit de nieuwe oorlog zou voortkomen. Deze val kennen we nu als de "Verenigde Naties" en ze hebben de perfecte strategie bedacht om ervoor te zorgen dat niemand ontsnapt. Dit is hoe ze het gedaan hebben.

In 1943, midden in de oorlog, bereidden zij het raamwerk voor de Verenigde Naties voor en overhandigden dit aan Roosevelt en ons ministerie van Buitenlandse Zaken voor Alger Hiss, Palvosky, Dalton, Trumbull en andere Amerikaanse verraders om het hele project tot een Amerikaanse baby te maken. Dan, om de geesten voor te bereiden, zou New York City de kraamkamer worden voor dit gedrocht. Daarna kon je toch moeilijk je eigen baby in de steek laten? Hoe dan ook, zo dachten de samenzweerders dat het zou werken, en dat deed het ook. De liberale Rockefeller schonk het land voor het gebouw van de Verenigde Naties.

"Het Handvest van de Verenigde Naties werd geschreven door Alger Hiss, Palvosky, Dalton, Trumbull en andere CFR-knullen. Een valse, zogenaamde VN-conferentie werd gehouden in San Francisco in 1945. Alle zogenaamde vertegenwoordigers van zo'n vijftig landen kwamen daar bijeen en ondertekenden prompt het Handvest. De verachtelijke verrader Alger Hiss vloog naar Washington met het Handvest, legde het vrolijk voor aan onze Senaat, en de Senaat (gekozen door ons volk om onze veiligheid te garanderen) ondertekende het Handvest zonder het zelfs maar te lezen. De vraag is: "Hoeveel van onze senatoren waren, toen al, verraderlijke CFR knechten?". In ieder geval, dit is hoe het volk de "Verenigde Naties" accepteerde als een "heilige der heiligen".

Telkens weer werden wij verrast, geschokt, verbijsterd en ontzet door hun fouten in Berlijn, Korea, Laos, Katanga, Cuba, Vietnam; fouten die altijd in het voordeel van de vijand waren, nooit van de Verenigde Staten. Volgens de wet van de waarschijnlijkheid hadden ze minstens één of twee fouten in ons voordeel moeten maken, maar dat hebben ze nooit gedaan. Wat is het antwoord? Het antwoord is de "CFR" en de rollen die hun filialen en lakeien in Washington D.C. spelen, zodat we weten dat volledige controle over ons beleid inzake buitenlandse

JOHN COLEMAN

betrekkingen de sleutel is tot het succes van het hele Illuminati-complot voor één wereldorde. Hier is nog meer bewijs.

"Eerder heb ik volledig vastgesteld dat Schiff en zijn bende de Joodse overname van Rusland door Lenin, Trotski en Stalin hadden gefinancierd en het communistische regime hadden omgevormd tot hun belangrijkste instrument om de wereld in beroering te houden en ons uiteindelijk allemaal te terroriseren om vrede te zoeken in een één-wereld regering onder leiding van de VN. Maar de samenzweerders wisten dat de "bende van Moskou" niet zo'n instrument kon worden voordat de hele wereld het communistische regime als de wettige "de jure regering" van Rusland accepteerde. Er was maar één ding dat dit kon bewerkstelligen, en dat was erkenning door de Verenigde Staten. De samenzweerders dachten dat de hele wereld ons voorbeeld zou volgen, en dat is wat zij deden om Harding, Coolidge en Hoover tot een dergelijke erkenning te bewegen. Maar alle drie weigerden ze. Het resultaat van de late jaren 1920 was dat Stalins regime in wanhopige omstandigheden verkeerde. Ondanks alle zuiveringen en controles door de geheime politie, kwam het Russische volk steeds meer in verzet. Het is een bewezen feit, toegegeven door Litvinov, dat Stalin en zijn hele bende in 1931 en 1932 steeds klaar stonden om te ontsnappen.

"Toen, in november 1932, pleegden de samenzweerders hun grootste coup: ze zetten Franklin Roosevelt in het Witte Huis, sluw, gewetenloos en totaal gewetenloos. Deze verraderlijke charlatan haalde een truc uit. Zonder het Congres om toestemming te vragen, kondigde hij op illegale wijze de erkenning van Stalins regime af. En precies zoals de samenzweerders hadden gepland, volgde de hele wereld ons voorbeeld. Dit verstikte automatisch de verzetsbeweging van het Russische volk die zich eerder had ontwikkeld. Het lanceerde automatisch de grootste bedreiging die de beschaafde wereld ooit heeft gekend. De rest is te bekend om te herhalen.

"We weten hoe Roosevelt en zijn verraderlijke ministerie van Buitenlandse Zaken de communistische dreiging hier thuis en dus in de hele wereld bleven ontwikkelen. We weten hoe hij de hele Pearl Harbor aanslag pleegde als excuus om ons in de Tweede Wereldoorlog te storten. We weten alles over zijn geheime ontmoetingen met Stalin in Jalta en hoe hij, met hulp van Eisenhower, de Balkan en Berlijn aan Moskou overleverde. En last but not least weten we dat de Benedict Arnold van de 20e eeuw ons niet alleen deze nieuwe gang, de Verenigde Naties, naar één wereldregering

296 |

leidde, maar ook alle regelingen bedacht om die naar ons land te brengen. Kortom, op de dag dat Roosevelt het Witte Huis betrad, kregen de samenzweerders van de CFR de totale controle over onze buitenlandse betrekkingen en vestigden zij de Verenigde Naties als de zetel van de Illuminati één-wereldregering.

"Ik wil een ander zeer belangrijk punt benadrukken. De flop van Wilson's "Volkenbond" liet Schiff en zijn bende inzien dat controle over de Democratische Partij alleen niet genoeg was. Dat was het niet! Ze konden een crisis creëren tijdens de Republikeinse regering, zoals ze in 1929 deden met de door de Federal Reserve gefabriceerde crash en depressie, die een andere Democratische stroman terug in het Witte Huis zou brengen; maar ze realiseerden zich dat een onderbreking van vier jaar in hun controle over ons beleid inzake buitenlandse betrekkingen de voortgang van hun samenzwering zou kunnen verstoren. Het zou zelfs hun hele strategie kunnen doen ontsporen, zoals bijna gebeurde voordat Roosevelt het redde door Stalins regime te erkennen.

"Vanaf dat moment, na het Wilson debacle, begonnen ze plannen te formuleren om de controle over onze twee nationale partijen over te nemen. Maar daar hadden ze een probleem mee. En omdat controle over de man in het Witte Huis niet genoeg zou zijn, moesten ze die man voorzien van getrainde stromannen voor zijn hele kabinet. Mannen om het ministerie van Buitenlandse Zaken, het ministerie van Financiën, het Pentagon, de CFR, de USIA enzovoort te leiden. Kortom, elk lid van de verschillende kabinetten zou een door de CFR gekozen instrument moeten zijn, zoals Rusk en McNamara, evenals alle onder- en ondersecretarissen. Dit zou de samenzweerders absolute controle geven over al ons beleid, zowel binnenlands als, nog belangrijker, buitenlands. Deze manier van handelen zou een groep getrainde handlangers vereisen, direct klaar voor administratieve veranderingen en alle andere eisen. Al deze handlangers zouden noodzakelijkerwijs mannen met een nationale reputatie moeten zijn, die de achting van het volk genieten, maar het zouden mannen zonder eer, zonder scrupules en zonder geweten moeten zijn. Deze mannen moeten kwetsbaar zijn voor chantage. Ik hoef niet te benadrukken hoe succesvol de CFR is geweest. De onsterfelijke Joe McCarthy heeft volledig onthuld dat er duizenden van deze veiligheidsrisico's zijn in elk federaal agentschap. Scott MacLeod ontmaskerde er nog duizenden en u weet welke prijs Ortega moest betalen, en nog steeds betaalt, voor het ontmaskeren voor een Senaatscommissie van de verraders van Buitenlandse Zaken, die Cuba aan Castro leverden, niet alleen werden beschermd, maar bevorderd.

"Nu terug naar de kern van het één wereld regering complot en de manoeuvres die nodig waren om een andere "Volkenbond" te creëren om zo'n regering te huisvesten. Zoals ik al eerder heb gezegd, wisten de samenzweerders dat alleen een nieuwe wereldoorlog van vitaal belang was voor het succes van hun complot. Het zou een wereldoorlog moeten zijn die zo gruwelijk was dat de volkeren van de wereld zouden aandringen op de oprichting van een soort wereldorganisatie die eeuwige vrede kon garanderen. Maar hoe kon zo'n oorlog worden begonnen? Alle landen van Europa waren in vrede. Geen van hen had geschillen met buurlanden en hun agenten in Moskou zouden het zeker niet aangedurfd hebben een oorlog te beginnen. Zelfs Stalin besefte dat dit de omverwerping van zijn regime zou betekenen, tenzij het zogenaamde "patriottisme" het Russische volk achter zich zou verenigen.

"Maar de samenzweerders moesten een oorlog hebben. Ze moesten een incident vinden of creëren om het te beginnen. Ze vonden het in een bescheiden, weerzinwekkend mannetje dat zichzelf 'Adolf Hitler' noemde. Hitler, een onbemiddelde Oostenrijkse huisschilder, was korporaal geweest in het Duitse leger. Hij maakte van de nederlaag van Duitsland een persoonlijke grief. Hij begon erover te propageren in de omgeving van München. Hij begon te praten over het herstel van de grootsheid van het Duitse Rijk en de kracht van de Duitse solidariteit. Hij pleitte voor het herstel van het oude Duitse leger en het gebruik ervan om de hele wereld te veroveren. Vreemd genoeg kon Hitler, de kleine clown die hij was, een vurige toespraak houden en had hij een zeker magnetisme. Maar de nieuwe Duitse autoriteiten wilden geen oorlog meer en gooiden de verfoeilijke Oostenrijkse huisschilder snel in een gevangeniscel.

"Aha! Hier is de man," besloten de samenzweerders, "die, indien goed geleid en gefinancierd, de sleutel zou kunnen zijn tot een nieuwe wereldoorlog. Dus, terwijl hij in de gevangenis zat, vroegen ze Rudolph Hess en Goering om een boek te schrijven dat ze 'Mein Kampf' noemden en aan Hitler toeschrijven, net zoals Litvinov 'Missie naar Moskou' schreef en toeschreef aan Joseph Davies, toen onze ambassadeur in Rusland en een CFR stroman. In "Mein Kampf" zette Hitlers pseudo-auteur zijn grieven uiteen en hoe hij het Duitse volk weer groot zou maken. De samenzweerders zorgden er vervolgens voor dat het boek op grote schaal werd verspreid onder het Duitse volk om fanatieke aanhangers te creëren. Toen hij werd vrijgelaten uit de gevangenis (ook georganiseerd door de samenzweerders), begonnen ze hem voor te bereiden en te financieren om naar andere delen van Duitsland te reizen om zijn rake toespraken te houden. Al snel kreeg hij een groeiende aanhang onder andere oorlogsveteranen, die zich snel uitbreidde naar de massa, die in hem een redder voor hun geliefde Duitsland begon te zien. Toen kwam het leiderschap van wat hij zijn "bruinhemdenleger" noemde en de mars naar Berlijn. Hiervoor was veel geld nodig, maar de Rothschilds, Warburgs en andere samenzweerders zorgden voor al het geld dat hij nodig had. Geleidelijk aan werd Hitler het idool van het Duitse volk, dat vervolgens de regering van Von Hindenburg omverwierp en Hitler de nieuwe Führer werd. Maar dat was nog steeds geen reden om een oorlog te beginnen. De rest van Europa en de wereld zagen Hitlers opkomst, maar zagen geen reden om in te grijpen in wat duidelijk een interne Duitse aangelegenheid was. Zeker geen van de andere landen zag dit als een reden om nog een oorlog tegen Duitsland te beginnen en het Duitse volk was nog niet voldoende opgewonden om tegen een buurland, zelfs niet tegen Frankrijk, acties te ondernemen die tot een oorlog zouden kunnen leiden. De samenzweerders begrepen dat zij zo'n razernij moesten creëren, een razernij die het Duitse volk ertoe zou aanzetten de voorzichtigheid overboord te gooien en tegelijkertijd de hele wereld met afschuw zou vervullen. En trouwens, "Mein Kampf" was in feite een vervolg op Karl Marx' boek "Een wereld zonder Joden".

"De samenzweerders herinnerden zich plotseling hoe de bende Schiff-Rothschild de pogroms in Rusland had georganiseerd, die duizenden Joden hadden afgeslacht en wereldwijde haat tegen Rusland hadden opgewekt, en zij besloten dezelfde gewetenloze list te gebruiken om het nieuwe Duitse volk onder Hitler aan te zetten tot moorddadige haat tegen de Joden. Het is waar dat het Duitse volk nooit enige bijzondere genegenheid voor de Joden heeft gekoesterd, maar evenmin een onverbeterlijke haat tegen hen. Zulke haat moest worden gefabriceerd, en Hitler moest die creëren. Dit idee was meer dan aantrekkelijk voor Hitler. Hij zag het als een macabere manier om de "man-god" (*Christus) van* het Duitse volk te worden.

"Dus, goed geïnspireerd en gecoacht door zijn financiële adviseurs, de Warburgs, de Rothschilds en alle meesterbreinen van de Illuminati, gaf hij de Joden de schuld van het gehate "Verdrag van Versailles" en de financiële ondergang die volgde op de oorlog. De rest is geschiedenis. We weten alles over Hitlers concentratiekampen en de verbranding van honderdduizenden Joden. Niet de 6.000.000 of zelfs de 600.000 die de samenzweerders beweerden, maar het was genoeg. En laat me herhalen hoe weinig de internationalistische bankiers, de Rothschilds, Schiffs, Lehmans, Warburgs en Baruchs, gaven om hun raciale broeders die het slachtoffer waren van hun beruchte plannen. In hun ogen stoorde Hitlers massamoord op enkele honderdduizenden onschuldige Joden hen helemaal niet. Zij zagen het als een noodzakelijk offer om hun Illuminati één-wereld complot te bevorderen, net zoals de slachting van vele miljoenen in de oorlogen die volgden een soortgelijk noodzakelijk offer was. En hier is nog een gruwelijk detail over die concentratiekampen. Veel van de Hitler soldaten-executeurs in die kampen waren naar Rusland gestuurd om de kunst van het martelen en brutaliseren te leren, om de gruwel van de wreedheden te verhogen.

"Dit alles creëerde een nieuwe wereldwijde haat tegen het Duitse volk, maar het was nog steeds geen reden voor oorlog. Het was toen dat Hitler ertoe werd gebracht het "Sudetenland" op te eisen; en u herinnert zich hoe Chamberlain en de Tsjecho-Slowaakse en Franse diplomaten van die tijd voor deze eis zwichtten. Deze eis leidde tot verdere Hitleriaanse eisen voor grondgebied in Polen en op het grondgebied van de Franse tsaren, die werden afgewezen. Toen kwam zijn pact met Stalin. Hitler had zijn haat tegen het communisme geroepen (oh wat fulmineerde hij tegen het communisme); maar in feite was het nazisme niets anders dan socialisme (nationaal-socialisme - nazi), en communisme is in feite socialisme. Maar Hitler negeerde dat allemaal. Hij sloot een pact met Stalin om Polen aan te vallen en onder hen te verdelen. Terwijl Stalin een deel van Polen oprukte (wat hem nooit werd verweten [daar zorgden de Illuminati voor]), lanceerde Hitler van zijn kant een "blitzkrieg" op Polen. De samenzweerders hadden eindelijk hun nieuwe wereldoorlog en wat een verschrikkelijke oorlog was dat.

"En in 1945 creëerden de samenzweerders uiteindelijk de 'Verenigde Naties', hun nieuwe hoofdkwartier voor hun één-wereld regering. En, verbazingwekkend genoeg, bejubelde het hele Amerikaanse volk dit foute geheel als een 'Heilige der Heiligen'. Zelfs nadat alle ware feiten over het ontstaan van de Verenigde Naties waren onthuld, bleef het Amerikaanse volk dit slechte geheel aanbidden. Zelfs nadat Alger Hiss was ontmaskerd als een Sovjet spion en verrader, bleef het Amerikaanse volk geloven in de VN. Zelfs nadat ik publiekelijk de geheime overeenkomst tussen Hiss en Molotov onthulde, dat een Rus altijd het hoofd van het militaire secretariaat zou zijn en dus de ware meester van de VN. Maar de meeste Amerikanen bleven geloven dat de VN geen kwaad kon doen. Zelfs nadat D. Lee, de eerste secretaris-generaal van de "V.N." de geheime Hiss-Molotov overeenkomst bevestigde in zijn boek: "In the Cause of Peace", kreeg Vasialia verlof van de V.N. zodat hij het bevel kon voeren over de Noord-Koreanen en de Rode Chinezen die de zogenaamde politionele actie van de V.N. bestreden onder bevel van onze eigen generaal McArthur, die op bevel van de V.N. door de pusillanimous president Truman werd ontslagen om te voorkomen dat hij deze oorlog zou winnen. Ons volk bleef in de VN geloven ondanks de 150.000 zonen die in die oorlog werden vermoord en verminkt; het volk bleef de VN zien als een veilig middel voor vrede, zelfs nadat in 1951 werd onthuld dat de VN (met behulp van onze eigen Amerikaanse soldaten onder generaal McArthur) zich niet aan haar eigen regels had gehouden.

Het VN-commando, onder VN-vlag, was in samenspraak met onze verraderlijke staat (en het Pentagon) vele kleine steden in Californië en Texas binnengevallen om hun plan te perfectioneren om de totale controle over ons land over te nemen. De meeste van onze medeburgers wezen dit van de hand en bleven geloven dat de VN een "Heilige der Heiligen" is. (in plaats van de Ark van het Verbond).

"Wist je dat het Handvest van de Verenigde Naties is geschreven door de verrader Alger Hiss, Molotov en Vyshinsky? Dat Hiss en Molotov in die geheime overeenkomst waren overeengekomen dat het militaire hoofd van de VN altijd een door Moskou benoemde Rus zou zijn? Wist u dat Roosevelt en Stalin tijdens hun geheime vergaderingen in Jalta, in opdracht van de Illuminati opererend onder de naam CFR, besloten dat de VN op Amerikaans grondgebied moest worden geplaatst? Wist u dat het grootste deel van het VN-handvest woord voor woord is overgenomen uit het "Manifest" van Marx en de zogenaamde Russische grondwet? Wist u dat alleen de twee senatoren die tegen het VN-Handvest stemden, het hebben gelezen? Weet u dat sinds de oprichting van de VN de communistische slavernij is gestegen van 250.000 naar 1.000.000.000? Weet u dat sinds de oprichting van de Verenigde Naties om de vrede te waarborgen, er minstens 20 grote oorlogen zijn uitgelokt door de Verenigde Naties, net zoals het aanzetten tot oorlog tegen Klein Rhodesië en Koeweit? Wist u dat, onder auspiciën van de VN, Amerikaanse belastingbetalers gedwongen zijn het tekort in de schatkist van de VN met miljoenen dollars aan te vullen omdat Rusland weigert zijn aandeel te betalen? Wist u dat de VN nooit een resolutie heeft aangenomen die Rusland of zijn zogenaamde satellieten veroordeelt, maar altijd onze bondgenoten veroordeelt? Wist je dat J. Edgar Hoover zei dat "de overgrote

meerderheid van de communistische delegaties bij de VN spionage-
agenten zijn" en dat 66 senatoren stemden voor een "consulair
verdrag" dat ons hele land openstelt voor Russische spionnen en
saboteurs? Wist je dat de VN Rusland helpt om de wereld te
veroveren door de vrije wereld te verhinderen om welke actie dan ook
te ondernemen, behalve om elke nieuwe agressie te bespreken in de
Algemene Vergadering van de VN? Wist u dat ten tijde van de
Koreaanse oorlog er 60 landen in de VN zaten, maar dat 95% van de
VN-troepen onze Amerikaanse zonen waren en dat praktisch 100%
van de kosten werd betaald door de Amerikaanse belastingbetaler?

"En u weet toch dat het beleid van de VN tijdens de oorlogen in Korea
en Vietnam was om te voorkomen dat wij die oorlogen zouden
winnen? Weet u dat alle strijdplannen van generaal McArthur eerst
naar de VN moesten om te worden doorgegeven aan Vasialia, de
bevelhebber van de Noord-Koreanen en de Rode Chinezen, en dat
elke toekomstige oorlog die door onze zonen onder de vlag van de VN
wordt gevoerd, door onze zonen moet worden uitgevochten onder
toezicht van de VN-Veiligheidsraad? Wist u dat de VN nooit iets heeft
gedaan aan de 80.000 Mongoolse Russische troepen die Hongarije
bezetten?

"Waar was de VN toen de Hongaarse vrijheidsstrijders werden
afgeslacht door de Russen? Wist je dat de VN en haar vredesmacht
Congo overleverde aan de communisten? Wist je dat de zogenaamde
vredesmacht van de VN werd gebruikt om blanke anticommunisten in
Katanga te verpletteren, te verkrachten en te doden? Wist u dat de VN
niets deed terwijl Rood China Laos en Vietnam binnenviel? Deden ze
niets toen Nero Goa en andere Portugese gebieden binnenviel? Wist u
dat de Verenigde Naties direct verantwoordelijk waren voor de hulp
aan Castro? Dat ze absoluut niets deden aan de duizenden jonge
Cubanen die naar Rusland werden gestuurd voor communistische
indoctrinatie?

"Wist u dat Adlai Stevenson zei: "De vrije wereld moet verwachten
steeds meer beslissingen bij de VN te verliezen." Weet u dat de VN
openlijk verkondigt dat haar hoofddoel "wereldregering" is, wat
betekent "wereldwetten", "wereldrechtbank", "wereldscholen" en een
"wereldkerk" waarin het christendom zou worden verboden?

"Wist je dat er een VN-wet werd aangenomen om alle Amerikaanse
burgers te ontwapenen en al onze strijdkrachten over te dragen aan de
VN? Deze wet werd in het geheim ondertekend door de "heilige" Jack
Kennedy in 1961. Realiseert u zich hoe dit in strijd is met Artikel 47,

paragraaf 3, van het VN-Handvest, waarin staat, en ik citeer, "het Militaire Staf Comité van de Verenigde Naties is via de Veiligheidsraad verantwoordelijk voor de strategische leiding van alle strijdkrachten die ter beschikking staan van de Veiligheidsraad" en wanneer en als al onze strijdkrachten worden overgedragen aan de VN; uw zonen zullen gedwongen worden om te dienen en te sterven onder VN-commando over de hele wereld. Dit zal gebeuren als u niet vecht voor het vertrek van de Verenigde Staten uit de VN.

"Weet u dat congreslid James B. Utt een wetsvoorstel heeft ingediend voor de oprichting van de Verenigde Staten van de VN en een resolutie om te voorkomen dat onze president ons dwingt om VN-embargo's tegen Rhodesië te steunen? Nou, dat heeft hij gedaan en veel mensen in het hele land schrijven hun vertegenwoordigers ter ondersteuning van het wetsvoorstel en de Utt-resolutie. Vijftig Congresleden, onder leiding van Schweiker en Moorhead uit Pennsylvania, hebben een wetsvoorstel ingediend om al onze strijdkrachten onmiddellijk over te dragen aan de VN? Kunt u zich zo'n schaamteloos verraad voorstellen? Is uw congreslid één van deze 50 verraders? Zoek het uit en onderneem onmiddellijk actie tegen hem en help Congreslid Utt.

"Weet u nu dat de Nationale Raad van Kerken in San Francisco een resolutie heeft aangenomen waarin wordt verklaard dat de Verenigde Staten binnenkort hun wil ondergeschikt moeten maken aan die van de Verenigde Naties en dat alle Amerikaanse burgers bereid moeten zijn dit te accepteren? Is uw kerk lid van de Nationale Raad van Kerken? Vergeet trouwens niet dat God nooit wordt genoemd in het Handvest van de Verenigde Naties en dat hun vergaderingen nooit worden geopend met een gebed.

"De oprichters van de VN hebben van tevoren bepaald dat er geen enkele verwijzing naar God of Jezus Christus in het VN handvest of in het hoofdkwartier van de VN mag staan. Onderschrijft uw dominee dit? Zoek het uit! Weet u ook dat de overgrote meerderheid van de zogenaamde VN-landen antichristelijk is en dat de VN een volledig goddeloze organisatie is in opdracht van haar scheppers, de Illuminati van de CFR. Heb je genoeg gehoord van de waarheid over de Illuminati Verenigde Naties? Wilt u uw zonen en ons kostbare land overlaten aan de onheilige genade van de Illuminati Verenigde Naties? Zo niet, schrijf, telegrafeer of bel uw vertegenwoordigers en senatoren om hen te vertellen dat ze het wetsvoorstel van Congreslid Utt moeten steunen, zodat de Verenigde Staten zich kunnen terugtrekken uit de

Verenigde Naties en de Verenigde Naties zich kunnen terugtrekken uit de Verenigde Staten. Doe het vandaag, nu, voordat u het vergeet! Het is de enige redding voor uw zonen en voor ons land.

"Nu heb ik nog een belangrijke boodschap. Zoals ik u vertelde, was een van de vier specifieke opdrachten die Rothschild aan Jacob Schiff gaf, het creëren van een beweging om religie in de Verenigde Staten te vernietigen, met het christendom als voornaamste doelwit. Om een heel duidelijke reden; de "Anti-Defamation League" zou dit niet durven proberen, omdat zo'n poging het meest verschrikkelijke bloedbad in de wereldgeschiedenis zou kunnen veroorzaken; niet alleen voor de "ADL" en de samenzweerders, maar voor miljoenen onschuldige Joden. Schiff gaf Rockefeller de baan om een andere specifieke reden. De vernietiging van het Christendom kan alleen bereikt worden door hen die belast zijn met het behoud ervan. Door de voorgangers, de mannen van de kerk.

"Om te beginnen koos John D. Rockefeller een jonge, zogenaamde christelijke dominee met de naam Dr. Harry F. Ward. Dominee Ward, zo u wilt. In die tijd doceerde hij religie aan het Union Theological Seminary. Rockefeller vond in deze dominee een zeer gewillige "Judas" en financierde hem in 1907 om de "Methodist Foundation for Social Service" op te richten en Ward's taak was om slimme jonge mannen te leren om, zogenaamd, dienaren van Christus te worden en hen te plaatsen als voorgangers van kerken. Dominee Ward leerde hen niet alleen dominees te worden, maar leerde hen ook hoe zij op subtiele en slimme wijze aan hun gemeenten konden verkondigen dat het hele verhaal van Christus een mythe was, hoe zij moesten twijfelen aan de goddelijkheid van Christus, hoe zij moesten twijfelen aan de maagd Maria, kortom, hoe zij moesten twijfelen aan het christendom als geheel. Dit was geen directe aanval, maar een sluwe insinuatie, die in het bijzonder moest worden toegepast op jongeren in zondagsscholen. Denk aan de verklaring van Lenin: "Geef me slechts één generatie jongeren en ik zal de hele wereld veranderen." In 1908 veranderde de "Methodist Social Service Foundation", die overigens de eerste communistische frontorganisatie van Amerika was, haar naam in de "Federal Council of Churches". Tegen 1950 werd de "Federal Council of Churches" erg verdacht, dus in 1950 veranderde het zijn naam in de "National Council of Churches". Moet ik u nog meer vertellen over hoe dit orgaan opzettelijk het geloof in het christendom vernietigt? Ik denk het niet; maar ik zal u dit vertellen. Als u lid bent van een gemeente waarvan de voorganger en de kerk lid zijn van deze Judasorganisatie; dan helpt u met uw bijdragen het complot van de Illuminati om het christendom en uw geloof in God en Jezus Christus te vernietigen, zodat u uw kinderen opzettelijk overgeeft aan de indoctrinatie van ongeloof in God en de Kerk en die hen gemakkelijk kan veranderen in "atheïsten". Ga onmiddellijk na of uw kerk lid is van de Nationale Raad van Kerken en, uit liefde voor God en uw kinderen, als dat zo is, trek u dan onmiddellijk terug. Laat me u echter waarschuwen dat hetzelfde proces van het vernietigen van religie ook in andere kerkgenootschappen is geïnfiltreerd. Als u de "Neger op Selma"-demonstratie en andere soortgelijke demonstraties hebt gezien, hebt u gezien hoe zwarte menigten worden geleid en aangemoedigd door predikanten (en zelfs katholieke priesters en nonnen) die met hen meelopen. Er zijn veel kerken en individuele dominees die eerlijk en oprecht zijn. Zoek er een voor jezelf en je kinderen.

"Overigens was diezelfde dominee Harry F. Ward ook een van de oprichters van de American Civil Liberties Union, een beruchte pro-communistische organisatie. Hij was er directeur van 1920 tot 1940. Hij was ook medeoprichter van de "American League Against War and Fascism", die onder Browder de "Communist Party USA" werd. Kortom, Ward's hele verleden riekt naar communisme en hij is geïdentificeerd als lid van de Communistische Partij. Hij stierf als een gemene verrader van zijn kerk en land en hij is de man die de oude John D. Rockefeller uitkoos en financierde om de christelijke godsdienst van Amerika te vernietigen, in overeenstemming met de orders die de Rothschilds aan Schiff gaven.

"Ter afsluiting wil ik het volgende zeggen. U kent waarschijnlijk het verhaal van Dr. Frankenstein, die een monster schiep om zijn gekozen slachtoffers te vernietigen, maar zich uiteindelijk tegen zijn eigen schepper, Frankenstein, keerde en hem vernietigde. Welnu, de Illuminati/CFR schiepen een monster, genaamd de "Verenigde Naties" (die worden gesteund door hun minderheidsgroepen, de rellende zwarten, de verraderlijke massamedia en de verraders in Washington D.C.), dat werd geschapen om het Amerikaanse volk te vernietigen. We weten alles over dit veelkoppige hydromonster en we kennen de namen van degenen die dit monster hebben gecreëerd. We kennen allemaal hun namen en ik voorspel dat op een mooie dag het Amerikaanse volk met volle kracht zal ontwaken en ervoor zal zorgen dat ditzelfde monster zijn schepper vernietigt. Het is waar! De meerderheid van ons volk is nog steeds gehersenspoeld, misleid en misbruikt door onze verraderlijke pers, televisie en radio, en door onze verraders in Washington D.C.; maar inmiddels is er toch genoeg bekend over de VN om deze organisatie als een dodelijke, giftige ratelslang uit ons midden uit te roeien.

"Mijn enige vraag is: 'Wat is er nodig om ons volk wakker te schudden en volledig te bewijzen? Misschien zal deze plaat (dit transcript) het doen. Honderdduizend of een miljoen exemplaren van deze plaat (dit transcript) kunnen het doen. Ik bid tot God dat het lukt. En ik bid dat deze plaat (dit transcript) u allen zal inspireren om dit verhaal te verspreiden onder elke trouwe Amerikaan in uw gemeenschap. U kunt dit doen door het af te spelen (voor te lezen) aan studiegroepen bij u thuis, op bijeenkomsten van het Amerikaanse Legioen, de VFW, de DAR, alle andere burgergroepen en vrouwenclubs, vooral vrouwenclubs die het leven van hun zonen op het spel hebben staan. Met deze opname (transcriptie) heb ik u het wapen gegeven dat het monster zal vernietigen. Voor de liefde van God, ons land en uw kinderen, gebruik het! Stuur een kopie naar elk huis in Amerika.

Als meer en meer mensen in de hele wereld honger beginnen te lijden, door acties die rechtstreeks verband houden met Washington D.C., zullen misschien meer Amerikanen beginnen te begrijpen waarom het Oordeel zich tegen hen keert. De Verenigde Staten (niet Amerika) is de Nieuwe Wereld Orde, en het grootste deel van de rest van de wereld begrijpt dit.

De Anti-Defamation League van B'nai B'rith (ADL)

De antisemitische waakhond en Big Brother Gestapo van B'nai B'rith, die bekend staat als onderdeel van een gezamenlijke operatie van de Britse inlichtingendienst en de FBI, werd in 1913 in Amerika opgericht door MI6. De ADL werd een tijdlang geleid door Saul Steinberg, een Amerikaanse vertegenwoordiger en zakenpartner van de familie Jacob de Rothschild uit Londen, en was bedoeld om politiek incorrecte groepen en hun leiders te isoleren en onder druk te zetten, en ze uit de markt te zetten voordat ze te groot en invloedrijk werden.

B'nai B'rith is een Hebreeuws woord dat "broederschap van het verbond" betekent. B'nai betekent "broeder" en B'rith betekent "verbond".

Haar zusterorganisatie, de Independent Order of B'nai B'rith, is een assimilationistische Joodse trotsloge die in 1843 werd opgericht in een restaurant in New York City door vrijmetselaars en Illuminati Joodse immigranten die Amerikaan wilden worden. Tot de leden behoren David Bialkin van het advocatenkantoor Committee of 300, Wilkie, Farr en Gallagher (Bialkin leidde jarenlang de ADL). Eddie Cantor, Eric Trist van Tavistock, Leon Trotsky en John Graham, alias Irwin Suall. Suall was lid van de Britse SIS, de elite geheime dienst.

Dr. John Coleman adviseert in zijn boek The Committee of 300: *"Laat niemand de macht van ADL of haar grote reikwijdte onderschatten".*

De ADL - Amerika's machtigste haatgroep

De Anti-Defamation League is de oudste en machtigste haatgroep in de Verenigde Staten, met 28 kantoren in het hele land en 3 in het buitenland. Het brengt bijna 60 miljoen dollar per jaar op om het vrije woord te bestrijden en het recht van etnische minderheden om zich te verdedigen tegen onverdraagzaamheid (inclusief zwarte moslims, Arabieren en Euro-Amerikanen). [Sabe note - voeg de haatlijsten toe die ze maakten voor FBI Louis Freeh, die in cahoots was met de KGB in zijn eigen departement en in Rusland].

De Anti-Defamation League werd in 1913 opgericht door het racistische geheime genootschap B'nai B'rith (wat "bloed van de uitverkorenen" betekent).

Deze organisatie, die nog steeds bestaat, sluit mensen uit op basis van hun etnische afkomst en religie. Zij is uitsluitend voorbehouden aan machtige joden die geloven in hun raciale superioriteit ten opzichte van andere volkeren.

De ADL nam het voortouw om iedereen die zich cultureel en raciaal wilde uiten te censureren. ADL-directeur Richard Gutstadt schreef elk tijdschrift dat hij kon vinden aan om De verovering van een continent te censureren. De heer Gutstadt schreef schaamteloos: "Wij willen de verkoop van dit boek in de kiem smoren." De ADL hielp vorig jaar ook St Martin's Press het contract met David Irving op te zeggen.

De ADL probeert haar anti-vrije meningsuiting activiteiten te verhullen door af en toe een "Torch of Freedom" prijs uit te reiken. De beroemdste ontvanger is vleeshandelaar en vrouwenbasher Hugh Hefner. Obscene pornograaf Larry Flynt is een andere supporter die honderdduizenden dollars aan de ADL heeft gedoneerd.

ADL's criminele en spionage operaties

In 1993 werden in de kantoren van ADL in San Francisco en Los Angeles invallen gedaan om bewijzen te vinden voor criminele wandaden op een aantal gebieden. De huiszoekingen brachten bewijzen aan het licht van de betrokkenheid van ADL bij de diefstal van vertrouwelijke politiedossiers van het California Police Department.

De ADL betaalde Roy Bullock tientallen jaren een salaris om mensen te bespioneren en dossiers van de politie te stelen. Hij stal bestanden van de SFPD via de corrupte agent Tom Gerard. Zijn illegale contact in San Diego was de blanke racistische Sheriff Tim Carroll.

De ADL had nauwe banden met de georganiseerde misdaad, waaronder maffiabaas Meyer Lansky uit Las Vegas. [Lansky betaalde voor de kogels die JFK en RFK zelf en Carlos Marcellos troffen;

Larry Flynt's link met de ADL is "zeer interessant, maar je ziet dat hij geld schuldig was aan de maffia".

Theodore Silbert werkte tegelijkertijd voor de ADL en de Sterling National Bank (een maffia-operatie onder controle van het Lansky-syndicaat).

In feite is de kleindochter van maffiabaas Lansky zelf de contactpersoon voor wetshandhaving van de ADL, Mira Lansky Boland. (Wat een handige regeling! Ze gebruikte ADL geld om Tim Carroll en Tom Gerard te trakteren op luxe vakanties in Israël, alle kosten betaald).

Een andere gangster uit Las Vegas, Moe Dalitz, werd geëerd door de ADL in 1985. Een andere schimmige bijdrager aan de supremacistische activiteiten van de ADL is het Milken Family Fund, beroemd om zijn junk bonds. De ADL gebruikt haar goed geoliede propagandamachine om haar "vrienden" in de maffia en de porno-industrie te beschermen door te roepen "antisemitisme!!!! ! ! !" bij de minste beweging van de wet tegen deze perverse belangen.

Etnische intimidatie door de ADL

De ADL is een meester in intimidatie en chantage, anders dan de machtige maffia's waarmee zij in verband wordt gebracht. De ADL heeft invloedrijke contacten in de media en de politiek die een persoon of bedrijf kunnen ruïneren als ze de agenda van de ADL niet volgen.

We hebben al gevallen genoemd van slechte agenten die in de val liepen van de ADL, zoals Tom Gerard en Tim Carroll. Maar nu worden goede agenten en zelfs beginnende agenten "geconditioneerd" voor het soort anti-vrije meningsuiting, anti-culturele diversiteit politiestaat dat de ADL voor ons land wil.

In het hele land dreigt de ADL politiediensten met allerlei represailles als zij geen door de staat gefinancierde conferenties en seminars voor ordehandhavers organiseren die worden gegeven door woordvoerders van de ADL. De ADL zamelt grote sommen geld in voor deze sessies, waardoor haar toch al goed gevulde schatkist nog groter wordt. Er zijn al ADL-mannen gezien op plaatsen delict die politieagenten bevelen gaven over hoe onderzoeken moeten worden uitgevoerd.

Wellicht nooit eerder in de geschiedenis is een criminele organisatie als de ADL in staat geweest de wetshandhaving in die mate te infiltreren en te beïnvloeden, en haar tentakels blijven groeien. De nieuwe sheriffs van San Diego worden nu persoonlijk "getraind" om te reageren op "misdaden" door de zuidwestelijke directeur van de ADL, Morris Casuto.

Het meest verontrustende deel van dit gruwelijke verhaal is dat de ADL een zeer machtige en geheimzinnige racistische/religieuze supremacistische organisatie is met belangrijke banden met de wereld van de misdaad en de pornografie. Om zich in de geesten van kinderen in te werken heeft de ADL het programma "Wereld van verschil" opgezet, dat bedoeld is om jonge kinderen zelfhaat bij te brengen en hen ertoe te bewegen tegen hun eigen volk en erfgoed in te gaan.

Kinderen wordt geleerd dat homoseksualiteit en interraciale relaties deugden zijn, grote openbaringen die moeten worden ervaren. In een rapport aan haar weinige, maar rijke aanhangers in 1995 pochte de ADL dat zij meer dan tien miljoen studenten had bereikt en dat er nog meer klaar stonden om geïndoctrineerd te worden. De ADL hoopt kinderen bewust te maken van de wereld van misdaad en ondeugd die zij en hun criminele medestanders voor Amerika in petto hebben.

De schurkengalerij van ADL-crimineel Abe Foxman [Foxman is degene die smeergeld ontving van Marc Rich en ja, dat geld van meer dan 250.000 dollar hebben ze gehouden].

Het hoofd van de ADL en meester in spionage...

Roy Bullock, de betaalde informant van de ADL, die tientallen jaren door vuilnis groef voor de ADL, totdat hij via Tom Gerard de gevoelige taak kreeg van tussenpersoon voor gestolen politiedossiers van het politiebureau van San Francisco. Hij kreeg $550 per week betaald voor zijn diensten. Hij was ook een medewerker van de racistische Sheriff Tim Carroll. Zijn bestaan werd ontdekt nadat de FBI een inval deed in de kantoren van de ADL in 1993 en leidde tot de publicatie van 750 pagina's met informatie over de spionageactiviteiten van de ADL.

Tom Gerard, de politieagent in San Francisco die gevoelige en vertrouwelijke dossiers van zijn bureau stal en ze aan Roy Bullock gaf om de ADL te helpen bij haar operaties om Amerikanen te bespioneren. Onder de gestolen dossiers waren die over zwarte moslims, Arabieren en rechtse organisaties die de ADL op enigerlei wijze bekritiseerden. Hij ontving een geheel verzorgde luxe vakantie in Israël met dank aan de ADL.

Tim Carroll, de racistische ex-detective van het San Diego Sheriff's Department. Merkte in 1993 op dat hij "alle illegale vreemdelingen doodgeschoten" zou willen zien en "alle negers teruggestuurd naar Afrika op een boot gemaakt van bananenschillen".

Een medewerker van Roy Bullock en Tom Gerard. Mysterieus gepensioneerd bij de Sheriff na de invallen in de ADL kantoren, 54 jaar oud. Hij kreeg ook een volledig betaalde luxe vakantie in Israël met dank aan de ADL. Ondanks zijn openlijk racistisch karakter had hij de leiding over de beveiliging van de nationale conventie van de ADL in september 1997, waarbij hij hardhandig optrad tegen deelnemers en bezoekers. Dit is interessant omdat het zijn onhandige bekentenissen aan een onderzoeker waren die leidden tot de invallen bij de ADL.

Mira Lansky Boland

Law enforcement liaison" voor de ADL. Ze organiseerde luxe reizen naar Israël voor bepaalde belangrijke politieagenten die de ADL iets te bieden hadden. Dit waren onder andere dossier-snatcher Tom Gerard en racist Tim Carroll. Ze neemt een unieke positie in, omdat ze de kleindochter is van Meyer Lansky, een van de machtigste maffiafiguren uit de Amerikaanse geschiedenis.

Hugh Hefner

Beroemde pornograaf die door de ADL werd geëerd met haar belachelijke "Torch of Freedom" award. Van hem komt de bescherming van alle pornografie in dit land, die geassocieerd wordt en altijd is geweest met elementen van ondeugd zoals de maffia en de ADL.

Larry Flynt

Deze pornograaf levert een grote bijdrage aan de ADL van 100.000 dollar. Hij heeft verschillende keren in de gevangenis gezeten voor "obscene pornografie" en de algemene afschuwelijke ontheiliging van vrouwen in zijn *Hustler* magazine [ook een front van de maffia - Gambino Family, en Lansky gaf opdracht tot de executie van deze klootzak - Saba Note].

Theodore Silbert

Medewerker van Meyer Lansky, werknemer van de ADL en het maffiafront "Sterling Bank". Tegelijkertijd CEO van Sterling Bank en Nationaal Commissaris van de ADL.

Moe Dalitz

Maffiafiguur uit Las Vegas en naaste medewerker van Meyer Lansky, die in 1985 door de ADL werd geëerd.

Milken familie fonds

Een miljardenfonds dat veel heeft gegeven aan de ADL, wiens geld is verdiend in de junk bond schandalen.

Morris Casuto

Directeur van de ADL voor het zuidwesten van het land, die persoonlijk nieuwe leden van de politie opleidt om hem en zijn beledigende organisatie te gehoorzamen. Morris Casuto is ook een goede vriend van de racist Tim Carroll.

DE CIA

De Central Intelligence Agency werd aan het einde van de Tweede Wereldoorlog opgericht om de nieuwe geheime Koude Oorlog te bestrijden. Het had zijn wortels in het OSS (Office of Strategic Services), de vooraf gevormde militaire inlichtingenorganisatie die beroemd werd door haar controle over het uiterst geheime Manhattan Project, waarbij de eerste kernbom werd ontwikkeld.

De grondleggers van de CIA, William "Wild Bill" Donovan en Allen Dulles, waren beiden prominente rooms-katholieken en leden van het geheime genootschap van de "Ridders van Malta".

Uit onlangs vrijgegeven documenten blijkt dat de Ridders van Malta na de oorlog een rol speelden bij de ontsnapping van veel vooraanstaande nazi's, waaronder wetenschappers uit vernietigingskampen en veel leden van de binnenste kringen van de Gestapo, de nazi-inlichtingendienst, van occultist Heinrich Himmler. Velen van hen, waaronder generaal Reinhard Gehlen, Ridder van Malta, gingen direct werken voor de pas opgerichte CIA, die, op aandringen van Donovan, nu een civiele organisatie was. Generaal Dwight Eisenhower, een fervent anti-nazi, en het Amerikaanse leger werden zo uit de oorspronkelijke vergelijking verwijderd, waardoor de CIA de belangen van Amerikaanse industriëlen en transnationale bedrijven kon vertegenwoordigen, boven de belangen van het Amerikaanse volk.

De nauwe banden van de Ridders van Malta met de nazi-beweging vinden hun ideologische basis in hun gedeelde Rozenkruisersgeloof. Volgens dit systeem wordt de menselijke evolutie tegengehouden door bepaalde inferieure subrassen die moeten worden geëlimineerd om het proces voort te zetten. Via de CIA is dit feodale geloofssysteem geïnfiltreerd in het hart van democratisch Amerika. Onder het mom van het Koude Oorlogsapparaat is de CIA wereldleider geworden op het gebied van biologische en chemische oorlogsvoering, mind control technieken, psychologische operaties, propaganda en geheime oorlogsvoering.

De CIA is grotendeels ondergeschikt aan Britse inlichtingendiensten, multinationals en zelfs het Koninklijk Huis.

Via MI6 en talloze door de oligarchie gecontroleerde "denktanks", legt Coleman uit, produceren Amerika's propagandafabrieken - de belangrijkste nieuwsnetwerken en agentschappen - smerige verzinsels die door weinigen als propaganda worden herkend.

EEN CHRONOLOGIE VAN DE WREEDHEDEN VAN DE CIA

De volgende chronologie beschrijft slechts enkele van de honderden wreedheden en misdaden van de CIA.

CIA-operaties volgen hetzelfde terugkerende patroon. Ten eerste worden de Amerikaanse handelsbelangen in het buitenland bedreigd door een populaire of democratisch gekozen leider. Het volk steunt zijn leider omdat hij of zij landhervormingen wil doorvoeren, vakbonden wil versterken, rijkdom wil herverdelen, buitenlandse industrieën wil nationaliseren en het bedrijfsleven wil reguleren om werknemers, consumenten en het milieu te beschermen. In naam van Amerikaanse bedrijven, en vaak met hun hulp, mobiliseert de CIA de oppositie. Eerst identificeert zij rechtse groeperingen in het land (meestal de militairen) en biedt hen een deal aan: "Wij brengen jullie aan de macht als jullie een gunstig ondernemingsklimaat voor ons handhaven". Vervolgens huurt, traint en werkt het agentschap met hen samen om de regering die aan de macht is (meestal een democratie) omver te werpen. Het gebruikt alle mogelijke trucs: propaganda, vervalste stembiljetten, gekochte verkiezingen, afpersing, chantage, seksuele intriges, valse verhalen over tegenstanders in de lokale media, infiltratie en verstoring van tegengestelde politieke partijen, ontvoeringen, afranselingen, marteling, intimidatie, economische sabotage, doodseskaders en zelfs moordaanslagen. Deze inspanningen culmineerden in een militaire staatsgreep waarbij een rechtse dictator werd geïnstalleerd. De CIA trainde het veiligheidsapparaat van de dictator om de traditionele vijanden van het grootkapitaal te onderdrukken door middel van ondervraging, marteling en moord. De slachtoffers zouden "communisten" zijn, maar het zijn bijna altijd boeren, liberalen, gematigden, vakbondsleiders, politieke tegenstanders en verdedigers van de vrijheid van meningsuiting en de democratie. De mensenrechten worden op grote schaal geschonden.

Dit scenario is zo vaak herhaald dat de CIA het onderwijst in een speciale school, de beroemde "School van Amerika". (Critici hebben het "de school voor dictators" en "de school voor moordenaars" genoemd. Hier traint de CIA Latijns-Amerikaanse militaire officieren in het plegen van staatsgrepen, inclusief het gebruik van ondervraging, marteling en moord.

De Association for Responsible Dissent schat dat in 1987 6 miljoen mensen waren gestorven als gevolg van geheime CIA-operaties. Voormalig ambtenaar William Blum van het State Department noemt dit terecht een "Amerikaanse holocaust".

De CIA rechtvaardigde deze acties als onderdeel van haar oorlog tegen het communisme. Maar bij de meeste staatsgrepen gaat het niet om een communistische dreiging. Ongelukkige landen zijn het doelwit om de meest uiteenlopende redenen: niet alleen bedreigingen voor de zakelijke belangen van de VS in het buitenland, maar ook liberale of zelfs gematigde sociale hervormingen, politieke instabiliteit, de onwil van een leider om de dictaten van Washington uit te voeren en verklaringen van neutraliteit uit de Koude Oorlog. Niets irriteerde de CIA-directeuren meer dan de wens van een land om uit de Koude Oorlog te blijven.

De ironie van al deze interventies is dat de Amerikaanse doelstellingen vaak niet worden bereikt. Vaak voelt de nieuw geïnstalleerde dictator zich comfortabel met het veiligheidsapparaat dat de CIA voor hem heeft gebouwd. Hij wordt een expert in het leiden van een politiestaat. En omdat de dictator weet dat hij niet omvergeworpen kan worden, wordt hij onafhankelijk en tart hij de wil van Washington. De CIA realiseert zich dan dat zij hem niet omver kan werpen, omdat de politie en het leger onder controle van de dictator staan en niet durven samenwerken met Amerikaanse spionnen uit angst voor marteling en executie. De enige twee opties voor de Verenigde Staten in dit stadium zijn onmacht of oorlog. Voorbeelden van dit "boemerangeffect" zijn de Sjah van Iran, generaal Noriega en Saddam Hoessein. Het boemerangeffect verklaart ook waarom de CIA zo effectief is gebleken in het omverwerpen van democratieën, maar jammerlijk heeft gefaald in het omverwerpen van dictaturen. De volgende chronologie zou moeten bevestigen dat de CIA zoals wij die kennen, moet worden afgeschaft en vervangen door een echte organisatie voor het verzamelen en analyseren van informatie. De CIA kan niet worden hervormd - zij is institutioneel en cultureel corrupt.

1929

De cultuur die we kwijt zijn - Minister van Buitenlandse Zaken Henry Stimson weigert een codebrekeroperatie goed te keuren, verklarend: "Heren lezen geen andermans post."

1941

Oprichting van de COI - Vooruitlopend op de Tweede Wereldoorlog richt president Roosevelt het Bureau van de Coördinator van Informatie (COI) op. Generaal William "Wild Bill" Donovan leidde de nieuwe inlichtingendienst.

1942

Oprichting van de OSS - Roosevelt herstructureert de IOC in iets dat meer geschikt is voor geheime acties, het Office of Strategic Services (OSS). Donovan rekruteert zoveel van de rijken en machtigen van het land dat men uiteindelijk grapt dat "OSS" staat voor "Oh, zo sociaal!" of "Oh, wat een snobs!".

1943

Italië - Donovan rekruteert de katholieke kerk in Rome om het centrum te worden van Anglo-Amerikaanse spionageoperaties in fascistisch Italië. Het werd een van Amerika's meest duurzame inlichtingen bondgenootschappen tijdens de Koude Oorlog.

1945

De OSS wordt afgeschaft - De andere Amerikaanse inlichtingendiensten staken hun geheime acties en keren terug naar het onschuldig verzamelen en analyseren van informatie.

Operatie Paperclip - terwijl andere Amerikaanse diensten nazi-oorlogsmisdadigers opspoorden en arresteerden, brachten de Amerikaanse inlichtingendiensten hen ongestraft naar Amerika om ze tegen de Sovjets te gebruiken. De belangrijkste was Reinhard Gehlen, Hitlers meesterspion die een inlichtingennetwerk in de Sovjet-Unie had opgebouwd. Met de volledige zegen van de Verenigde Staten creëerde hij de "Gehlen Organisatie", een bende gevluchte Nazi spionnen die hun netwerken in Rusland reactiveerden. Onder hen waren SS-inlichtingenofficieren Alfred Six en Emil Augsburg (die tijdens de Holocaust Joden afslachtten), Klaus Barbie [de "Slager van Lyon"], Otto von Bolschwing (het brein achter de Holocaust die samenwerkte met Eichmann). De Gehlen Organisatie voorzag de

Verenigde Staten de komende tien jaar van de enige inlichtingen over de Sovjet-Unie en diende als brug tussen de afschaffing van de OSS en de oprichting van de CIA. Veel van de "inlichtingen" die door de voormalige Nazi's werden verstrekt, waren echter vals. Gehlen blies de militaire capaciteiten van de Sovjet-Unie op in een tijd dat Rusland nog bezig was zijn verwoeste samenleving opnieuw op te bouwen, om zijn eigen belang in de ogen van de Amerikanen (die hem anders zouden kunnen straffen) op te blazen. In 1948 overtuigde Gehlen de Amerikanen er bijna van dat er oorlog dreigde en dat het Westen een preventieve aanval moest uitvoeren. In de jaren 1950 produceerde hij een fictieve "missile gap". Tot overmaat van ramp infiltreerden de Russen de Gehlen-organisatie zorgvuldig met dubbelagenten, waardoor de Amerikaanse veiligheid, die Gehlen geacht werd te beschermen, werd ondermijnd.

1947

Griekenland - President Truman vraagt Griekenland om militaire hulp ter ondersteuning van rechtse troepen die tegen communistische rebellen vechten. Voor de rest van de Koude Oorlog steunden Washington en de CIA beruchte Griekse leiders met een betreurenswaardige reputatie op het gebied van mensenrechten.

Oprichting van de CIA - President Truman ondertekent de National Security Act van 1947, waarbij de Central Intelligence Agency en de National Security Council worden opgericht. De CIA is verantwoording schuldig aan de president via de NSC - er is geen democratisch of parlementair toezicht. Volgens het handvest mag de CIA "andere functies en taken uitvoeren... die de Nationale Veiligheidsraad van tijd tot tijd kan opdragen". Deze maas in de wet zet de deur open voor geheime acties en smerige trucs.

1948

Oprichting van een geheime actieafdeling - De CIA creëert een geheime actieafdeling, onschuldig het Office of Policy Coordination genoemd, onder leiding van Wall Street advocaat Frank Wisner. Volgens zijn geheime handvest omvat zijn taak "propaganda; economische oorlogvoering; preventieve directe actie, inclusief sabotage, anti-sabotage, sloop en evacuatieprocedures; subversie tegen vijandige staten, inclusief hulp aan ondergrondse verzetsgroepen; en ondersteuning van inheemse anticommunistische elementen in bedreigde landen van de vrije wereld".

Italië - De CIA corrumpeert de democratische verkiezingen in Italië, waar de Italiaanse communisten dreigen te winnen. De CIA koopt stemmen, verspreidt propaganda, bedreigt en slaat oppositieleiders en infiltreert en verstoort hun organisaties. Het werkte - de communisten werden verslagen.

1949

Radio Free Europe - De CIA creëerde zijn eerste grote propaganda orgaan, Radio Free Europe. In de daaropvolgende decennia waren de uitzendingen zo flagrant vals dat het een tijdlang als illegaal werd beschouwd om transcripties in de Verenigde Staten te publiceren.

Eind 40.

Operatie MOCKINGBIRD - De CIA begint Amerikaanse nieuwsorganisaties en journalisten te werven als spionnen en verspreiders van propaganda. Dit initiatief wordt geleid door Frank Wisner, Allan Dulles, Richard Helms en Philip Graham. Graham was de uitgever van de Washington Post, die een belangrijke CIA-speler werd. Uiteindelijk zouden ABC, NBC, CBS, Time, Newsweek, Associated Press, United Press International, Reuters, Hearst Newspapers, Scripps-Howard, Copley News en anderen tot de media-activa van de CIA behoren.

Dienst en meer. De CIA geeft zelf toe dat minstens 25 organisaties en 400 journalisten CIA-activa zullen worden.

1953

Iran - De CIA werpt de democratisch gekozen Mohammed Mossadegh in een militaire staatsgreep omver nadat hij dreigt de Britse olie te nationaliseren. De CIA verving hem door een dictator, de Sjah van Iran, wiens geheime politie, de SAVAK, even wreed was als de Gestapo.

Operatie MK-ULTRA - Geïnspireerd door het hersenspoelprogramma van Noord-Korea, begon de CIA met experimenten in mind control. Het bekendste onderdeel van dit project was het toedienen van LSD en andere drugs aan Amerikaanse proefpersonen zonder hun medeweten of tegen hun wil, met als gevolg dat verschillende van hen zelfmoord pleegden. De operatie ging echter veel verder dan dat. Het onderzoek werd deels gefinancierd door de Rockefeller- en Ford-stichtingen en omvatte propaganda, hersenspoeling, public relations, reclame, hypnose en andere vormen van suggestie.

1954

Guatemala - De CIA werpt de democratisch gekozen regering van Jacob Arbenz om via een militaire staatsgreep. Arbenz had gedreigd de United Fruit Company, die in handen is van Rockefellers en waarin ook CIA-directeur Allen Dulles aandelen heeft, te nationaliseren. Arbenz wordt vervangen door een reeks rechtse dictators wier bloeddorstige beleid de volgende 40 jaar meer dan 100.000 Guatemalteken zal doden.

1954-1958

Noord-Vietnam - CIA-agent Edward Lansdale probeert vier jaar lang de communistische regering van Noord-Vietnam omver te werpen, met alle gebruikelijke smerige trucs. De CIA probeert ook een tiranniek marionettenregime in Zuid-Vietnam, geleid door Ngo Dinh Diem, te legitimeren. Deze pogingen faalden om de harten en geesten van de Zuid-Vietnamezen te winnen, omdat de regering-Diem zich verzette tegen echte democratie, landhervorming en armoedebestrijding. Het voortdurende falen van de CIA leidde tot een escalatie van de Amerikaanse interventie, met als hoogtepunt de Vietnamoorlog.

1956

Hongarije - Radio Free Europe zet Hongarije aan tot opstand door de geheime toespraak van Chroesjtsjov uit te zenden, waarin hij Stalin hekelt. Ook werd gesuggereerd dat Amerikaanse hulp de Hongaren zou helpen in de strijd. Deze hulp kwam er niet en de Hongaren begonnen een gewapende opstand, die gedoemd was te mislukken en alleen maar uitnodigde tot een grote Sovjetinvasie. Het conflict resulteerde in 7.000 Sovjetdoden en 30.000 Hongaarse doden.

1957-1973

Laos - De CIA pleegt ongeveer één coup per jaar in een poging de democratische verkiezingen in Laos ongeldig te maken. Het probleem is de Pathet Lao, een linkse groepering met genoeg steun onder de bevolking om deel uit te maken van een coalitieregering. Eind jaren '50 richtte de CIA zelfs een "clandestien leger" van Aziatische huurlingen op om de Pathet Lao aan te vallen. Nadat het CIA-leger talloze nederlagen had geleden, begonnen de Verenigde Staten met bombarderen, waarbij ze meer bommen op Laos gooiden dan alle landen van de Europese Unie tijdens de Tweede Wereldoorlog. Een kwart van alle Laotianen werd uiteindelijk vluchteling, velen leefden in grotten.

1959

Haïti - Het Amerikaanse leger hielp "Papa Doc" Duvalier om dictator van Haïti te worden. Hij creëerde zijn eigen privé-politiemacht, de "Tontons Macoutes", die de bevolking terroriseerde met machetes. Zij vermoordden meer dan 100.000 mensen tijdens het bewind van de familie Duvalier. De Verenigde Staten protesteerden niet tegen hun afschuwelijke staat van dienst op het gebied van de mensenrechten.

1961

Varkensbaai - De CIA stuurt 1.500 Cubaanse ballingen om Castro's Cuba binnen te vallen. Maar "Operatie Mongoose" mislukt, door onvoldoende planning, veiligheid en ondersteuning. De planners hadden gedacht dat de invasie een volksopstand tegen Castro zou uitlokken - wat nooit gebeurde. Noch een beloofde Amerikaanse luchtaanval. Het was de eerste publieke mislukking van de CIA, waardoor president Kennedy CIA-directeur Allen Dulles ontsloeg.

Dominicaanse Republiek - De CIA vermoordde Rafael Trujillo, een moorddadige dictator die sinds 1930 door Washington werd gesteund. Trujillo's commerciële belangen waren zo belangrijk geworden (ongeveer 60% van de economie) dat ze begonnen te concurreren met de Amerikaanse commerciële belangen.

Ecuador - Het door de CIA gesteunde leger dwingt de democratisch verkozen president Jose Velasco af te treden. Vicepresident Carlos Arosemana vervangt hem; de CIA vult het nu vacante vicepresidentschap in met een eigen man.

Congo (Zaïre) - De CIA vermoordt de democratisch verkozen Patrice Lumumba. De publieke steun voor Lumumba's beleid is echter zodanig dat de CIA zijn tegenstanders niet duidelijk aan de macht kan brengen. Er volgen vier jaar van politieke onrust.

1963

Dominicaanse Republiek - De CIA werpt de democratisch gekozen regering van Juan Bosch om in een militaire staatsgreep. De CIA installeert een repressieve extreem-rechtse junta.

Ecuador - Een door de CIA gesteunde militaire staatsgreep werpt president Arosemana om, wiens onafhankelijke (niet-socialistische) beleid onaanvaardbaar was geworden voor Washington. Een militaire junta komt aan de macht, annuleert de verkiezingen van 1964 en begint de mensenrechten te schenden.

1964

Brazilië - Een door de CIA gesteunde militaire staatsgreep werpt de democratisch gekozen regering van Joao Goulart omver. In de volgende twee decennia wordt de junta die hem vervangt een van de bloedigste uit de geschiedenis. Generaal Castelo Branco richtte de eerste doodseskaders van Latijns-Amerika op, bendes van geheime agenten die jacht maakten op "communisten" om ze te martelen, te ondervragen en te vermoorden. Vaak waren deze "communisten" niet meer dan Branco's politieke tegenstanders. Later werd bekend dat de CIA de doodseskaders trainde.

1965

Indonesië - De CIA werpt de democratisch gekozen president Soekarno om in een militaire staatsgreep. De CIA probeerde Soekarno al sinds 1957 uit de weg te ruimen, met alles van moordpogingen tot seksuele intriges, voor niets meer dan zijn neutraliteitsverklaring in de Koude Oorlog. Zijn opvolger, generaal Soeharto, vermoordde tussen de 500.000 en 1 miljoen burgers die ervan werden beschuldigd "communisten" te zijn. De CIA leverde de namen van talloze verdachten.

Dominicaanse Republiek - Er breekt een volksopstand uit die belooft Juan Bosch in ere te herstellen als de gekozen leider van het land. De revolutie wordt neergeslagen wanneer de Amerikaanse mariniers arriveren om het militaire regime met geweld te handhaven.

De CIA regelt alles achter de schermen. *Griekenland* - met steun van de CIA, verwijdert de Koning George Papandreous als Premier. Papandreous faalde om de Amerikaanse belangen in Griekenland krachtig te steunen. Congo (Zaïre) - een door de CIA gesteunde militaire staatsgreep installeert Mobutu Sese Seko als dictator. Gehaat en repressief exploiteert Mobutu zijn wanhopig arme land om miljarden te verdienen.

1966

De Ramparts-affaire - Het radicale tijdschrift Ramparts begon een ongekende reeks anti-CIA artikelen. Onder hun scoops: de CIA betaalde de Universiteit van Michigan 25 miljoen dollar om "professoren" in te huren om Zuid-Vietnamese studenten te trainen in geheime politiemethoden. MIT en andere universiteiten ontvingen soortgelijke betalingen. Ramparts onthult ook dat de National Student Association een dekmantel van de CIA is. Studenten worden soms gerekruteerd via chantage en steekpenningen, waaronder uitstel van dienstplicht.

1967

Griekenland - Een door de CIA gesteunde militaire staatsgreep werpt de regering om, twee dagen voor de verkiezingen. De favoriet was George Papandreous, de liberale kandidaat. Gedurende de volgende zes jaar leidde het door de CIA gesteunde "bewind van de kolonels" tot het wijdverspreide gebruik van foltering en moord tegen politieke tegenstanders. Toen een Griekse ambassadeur bezwaar maakte tegen de plannen van president Johnson voor Cyprus, antwoordde Johnson:

> "Fuck jullie parlement en jullie grondwet."

Operatie Phoenix - De CIA hielp Zuid-Vietnamese agenten met het identificeren en vervolgens vermoorden van vermoedelijke Viet Cong-leiders die in Zuid-Vietnamese dorpen opereerden. Volgens een rapport van het Congres uit 1971, doodde deze operatie ongeveer 20.000 "Viet Cong".

1968

Operatie CHAOS - De CIA bespioneert al sinds 1959 illegaal Amerikaanse burgers, maar met Operatie CHAOS voerde president Johnson de zaken spectaculair op. CIA-agenten deden zich voor als studentenradicalen om universitaire organisaties die protesteerden tegen de Vietnamoorlog te bespioneren en te verstoren. Ze zochten naar Russische aanstichters, maar vonden die nooit. CHAOS bespioneerde uiteindelijk 7000 mensen en 1000 organisaties.

Bolivia - Een militaire operatie georganiseerd door de CIA neemt de legendarische guerrilla Che Guevara gevangen. De CIA wil hem in leven houden voor ondervraging, maar de Boliviaanse regering executeert hem om de wereldwijde roep om clementie te vermijden.

1969

Uruguay - De beruchte CIA-martelaar Dan Mitrione arriveert in Uruguay, een land dat verscheurd wordt door politieke conflicten. Terwijl de rechtse krachten voorheen slechts als laatste redmiddel gebruik maakten van marteling, overtuigt Mitrione hen om het als routine en wijdverbreide praktijk toe te passen. "Precieze pijn, op de precieze plaats, in de precieze hoeveelheid, voor het gewenste effect" was zijn motto. De marteltechnieken die hij de doodseskaders leerde, evenaren die van de Nazi's. Uiteindelijk werd hij zo gevreesd dat revolutionairen hem een jaar later ontvoerden en vermoordden.

1970

Cambodja - De CIA werpt prins Sahounek om, die erg populair was bij de Cambodjanen omdat hij hen uit de Vietnam-oorlog had gehouden. Hij wordt vervangen door Lon Nol, een marionet van de CIA, die onmiddellijk de Cambodjaanse troepen in de strijd gooit. Dit impopulaire besluit versterkte tot dan toe minder belangrijke oppositiepartijen zoals de Rode Khmer, die in 1975 de macht grepen en miljoenen medeburgers afslachtten.

1971

Bolivia - Na een half decennium van CIA-geïnspireerde politieke onrust werd de linkse president Juan Torres door een CIA-gesteunde militaire staatsgreep omvergeworpen. In de volgende twee jaar liet dictator Hugo Banzer meer dan 2.000 politieke tegenstanders zonder proces arresteren en vervolgens martelen, verkrachten en executeren.

Haïti - "Papa Doc" Duvalier sterft en laat zijn 19-jarige zoon, "Baby Doc" Duvalier, achter als dictator van Haïti. Zijn zoon zet zijn bloedige bewind voort met medeweten van de CIA.

1972

De Case-Zablocki Wet - Het Congres neemt een wet aan die het Congres verplicht om uitvoerende overeenkomsten te beoordelen. In theorie zou dit de CIA operaties meer verantwoordelijk moeten maken. In feite is het zeer ineffectief.

Cambodja - Het Congres stemt om de financiering van de geheime oorlog van de CIA in Cambodja te verminderen.

Watergate inbraak - President Nixon stuurt een team inbrekers om de Democratische kantoren in Watergate af te luisteren. De leden van het team hebben een lange geschiedenis met de CIA, waaronder James McCord, E. Howard Hunt en vijf van de Cubaanse inbrekers. Ze werken voor het Committee to Reelect the President (CREEP), dat vuil werk doet zoals het verstoren van Democratische campagnes en het witwassen van Nixon's illegale campagnebijdragen. De activiteiten van CREEP worden gefinancierd en georganiseerd door een ander front van de CIA, de Mullen Company.

1973

Chili - De CIA werpt Salvador Allende, Latijns-Amerika's eerste democratisch gekozen socialistische leider, omver en vermoordt hem. De problemen beginnen wanneer Allende Amerikaanse bedrijven in Chili nationaliseert. ITT biedt de CIA 1 miljoen dollar voor een staatsgreep (die naar verluidt wordt geweigerd). De CIA vervangt Allende door generaal Augusto Pinochet, die duizenden van zijn landgenoten martelt en vermoordt als onderdeel van een hardhandig optreden tegen vakbondsleiders en politiek links.

De CIA begint interne onderzoeken - William Colby, adjunct-directeur van Operaties, beveelt al het CIA-personeel om alle illegale activiteiten waarvan zij op de hoogte zijn te melden. Deze informatie wordt vervolgens doorgegeven aan het Congres.

Watergate schandaal - Amerika's belangrijkste CIA medewerker, de *Washington Post*, rapporteert over Nixon's misdaden lang voordat andere kranten het verhaal oppikken. De twee verslaggevers, Woodward en Bernstein, vermeldden nauwelijks de vele vingerafdrukken van de CIA op het schandaal. Later bleek dat Woodward de leiding had gehad over de marine-inlichtingendienst in het Witte Huis en dat hij veel inlichtingenfiguren kende, waaronder generaal Alexander Haig. Zijn belangrijkste bron, Deep Throat, is waarschijnlijk één van hen.

CIA-directeur Helms wordt ontslagen - President Nixon ontslaat CIA-directeur Richard Helms omdat hij niet hielp het Watergateschandaal in de doofpot te stoppen. Helms en Nixon hadden elkaar altijd gehaat. De nieuwe CIA-directeur is William Colby, die relatief meer openstaat voor hervorming van de CIA.

1974

Operatie CHAOS onthuld - Pulitzerprijswinnend journalist Seymour Hersh publiceert een artikel over Operatie CHAOS, binnenlandse surveillance en infiltratie van anti-oorlogs- en burgerrechtengroepen in de Verenigde Staten. Het artikel veroorzaakte nationale verontwaardiging.

Angleton ontslagen - Het Congres houdt hoorzittingen over de illegale binnenlandse spionage van CIA chef contraspionage James Jesus Angleton. Zijn inspanningen omvatten het openen van post en geheime surveillance van anti-oorlog demonstranten. De hoorzittingen leidden tot zijn ontslag bij de CIA.

Het Huis van Afgevaardigden spreekt de CIA vrij in Watergate - Het Huis van Afgevaardigden spreekt de CIA vrij van elke medeplichtigheid aan Nixon's inbraak in Watergate.

Hughes-Ryan Act - Het Congres neemt een amendement aan dat de president verplicht tijdig aan de bevoegde commissies van het Congres verslag uit te brengen over niet-inlichtingenactiviteiten van de CIA.

1975

Australië - De CIA helpt de democratisch gekozen linkse regering van premier Edward Whitlam omver te werpen. Daartoe stelt de CIA een ultimatum aan de gouverneur-generaal, John Kerr. Kerr, een jarenlange medewerker van de CIA, maakt gebruik van zijn grondwettelijk recht om de regering-Whitlam te ontbinden. De gouverneur-generaal is een in wezen ceremoniële functie die door de koningin wordt benoemd; de premier wordt democratisch gekozen. Het gebruik van deze archaïsche en ongebruikte wet verbijsterde de natie.

Angola - In een poging om de militaire vastberadenheid van de Verenigde Staten te tonen na de nederlaag in Vietnam, lanceerde Henry Kissinger een oorlog in Angola, gesteund door de CIA. In tegenstelling tot wat Kissinger beweerde, was Angola een land van weinig strategisch belang en niet ernstig bedreigd door het communisme. De CIA steunde de wrede leider van UNITAS, Jonas Savimbi. Dit polariseerde de Angolese politiek en dreef zijn tegenstanders in de armen van Cuba en de Sovjet-Unie om te overleven. Het Congres stopte de financiering in 1976, maar de CIA kon in het donker oorlog voeren tot 1984, toen de financiering weer werd gelegaliseerd. Deze totaal zinloze oorlog kostte meer dan 300.000 Angolezen het leven.

"The CIA and the Cult of Intelligence" - Victor Marchetti en John Marks publiceren deze uiteenzetting over de misdaden en misbruiken van de CIA. Marchetti werkte 14 jaar bij de CIA en werd uiteindelijk uitvoerend assistent van de adjunct-directeur van inlichtingen. Marks bracht vijf jaar door als hoofd inlichtingen bij het State Department.

"Inside the Company" - Philip Agee publiceert een dagboek over zijn leven bij de CIA. Agee werkte aan geheime operaties in Latijns-Amerika in de jaren zestig, en geeft details over de misdaden waaraan hij deelnam.

Congres onderzoekt wandaden van de CIA - De publieke verontwaardiging dwingt het Congres hoorzittingen te houden over misdaden van de CIA. Senator Frank Church leidde het Senaatsonderzoek ("The Church Committee"), en afgevaardigde Otis Pike leidde dat van het Huis van Afgevaardigden. (Ondanks een herverkiezingspercentage van 98% werden zowel Church als Pike in latere verkiezingen verslagen). De onderzoeken leidden tot een aantal hervormingen om de CIA meer verantwoording te laten afleggen aan het Congres, waaronder de oprichting van een permanente Senaatscommissie voor Inlichtingen. Deze hervormingen bleken echter niet effectief, zoals het Iran/Contra schandaal liet zien. Het blijkt dat de CIA gemakkelijk het Congres kan controleren, beïnvloeden of omzeilen.

De Rockefeller Commissie - In een poging de schade van het Church Committee te beperken, riep president Ford de "Rockefeller Commissie" in het leven om de geschiedenis van de CIA goed te praten en ondoeltreffende hervormingen voor te stellen. De naamgever van de commissie, vice-president Nelson Rockefeller, was zelf een belangrijke figuur in de CIA. Vijf van de acht leden van de commissie zijn ook lid van de Council on Foreign Relations, een organisatie die gedomineerd wordt door de CIA.

1979

Iran - De CIA voorzag niet de val van de Sjah van Iran, een van haar jarenlange marionetten, en de opkomst van Moslim fundamentalisten, woedend over de steun van de CIA aan de SAVAK, de bloeddorstige geheime politie van de Sjah. Uit wraak gijzelden de moslims 52 Amerikanen op de Amerikaanse ambassade in Teheran.

Afghanistan - De Sovjets trekken Afghanistan binnen. De CIA begint onmiddellijk wapens te leveren aan elke factie die tegen de Sovjets wil vechten. Deze willekeurige bewapening betekent dat wanneer de Sovjets Afghanistan verlaten, er een burgeroorlog uitbreekt. Bovendien bezitten fanatieke moslimextremisten nu de modernste wapens. Een van hen is sjeik Abdel Rahman, die betrokken was bij de bomaanslag op het World Trade Center in New York.

El Salvador - Een idealistische groep jonge militaire officieren, verontwaardigd over de afslachting van de armen, werpt de rechtse regering om. De Verenigde Staten dwingen de onervaren officieren echter veel leden van de oude garde op sleutelposities in hun nieuwe regering op te nemen. Al snel worden de zaken weer "normaal" - de militaire regering onderdrukt en vermoordt de arme burgerdemonstranten. Veel jonge militaire en civiele hervormers, die zich machteloos voelden, namen uit afkeer ontslag.

Nicaragua - Anastasios Samoza II, de door de CIA gesteunde dictator, valt. De marxistische Sandinisten komen aan de macht en zijn aanvankelijk populair vanwege hun inzet voor landhervorming en armoedebestrijding. Samoza had een moorddadig en gehaat persoonlijk leger, de Nationale Garde. De restanten van de Garde werden de Contra's, die gedurende de jaren tachtig een door de CIA gesteunde guerrillaoorlog voerden tegen de Sandinistische regering.

1980

El Salvador - De aartsbisschop van San Salvador, Oscar Romero, smeekt president Carter "van christen tot christen" om de militaire regering die zijn volk afslacht, niet langer te helpen. Carter weigert. Kort daarna liet de rechtse leider Roberto D'Aubuisson Romero door het hart schieten terwijl hij de mis opdroeg. Het land belandde snel in een burgeroorlog toen de boeren in de heuvels tegen de militaire regering vochten. De CIA en de Amerikaanse strijdkrachten gaven de regering een overweldigende militaire en inlichtingenovermacht. Door de CIA getrainde doodseskaders zwierven over het platteland en begingen wreedheden zoals El Mazote in 1982, waar ze tussen de 700 en 1000 mannen, vrouwen en kinderen afslachtten. In 1992 werden ongeveer 63.000 Salvadoranen vermoord.

1981

Iran/Contra-programma begint - De CIA begint tegen hoge prijzen wapens aan Iran te verkopen en gebruikt de winst om de Contra's te bewapenen die tegen de Sandinistische regering in Nicaragua vechten. President Reagan belooft dat de Sandinisten "onder druk zullen worden gezet" totdat zij "oom zeggen". De CIA's *Freedom Fighter's Manual* die aan de Contra's wordt uitgedeeld bevat instructies over economische sabotage, propaganda, afpersing, omkoping, chantage, ondervraging, marteling, moord en politieke moord.

1983

Honduras - De CIA geeft Hondurese militaire officieren het handboek voor training in de exploitatie van menselijke hulpbronnen, waarin wordt geleerd hoe mensen moeten worden gemarteld. Het beruchte "Bataljon 316" van Honduras paste deze technieken vervolgens met medeweten van de CIA toe op duizenden linkse dissidenten. Ten minste 184 van hen werden vermoord.

1984

Het Boland-amendement - De laatste van een reeks Boland-amendementen werd aangenomen. Deze amendementen verminderden de CIA-hulp aan de Contra's; het laatste amendement schafte deze hulp volledig af. CIA-directeur William Casey is echter al bereid om "het stokje door te geven" aan kolonel Oliver North, die illegaal de Contra's blijft bevoorraden via het informele, geheime en zelf gefinancierde netwerk van de CIA. Dit omvat "humanitaire hulp" geschonken door Adolph Coors en William Simon, en militaire hulp gefinancierd door Iraanse wapenverkopen.

1986

Eugene Hasenfus - Nicaragua schiet een C-123 transportvliegtuig neer dat militaire voorraden aan de Contra's vervoerde. De enige overlevende, Eugene Hasenfus, bleek een CIA werknemer te zijn, net als de twee dode piloten. Het vliegtuig was van Southern Air Transport, een dekmantel van de CIA. Het incident maakte de bewering van president Reagan belachelijk dat de CIA de Contra's niet illegaal bewapende.

Het Iran/Contra-schandaal - Hoewel de details al lang bekend waren, trok het Iran/Contra-schandaal in 1986 eindelijk de aandacht van de media. Er werden hoorzittingen van het Congres gehouden en verschillende sleutelfiguren (zoals Oliver North) logen onder ede om de inlichtingendienst te beschermen. CIA-directeur William Casey stierf aan hersenkanker voordat het Congres hem kon ondervragen. Alle hervormingen die door het Congres na het schandaal werden aangenomen waren puur cosmetisch.

Haïti - De groeiende volksopstand in Haïti betekent dat "Baby Doc" Duvalier slechts "president voor het leven" zal blijven als hij een kort leven beschoren is. De Verenigde Staten, die een hekel hebben aan instabiliteit in een marionettenland, stuurden de despotische Duvalier naar Zuid-Frankrijk voor een comfortabel pensioen. De CIA manipuleerde vervolgens de komende verkiezingen ten gunste van een andere rechtse militaire sterkhouder. Het geweld hield het land echter nog vier jaar in politieke onrust. De CIA probeerde het leger te versterken door de oprichting van de Nationale Inlichtingendienst (SIN), die de volksopstand onderdrukte door marteling en moordaanslagen.

1989

Panama - De Verenigde Staten vallen Panama binnen om een dictator van eigen makelij, generaal Manuel Noriega, omver te werpen.

Noriega stond sinds 1966 op de loonlijst van de CIA en vervoerde sinds 1972 drugs met medeweten van de CIA. Eind jaren '80 maakten Noriega's groeiende onafhankelijkheid en onverzettelijkheid Washington boos... en hij vertrok.

1990

Haïti - De linkse priester Jean-Bertrand Aristide nam het op tegen 10 relatief rijke kandidaten en won 68% van de stemmen. Maar al na acht maanden werd hij door de CIA gesteunde militairen afgezet. Andere militaire dictators maakten het land wreed, terwijl duizenden Haïtiaanse vluchtelingen op nauwelijks zeewaardige boten de onrust ontvluchtten. Terwijl de publieke opinie schreeuwde om de terugkeer van Aristide, lanceerde de CIA een desinformatiecampagne die de moedige priester afschilderde als mentaal onstabiel.

1991

De val van de Sovjet-Unie - De CIA heeft de belangrijkste gebeurtenis van de Koude Oorlog niet voorspeld. Dit wijst erop dat zij het zo druk heeft gehad met het ondermijnen van regeringen dat zij haar hoofdtaak niet heeft vervuld: het verzamelen en analyseren van informatie. De val van de Sovjet-Unie ontnam de CIA ook haar raison d'être: de strijd tegen het communisme. Dit heeft ertoe geleid dat sommigen de CIA ervan beschuldigen de val van de Sovjet-Unie opzettelijk niet te hebben voorspeld. Vreemd genoeg werd het budget van de inlichtingendienst niet aanzienlijk verlaagd na de ondergang van het communisme.

1992

Economische spionage - In de jaren na het einde van de Koude Oorlog werd de CIA steeds vaker ingezet voor economische spionage. Hierbij werden technologische geheimen van concurrerende buitenlandse bedrijven gestolen en aan Amerikaanse bedrijven gegeven. Aangezien de CIA duidelijk de voorkeur geeft aan smerige trucs boven eenvoudige informatievergaring, is de kans op ernstig crimineel gedrag zeer groot.

1993

Haïti - De chaos in Haïti verergert zodanig dat president Clinton geen andere keuze heeft dan de Haïtiaanse militaire dictator Raoul Cedras af te zetten onder dreiging van een Amerikaanse invasie. De Amerikaanse bezetters hebben de militaire leiders van Haïti niet gearresteerd voor misdaden tegen de menselijkheid, maar in plaats daarvan gezorgd voor hun veiligheid en rijke pensioen. Aristide kwam pas weer aan de macht nadat hij was gedwongen een programma te aanvaarden dat gunstig was voor de heersende klasse van het land.

EPILOOG

In een toespraak tot de CIA ter gelegenheid van haar 50-jarig bestaan, zei president Clinton:

"Uit noodzaak zal het Amerikaanse volk nooit het volledige verhaal van uw moed kennen."

De verklaring van Clinton is een gebruikelijke verdediging van de CIA: dat het Amerikaanse volk moet ophouden de CIA te bekritiseren omdat het niet weet wat het werkelijk doet. Dit is natuurlijk de kern van het probleem. Een agentschap dat boven kritiek staat, staat ook boven moreel gedrag en hervorming. Haar geheimhouding en gebrek aan verantwoording laten haar corruptie ongecontroleerd gedijen.

Bovendien is Clintons verklaring gewoon onjuist. De geschiedenis van het agentschap wordt pijnlijk duidelijk, vooral door het vrijgeven van historische CIA-documenten. We kennen misschien niet de details van specifieke operaties, maar we weten wel heel goed hoe de CIA zich in het algemeen gedroeg. Deze feiten kwamen bijna twintig jaar geleden aan het licht, en in een steeds sneller tempo. Vandaag hebben we een opmerkelijk nauwkeurig en consistent beeld, dat in vele landen wordt herhaald en in talloze verschillende richtingen wordt geverifieerd.

De reactie van de CIA op deze groeiende kennis en kritiek volgt een typisch historisch patroon (er zijn inderdaad opmerkelijke parallellen met de strijd van de middeleeuwse kerk tegen de wetenschappelijke revolutie). De eerste journalisten en schrijvers die het criminele gedrag van de CIA aan de kaak stelden, werden lastiggevallen en gecensureerd als het Amerikaanse schrijvers waren, en gemarteld en vermoord als het buitenlanders waren. (Zie Philip Agee's *On the Run* voor een voorbeeld van intensieve pesterijen.) In de afgelopen twee decennia is het bewijsmateriaal echter overweldigend geworden, en de CIA heeft ontdekt dat zij niet genoeg vingers heeft om alle gaten in de dijk te dichten. Dit geldt met name in het tijdperk van het Internet, waar informatie vrijelijk tussen miljoenen mensen stroomt. Aangezien censuur onmogelijk is, moet het agentschap zich nu verdedigen met excuses. Clintons verdediging dat "de Amerikanen het nooit zullen weten" is daar een goed voorbeeld van.

Een ander veel voorkomend excuus is dat "de wereld vol onfrisse figuren zit, en we met hen moeten omgaan als we de Amerikaanse belangen willen beschermen". Er zijn twee dingen mis met deze bewering. Ten eerste gaat het voorbij aan het feit dat de CIA routinematig allianties met verdedigers van democratie, vrije meningsuiting en mensenrechten heeft afgewezen en de voorkeur gaf aan het gezelschap van militaire dictators en tirannen. De CIA had morele opties tot haar beschikking, maar nam ze niet.

Ten tweede roept dit argument verschillende vragen op. De eerste is: "Welke Amerikaanse belangen?" De CIA heeft rechtse dictators het hof gemaakt omdat zij rijke Amerikanen in staat stellen de goedkope arbeidskrachten en grondstoffen van het land te exploiteren. Maar arme en middenklasse Amerikanen betalen een hoge prijs elke keer dat ze vechten tegen de oorlogen die het gevolg zijn van de acties van de CIA, van Vietnam tot de Golfoorlog en Panama. De tweede vraag is: "Waarom moeten Amerikaanse belangen ten koste gaan van de mensenrechten van andere volkeren?"

De CIA moet worden afgeschaft, haar leiders moeten uit hun functie worden ontheven en haar leden moeten worden berecht voor misdaden tegen de menselijkheid. Onze inlichtingengemeenschap moet opnieuw worden opgebouwd, met als doel het verzamelen en analyseren van informatie. Wat geheime acties betreft, zijn er twee morele opties. De eerste is om geheime acties helemaal af te schaffen. Maar dat bezorgt degenen die zich zorgen maken over de Adolf Hitlers van de wereld de rillingen over de rug. Dus de tweede optie is om geheime acties onder uitgebreide en echte democratische controle te plaatsen. Bijvoorbeeld, een 40 leden tellend tweepartijdig congrescomité zou alle aspecten van CIA-operaties kunnen beoordelen en bij meerderheid of supermeerderheid een veto kunnen uitspreken. Welke van deze twee opties het beste is, staat open voor discussie, maar één ding is duidelijk: net als de dictatuur, net als de monarchie, moeten ongecontroleerde geheime operaties sterven als de dinosaurussen die ze zijn.

The Skull and Bones Society

Het begon allemaal op Yale. In 1832 richtten generaal William Huntington Russell en Alphonso Taft een supergeheim genootschap op voor de kinderen van de elite van het Anglo-Amerikaanse Wall Street bankwezen. William Huntington Russell's halfbroer, Samuel Russell, leidde "Russell & Co", de grootste OPIUM smokkel operatie in de wereld in die tijd. Alphonso Taft is de grootvader van onze ex-president Howard Taft, de bedenker van de voorloper van de Verenigde Naties.

Enkele van de beroemdste en machtigste mannen in de wereld van vandaag zijn "bonesmen", zoals George Bush, Nicholas Brady en William F. Buckley. Andere "bonesmen" zijn Henry Luce (Time-Life), Harold Stanley (oprichter van Morgan Stanley), Henry P. Davison (senior partner van Morgan Guaranty Trust), Artemus Gates (voorzitter van New York Trust Company, Union Pacific, *TIME*, Boeing Company), Senator John Chaffe, Russell W. Davenport (redacteur van *Fortune* magazine) en vele anderen. Allen legden een plechtige gelofte van geheimhouding af.

De Skull & Bones Society is een springplank naar de Bilderbergs, de Council on Foreign Relations en de Trilaterale Commissie.

America's Secret Establishment, door Antony C. Sutton, 1986, blz. 5-6, stelt:

> "De ingewijden kennen het als De Orde. Anderen kennen het al meer dan 150 jaar als Hoofdstuk 322 van een Duits geheim genootschap. Formeler, voor wettelijke doeleinden, werd De Orde opgericht als The Russell Trust in 1856. Het stond vroeger ook bekend als de "Broederschap van de Dood". Degenen die er de spot mee drijven, of willen drijven, noemen het "Skull & Bones", of gewoon "Bones".

De Amerikaanse afdeling van deze Duitse orde werd in 1833 aan de universiteit van Yale opgericht door generaal William Huntington Russell en Alphonso Taft, die in 1876 minister van Oorlog werd in de regering Grant. Alphonso Taft was de vader van William Howard Taft, de enige man die zowel president als opperrechter van de Verenigde Staten is geweest.

De orde is niet zomaar een Greek-letter fraternal society met wachtwoorden en handles zoals op de meeste campussen. Chapter 322 is een geheim genootschap waarvan de leden gezworen hebben te zwijgen. Het bestaat alleen op de Yale campus (voor zover wij weten). Het heeft regels. Het heeft ceremoniële rituelen. Het is helemaal niet gesteld op indiscrete en bemoeizuchtige burgers, die de ingewijden "buitenstaanders" of "vandalen" noemen. De leden ontkennen altijd hun lidmaatschap (of worden geacht dat te doen) en bij het controleren van honderden autobiografische lijsten van leden vonden we slechts een half dozijn die een band met Skull & Bones aangaven. De rest zweeg. Het is interessant om te weten of de vele leden van verschillende regeringen of die regeringsposten bekleden, hun lidmaatschap van Skull & Bones hebben opgegeven in de biografische gegevens die worden verstrekt voor de "achtergrondcontroles" van de FBI.

Bovenal is de volgorde krachtig, ongelooflijk krachtig. Als de lezer volhardt en de gepresenteerde bewijzen - die overweldigend zijn - onderzoekt, zal zijn of haar visie op de wereld plotseling duidelijker worden, met een bijna beangstigende helderheid.

Dit is een seniorenvereniging die alleen op Yale bestaat. Leden worden in hun eerste jaar gekozen en brengen slechts één jaar op de campus door, hun laatste, met Skull & Bones. Met andere woorden, de organisatie is gericht op de buitenwereld van afgestudeerden. De Orde komt elk jaar bijeen - alleen patriarchen - op Deer Island, in de St Lawrence River.

Seniorenverenigingen zijn uniek voor Yale. Er zijn twee andere verenigingen op Yale, maar geen andere. Scroll & Key en Wolf's Head zouden in het midden van de 19e eeuw zijn opgericht. Wij geloven dat ze deel uitmaken van hetzelfde netwerk. Rosenbaum merkte in zijn Esquire-artikel terecht op dat iedereen in het oosterse liberale establishment die geen lid is van Skull & Bones vrijwel zeker lid is van Scroll & Key of Wolf's Head.

De procedure voor de selectie van nieuwe leden van de Orde is sinds 1832 niet veranderd. Elk jaar worden er 15, en slechts 15, nooit minder, geselecteerd. Als onderdeel van hun inwijdingsceremonie moeten ze naakt in een kist liggen en hun seksuele geschiedenis voordragen. Deze methode stelt de andere leden in staat het individu te controleren door te dreigen hun intiemste geheimen prijs te geven als ze niet "volgen". In de afgelopen 150 jaar zijn ongeveer 2500 afgestudeerden van Yale ingewijd in de Orde. Op elk moment zijn er ongeveer 500-600 in leven en actief. Ongeveer een kwart van hen speelt een actieve rol in het bevorderen van de doelstellingen van de Orde. De rest verliest interesse of verandert van gedachten. Het zijn stille opgevers.

Het meest waarschijnlijke potentiële lid is afkomstig uit een Bones-familie, die energiek, vindingrijk, politiek en waarschijnlijk een amorele teamspeler is. Eer en financiële beloningen worden gegarandeerd door de macht van de Orde. Maar de prijs van deze onderscheidingen en beloningen is opoffering aan het gemeenschappelijke doel, het doel van de Orde. Sommigen, misschien velen, zijn niet bereid deze prijs te betalen.

Tot de Amerikaanse families van de oude lijn en hun afstammelingen die betrokken zijn bij Skull & Bones behoren namen als Whitney, Perkins, Stimson, Taft, Wadsworth, Gilman, Payne, Davidson, Pillsbury, Sloane, Weyerhaeuser, Harriman, Rockefeller, Lord, Brown, Bundy, Bush en Phelps.

Reeds gepubliceerd

OMNIA VERITAS LTD PRESENTEERT:

DE DICTATUUR van de SOCIALISTISCHE WERELDORDE

Al die jaren, terwijl onze aandacht gericht was op het kwaad van het communisme in Moskou, waren de socialisten in Washington druk bezig met het stelen van Amerika....

DOOR JOHN COLEMAN

"De vijand in Washington is meer te vrezen dan de vijand in Moskou"

OMNIA VERITAS LTD PRESENTEERT:

DE DRUGSOORLOG tegen AMERIKA

De drugshandel kan niet worden uitgeroeid omdat de managers niet zullen toestaan dat 's werelds meest lucratieve markt van hen wordt afgepakt....

DOOR JOHN COLEMAN

De echte promotors van deze verdomde handel zijn de "elites" van deze wereld

OMNIA VERITAS LTD PRESENTEERT:

DE OLIEOORLOGEN

DOOR JOHN COLEMAN

Het historische verslag van de olie-industrie neemt ons mee door de wendingen van de "diplomatie"

De strijd om het monopoliseren van een bron die door alle naties wordt begeerd

www.omnia-veritas.com